"剪刀糨糊/我"智库辅政读本

"国家温度"系列丛书 **首册**

厕所革命

"老剪报"继往开来话短长

CESUO GEMING

LAO JIANBAO JIWANGKAILAI HUA DUANCHANG

王 力／著

人民出版社

清平樂·紫姑神賦

内急館驛
五谷輪回地
閲盡出恭隱忍戲
如廁短嘆長吁

官茅兜底民生
凈事不可稀松
落細落小落實
革命尚未成功

王力 题诗 / 王勇 题字

注：紫姑神，民间传说中的"厕神"。

目 录 Contents

"国家温度"提振"天大的小事"

　　本书即将付梓之际，适逢"纪念马克思诞辰 200 周年大会"召开。2018 年 5 月 5 日《人民日报》全文刊登的习总书记《在纪念马克思诞辰 200 周年大会上的讲话》中，"始终把人民立场作为根本立场，把为人民谋幸福作为根本使命""始终保持同人民群众的血肉联系"，读来印象最深，感触最实。

　　什么是"人民立场"？什么是"血肉联系"？什么是"为人民谋幸福"？触景生情，百感交集，不由得与"人民对美好生活的向往就是我们的奋斗目标"联系在一起，不由得与"坚持以人民为中心"联系在一起，不由得与总书记此前那番人人听得懂、记得住的"厕所革命"重要讲话联系在一起。

　　2010 年 4 月 15 日，《光明日报》曾刊发过一篇题为《真佛只说家常话》的文章，其中说道：马克思主义大众化是一个历史命题，也是一个时代命题。"大众化"强调大众接受度，但不是降低标准"浅入浅出"，而是深入浅出，将高深的道理用"家常话"说出来。

　　怎样才能将高深的道理用"家常话"说出来，关键是能将"寻常事"置于应有的位置与高度深思熟虑、深谋远虑。换言之，悉知家常事，才能细话家常；悉知家常事，才能大话民生。

　　牙牙学语。《清平乐·紫姑神赋》成为《厕所革命》的定场诗。虽格律欠佳，但"内急馆驿，五谷轮回地。阅尽出恭隐忍戏，如厕短叹长吁。官茅兜底民生，净事不可稀松。落细落小落实，革命尚未成功"，上下求索，情景交融。

一、设身处地才能触摸百姓"心事"

"人民立场"是具象的,"血肉联系"是无间的,"为人民谋幸福"是全面的,"坚持以人民为中心"是向心的。

以往常讲"要想知道梨子滋味一定亲自去尝",同样,要想知道"茅厕非改不可",没有设身处地,同样不可能有心、事相通。总书记曾有怎样的身体力行,《人民日报》2017年11月29日头版登载的《民生小事大情怀》娓娓道来:

"40多年前,陕西省延川县冯家坪乡赵家河村建起了有史以来第一个男女分开的厕所。翻修它的人,正是当时在赵家河村蹲点的知青习近平。在《习近平的七年知青岁月》一书中,村民赵胜利回忆起当年的场景,仍历历在目:当时陕北农村生活很艰苦,对于上厕所就更不讲究。挖个坑,周围随便用秸秆、土坯一挡,上面盖个草棚就当厕所了。'近平来了不久,就动手修了一个男女分开的公共厕所。他把旧的厕所拆掉,重新用砖和石头砌,扩大了面积,又加高了围墙,一间男厕,一间女厕,都是分开的,宽敞多了,而且隐秘性比较好。大家一看,这样确实很方便,就纷纷效仿。'"

"1982年,习近平来到河北正定工作。'当年,正定比较贫穷落后。比如,农村连茅圈大量存在。'习近平曾在一篇文章中回忆,'连茅圈'就是厕所和猪圈连在一起,很不卫生。'有问题,就要抓。中共正定县委《一九八四年工作大纲》展现了这样的决心:'积极改造连茅圈,努力使古城展新貌'。"

从当年工作过地方的厕所提升改造,到全国范围大力推进"厕所革命",对于这一看上去小到极致实际上却大到极致,看上去俗到极致实际上却雅到极致的旷世之举,文章同时说道:

"从小处着眼,从实处入手,对于厕所问题,习近平不仅身体力行推动解决,更在日后从政的道路上,将这一带着温度的民生关怀列入施政举措。""从河北到福建,从浙江到上海,习近平在地方工作期间,一直高度重视、十分关心厕所问题,推动解决当地群众的如厕困难。'冰冻三尺,非一日之寒。'对于长期存在的厕所问题,习近平有着清醒的认识,并在深刻思考中寻找着解题之钥。"

二、身临其境才会触及百姓"实需"

始终同人民想在一起干在一起，说来不易，做来更难。相比干在一起，事先想到一起似乎难度更大。同样，"将心比心"说起来、听起来似乎已是无以复加地心贴心，但有些时候，有些情况，再是用心良苦，最终很可能与老百姓的"实需"相去甚远。

在所听到的"厕所革命"如是说中，北京市西城区领导一番俚俗之言令人折服："不再让老百姓冬天上厕所冻屁股，不再让老百姓夏天上厕所汗流浃背，不再让老百姓顺着臭味儿找厕所。"尽管听起来没有那么温文尔雅，但如厕就是如厕，公厕有没有厕纸是其次，能不能上网是其次，若真能做到"不冷、不热、不臭"，老百姓自然天天烧高香。

同样，面对"厕所革命"超级大考，日前，"2018西安·世界厕所工作大会"阵势之大，可谓国内乃至国际厕界一等一的盛事。听话听声儿，锣鼓听音儿，仅会标中"工作"二字就令人心向往之；仅"国外舒适卫生间清理专门公司代表"应邀参会，且携"面盆刷、龙头刷、照污镜"等全套专业工具现身说法，就足以体现出西安大会的骄人之处。

凡此种种，不一而论。如何改变公厕现状，各厕有各厕的实际，各地有各地的实招，包括媒体所言的实情，多与身临其境不无关系。尤其将此番革命并入"努力补齐短板"序列，一句早年戏说的"屁股决定脑袋"，与时俱进，从语句的侧面，从体征的正面，注入了全新的内涵与外延。

一篇《让"大道理"对接小日子》读来别有感触。其中说道："从实现中华民族伟大复兴的中国梦这个'大处'着眼，从百姓衣食住行、医教养老等具体民生的'小处'着手，不仅能够帮助大家掌握认识世界的真理，而且还能够获得改造世界的力量。"

耳熟能详。"大处着眼、小处着手"确实说了、做了大几十年。因此，如何让"大处着眼、小处着手"因时而变、随事而制，在过去十几年里，此间积累了不少'日用而不觉'的实践出真知……

三、从司空见惯中发现"事"，在漫不经心中发现"心"

此间早年创办的"恩波智业研究所"是专业从事策略研究的民间外脑机构，从初期为企业提供咨询服务，到中期转型非营利政府智库，循序渐进，逐渐学会了从熟视无睹的地方发现"事"，在漫不经心的地方发现"心"。

"借势、造势、守正出奇"是当初商海弄潮"三剑客"，而"建言、讲座、著述"则是后来居上的辅政"三段锦"。其中，建言多为具象地有的放矢，讲座多为时时地有感而发，借图书形式与更多特定读者分享研究成果，则成为辅政方略的主渠道。

亚里士多德曾讲：人们来到城市是为了生活，人们居住在城市是为了生活得更好。面对"城市使生活更美好"的千古立论，2000 年，转型后的"恩波智业"开始尝试从更现实的层面探究"城市如何让生活更美好"，从更刚需的实情创建了身在其中的"发展中国家宜居试验室"。

大国崛起，见微知著。2006 年年底，与从事职业摄影和中西方比较文化研究的爱子王一男，用心语描摹"城市气度"，用心境感悟"城市温度"，共同出版了辅政读本《天大的小事》。该书原名《小处着眼》，于国内较早、较为系统地提出"城市管理精细化、公共服务人性化"，获评"年度最值得推荐的一本书"。

2011 年，人民出版社再版。从"眯起眼睛看西方"，到"静下心来想自己"；从"节骨眼儿上不给力""关键时刻掉链子"的城市短板，到"共产党人要善于做小事""社会治理讲究从心做起"的与时俱进，对照版《天大的小事》开始在你中有我、我中有你的"城事"二字上大做文章，开始对"城市管理"与"社会治理"的交叉融合展开先期探究，获誉"加强和创新社会治理的典型案例读本"。为此，该书封面导语写道：

"虽然以人为本是为人民服务的历史延伸，但深化需要科学，细化需要学科。以人为本人在哪儿，以人为本本为何，由于大千世界有不同的人，由于芸芸众生有不同的本，所以，在大步前行的同时，努力为身边小我创造时时的'小美好''小幸福'，将成为创新城事科学必须破解的新课题……"

四、"城市温度"激发"眼前一亮，心中一热"

百姓心事大致包括"好事"与"烦事"，撇开好事不讲，"烦恼"转机在事态也在心态，因此从积极的视角看开去，有"大美好"托底，"大烦恼"最终烦不到哪儿去；有"小美好"化解，"小烦恼"肯定持续不了多久。

相对而言，百姓对"大美好"有期盼，对近在眼前的"小美好"更有期许。通常情况，当下的感受更解渴，眼前的口福更解馋，因此，如何"不断激发群众对政府行为眼前一亮，心中一热"是为民服务的立论之本。换言之，平日近况是愿景的望远镜，小美好是大美好的造血干细胞，所谓稳定致远的"压仓石"，既有物体配重之说，更有重心所在之辨。

从"宜居尺度"到"城市温度"，此间揣摩了许多年，实践证明，研究表明，政府管理、公共服务仅有同质化的以人为本似嫌不够。如何定义"城市温度"，我们从查阅"温度"一词的词义开始。因此，尽管工具书解释只有"冷热的程度"5个字，可一旦跳出纸面到市面，蓦然发现，其实"温"字打头的相关用词，包括温存、温顺、温厚、温和、温暖、温柔、温润，无一不是"城市温度"必不可少的关键词，无一不是"城市温度"的主色调。

2015年年底，"中央城市工作会议"召开。《人民日报》2015年12月23日发表社论《让城市和谐更宜居更美好》，其中2016年1月12日刊登的"树立以人为核心的城市观"系列评论《用心善治，才能提升"城市温度"》格局更大，意境更深：

"何以触摸城市之心？如何感受城市之善？答案不是经济的增长、地标建筑的堆砌所能涵盖的。""城市的善治，归根到底是让生活更美好，而落脚点就在城市的管理和服务上。""只有把管理寓于服务中，方能彰显城市的温度。"

"'城市工作任务艰巨、前景光明，我们要开拓创新、扎实工作，不断开创城市发展新局面。''中央城市工作会议'召开，开启了城市健康发展的新历程，树立以人为核心的城市观，着力提高城市工作水平，用善治呵护城市的风景，提升城市的温度，连接每个人的幸福，这样的城市，才能安放人民的梦想，才能让生活更加美好。"

五、"国家温度"彰显"最是心力见不凡"

回顾，环顾，未见古今中外谁家对厕所发动过革命，未见发展中国家谁人如此推己及人。为此，不由得重温这些年铭记在心的总书记重要讲话，不由得想起这些年每每谈及总会感慨万千的政治修为，包括："积小善为大善，善莫大焉""人民是具体的不是抽象的""始终把人民放在心中最高位置"，视察养老院时提醒工作人员记着给老人留合影照片，走访吉林朝鲜族农家时带头进房间脱鞋，会见有关方面代表时为长者搬过座椅坐到自己身边……

纵观总书记的为民服务之路，"以百姓之心为心"可谓一以贯之。仍以冰冻三尺，非一日之寒的"厕所革命"为例，据媒体报道，早在西湖免费开放之初，时任浙江省委书记的习近平同志发现西湖沿岸晚上公厕大门紧闭，于是建议有关部门尽快调整，给群众以方便。

罗丹曾言：从别人司空见惯的地方发现美是艺术大师。从别人司空见惯的地方，发现如此之"小"又如此之"巨"的民生短板，该有何等的洞察力？答案亦在中新社 2014 年 10 月 8 日杭州西湖的相关报道中：景区增设不少供市民游客休息的路椅，开始椅子间距很近，后来省委书记习近平向管理部门转达了他的建议，希望椅子之间保持一定距离，间距太近，恋人们会感到不自在。

读心有道，用心无痕。善莫大焉，百感交集。这篇篇幅不大的报摘，与早在 1991 年收存的《共产党人要善于做小事》一同珍藏至今。

2017 年 3 月 22 日，《人民日报》登载的《人民是最温暖的初心》写得非常好："初心不改，在于始终与人民群众打成一片。习近平的'梁家河情怀'，是党员干部对人民群众念兹在兹的情感与牵挂，是对一种崇高精神境界的追求与向往，是共产党人精神成长的原点。"

利民之事，丝发必兴。如何"以人民为中心"，把人民的利益放在最高、最实的位置，总书记身体力行用平凡而伟大的身教，诠释了"为什么最是心力见不凡"，诠释了"修好共产党人的'心学'时不我待"，诠释了"怎样才能无时不刻且事无巨细始终同人民想在一起、干在一起"……

谈及"厕所革命",《北京晚报》的《百姓生活品质取决于这件"小事"》曾写道:一些令人头痛的身边小事,早已纳入了国家新时代发展的大布局。老百姓天天体会着生活中令人喜悦的变化,体会着这些变化给自己生活带来的实实在在的获得感。

何为"城市温度"?"以人为本、助人为乐"一言蔽之。何为"国家温度"?国以民为本,社稷为民而立,"温厚、温润、温存、温和"已为城市先期试温,适逢不驰于空想、不骛于虚声的"新时代",理当有善莫大焉的"新气象、新作为"顺天应人、普惠神州。

从"城市温度"到"国家温度",此间同样又思索了许多年。谈及此,"柴米油盐""吃喝拉撒"均为最接地气之物华天宝。盐为什么咸,醋为什么酸,居家过日子的这点"软道理"虽然不咸不淡,不紧不慢,但古往可聚合"民以食为天",现下能大写"五谷轮回地"。

从"企业极品师爷"到"政府编外资政",从"很会做挣钱的事"到"很会做不挣钱的事",春华秋实,甘苦乐得。值此30年外脑生涯谢幕之时,借《厕所革命》奉出"国家温度"开篇读本,意在抛砖引玉。

丛书以此开篇除契合时政,同时借人人使得的"内急纾解功"最具亲和力、执行力。故而由此及彼,由表及里,一时难以说透的大事小情,或可在"己所欲"和"己所不欲"中茅塞顿开。

具体到"厕所革命",何为"城市温度",何为"国家温度"虽无一定之规,但把"农厕改造"堂而皇之地奉为补短之重就是"国家温度"的绝对体现。此外,此番革命主战场既然是"公共厕所",产权姓"公",那么相应的作用力、影响力就不能只停留在"市政建设"或"城市名片"。

一篇《市委书记任总厕所长,这个可以有》的报道令人眼前一亮、心中一热:巢湖市城管局下辖公厕实行"一厕一长"制,中层以上干部分别联系一座公厕,担任"厕所长",而市委书记则担任"总厕所长"。

好一个"一把手思维",好一个"抓住关键少数",好一个"抓关键少数也可用于很多社会治理领域",凭此好心力,"城市温度"升温变奏……

六、"平实化、常态化"是"精细化、人性化"重要补充

"在发展中补齐民生短板""抓重点、补短板、强弱项",在十九大报告中,"补短板"被着重强调,内蕴殷忧之意。

倘若没有记错,短板说与管理学的"木桶论"不无关系。阴错阳差,此间外脑生涯,或服务企业,或服务政府,"千方百计突破短板制衡,以期容积最大化"似为各类课题的委托初衷。

2014 年,有感"加强中国特色智库建设"的十八大精神,我们创建了一所形制特别、内涵独到的"北京创新思维博悟馆",定向接待党政干部、学者专家,守正出奇、做而论道,获誉"当代思塾"。

博悟馆摆放了两只从浙江兰溪"诸葛村"请来的木桶,为此,馆志有言:"木桶存水多少历来取决于最短的木板。由于经常要面对'短缺'做文章,因此久而久之发现,在没有补救时间、补救技术、补救材料的情况下,不妨将桶斜置,退而求其次,使木桶存水多少不再取决于最短的木板。"

策略使然,上述"退而求其次"尽管可圈可点,然而回到"补齐民生短板"的时代命题,政策属性更具法力,更具张力,新形势下如何补短板,"将桶斜置"充其量只是没辙的辙。话虽这样讲,理虽这样论,但是,无论有条件补短,还是没有条件也要设法补短,两点共通之处共勉:

一是短板既有先天不足,也有后天失当,翻阅资料库里储备的厕所往事,发现在诸多不尽如人意中,仍有不少暖心养眼的"早就有"。然而,世事无常,硬件条件曾经不错的公厕因疏于管理变得臭烘烘,用途曾经明确无误的移动公厕竟然变为小卖部……另是短板亦有成长期,亦有隐蔽状,通常情况,起初短多会不起眼,如同小时候胖不叫胖,待到积重难返时,回天乏力。

社会学有个"破窗效应",讲的是窗破未能及时修复,很可能衍生出意想不到的暗示性纵容。为什么"最后一根稻草压死人",关键是对"第一根稻草"的熟视无睹。有鉴于此,"平实化备勤、常态化运行"不仅是"精细化管理、人性化服务"的重要补充,同时更是从源头规避、封堵"破窗效应"的不二选择……

　　七七八八的随想写到此，借助报章的夹叙夹议有待细细读。从《厕所革命》说开去，既好写又不好写——好写，"五谷轮回"本乃人生胎里带；不好写，"五谷轮回地"同时又是历来难以久留的"是非地"。

　　民间流传的如厕典故不少，其中某书法大家一字难求但最终被人算计的传闻百听不厌：此公庭院深深，却不时飘来尿臊气，经查看，原来是有人在墙外便溺。怒不可遏又不能斯文扫地，于是亲书"不可随处小便"贴在事发处。隔日，一幅"小处不可随便"的条幅卖出高价，原来，有人故意以尿诱之，骗来墨宝，稍加剪裁，于是有了亦庄亦谐的醒世之作。

　　一笑可以了之，一言却难以蔽之。大小之说，小大之辨，虽无一定之规，但"寸有所长、尺有所短"却是不争的事实。有缘借"厕所革命"话短长，有幸用"天大的小事"论巨细，尽管书中援引仅为一家之库存，尽管书中所述仅为一家之刍言，但且存且思一二十年，想得再浅，说得再平，还是与"有了命题再回头截图、截屏"截然不同。

　　众所周知，"厕所革命"是"补齐民生短板"的子目录。以小见大，借题发挥，本书在表达"善政仅凭精细化管理、人性化服务还不够"的同时，也一并强调了"勤政切忌发现短板总在缺憾定型后"。

　　于此用心事，动情事，焦裕禄同志所言"在办公室拍疼脑袋也想不出办法，到群众中走一走就会找到"一言九鼎，同时深刻揭示了"生活智慧"与"政治智慧"相辅相成。

　　如厕确为小事琐事一桩，但看顾好百姓如厕则是"天大的小事"。古人云：以正治国，以奇用兵，以无事取天下。于此，是否可以说，善待、善做、善成"天大的小事"，其实是为大美好、大幸福稳步推进修桥补路，其实是为提高"天下大事"的保险系数，以期"无事"平天下……

2018 年 5 月 15 日于北京国际俱乐部 118 室

厕所问题关系到广大人民群众工作生活环境的改善，关系到国民素质提升、社会文明进步，既是一项民生难点，也是体现文明进步的尺度，它与人人相关，习总书记时时牵挂心间。

说起来，国人对"革命"二字并不陌生，只是谈及"厕所革命"，很多人不免耳生。同时，党和国家最高领导人如此响鼓重锤、阔论高谈且在"十九大"闭幕不久，更是闻所未闻。

百感交集。将"厕所革命"的终极目标，定位在"补齐影响群众生活品质的短板"，普惠民生，善莫大焉。

作为资深的"读报人"，从未读到过《人民日报》在头版头条连续报道此种"小处着眼"，然而"厕所革命"的话题却创造了奇迹。人民对美好生活的想望，多在日常生活琐碎中。

"天下大事，必作于细。"百姓生活品质取决于这类"小事"。如厕相关的公共服务，是人们生活品质的直接反映，这类"补短板、强弱项"的民生工程，最让人民群众觉得贴心。

报章讲："一些令人头痛的身边小事，早已纳入了国家新时代发展的大布局。百姓天天体会着生活中令人喜悦的变化，体会着这些变化给自己生活带来的实实在在的获得感。"

2017 年 11 月 27 日，中央电视台"新闻联播"节目，播放了题为《习近平近日作出重要指示强调 坚持不懈推进"厕所革命"努力补齐影响群众生活品质短板》的头条新闻，其中说道：

"中共中央总书记、国家主席、中央军委主席习近平近日就旅游系统推进'厕所革命'工作取得的成效作出重要指示。他强调，两年多来，旅游系统坚持不懈推进'厕所革命'，体现了真抓实干、努力解决实际问题的工作态度和作风。习近平指出，厕所问题不是小事情，是城乡文明建设的重要方面，不但景区、城市要抓，农村也要抓，要把这项工作作为乡村振兴战略的一项具体工作来推进，努力补齐这块影响群众生活品质的短板。"

这则非同寻常、异乎寻常的重大新闻同时说道："厕所问题，不仅关系到旅游环境的改善，也关系到广大人民群众工作生活环境的改善，关系到国民素质提升、社会文明进步。习近平总书记对此高度重视、十分关心。"

说起来，国人对"革命"二字并不陌生，只是谈及"厕所革命"或许知之不多，同时，党和国家最高领导人如此深入浅出、悉心道来，更是闻所未闻……

习近平近日作出重要指示强调
坚持不懈推进"厕所革命"
努力补齐影响群众生活品质短板

本报北京11月27日电 中共中央总书记、国家主席、中央军委主席习近平近日就旅游系统推进"厕所革命"工作取得的成效作出重要指示。他强调，两年多来，旅游系统坚持不懈推进"厕所革命"，体现了真抓实干、努力解决实际问题的工作态度和作风。旅游业是新兴产业，方兴未艾，要像抓"厕所革命"一样，不断加强各类软硬件建设，推动旅游业大发展。

习近平指出，厕所问题不是小事情，是城乡文明建设的重要方面，不但景区、城市要抓，农村也要抓，要把这项工作作为乡村振兴战略的一项具体工作来推进，努力补齐这块影响群众生活品质的短板。

2015年4月，习近平总书记曾经就"厕所革命"作出重要指示，强调抓"厕所革命"是提升旅游业品质的务实之举。冰冻三尺，非一日之寒。要像反对"四风"一样，下决心整治旅游不文明的各种顽疾陋习。要发扬钉钉子精神，采取有针对性的举措，一件接着一件抓，抓一件成一件，积小胜为大胜，推动我国旅游业发展迈上新台阶。

厕所问题不仅关系到旅游环境的改善，也关系到广大人民群众工作生活环境的改善，关系到国民素质提升、社会文明进步。习近平总书记对此高度重视、十分关心。党的十八大以来，他在国内考察调研过程中，走进农户家里，经常会问起村民使用的是水厕还是旱厕，在视察村容村貌时也会详细了解相关情况。他多次强调，随着农业现代化步伐加快，新农村建设也要不断推进，要来个"厕所革命"，让农村群众用上卫生的厕所。

自2015年起，国家旅游局在全国范围内启动三年旅游厕所建设和管理行动。行动启动以来，全国旅游系统将"厕所革命"作为基础工程、文明工程、民生工程来抓，精心部署、强力推进，"厕所革命"取得明显成效。截至今年10月底，全国共新改建旅游厕所6.8万座，超过目标任务的19.3%。"厕所革命"逐步从景区扩展到全域、从城市扩展到农村、从数量增加到质量提升，受到广大群众和游客的普遍欢迎。

2017年11月28日，《人民日报》在头版头条发表重要新闻《习近平近日作出重要指示强调，坚持不懈推进"厕所革命"，努力补齐影响群众生活品质短板》。其中说道：

"习近平指出，厕所问题不是小事情，是城乡文明建设的重要方面，不但景区、城市要抓，农村也要抓，要把这项工作作为乡村振兴战略的一项具体工作来推进，努力补齐这块影响群众生活品质的短板。"

"厕所问题不仅关系到旅游环境的改善，也关系到广大人民群众工作生活环境的改善，关系到国民素质提升、社会文明进步。习近平总书记对此高度重视、十分关心。党的十八大以来，他在国内考察调研过程中，走进农户家里，经常会问起村民使用的是水厕还是旱厕，在视察村容村貌时也会详细了解相关情况。他多次强调，随着农业现代化步伐加快，新农村建设也要不断推进，要来个'厕所革命'，让农村群众用上卫生的厕所。"

将"厕所革命"终极目标定位在"补齐影响群众生活品质的短板"，兜底民生，造化民生，"人民对美好生活的向往"尽在日常生活琐碎中……

把"厕所革命"一抓到底

本报评论员

厕所问题不是小事情，它是基本的民生问题，也是重要的文明窗口。早在2015年4月1日，习近平总书记就曾对"厕所革命"作出重要指示。近日，习近平总书记再次就旅游系统推进"厕所革命"工作取得的成效作出重要指示。三年两次重要指示，体现了习近平总书记对百姓民生、城乡文明的高度关切，彰显了从小处着眼、从实处入手的务实作风，为新时代推动旅游业大发展、实施乡村振兴战略注入了强大动力。

纵观全球，厕所问题是大多数发展中国家面临的共同难题，一些发达国家也有不尽如人意之处。很长一段时间以来，厕所也是我国旅游业最突出的薄弱环节，是我国社会文明和公共服务体系的一块短板。从历史来看，几千年来形成的厕所文化缺失及顽固的如厕陋习，制约着厕所文明的提升；从现实来看，中国经济高速增长和旅游业快速发展催生了对厕所的现实需求，厕所脏、

行，必须要从思想认识、文化观念、政策措施、体制机制等多方面进行变革，这是提出"厕所革命"的由来，也是攻克这一社会发展短板的必然要求。

小厕所，大民生。厕所问题不仅关系旅游环境的改善，也关系广大人民群众生活品质的改善，关系国民素质提升、社会文明进步。党的十八大以来，习近平总书记在国内考察调研过程中，经常会问起村民使用的是水厕还是旱厕，并详细了解相关情况。自从2015年4月1日总书记作出重要指示以来，全国旅游系统将"厕所革命"作为基础工程、文明工程、民生工程来抓，初显成效。两年多来，我国"厕所革命"逐步从景区扩展到全域、从城市扩展到农村、从数量增加到质量提升、从厕所封闭管理到开放管理，受到广大群众和游客的普遍欢迎。总结两年多来的"厕所革命"，一个重要启示就是始终把人民群众的需求放在第一位，一个重要经验

已经转化为人民日益增长的美好生活需要和不平衡不充分的发展之间的矛盾。"厕所革命"虽然取得显著成效，但与人民群众对美好生活的需求相比，还存在发展不平衡不充分的问题。深入推动"厕所革命"向纵深发展，就要深入贯彻落实习近平总书记的重要指示精神，一方面要像抓"厕所革命"一样，不断加强各类软硬件建设，推动旅游业大发展；另一方面要把厕所问题作为城乡文明建设的重要方面，不但景区、城市要抓，农村也要抓，把"厕所革命"作为乡村振兴战略的一项具体工作来推进，努力补齐这块影响群众生活品质的短板。

"人民对美好生活的向往，就是我们的奋斗目标"。习近平总书记曾经指出，民生工作推出的每件事都要一抓到底。从人民群众的生活需求出发，着力改善群众反映强烈的突出问题，一件事情接着一件事情办、一年接着一年干，抓一件成一件，积小胜为大胜，我们

2017年11月28日，《人民日报》发表"评论员文章"，题为《把"厕所革命"一抓到底》，其中说道：

"早在2015年4月1日，习近平总书记就曾对'厕所革命'作出重要指示。近日，习近平总书记再次就旅游系统推进'厕所革命'工作取得的成效作出重要指示。三年两次重要指示，体现了习近平总书记对百姓民生、城乡文明的高度关切，彰显了从小处着眼、从实处入手的务实作风，为新时代推动旅游业大发展、实施乡村振兴战略注入了强大动力。"

除此之外，《人民日报》上述文章同时告知："两年多来，我国'厕所革命'逐步从景区扩展到全域、从城市扩展到农村、从数量增加到质量提升、从厕所封闭管理到开放管理，受到广大群众和游客的普遍欢迎。总结两年多来的'厕所革命'，其中一个重要启示，就是始终把人民群众的需求放在第一位；一个重要经验，就是真抓实干、努力解决实际问题。"

好一个"重要启示"，好一个"重要经验"，从表象看，启示、经验似乎是分列式，但在"厕所革命"的立意与实践中，二者的共性却是共通的来之不易……

民生小事大情怀

——记习近平总书记倡导推进『厕所革命』

这是一项民生难点，也是体现文明进步的尺度。它与人人相关，习近平总书记时时牵挂心间。

近日，习近平总书记作出重要指示强调，坚持不懈推进"厕所革命"，努力补齐影响群众生活品质短板。

党的十八大以来，习近平总书记在国内考察调研过程中，经常会问起农村厕所改造问题，详细问村民使用的是水厕还是旱厕，在视察村容村貌时也会详细了解相关情况，强调"小厕所、大民生"。

民生小事，体现了习近平总书记的大情怀。

曾经，谈及中国的厕所，很多人的感受不佳。在街道、景区等公共场所，厕所脏、乱、差、偏、少，如厕难成为群众反映强烈的突出问题。在一些农村地区，"两块砖，一个坑，蛆蝇孳生臭烘烘"。厕所的状况，关乎百姓生活，折射文明风尚，关系国家形象。

2014年12月，习近平总书记在江苏镇江考察调研时指出，厕改是改善农村卫生条件、提高群众生活质量的一项重要工作，在新农村建设中具有标志性连。

温暖democratization人心的话语，源自习近平以一贯之对人民真切质朴的情感和对待工作真抓实干的品格。

40多年前，陕西省延川县冯家坪乡赵家河村建起了有史以来第一个男女分开的厕所。翻修它的人，正是当时在赵家河村蹲点的知青习近平。

在《习近平的七年知青岁月》一书中，村民赵胜利忆起当年的场景，仍历历在目：当时陕北农村，生活很艰苦，对于上厕所就更不讲究。挖个坑，周围随便打木头、秸秆、土坯一挡，上面盖个草棚子，就当厕所了。

"近平来了不久，就动手修了一个男女分开的公共厕所。他把旧的厕所拆掉，重新用砖和石头砌，扩大了面积，又加高了围墙，一间男厕，一间女厕，都是分开的，宽敞多了，而且隐秘性比较好。大家一看，这样确实很方便，就纷纷效仿。"赵胜利说。

从小处着眼，从实处入手，对于厕所问题，习近平不仅身体力行地推动解决，更在日后从政的道路上，将这一带着温度的民生关怀列入施政举措。

1982年，习近平来到河北正定工作。"当年，正定比较贫穷落后。比如，农村'连茅圈'大量存在。"习近平曾在一篇文章中回忆："'连茅圈'就是厕所和猪圈连在一起，很不卫生。"

有问题，就抓。中共正定县委《一九八四

年工作大纲》展现了这样的决心："积极改造'连茅圈'，努力使古城展新貌。"

从河北到福建，从浙江到上海，习近平在地方工作期间，一直高度重视、十分关心厕所问题，推动解决当地群众的如厕困难。

"冰冻三尺，非一日之寒。"对于长期存在的厕所问题，习近平有着清醒的认识，并在深刻思考中寻找着解题之钥。

小康不小康，厕所是一桩。面对中国快速发展中日益提高的厕所需求和巨大的历史欠账，面对全面建成小康社会和实现民族复兴的宏伟目标，补齐厕所问题这一公共服务体系和社会文明的短板，需要从思想认识、文化观念、政策措施、体制机制等各方面进行一系列广泛而深刻的变革。

2015年4月，习近平总书记就"厕所革命"作出重要指示，强调"要像反对'四风'一样，下决心整治旅游不文明的各种顽疾陋习。要发扬钉钉子精神，采取有针对性的举措，一件接着一件抓，抓一件成一件，积小胜为大胜，推动我国旅游业发展迈上新台阶"。

3个多月后，在吉林延边考察调研时，习近平总书记要求将"厕所革命"推广到广大农村地区。

当得知一些村民还在使用传统的旱厕，习近平强调，随着农业现代化步伐加快，新农村建设也要不断推进，要来个"厕所革命"，让农村群众用上卫生的厕所。基本公共服务要更多向农村倾斜，向老少边穷地区倾斜。

从改建旅游厕所到推进农村改厕，从布局城市公厕到增加女厕数量，从全国性会议部署加快改造水改厕步伐，到农村改厕被列为"十三五"必须完成的约束性任务……一场"厕所革命"的浪潮在中国城乡大地掀起。

习近平总书记不仅倡导了这场"厕所革命"，更时刻关注着工作进展，关注着人民群众在这场深刻变革中的民生获得感。

在河北正定，"连茅圈"早已成为历史。2013年，习近平总书记回到塔元庄看望干部群众，提到了他当年抓的'连茅圈'改造。正定县塔元庄村党支部书记尹计平说，2000年，这里就完成了卫生厕所改建。现在的塔元庄村随着经济发展，已经实现家家户户住进楼房、用上了抽水马桶。

2016年春节前夕，在江西井冈山茅坪乡神山村考察调研时，习近平关切地询问向贫困户张成德家的生产生活情况，还察看了水冲厕所。

（下转第四版）

如同很少看到在央视《新闻联播》头条连续出现同一类"小事"新闻一样，也很少读到《人民日报》在头版头条连续报道同一类"小处着眼"，但"厕所革命"的话题却创造了奇迹，而且时间节点是在"十九大"闭幕不久。

2017年11月29日，《人民日报》头版头条刊发记者邹伟、胡浩、荣启涵采写的《民生小事大情怀——记习近平总书记倡导推进"厕所革命"》，响鼓重锤，振聋发聩，告知"这是一项民生难点，也是体现文明进步的尺度。它与人人相关，习近平总书记时时牵挂心间"。

真抓实干补齐民生短板
——习近平总书记指示推进"厕所革命"引发热烈反响

本报记者

近日，习近平总书记就旅游系统推进"厕所革命"工作取得的成效作出重要指示。这是总书记三年来第二次对"厕所革命"作出重要指示。广大干部群众反响热烈，大家认为，倡导推进"厕所革命"，体现了习近平总书记对百姓民生、城乡文明的高度关切，彰显了从小处着眼、从实处入手的务实作风，为新时代推动旅游业大发展、实施乡村振兴战略注入了强大动力。

小厕所关乎大民生

江苏省苏州市吴中区金庭镇柯家村，这里的村民祖祖辈辈居住在太湖边上，以水为邻，伴水而生。江南水乡农村地区，厕所除了茅厕，还有木制的马桶。"一到夏天，茅厕臭气熏天，极不卫生。而马桶，则要到河道里去洗，污染了太湖。"说起"厕所革命"，村民凌春燕一个劲儿地点赞，"现在好了，家里装了抽水马桶，用完按钮一按，水一冲，方便又干净。"

"'厕所革命'作为城乡文明建设的重要方面，补上了农村建设的短板。"苏州市水利局局长王国荣说，苏州从2015年启动新一轮农村生活污水治理，每年投入超30亿元，以不少于1000个村庄近10万农户的速度推进，同步开展96个撤并乡镇污水治理。

"现在上厕所，冬天不冷，夏天不臭！"家住吉林省延边朝鲜族自治州和龙市光东村的李名植告诉记者，上了快一辈子的旱厕，没想到如今能过上"城里人一样的生活"。光东村是和龙市旱厕改造试点，政府已累计投入专项资金420余万元。

"厕所问题关系到广大人民群众工作生活环境的改善。"中华预防医学会会长王陇德院士说，厕所是许多疾病之源，在全国特别是在农村掀起一场"厕所革命"非常必要。

中国疾控中心改水中心主任陶勇认为，推进"厕所革命"，要将其纳入健康城市的考核指标，作为健康中国的一项战略来抓。

"厕所好坏直接影响老百姓的生活质量，并不是一件小事。总书记要求坚持不懈推进'厕所革命'，努力补齐影响群众生活品质短板，切中肯綮。"11月28日，从报纸上看到习近平总书记倡导推进"厕所革命"后，华中师范大学中国农村研究院胡平江博士竖起了大拇指。胡平江曾在全国各地进行多次田野调查，他认为，城市公厕脏、乱、差、偏、少，农村厕所卫生条件差是个老大难问题。

（下转第三版）

2017年11月29日，《人民日报》刊发记者王珂、王君平等人采写的联合报道《真抓实干补齐民生短板》，详细讲述"习近平总书记指示推进'厕所革命'引发热烈反响"。其中说道：

"近日，习近平总书记就旅游系统推进'厕所革命'工作取得的成效作出重要指示。这是总书记三年来第二次对'厕所革命'作出重要指示。广大干部群众反响热烈，大家认为，倡导推进'厕所革命'，体现了习近平总书记对百姓民生、城乡文明的高度关切，彰显了从小处着眼、从实处入手的务实作风，为新时代推动旅游业大发展、实施乡村振兴战略注入了强大动力。"

"厕所好坏直接影响老百姓的生活质量，并不是一件小事。总书记要求坚持不懈推进'厕所革命'，努力补齐影响群众生活品质短板，切中肯綮。"从报纸上看到习近平总书记倡导推进"厕所革命"后，华中师范大学中国农村研究院胡平江博士竖起了大拇指。胡平江曾在全国各地进行多次田野调查，他认为，城市公厕脏、乱、差、偏、少，农村厕所卫生条件差是个老大难问题。"厕所革命"从景区延伸到城市各个角落，延伸到偏远农村，必将给人们带来更多获得感、幸福感。

[平心而论]

百姓生活品质取决于这件"小事"

侯江

习近平总书记近日就旅游系统推进"厕所革命"工作取得的成效作出重要指示。他指出，厕所问题不是小事情，是城乡文明建设的重要方面，不但景区、城市要抓，农村也要抓，要把这项工作作为乡村振兴战略的一项具体工作来推进，努力补齐这块影响群众生活品质的短板。

天下大事，必作于细。如厕相关的公共服务，是人们生活品质的直接反映，这类"补短板、强弱项"的民生工程，是人民群众觉得贴心。老百姓的生活品质，不仅仅在于高科技产品、消费的便利、便捷的出行，更在于这样的"小事情"。

早在2015年4月，习近平总书记曾经就"厕所革命"作出重要批示，强调推进"厕所革命"是提升旅游业品质的务实之举。冰冻三尺，非一日之寒。要像对"四风"一样，下决心整治旅游不文明的各种顽疾症。要找准有针对性的举措，一件接着一件抓，抓一件成一件，积小胜为大胜，推动我国旅游业发展迈上新台阶。

近三年来，厕所革命取得了显著的成效。全国共新改扩建旅游厕所6.8万座。厕所的数量多了、公厕也便洁了，环境越来越贴心了。从客运中心到农家乐、从公园到街头，从公厕卫生、厕纸供应、服务人性化等方面，人们都能体会到这种变化，更能体会到政府部门得民心、顺民意、惠民生的切实努力。甚至，如今的公厕，已经成为美丽中国、美丽乡村、洁美家园建设的重要内容。

具体到咱们的北京城来说，据统计，目前北京共有公厕19008座，今年计划对500座进行品质提升，现已完成282座。让人们切实感受到了公共服务水平的巨大提升。就拿客流量巨大的北京西站来举例。行停智时存放台合、暖、防臭新工艺，让人们在解决内急的时候安心、放心、舒心。再来，西站还引入智慧管理，用信息化手段引导人群快速进出。几年前，市民们在出国旅游时还在羡慕国外的公厕卫生方便，可现在，更卫生、更方便、更美观的公厕就在日夜为南来北往的旅客们服务，让人们除了舒适便捷之外，更发自内心地产生了一种自信和自豪的感觉。

有句民间流传的俗语让人印象深刻：小康不小康，厕所算一桩。小厕所，其实正是民生工程的大窗口，体现着日益提升、日益成熟的公共文明。一些令人头疼的身边小事，早已融入了国家新时代发展的大布局。百姓天天体会着生活中令人喜悦的变化，体会着这些变化给自己的生活带来的实实在在的获得感。

"厕所革命"在近三年的实践中，已经取得了丰硕的成果。在此基础上，如果每一个城市、每一处乡村，都能够把国家的政策方针落到实处，进一步把这项工程做扎实，那将是老百姓的大福祉。同时，每一个人，如果能持文明的如厕习惯融入到每天的生活细节当中，那就意味着，"厕所革命"能够得到更好、更有效地推进。人脸识别取厕纸，智能消毒、空气置换除臭技术，都是技术层面的努力。而人人自觉养成文明如厕习惯，成为文明如厕的传播者、实践者和示范者，则是全面提升社会公共文明的基础。

F102

[漫画新闻]

新"食客"

有你吃、我航脏多了！

地沟油

我国自主研发生物航空煤油一架航班，22日在美国芝加哥平稳降落，该生物航煤是以餐饮废油—地沟油为原料。

李嘉 H186

平日阅读的报纸大致分两类，一是央媒"大"报，再就是都市"小"报。关于"厕所革命"，不仅有宏大的奋斗目标，也有坚实的日积月累，于此，"大报"有居高临下的优势，"小报"有落地有声的特长。

2017年11月28日，平素长于"家长里短"的《北京晚报》，刊发了《百姓生活品质取决于这件"小事"》的时评，其中说道：

"'天下大事，必作于细'。如厕相关的公共服务，是人们生活品质的直接反映，这类'补短板、强弱项'的民生工程，最让人民群众觉得贴心。老百姓的生活品质，不仅仅在于高科技产品、消费的便利、便捷的出行，往往更在于这样的'小事情'。有句民间流传的俗语让人印象深刻：小康不小康，厕所算一桩。小厕所，其实正是民生工程的大窗口，体现着日益提升、日益成熟的公共文明。"

文章有这样一番话，听着入耳，想着悦心："一些令人头痛的身边小事，早已纳入了国家新时代发展的大布局。百姓天天体会着生活中令人喜悦的变化，体会着这些变化给自己的生活带来的实实在在的获得感。"从某种意义上讲，百姓的获得感非同寻常又亦乎寻常，其中"如厕方便"最兜底民生……

答好总书记出的题

社论

岁月的奔流从不停歇，奋斗的征程永远向前。

2014年2月以来，习近平总书记两次视察北京并发表重要讲话，亲自主持中央政治局常委会会议听取北京城市总体规划编制工作汇报，对首都工作作出一系列重要指示，明确了北京在新形势新时期的战略定位，提出了建设一个什么样的首都、怎样建设好伟大祖国的首都……

2018年2月22日，时逢习总书记两次视察北京发表重要讲话纪念日之际，《北京日报》发表社论《答好总书记出的题》。尽管字里行间未及"厕所革命"，但"这四年我们在'提升'上用功发力"，"解决了一批多年想解决而没有解决的难题"，却从旁道出了"厕所革命"历程所在。

社论用了三个排比句作答"如何答好总书记出的题"。从表象上看，同样看似与"厕所革命"无直接关联，但触类旁通，纲举目张，其中说道：

"答好习总书记出的题，就要以习近平新时代中国特色社会主义思想为指引，牢固树立'四个意识'，坚定'四个自信'；答好习总书记出的题，就要坚持自觉从党和国家事业全局的高度来思考北京的问题，以首善标准加强'四个中心'功能建设全力做好'四个服务'；答好习总书记出的题，就要沿着习总书记指引的方向，强化责任担当，一张蓝图干到底。"

上述三段话，相比而言，"一张蓝图干到底"最好理解也最难理解，仅在街边就不止一次看到"一张蓝图绘到底"的横幅。一字之差，天壤之别，回到"厕所革命"的话题，从根本上规避太过随意的"绘到底"至关重要……

　　大国崛起，碎看西洋。反躬自省，见微知著。2007 年此间"智库辅政读本"《天大的小事》获评"年度最值得推荐的一本书"。

　　作为重点篇章，"公厕文明"一章不仅谈及"基本配置、公厕缺失、厕纸风波、流动厕所、公厕保洁、旅游厕所、豪华公厕、如厕须知、公厕指南"，同时提出关于"单位内部厕所酌情对外开放""提供公厕厕纸似应酌情推广""公厕保洁似应纳入精神文明""郊野公厕似应加大科技含量""豪华公厕似应全面禁止""公厕引导标牌似应标注距离"等宜居图谏。

　　时逢"重庆直辖 10 周年"，时任重庆市市委书记汪洋同志向该市大力推荐该书，并邀作者赴渝，为上千名党政干部作专题报告。为此《重庆日报》发文《这些"小事"如天大！》，告知"报告人用长达 35 分钟的时间来说厕所"。

　　赴渝讲学前，中共北京东城区委曾邀讲学。区长杨艺文同志同样对公厕改革颇为上心，且会后多有互动。时隔月余，媒体刊文《路牌添距离，找公厕少着急》，告知"这一思路受《天大的小事》启发"。

　　一年后。北京奥运前夕。《北京日报》披露"本市发布公厕引导牌设置标准"，告知，"公厕引导牌由厕所标识、文字、方向指示及距离指示等组成。当引导牌离所指示厕所距离超过 200 米时，引导牌方向指示箭头上还要注明距离。"

《天大的小事》作者告诉千名重庆官员：
宜居城市来自人文关怀细节

王力语录

■ 如果我们的城市在更多细小的环节上做人性化的设计，就能让市民感觉城市对自己的责任和用心。

■ 城市管理需要注重科学，需要"策略研究室"，为城市管理策划科学的方案。

■ 细节决定成败，细节体现城市的文明程度。

■ 重庆在城市管理的细节提升上做得还不够，未来重庆城市管理肯定会在细节上更加人性化。

信息讯（记者 何清平）"'爱护公共卫生命百岁，随地乱丢垃圾断子绝孙！'除了这样的标语，难道相关管理部门就没有更好的管理方式？昨日，在"城市管理细节"主题报告会上，北京恩威智业研究所所长、著名决策咨询专家、畅销书《天大的小事》作者王力告诉近千名重庆官员：打造"宜居城市"并不等于大笔投资，或者安装大量高科技器材，而是通过管理者富有人文关怀的行动，从一些往往容易被忽略的细节入手，让市民在城市中享受到生活的愉悦。在王力的报告中，重庆洋人街某些细节成了他批评的重点。

思考1 疏还是堵

王力认为，城市管理思路应更灵活，不能堵就疏；比如小广告像牛皮癣般治了又发，那就给他们一个专门贴的地方。"一步不能到位的，就两步到位。""换一个思路，管理离服务就不远了。"

思考2 公厕迷途
基础设施应注意细节

"公厕是应急的，建'世界最大'意义何在？"洋人街上可容千人的"世界最大厕所"也成了王力抨击的对象。王力认为，各地出现的"豪华公厕"、"防弹公厕"混淆了公厕的原本作用。而在它们的背后，却是市民如厕遭遇"公厕迷途"的尴尬。

城市的公厕应该设在什么位置？怎么方便寻找？这本是城市的基础设施，只有做得不完善，才会有此怪象。王力认为，正视公厕的真正作用，并从指示牌这样的细节做起，市民才会有舒适的感觉，"而舒适就是宜居"。

思考3 货车被卡
换位思考避免更大损失

面对卡在天桥下的货车，有人说司机"过不了非要过"。王力认为，这并不是司机的错，如果能更多地从货车司机的角度思考问题，把桥高指示牌放在距桥一定距离处，至少给卡车转弯的机会，就会在一定程度上避免货车被卡带来的损失。在

链接

京渝市委书记推介《天大的小事》

《天大的小事》通过聚焦西方城市各奥"宜居细节"并集合成册，继今年5月份，重庆市委书记汪洋称《天大的小事》为城市管理"好教材"后，北京市委书记刘淇再次推介此书。

回音

市市政委主任郭汝齐：

今后重庆的城市管理，一定会结合实际，在细节上下功夫，让市民感受细节变化带来的愉悦。我们邀请王力作报告，就是希望城市管理部门转变观念，树立从细节微好服务的意识。

大国崛起，碎看西洋；反躬自省，见微知著。2007 年，此间"智库辅政读本"《天大的小事》获评"年度最值得推荐的一本书"。恰逢重庆直辖 10 周年，时任重庆市市委书记汪洋同志向该市大力推荐并邀作者赴渝讲学。

重庆媒体均在"要闻版"予以报道。8 月 24 日，《时代信报》刊发记者何清平采写的《宜居城市来自人文关怀细节》，其中说道：

"在'城市管理细节'主题报告会上，著名决策咨询专家王力告诉近千名重庆官员：打造宜居城市要通过富有人文关怀的行动，从容易被忽略的细节入手，让市民在城市中享受到生活的愉悦。王力说，各地出现的'豪华公厕''防弹公厕'混淆了公厕的原本作用。而在它们的背后，却是市民如厕遭遇'公厕迷途'的尴尬。城市公厕该设在什么位置？怎么方便寻找？王力认为，正视公厕的真正作用，并从指示牌这样的细节做起，市民才有舒适的感觉，而'舒适'就是宜居。"

记者采访了重庆市市政委郭主任，这位资深城市管理者表示："今后重庆城市管理一定结合实际在细节上下功夫，让市民感受到细节变化带来的愉悦。邀请王力作报告，就是希望城市管理部门转变观念，树立从细节做好服务的意识。"

重庆晨报 | 2007年8月24日 星期五 主编 谭永旭 责编 吴忠拉 图编 王洋 责校 曾珂

24小时新闻热线：968966 今日要闻 07版

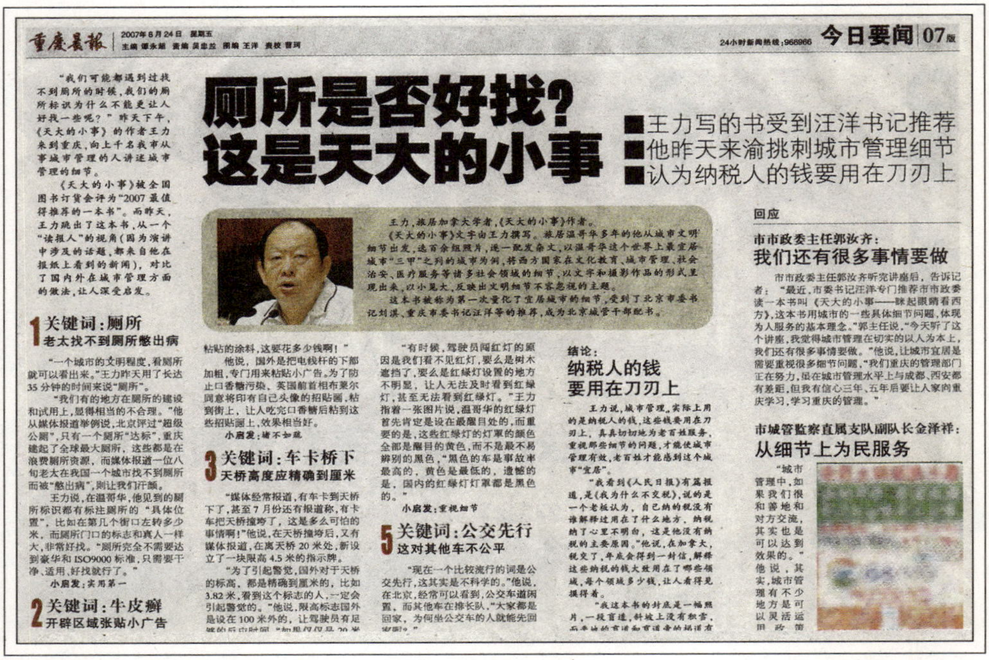

厕所是否好找？这是天大的小事

■王力写的书受到汪洋书记推荐
■他昨天来渝挑刺城市管理细节
■认为纳税人的钱要用在刀刃上

"我们可能都遇到过找不到厕所的时候，我们的厕所标识为什么不能更让人好找一些呢？"昨天下午，《天大的小事》的作者王力来到重庆，向上千名我市从事城市管理的人讲述城市管理的细节。

《天大的小事》被全国图书订货会评为"2007最值得推荐的一本书"。而昨天，王力跳出了这本书，从一个"读报人"的视角（因为演讲中涉及的话题，都来自他在报纸上看到的新闻），对比了国内外在城市管理方面的做法，让人深受启发。

王力，旅居加拿大学者，《天大的小事》作者。

《天大的小事》文字由王力撰写。旅居温哥华多年的他从城市文明细节出发，选百余组照片，选一配发杂文，以温哥华这个世界上最宜居城市"三甲"之列的城市为例，将西方国家在文化教育、城市管理、社会治安、医疗服务等诸多社会领域的细节，以文字和摄影作品的形式呈现出来，以小见大，反映出文明细节不容忽视的主题。

这本书被称为第一次量化了宜居城市的细节，受到了北京市委书记刘淇、重庆市委书记汪洋等的推荐，成为北京城管干部配书。

1 关键词：厕所 老太找不到厕所憋出病

"一个城市的文明程度，看厕所就可以看出来。"王力昨天用了长达35分钟的时间来说"厕所"。

"我们有的地方在厕所的建设和试用上，显得相当的不合理。"他从媒体报道举例说，北京评过"超级公厕"，只有一个厕所"达标"，重庆建起了全球最大厕所，这些都是在浪费厕所资源，而媒体报道一位八旬老太在我国一个城市找不到厕所而被"憋出病"，则让我们汗颜。

王力说，在温哥华，他见到的厕所标识都有标注厕所的"具体位置"，比如在第几个街口左转多少米，而厕所门口的标志和真人一样大，非常好找。"厕所完全不需要达到豪华和ISO9000标准，只需要干净、适用、好找就行了。"

小启发：实用第一

2 关键词：牛皮癣 开辟区域张贴小广告

粘贴的涂料，这要花多少钱啊！"

他说，国外是把电线杆的下部加粗，专门用来粘贴小广告。为了防止口香糖污染，英国前首相布莱尔同意将印有自己头像的招贴画，粘到街上，让人吃完口香糖后粘到这些招贴画上，效果相当好。

小启发：堵不如疏

3 关键词：车卡桥下 天桥高度应精确到厘米

"媒体经常报道，有车卡到天桥下了，甚至7月份还有报道称，有卡车把天桥撞垮了，这是多么可怕的事情啊！"他说，在天桥撞垮后，又有媒体报道，在离天桥20米处，新设立了一块限高4.5米的指示牌。

"为了引起警觉，国外对于天桥的标高，都是精确到厘米的，比如3.82米，看到这个标志的人，一定会引起警觉的。"他说，限高标志国外是设在100米外的，让驾驶员有足

"有时候，驾驶员闯红灯的原因是我们看不见红灯，要么是树木遮挡了，要么是红绿灯设置的地方不明显，让人无法及时看到红绿灯，甚至无法看到红绿灯。"王力指着一张图片说，温哥华的红绿灯首先肯定是设在最醒目处的，而重要的是，这些红绿灯的灯罩的颜色全部是醒目的黄色，而不是最不易辨别的黑色，"黑色的车是事故率最高的，黄色是最低的，遗憾的是，国内的红绿灯灯罩都是黑色的。"

小启发：重视细节

5 关键词：公交先行 这对其他车不公平

"现在一个比较流行的词是公交先行，这其实是不科学的。"他说，在北京，经常可以看到，公交车道闲置，而其他车在排长队，"大家都是回家，为何坐公交车的人就能先回家啊？"

结论：

纳税人的钱要用在刀刃上

王力说，城市管理，实际上用的是纳税人的钱，这些钱要用在刀刃上，真真切切地为老百姓服务，重视那些细节的问题，才能使城市管理有效，老百姓才能感到这个城市"宜居"。

"我看到《人民日报》有篇报道，是《我为什么不交税》，说的是一个老板认为，自己纳的税没有谁解释过用在了什么地方，纳税纳了心里不明白，这是他没有纳税的主要原因。"他说，在加拿大，税交了，年底会得到一封信，解释这些纳税的钱大致用在了哪些领域，每个领域多少钱，让人看得见摸得着。

"我这本书的封底是一幅照片，一段盲道，斜坡上没有积雪，

回应

市市政委主任郭汝齐：

我们还有很多事情要做

市市政委主任郭汝齐听完讲座后，告诉记者："最近，市委书记汪洋专门推荐市市政委读一本书叫《天大的小事——睁起眼睛看西方》，这本书用城市的一些具体细节问题，体现为人服务的基本理念。"郭主任说，"今天听了这个讲座，我觉得城市管理在切实的以人为本上，我们还有很多事情要做。"他说，让城市宜居是需要重视很多细节问题，"我们重庆的管理部门正在努力，虽在城市管理水平上与成都、西安都有差距，但我有信心三年、五年后要让人家向重庆学习，学习重庆的管理。"

市城管监察直属支队副队长金泽祥：

从细节上为民服务

"城市管理中，如果我们很和善地和对方交流，其实也是可以达到效果的。"他说，其实，城市管理有不少地方是可以灵活运用政策

上述专题报告次日，2007年8月24日，《重庆日报》刊发记者张浩淼采写的《这些"小事"如天大！》，其中说道：

"什么是宜居城市？市民不会套用硬指标，只会感受身边小事是否舒服。昨日，《天大的小事》作者王力在市委礼堂作'城市管理细节'主题报告，如上厕所是否方便？道路标识是否明晰？一个个看似不起眼的小细节经王力讲述后，变成了关乎城市管理水平的大问题。整个报告会王力妙语连珠，没有空洞的理论、生硬的说教，通过中外对比的方式，让听众清晰地看到了城市之间的差距。"

当日，《重庆晨报》以《厕所是否好找？这是天大的小事》为题跟进表述："昨天，《天大的小事》的作者王力来到重庆，向我市上千名从事城市管理的干部详细讲述城市管理的细节：'一个城市的文明程度，看厕所就可以看得出来。'王力用了长达35分钟的时间来说厕所。"

在说长也长说短也短的35分钟里，由于报告所言多为"俗人所见略同"，所以引来广泛共鸣与共识也在情理之中……

（21）公厕文明 / 公厕指南

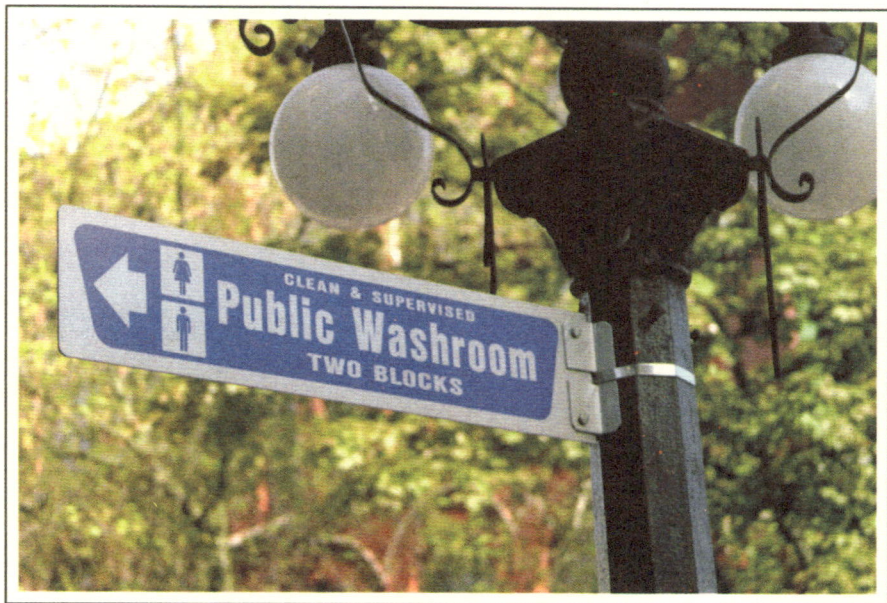

　　人吃饱了撑的啥事都干得出来，但通古论今合并同类项，吃饱之后的第一要素却是那难于启齿的"拉和撒"。

　　我国"官茅房"的历史有多久不得而知，但善解人意的"导厕"却是近代的新职业，据说，20年前上海滩吃的喝的啥都好，就是拉撒有点难；据说，当时上海人说的做的啥都对，可唯独收费"导厕"让人有点烦。

　　国外虽没有职业导厕人，但"导厕"一事还是有人管有人抓，听说有的地方发放"导厕图"，听说有的政府机关厕所随便用，相比之下，温哥华的做法简约又实用，说破大天就是在厕所附近安个小牌牌。

　　报章披露某地《找不到厕所憋坏八旬老外》，悲乎之余哀乎之后却突然发现本土其实也有"厕所指南"，不仅式样极为规整，同时分布也很广泛。既然如此何必还要不依不饶、喋喋不休，原来同是导厕牌，可人家比咱家多了句"与之相距究竟有多远"……

——截图自《天大的小事》

A16 社区·东部　　主编/徐晓蕾　执行人/岳照宇　编辑/孔琳　美

东城　遍布各主干道　共计106块　指示牌统一加标数字　路程最远不过500米

路牌添距离　找公厕少着急

行人10分钟内找到"目的地"　王府井、灯市口等地区将有增加　本周可完成

本报讯（记者 叶慧）哪个公厕离你最近，内急行人一目了然。连日来，东城区环卫局将给106块公厕指示牌挨个"增加"如厕路程的标识。

昨天，记者在东四路口附近发现，沿街人行道300米左右的路上，就有四五块公厕指示牌，每块牌子上除了指示不同方向的箭头外，箭头下还标着"50m、100m"等数字。

在"50m"指示牌的引导下，记者步行了两三分钟，就发现了胡同内的公厕。

"外来游客以后就方便了。"居民王冬梅说，其实许多公厕都藏在胡同里，真遇上内急的外来者，如果不了解地形，光看方位指示找对地方还是要费半天劲。

此外，在朝内大街、东四北大街、景山前街、东四西大街等主干道的公厕指示牌都已标注了距离，最远处不超过500米，最短路程是5米，保证行人在10分钟内找到"目的地"。

环卫部门加标距离的灵感，来自于一本名为《天大的小事》的书。工作人员把自己当作如厕人，实地步测后在主干道或胡同口人流量大的地方，更换了新的指示牌。

东城区环卫局宣科的张东青介绍，这次更换实行"有增有减"方式，在王府井、灯市口等人流量大的地方增加牌子，而距离超过500米的指示牌就被撤换。整个更换工程本周可完成。

《天大的小事》：作者用镜头聚焦西方生活细节、服务细节，文明细节等各个方面，与国内相对应的领域进行对比，并科学地加以归纳总结。　——新浪读书

北京东城区不仅是首都核心区，同时更是"首善示范区"。赴渝讲学前，东城区委曾邀讲学。无独有偶，杨艺文区长同样对公厕改革颇为上心。时隔月余，区长告知东城围绕公厕管理有所动作，如2007年8月6日《法制晚报》记者叶慧所讲，《路牌添距离 找公厕少着急》。其中说道：

"哪个公厕离你最近，内急行人一目了然。连日来，东城区环卫局给106块公厕指示牌挨个添加了如厕距离的标识。记者在东四路口附近发现，沿街每块牌子上除了指示不同方向的箭头外，箭头下还标着'50m、100m'等数字。环卫部门加标距离的灵感来自《天大的小事》。工作人员把自己当作如厕人，实地步测后在主干道或胡同口人流量大的地方，更换了新的指示牌。"

2017年11月28日，《人民日报》头版头条登载习总书记近日作出重要指示，强调"坚持不懈推进'厕所革命'，努力补齐影响群众生活品质短板"。喜悦难掩，当即给履新北京市人大的老区长发去短信："读罢总书记有关厕所革命最新指示，不由得想起10年前共同发力，于国内率先推行标注距离的导厕牌。"

"导厕牌标注距离"看似屁大点儿事，值得耿耿于怀、念念不忘？值得，很是值得，别忘了"厕所革命"是缺一不可的庞大系统工程……

北京新闻
BEIJING NEWS

2008年5月8日 星期四

本市发布公厕引导牌设置标准
《北京市公共厕所管理办法(草案)》即将发布施行

公共卫生间
Public Toilet
300m

本报讯(记者王东亮) 记者昨天从市市政管委获悉,本市已出台公共厕所引导牌设置标准,全市公厕引导牌将统一为中英文的蓝底白字"公共卫生间",原设置的公厕引导牌将逐步更换。诸如叫人看不懂的烟斗的人头、高跟鞋等区分性别的标识也将被更换。为男女正面全身剪影。

据介绍,公厕引导牌由厕所标识、文字、方向指示及距离指示等组成。厕所标识为男性正面全身剪影、女性正面全身剪影。厕所标识为男性正面全身剪影,方向指示用白色箭头表示。当引导牌离所指示厕所距离超过200米时,引导牌方向指示箭头上还要注明距离。引导牌须用反光或夜光材料制作。

按照规定,引导牌要设置在公厕所在路段与主要大街相交的路口上。当厕所指引的公厕所离路口较远时,可采用连续引的方式设必多个引导牌,公厕引导牌的位置不能妨碍行人和车辆通行,也不能遮挡其他政府标牌或影响其相关设施的运行。

针对有的市民提出本市从5月1日起实施公共场所禁烟新规后,男厕所的标识人物不应再"叼"烟斗的建议,市市政管委有关负责人表示,国家对此没有硬性规定。男厕所为男性正面全身剪影,女厕所应为女性正面全身剪影。此前一公厕使用的烟斗的人头、高跟鞋、踢踢等标识,表达意思不明确,市政部门已要求公厕产权单位进行改正。

又讯(记者周奇) 本市政府投资建设的公共厕所应对社会公众免费开放,平房住宅区设置的公共厕所也应24小时开放,同时还应建立公共厕所导向牌、电子地图等指引服务系统,方便社会公众使用公共厕所,记者日前获悉,《北京市公共厕所管理办法(草案)》即将以政府令形式发布施行,其针对本市现有5300座公共厕所制定了一系列新规。

新改扩建公厕应有防蝇防鼠设施

《办法(草案)》要求,本市新建、改建、扩建公共厕所采用节水、节电、除臭、无障碍等有利于方便使用、保护环境和行动不便者使用的技术和设备;厕所地面、墙裙、蹲台、踏步、便器等部位应用防滑、防渗、耐腐蚀、易清洗的材料;提供照明、通风设备以及防蝇、防蛆、防鼠设施;实现粪便排放无害化。具备排入污水管条件的,应纳入城市污水管网,对于本办法施行前建成的公共厕所,不符合建设标准的,将逐步改造达到标准。

公厕应做到地面无积水残迹或烟头

《办法(草案)》对公共厕所的卫生条件作出规定,要求公共厕所保持外立面完好、整洁,厕所各类设施、设备齐全完好,采光通风良好,保持卫生并按规定进行卫生清理处理;公共厕所内做到无蝇虫,基本无臭味,地面无积水、无杂物,无污垢、无乱扔杂物,便器内无污渍、残存粪便,墙面、顶棚无积尘、污迹、蛛网等。为了便于公众监督,公共厕所的维护管理责任人还将公示服务标准和监督电话。

公厕停用超过24小时应有补救措施

为满足特殊情况下公众的用厕需求,《办法(草案)》规定,在公共厕所数量不足且难以建设固定式公共厕所的地段,要设置活动式厕所;举办大型活动时,所在地公共厕所不能满足使用需求的,要设置临时厕所;公共厕所因设施故障等原因停用时,时间超过24小时的,维护管理责任人应当采取必要的措施满足用厕需要。

此外,《办法(草案)》还禁止了七类对地地缺、乱扔杂物,在便器外便脚,向便器、奥井内排倒污水、污物、废弃物,在公共厕所内的墙壁、设施上乱涂乱写,破坏乱剪、乱丢损坏及毁损公共厕所内的设备、设施等是进行了明文规定。

东城就是东城,表率就是表率。时隔半年,2008年5月8日,北京奥运前夕,《北京日报》在"北京新闻"专版头条刊发记者王东亮采写的《本市发布公厕引导牌设置标准》,其中说道:

"记者昨天从市市政管委获悉,本市已出台公共厕所引导牌设置标准,全市公厕引导牌将统一为中英文的蓝底白字'公共卫生间',原设置公厕引导牌将逐步更换。据介绍,公厕引导牌由厕所标识、文字、方向指示及距离指示等组成。当引导牌离所指示厕所距离超过200米时,引导牌方向指示箭头上还要注明距离。"

"人有三急"。据说"三急"中唯有内急"急得最没点儿,急得最没谱儿,急得最没样儿"。从这样的逻辑推理,一个"标注了距离的导厕牌"功能有多大不言自明,一个城区"标注了距离的导厕牌"功效有多大不言自明,一个城市"标注了距离的导厕牌"公德有多大更不言自明。因此每每走在街上,看着这些与我多少有些关联的关联物,即便内急迟迟未解,却依旧怡然自得。

2013年底,有缘再度应东城区委邀请为该区"一把手素质培训工程"授课。说到上述"以点带面"的过往,不由得放下讲稿,站起身来,给"人性化、精细化"的代表人、代表作深深鞠了一躬……

（21）公厕文明 / 基本配置

　　自古"吃、喝、拉、撒"很乖张，虽然表述时常常连在一起，归类时也常常连在一起，可一旦回到了现实生活中，这环节"吃香的喝辣的"食不厌精，而那环节则从快从速提起裤子不回头。

　　西人的厕所和卫生间是两码事，前者"Toilet"字义为马桶，表现形式和我们传统茅房差不多；后者称谓比较复杂，"Washroom"意在比一般厕所多了洗手水，而"Rest Room"则志在比一般洗手间多了点"坐得住"。

　　再"糗"不能糗茅房。遍走北美，餐馆进了无数，厕所进了无数，很有意思，前者饭菜大多一个味儿，后者规格也大多一个味儿，无论新与旧，无论穷与阔，一般来说自来水、卫生纸、洗手液、垃圾桶一个也少不了。

　　尽管如此还是由不得想起国内某些官茅房，虽说是苍蝇、氨气一个也少不了，但动辄几十万甚至上百万的"豪厕"还是不断出炉，尤其"公厕大赛"常办常新，更让您忘了参评的物件含不含日常的屎和尿……

——截图自《天大的小事》

（21）公厕文明 / *流动厕所*

　　国人对"吃喝"讲究，对"拉撒"将就，或许是一旦吃饱了就顾不了许多，或许是一个"臭"字确实奈何不得。于是，几千年的生存史虽然积淀了色香味俱全的饮食文化，但最终却容不下新陈代谢的"饮食后"。

　　近年来，国人也开始学着营造"屎馆文雅"，诸如厕所数量标榜了房屋档次，诸如家装重头刻意向厨卫倾斜，遗憾的是，文雅并非文化，因此再附庸文雅也管不了"提起裤子不认账"。

　　再阔的豪宅也任由装修工随处小解，再靓的楼盘也任由建造者择机方便，与此相比北美工地则不然，不仅兵马未动，厕所先行，同时租赁流动厕所已经成为一宗成熟的买卖。

　　尽管现如今农民房子越住越大，但"饮食后"的那点讲究总还是近乎将就。有人让民工填过《需求表》，有人给民工发过"安全套"，我就奇了怪了，咋就没人引导这哨未来城市生力军率先学会善待自己的排泄物呢……

——截图自《天大的小事》

（21）公厕文明 / 郊野厕所

据说这年头不少人患有"出游恐惧症"，有人怕买不着票，有人怕订不上房，有人怕吃出毛病，有人怕憋出糗事。相比之下，尽管本人肾功能还算正常，但我还是担心万一吃不合适没地方"方便"。

旅居北美，驾车出游是常事，起初也曾担心想方便时不方便，但事实证明这种顾虑纯属多余。尽管"郊野厕所"硬件条件没有城市卫生间档次高，可吸水性并不差的揩腚纸还是绝对管够。

无意中发现那地方郊野厕所的气味似乎没有想象中那么大，有人说打扫得勤，有人说药使得足，有人说"运动型粪便"本来就不臭，有人说来去匆匆还没"回过味儿"。

为把这道文明的后防线打探清楚，每每如厕免不了多留些心思。细端详，费思量，最终发现，除及时清理定时撒药以外，同时那个从粪池内部直指天空的"通臭管"，也尽量让臭气"熏天"不熏人……

—— 截图自《天大的小事》

（35）**高调做人** / *素质缺失*

　　身在异乡为异客，每逢汉字备觉亲，然而在个别地方看到个别的汉字，却由不得面颊发红。本图摄于前述三文鱼孵化场，结合前文，备感沉重。

　　加拿大是个移民国家，多元文化著称于世，然而不知何年何月何日起，一些旅游景点的厕所贴出"请勿站在厕板上"的告示，虽然羞辱难捱，虽然怒火中烧，但最终还是要承认此物言之有人，此言言之有礼。

　　按理说，移民出去的人不是"有钱的"就是"有本儿的"，公款出国的不是"有衔儿的"就是"有脸儿的"，我就纳了闷了，挺高的厕板，咋就想上就上、想踩就踩？其实，这等内功同样源于汉字发祥地，君不见，不少国人即便是在六星级饭店寻方便，也照样提臀屏气踩高跷，也照样半空拉屎好悬的腔。

　　出恭也有《出恭学》。在"学生素质教育"喊得山响的节骨眼，真想给某些人兜头泼盆冷水，真想对受众对象做些角色转换。总之，"老派的素质教育"还是歇了吧，改了吧，调整调整先从《成人如厕须知》入手吧……

——截图自《天大的小事》

03／入梦有时

RUMENG YOUSHI

　　在恩波智业研究所资料库里，最早收集的厕所相关报道是1992年《厕所广告亮相羊城》。同样，由于早年侧重为企业提供外脑服务，因此围绕厕所这点事往往与"商"多有关联。1996年《中国商报》刊发的《商厦厕所"鸟枪换炮"》，让我第一次感知"公厕革命"为何指。

　　此间资料库里还有一些相关剪报，年深岁久，质地泛黄，大致年代应该是在20世纪末。其中不知出处的《澳大利亚白送厕所地图》看过后让人浮想联翩，而读过《如何教小孩子上厕所》则开始明悟"如厕要从娃娃学起"。

　　如果没记错，2005年《法制晚报》的文章是国内较早提及"厕位比例"与"坐、蹲位大便器比例"的媒体报道。好生了得又好生可惜，倘若相关机构相关人士能早点读到，或许至少"厕位失调"不会持续10年。

　　十数年前，《一个厕所百户居民共用，能否多建些公厕》看了让人目瞪口呆，《全市仅一栋大型公建厕所达标》读了让人心烦意乱，由此，我的研究所对公厕的关注日渐提升。直到读了2007年《生命时报》的《厕所文明，我们还差多远》，进而获知"一个国家是否文明，最好看看那里的厕所"以后，才将"厕所革命"视为自身辅政课题。

　　长此以往，不知不觉，收集相关剪报竟数以千篇记。每每展读，心绪万千，感慨万千……

商厦厕所"鸟枪换炮"

1993年首都提出公厕革命之后，西单商业街"千店易得，一厕难寻"的状况却没有改变，而新起的大商厦都格外重视厕所，个别的甚至上了星级。

本报记者 张宏

按国家卫生城市标准，城市每平方公里要有30座公厕，繁华闹市区每隔200米一座，据调查，全国尚未有一座城市达标。在一些大城市繁华商业区很难找到"排泄"之处，公厕黑、小、湿、臭的状况引起人们的普遍抱怨，商业区"千店易得，一厕难寻"与我国改革开放和城市面貌的日新月异形成强烈反差。为此，有讯之士曾在1993年发动过一次引人注目的首都公厕革命，三年过去了，首都繁华商业区和商场的公厕有无多大改观呢？记者最近对西单商业街和几家大商城的公厕进行了一番调查。

（一）

西单商业街从长安街口到北堂灵境胡同长不过千米，日人流量约50万人，街道两旁的商店鳞次栉比，总数超过100家，每天来此购物的人络绎不绝，高峰时近30多万人次。在这条商业街上仅在东购的功业场面里有一处收费公厕，三年前如此，三年后依然如此，可是这一处公厕，这恐怕是全国使用率最高的一座公厕了，平均每天要接待8点人次，一分钟要进入5多钟被有7人光顾，高峰时段5多分钟有7人光顾，分立一旁的女厕至要排队……

（按标准这条街至少应有4至5座公厕，三年来西单商业街的公厕状况基本上没有什么变化，如厕难的呼声仍不绝于耳。）

（二）

西单商业街有大小9家餐馆、冷饮厅，其中有卫生间的4家。说起商厦，却是有"人口"有"出口"，街面考究，万家鞋店、精益银镜公司、婚庆商店、西城百货、西单商场、西单购物中心、"特别特"物业场10多家，有公厕供顾客使用的只有3家。上中西商场内的公厕最多。日客流量10多万人次的西单商场，以前仅在二楼有一处较大的公厕，重新开张后，现又在南北楼每一楼层都建了公厕，大小共8处，干净整洁，有专人打扫，完全满足了顾客"方便"，再也没有门外秩序的状况，一些左进上找不到公厕的人可以进商场去上厕。

西单购物中心的公厕现也只有一处收费厕所，但却装饰一新，宽敞大方，烘手器、卫生纸、化妆镜、设施一应俱全，还有热水水……

（三）

大商场的厕所都重视设施，所设公厕近好……

按插足还难。

有8个公厕，被誉以星级饭店水平，内装修十分考究，大理石贴面、冲水设备、擦手纸、烘干器样样齐全不收费，意顾者说：公厕是一个窗口，要让顾客感到如厕也是享受，公厕改建好后……

当代商城购物相邻的双安商场每层都有公厕，20多个清洁工轮流清扫，干净整洁，顾客十分满意。

（四）

大商场的公厕有了明显改观，令人欣喜，但商业却仍然没多大起色，剖其原因主要是经费所限制、政府经济实力不足，按目前标准在繁华商业区新建一座二类公厕至少需要30万元，小公厕改建开位也要5万元，北京市公厕的现代化、文明化改造资金缺口10亿元左右，如按市政府每年的资金收入，恐怕要几十年。

《中国商报》'96.8.30.

厕所广告亮相羊城

都不久，您足跑松沙到广州中山八路一公厕"收费公厕"……

在这座厕所的内外醒目地打个霓虹灯字，这显示大做出场的国家厕所广告，捷足先登者乃广州市厕所广告佳能公司（广州专松电器制造厂）。

笔者按照要求，在广州先后中第100号科学院内找到厕所公厕广告。广告的内容是，由广州先在荔湾区内选择了两间收费公厕做厕所广告，一间位于中山八路南木广告，额为流行。由于使用公厕人员……

大康公司的负责人介绍说，公司先在荔湾区内选择了两间收费公厕做厕所广告，一间位于文化公园对面德庆……

在恩波智业研究所资料库里，最早收集的厕所相关存报是1992年12月21日《南方日报》的《厕所广告亮相羊城》，其中那句"随着经济发展，会有越来越多的企业重视利用厕所做广告"记忆犹新。

同样，由于当年侧重为企业提供外脑服务，因此围绕厕所这点事往往与"商"关联。1996年8月30日，《中国商报》刊发记者张宏采写的《商厦厕所"鸟枪换炮"》，第一次让我感知"公厕革命"为何指。其中说道：

"1993年首都提出'公厕革命'后，西单商业街'千店易得，一厕难寻'的状况却没有改变，而新起的大商厦都格外重视厕所，个别的甚至上了星级。按国家卫生城市标准，城市每平方公里要有30座公厕，繁华闹市区每隔200米一座，次要干道每500米应有一座，据调查，全国尚未有一座城市达标。在一些大城市繁华商业区很难找到'排泄之处'，公厕'黑、小、湿、臭'的状况引起人们的普遍抱怨，与我国改革开放和城市面貌的日新月异形成强烈反差。"

张宏记者怀揣对"公厕革命"的执着与向往，对西单商业街和几家商城的公厕进行了一番调查，发现厕所数量、厕位、导厕等情况均不尽如人意……

澳大利亞白送廁所地圖

●常賢　汪繼鋒

繪製"廁所地圖"花了兩年時間

在基礎設施完備的情況下，澳大利亞的公廁發展在信息時代又邁上了一個新台階。不久前，記者和朋友外出時，因為找不到公廁，跑到當地一個旅遊諮詢處打聽，那裡的人在指點迷津的同時，還告訴我們，澳大利亞聯邦政府已將全國的公廁繪製成了一份"廁所地圖"，而且已在互聯網上公佈，以後出行時，可以"按圖索驥"。

記者後來瞭解到，繪製廁所地圖的想法是1999年提出來的，那一年是國際老人年。許多老年人和殘疾人都向政府呼籲，希望能夠印製一種專門介紹在哪兒可以找到公共廁所，廁所在什麼時間開放，有沒有殘疾人需要的設施等信息，以方便他們出行。於是，澳大利亞聯邦政府老年人事務部決定繪製一份標有公共廁所的地圖。

為了繪製這張地圖，澳大利亞地理信息服務公司的繪圖專家們可是費了好大一番功夫。因為除了標明全國各地公共廁所的準確位置外，他們還要瞭解公共廁所的其他情況。比如在北方行政區，有的廁所一年中只能使用半年，雨季一來就會被水淹沒變成水下廁所。還有的廁所在周末和節假日關閉；有的廁所每天只在一定的時間開放；也有一些廁所出於安全需要，廁所的門通常都是鎖著的，使用時必須到指定地點去領取鑰匙……所有這些情況，都必須在地圖上加以說明。另外，繪圖專家們還在地圖中特意標明了各地的加油站、餐館和購物中心的位置，因為人們通常習慣到那裡上廁所。

經過繪圖專家們的不懈努力，2001年9月，世界上第一份廁所地圖繪製完成，目前，這份標明了澳大利亞全國各地1.3萬個公共廁所位置和開放時間的地圖已經在互聯網上和公衆見面，任何人想要查找某個地區甚至某個街道或某個公園附近的公共廁所，只需點一下鼠標就能一目了然。人們外出前，還可以從網上下載公廁的方位圖，以備不時之需。

雖說當初繪製廁所地圖，是為澳大利亞老人和殘疾人提供便利，但同樣為澳大利亞這方面信息的人提供了服務，凡是看過這張地圖的人都覺得它很有用處。

在各動"公廁上網計劃"的同時，澳……考慮到那些無法接觸到互聯網的人，特……來自海外的遊客。他們可以向各市、郡……員會，或者交管局和旅遊諮詢服務處索取……地圖。澳政府還真是把遊客的"方便"考慮到家了。

旅遊諮詢處提供全方位服務

"如廁"畢竟只是吃喝拉撒的一部分，為了給海內外遊客提供全方位服務，澳大利亞小城鎮和各個旅遊點中，還到處可見一個小寫的"i"，這是英文INFORMATION的縮寫，就是前面提到的諮詢服務處，也被稱作"遊客中心"。

諮詢服務處由當地政府投資興建，大多位於城市和城鎮的繁華地段，標誌明顯。服務處除了向人們免費提供本地的歷史、地理、交通、住宿、娛樂、餐飲和旅遊點的介紹外，還有專人負責解答遊客提出的問題。一些主要城市的諮詢服務處還代辦票務、訂房等業務，簡單形容就是："一個窗口，全套服務"。而且，在這些諮詢服務處訂票、訂房，往往價格最便宜。也就是說，你可以在一個城市中免費享受到澳大利亞所有地方的詳細資料和預訂服務，真正做到了"兵馬未動，糧草先行"。

旅遊諮詢服務處就像一個城市和鄉鎮的"窗口"，記者在澳採訪和旅遊期間，與它結下

澳大利亚的厕所地图

到過澳大利亞的中國遊客都會對各大城市的交通地圖贊不絕口，因為這些地圖極為詳細準確，而且每年都會更新，為外來遊客提供非常可靠的出行指南。除了交通地圖之外，澳大利亞還有一種更為實用的地圖。它就是標明了全國各地公共廁所位置和開放時間的"廁所地圖"。

　　此間資料庫里還有一些相關剪報，年深歲久，質地泛黃，大致年代應該是在20世紀末。其中不知出處的《澳大利亞白送廁所地圖》，看過之後讓人浮想聯翩。其中說道：

　　"澳大利亞全國大約有1—3萬個公共廁所，全部免費使用。絕大多數公廁都乾淨整潔，有專人定期打掃。廁所內設施也比較完備，衛生紙、熱水和烘手機是最基本的配置。另外，在海灘旁邊的公廁里，還配備有淋浴噴頭。考慮到殘疾人和年輕父母的需要，不少地方除了男女公廁外，還建有專門供殘疾人使用的廁所和供年輕父母使用的'父母房'，父母們可以在里面給嬰兒喂奶、換尿布。值得一提的是，澳大利亞聯邦政府耗時兩年，已將全國的公廁繪製成了一份《廁所地圖》，而且已經在互聯網上公佈，以後出行時，可以輕輕鬆鬆按圖索驥了"。

　　許多年之後，媒體再談《澳大利亞的廁所地圖》，告知"到過澳大利亞的中國遊客都會對各大城市的交通地圖贊不絕口，除此之外，當地還有另一種更為實用的地圖，就是標明了全國各地公廁位置和開放時間的《廁所地圖》"……

如何教導 小孩子上廁
Toilet Learning

医学漫谈

兒科醫生經常被初為人父母者問及何時開始教導小孩上廁？應該用甚麼方法來引導他們？這是嬰兒成長的過程，個別行為不同，並沒有一個肯定的答案。兒科醫生往往喜歡採用以兒童為中心的途徑（The 'Child-oriented' approach），作出預期性的指引，讓父母們教導小孩如何上廁。

何時開始教導？

二十世紀初，人們喜歡採取「放任態度」來處理這個問題，認為孩子到了適當時間，便會自然懂得上廁。到了二、三十年代，嚴格的管教大行其道，因此「以父母為中心」的訓導方法（The 'Parent-centred' approach）取而代之。近年來，上述兩種主張都被淘汰，專家們（如 Spock and Brazelton）倡導「以兒童為中心」的教育方法為正規的途徑。

不同文化有不同的觀點。一般而言，西方的兒童在兩歲至四歲期間便能控制大小二便，女孩子可能比男童稍早一點。由開始教導直至成功自主地上

係。表一列出一系列的指引，以供父母及照顧者參考。

以兒童為中心的上廁學習技巧

不少父母以為教導孩子上廁是輕而易舉的事情，因此一般兒科醫生在為嬰兒作一威體格檢查時，便會探討父母們對此問題的期望，並趁此機會作出預期性的指導。

嬰兒到了十八個月大時，醫生可以開始查察孩子的成長狀況，瞭解父母的態度及其文化背景。當孩子有了準備學習上廁的跡象時，父母和照顧者應有共識，訓練過程是需要刻意安排時間去完成，同時一切步驟和技巧都是一致的。開始訓練時，切忌

一天內訓練幾次，每次數分鐘。習慣後，每天在指定時間讓孩子上廁，如早上起來、每餐後、小睡或晚上睡覺前，都是培養良好習慣的好時光。一般兒童經過上述的訓練，都能在數星期內成功控制大小二便。每次孩子樂意接受上廁的訓練，應受到父母或照顧者的稱讚，增強他們的信心，但切勿用物質來獎勵他們。

當孩子連續一個多星期都能自主地上廁，這便是嘗試穿著內褲的時機。初期他們間中有失手（意外地弄污尿片），請不要失望或怪責孩子。就算多次失敗，需要重新套上尿片訓練，也不要讓孩子感到羞恥，傷害他們的信心。

　　2002 年的一份海外医学期刊上，登载了一篇题为《如何教小孩子上厕所》的漫谈，从科学的角度为"如厕"加以辨析，其中说道：

　　"20 世纪初，人们喜欢探取'放任的态度'来处理这个问题，认为孩子到了适当时间，便会自然懂得如何上厕。到了二三十年代，严格的管教开始大行其道，因此'以父母为中心'的训导方法取而代之。近年来，上述两种主张都被淘汰，专家们转而倡导'以儿童为中心'的教育方法为正规的途径。一般而言，西方儿童在两岁至四岁期间便能控制大小二便，女孩子可能比男童稍早一点。由开始教导直至成功自主地上厕，需时约三至六个月之久，欲速则不达。个别孩子的进展不同，日间和夜间的表现也有差异，因此，何时开始教导？何时可达到目的？两者都没有硬性的规定和统一的时间表。"

　　文章虽然有点婆婆妈妈、絮絮叨叨，但"父母如何助长孩子上厕的训练"似乎就如此这般，包括"确保小孩能轻易到达便壶或坐厕上，容许小孩观察父母上厕，鼓励孩子在需要排尿或粪便时先告知父母或照顾者，就算小孩在事后才讲也不应责怪，应同样地受到称赞"……

调查显示四成多不满卖场卫生间　卫生间、试衣间规范今天出台　9月1日起实施

商场超市女卫生间要扩容

本报讯（记者 张晓莺）今后，大型商场超市的男、女厕位比例应以1:1.5 或 1:2 为宜，坐、蹲位大便器比例以 2:8 为宜；女士试衣间可提供高跟拖鞋，有条件的商场也可根据消费者的需要配备一次性袜套……

《北京市大型商场超市卫生间设置与管理规范（试行）》和《北京市大型商场超市试衣间设置与管理规范（试行）》今日出台。

据了解，大型商场卫生间和试衣间规范，是根据《公共厕所建设标准》《商店购物环境与营销设施的要求》和《商场（店）、书店卫生标准》等有关规定，由市商务局会同市市政管委研究制定的。

两个规范都将于今年9月1日起开始实施。

前面讲过，此间最早关注"公厕动态"源于早年职业特性，接下来这两篇报摘则时逢对"商业科学"的起始探究。因为率先发现了"试衣间是顾客转为消费者的分水岭"，进而又联想到"卫生间是提升商业附加值的山外山"，所以课题思辨最终竟坠入心无旁骛的"五谷轮回地"。

2005年7月27日，《法制晚报》刊发记者张晓莺采写的《商场超市女卫生间要扩容》，其中说道：

"调查显示，四成多顾客不满卖场卫生间。今后大型商场超市的男、女厕位比例应以1：1.5 或 1：2 为宜，坐、蹲位大便器比例以 2：8 为宜；《北京市大型商场超市卫生间设置与管理规范（试行）》《北京市大型商场超市试衣间设置与管理规范（试行）》今日出台，是由市商务局会同市市政管委研究制定的。"

如果没记错，《法制晚报》的文章是国内较早提及"厕位比例"与"坐、蹲位大便器比例"的媒体报道，好生了得又好生可惜，倘若相关机构与相关人士能早点看到记者所言，或许"厕位失调"不会持续 10 年无定论，或许"蹲位缺失"不会延续至今苦煞人……

百姓提案
超市为何如厕难
《竞报》追踪

读者：付款后提着购物筐到外面上厕所，真麻烦！ 超市：主要为防盗

本报实习记者吴奇 钱昊安摄影报道 "去家乐福买东西，还得付完款后提着购物筐到外面去上厕所，真麻烦！"昨天，家住白石桥的读者靳女士告诉记者。

记者随后调查发现，除超市外，多家银行和邮局也存在顾客如厕难的问题。

为防盗 超市不设厕所

记者走访的美廉美八里庄店、家乐福方圆店等6家超市内虽有厕所，却都在付款台外。

美廉美超市八里庄店工程部一工作人员告诉记者："这样做主要是为防盗。如果在购物区内设了厕所，会有一些人趁机盗取商品。"

但这几家超市的工作人员都表示，如果顾客付完款后去厕所，物品可由他们代为免费看管。

在甜水园北里的京客隆购物中心和美廉美超市增光路店，记者在购物区内都找到了厕所。厕所门口，都设置了报警防盗设施和专人看守。京客隆购物中心的值班长宋晓冬先生说："从没有发生过因为去厕所的偷盗事件。"

邮局内部有厕所但不给顾客用

2005 年 10 月 24 日，《竞报》刊发记者吴奇钱采写的《超市为何如厕难》，其中说道：

"'去家乐福买东西，还得付完款后提着购物筐到外面去上厕所，真麻烦！'昨天，家住白石桥的读者靳女士告诉记者。记者随后调查发现，除超市以外，多家银行和邮局也存在顾客如厕难的问题。美廉美超市一工作人员告诉记者，'这样做主要是为防盗。如果在购物区内设厕所，会有一些人趁机盗取商品。'记者在采访中感受到，这些场所也许没有提供卫生间的义务。另外，来这些场所办事都与货币和实物有关，厕所的设立难免有其不可预见的安全隐患。但记者认为，这些场所不能因噎废食。总可以采用一些合理的方法来解决。作为服务行业，从人性化管理的角度看，应该充分考虑客户的各种需求，从点滴细节入手，让他们的'内急'解决的更方便些，那也是对客户服务承诺的一个体现。"

和上篇文章一样，《超市为何如厕难》同样有许多优于专业人士的"先知先觉"，比如"总可以采用一些合理的方法来解决"，看似十数字，但细心琢磨却大有文章，比如购物区厕所设立存包处，比如非购物区厕所提醒顾客提前进……

什刹海南侧松树街 16 号院

一厕所百户居民共用
能否多建些公厕

本报实习记者张硕摄影报道 早上 7 点半，李先生拿着尿盆走到了厕所门口。虽然是倒个尿盆，却也要在厕所门口排队。相似的一幕几乎每天早上都要发生在什刹海南侧的松树街 16 号院中。

百户居民共用一公厕

"每天早上都得排队！"居住在松树街 16 号院中的一位先生说。在院子中记者看到，厕所在院子的右边，与厕所一墙之隔就是居民家。居民说，厕所共有 6 个位置，由于附近的院中没有厕所，大家都只能来这个。"来这上厕所的有附近六七个院的居民。"记者数了一下，仅 16 号院中就有 20 多户居民，估算共用厕所的居民已上百户。

院中的曹先生告诉记者，"早上一人多，我就骑自行车去兴华胡同的厕所。现在我翻修了，只能在家里备尿盆。"记者在采访中得知，尿盆已经成为了院子中几乎所有家庭的必备物品。

在厕所门口记者掐着表数了一下，

子的安全。"每天进出的人那么多，有时候半夜喝多了在厕所里哇哇地吐，让我们觉得害怕。"

一位居民还说，院子目前还没有"一户一表"，厕所中水龙头管子接在院子的"总表"上。"大家上厕所，水钱我们掏，这合适吗？希望能多建些公厕。"

改造困难重重

居民们的问题能不能被解决？松树街社区居委会的吴主任告诉记者，该胡同没有厕所已经是一个历史问题。两年前居委会曾在 16 号院的对面，"这条街上大约有 500 米长的地方都没厕所，按距离算七八个院子至少百户居民都得抢到厕所中的 6 个位置。"

对于厕所改造的问题，吴主任表示目前居委会和街道都在积极筹备改建这个厕所。"我们希望把厕所扩建成一个公共厕所。但是厕所的产权单位是工厂，我们想街道和厂子凑点钱，可人家不同意。"对于居委会的说法，记者电话采访了

厕所门前没有男女标志，一位居民正拿着尿盆走出来

　　2006 年，《天大的小事》创作收尾，此时对公厕的关注已经重返三界内，回归五行中。其间，10 月 20 日《竞报》记者张硕什采写的《一厕所百户居民共用 能否多建些公厕》，看了让人目瞪口呆。其中说道：

　　"早上 7 点半，李先生拿着尿盆走到了厕所门口。虽然是倒个尿盆，却也要在厕所门口排队。相似的一幕，几乎每天早上都要发生在什刹海南侧的松树街 16 号院中。厕所在院子的右边，与厕所一墙之隔就是居民家。居民说厕所共有 6 个位置，由于附近的院中没有厕所，所以来这上厕所的有附近六七个院的居民。记者数了数，仅 16 号院中就有 20 多户居民，估算共用厕所的居民约上百户。在厕所门口，记者掐着表数了一下，尽管是上午'非高峰'的时间，5 分钟内却也有 10 人进出厕所。来上厕所的人都是从院外进来的，上完厕所就走出院子。居民们的问题能不能获得解决？社区居委会主任告诉记者，胡同没有厕所已经是历史问题。这条街上大约有 500 米长的地方都没厕所，居民都得来抢这院厕所的 6 个位置。"

　　此时《天大的小事》已经结稿，不知何故，对于"公厕革命"抑或"厕所革命"的感悟却油然而生，长此以往，仅相关剪报收集就数以千篇记……

市市政管委通告要求北京公厕达到服务标准 本报记者分头调查发现公厕卫生状况普遍变好 但是——

部分公厕还在卖食品

现场一：国贸——四惠沿线

公厕只卖东西不让上厕所

国贸附近公厕偷着卖水

公厕不让"随便"上

政府说法

出售食品的移动公厕将被取缔

就在"一厕百户"的同时，"部分公厕还在卖食品"。2006 年 8 月 28 日，《竞报》记者张伟涛、倪乐采写的文章报道如下：

"在去年出台的《北京市城市公厕服务管理标准》中明确规定，公厕内不得提供食品类的商品，公厕内外严禁生火做饭。昨天，本报记者分头对二、三环沿线的胡同、商业点、旅游点公厕进行采访，发现经过治理，城区公共厕所卫生状况普遍有很大改观，但部分公厕仍有售卖食品的现象，昨天下午，记者从国贸到四惠走访了 5 个公共厕所，发现这些公厕都或明或暗地出售水和其他商品。更有一些公厕干脆拒绝使用，以摆摊卖东西为主。"

"针对市民反映的目前一些公厕的管理间有出售饮料和食品的现象，市市政管委相关负责人也明确表示，去年北京在全国率先制定出和执行《北京市城市公厕服务管理标准》，该标准从四方面对公厕定出了规定，包括公厕管理间内不得提供食品类的商品，只能居住保洁人员，公厕内外严禁生火做饭。"

何为"只能居住保洁人员"，原来承包公厕多为外地人员，允许住不允许做饭说不过去，可一旦开伙，"不让卖食品"则想管也管不了……

市市政管委节前检查市容卫生
全市仅一栋大型公建厕所达标

本报讯（记者 张伟涛）昨天，市市政管委开始对全市的市容卫生进行节前检查。有关负责人介绍，今年全市已完成了2152座公厕的新建和改建，四环内公厕都已达到"达标"以上要求。但大型公共建筑内自管的厕所，目前只有一座达到标准。

昨天上午，检查人员在崇文门新世界商场一层的公厕发现，几个儿童小便器的高度均低于30至40厘米的标准，大便器都是坐式，也无卫生纸垫，易引发交叉感染。在普仁医院的一处公厕，也发现无障碍设施是钢质固定结构，残疾车无法进入，检查人员当即向所属管理人员提出了整改建议。

除环卫部门管理的公厕外，全市还有很多大型公建自设自管的公厕。按照"道路两侧的大型公共建筑，必须设置一个对外的公共厕所"的要求，全市只有大望桥西南角的SOHO现代城一个符合规定。市市政管委委员陈玲表示，今年12月8日修订实施的《北京市市容环境卫生条例》对公厕的管理和使用有了更详细的规定，其中，对违反规定，不能保证公共厕所正常使用的，除责令限期改正外，并可处以500元以上3000元以下罚款。

2006年12月30日，《竞报》刊发记者张伟涛采写的报道，告知"市市政管委节前检查市容卫生，《全市仅一栋大型公建厕所达标》"，其中说道：

"昨天，市市政管委对全市的市容卫生进行节前检查。有关负责人介绍，今年全市已完成了2152座公厕的新建和改建，四环内公厕都已达到'达标'以上要求。但大型公共建筑内自管的厕所，目前只有一座达到标准。检查人员在崇文门新世界商场一层的公厕发现，几个儿童小便器的高度均低于30至40厘米的标准，大便器都是坐式，也无卫生纸垫，易引发交叉感染。在普仁医院的一处公厕，无障碍设施是钢质固定结构，残疾车无法进入。除环卫部门管理的公厕外，全市还有很多大型公建自设自管的公厕。按照'道路两侧的大型公共建筑，必须设置一个对外的公共厕所'的要求，全市只有大望桥西南角的SOHO现代城符合规定。市市政管委表示，《北京市市容环境卫生条例》对公厕管理使用有了更详细的规定，对违反规定者除责令限期改正外，并可处以500元以上3000元以下罚款。"

此事当真。此话不假。违者罚3000元，可想当初建设厕所时曾经投了多少钱。如此投入产出的"达标率"，听了，看了，实在为纳税人的钱心疼不已……

独家报道

一个国家是否文明,最好看看那里的厕所

厉所文明,我们还差多远

●本报驻外记者、本报驻上海记者、本报记者联合报道

十多年前,外国人将在中国上厕所戏说为"一晾二叫三笑","一晾"是因为污水,"二叫"是因为蚊虫,"三笑"是因为无隔板尴尬之笑。厕所虽小,却是生活必需设施。现在有人说,要想看一个国家的文明程度,最好看那个国家的厕所;要想证明一个国家是否注重环境清洁,也去看看厕所。前不久,世界厕所协会创立大会组织委员会长沈载德(韩国)与中国友好和平发展基金会理事长李小林在北京签署了一份为扩大两国厕所间文化交流进行合作的谅解备忘录。双方约定,韩国向中国提供卫生领域的技术和经验。

现在,北京向厕所"发起了冲锋","厕所革命"已经从家庭内部开始了。为此,《生命时报》记者对比了京沪厕所,并调查了国外厕所,为进一步改造厕所提供了宝贵经验。

京沪厕所参差不齐

本报记者徐李燕报道:在北京天坛医院西南角有一间公厕,远看挺干净,可一走近,异味难忍。一个小便池并排设在15厘米高的水泥坎上,之间没有遮挡;便池黑乎乎一片,地上散落着餐巾纸和塑料袋;厕所里没有水龙头,无法洗手。

北京的厕所都这么糟吗?记者又来到西单,找到一卫生条件不错的公厕,达到了全国3.18座的平均水平。2005年2月,"上海市公共厕所信息查询系统"试运行,咨询人只要拨电话或发短信,就能立刻找到最近的公厕。

除了找厕所的麻烦,上海公厕的实际情况又如何?据介绍,上海公厕目前存在3方面不足:重点公厕用厕不便、新建地区存在盲区、厕所标识不清晰。另外,记者还发现了一些问题。第一、马路公厕卫生情况差:比如,浦东某某某公厕除卫生设施外,满地油腻和垃圾,异味大。第二、商场女厕所排队时间长。一项调查表明,越来越多的上海市民在出行时喜欢去商场上厕所。这与商场厕所卫生状况普遍比马路厕所好有关,但商场人流量大,一些高峰时段,女厕里面排长队,非常不方便。第三、写字楼厕所洁癖成病。淮海路某某写字楼的清洁人员卞大妈抱怨说:"明明每10分钟就清洁一次,为什么有些人就是要蹲在坐便器上!他们就是嫌脏,其实大家都小心使用,是很卫生的。一个人不文明,后面的人都有心理障碍。"

国外推广厕所文明

本报驻英国特约记者寇维维报道:在欧洲,尤其是机场、饭店等游客繁多的区域,各国特别注重厕所形象。因为干净,很少看到污迹。日前,某校小学生到当地公厕打扫卫生,当地还专门派人打扫厕所的专家现场指导——日本人从小就教孩子注意如厕礼仪,比如尽量先让液体溅到外面,弄脏了要打扫干净,用后把坐便器的盖子盖上,发现厕纸没有了赶紧补充等。

本报韩国特约记者詹德斌报道:全国开展了"营造亮丽厕所事业"。2005年,韩国某市厕所被评为"最优秀亮丽厕所奖",获得2亿韩元奖励。政府有关部门还修改了相关法律,明确规定可容纳1000人以上的文化场所、集会地及公园、游乐场等公共场所的女厕便器数量应比男厕多1.5倍以上,必须为儿童、残疾人、孕妇、老人设置便池。

本报驻印度特派记者陈继辉报道:在首都新德里附近,随处可见面对墙角小便的男人。这并非他们天性如此,实在是因为大地处处是露天厕所。不久前,《印度斯坦报》公布的调查结果显示,在公共场所随处方便已成为印度留给外国游客的最大负面印象之一。为了解决这种尴尬,从2005年起,中央政府每年投资60亿卢比(1美元约合46卢比)。政府还开展了"营造清洁学校活动",政府投资470多亿韩元完为全国5700多所小学和140多所特殊学校的厕所配备相关人员。

所6至8次,1年就是2500次,算下来,人生中约有两三年耗费在厕所里。因此,厕所实在是无法回避的话题。

沈锐华指出,公厕卫生与人们的健康关系紧密。据统计,目前世界上约有40%的人无法享用合适的公共卫生设施,特别是在贫困乡村地区,由于对排泄物不加任何处理,很容易引起传染病肆虐。世界厕所卫生组织就号召人们"开怀谈论厕所,如同谈论食品、健康等话题一样"。在沈锐华看来,厕所的名称经历了由茅厕到卫生间、洗手间的变化,这标志着人们生活观念和环境意识的进步。他表示,公厕的环境是现代城市文明程度的窗口。

说起中国的厕所,沈锐华说,几年前去中国的新加坡人都会抱怨厕所问题,而现在中国公厕有了很大改观。给他留下深刻印象的是天安门广场和旁边的一座厕所,那里各种设施一应俱全,墙上还有大屏幕,显示厕位的占用情况,非常现代化。不过他也指出,在厕所文明的建设中,硬件虽然重要,但更要加强每个公民的道德"软件"建设。

加快步伐建设厕所文明

从沈锐华那里记者了解到,目前农村厕所改造分4个等级。第一等级以泰国为代表,卫生厕所覆盖率75%以上;第二等级以印尼等国为代表,覆盖率50%至75%;第三等级25%以上;第四等级在25%以下。中国处于第三级。

有"百户一厕"的百感交集,有"百厕唯一"的百废待兴,此间对公厕的关注度日渐提升,直到读了2007年1月2日《生命时报》记者联合采写的《厕所文明,我们还差多远》进而获知"一个国家是否文明,最好看看那里的厕所"以后,才将"厕所革命"视为恩波智业研究所的自选课题。文章说道:

"有人说,要想看一个国家的文明程度,最好看看那个国家的厕所;要想证明一个国家是否注重环境清洁,也去看看厕所。现在,北京向厕所发起了冲锋,'厕所革命'已经从家庭开始了。为此,《生命时报》记者对比了京沪厕所,并调查了国外厕所,为进一步改造厕所提供了宝贵经验。世界厕所卫生组织创始人沈锐华讲,目前世界约有40%的人无法享用合适的公共卫生设施,特别是贫困乡村地区,由于对排泄物不加任何处理,很容易引起传染病肆虐。为此,号召人们'开怀谈论厕所如同谈论食品健康等话题一样'。厕所名称由茅厕到洗手间的变化,标志着人们生活观念和环境意识的进步。公厕是现代城市文明程度的窗口。"

由于作者单位在体制之外,由于网上信息鱼龙混杂,因此,作为"读报人",我们开始较为系统地关注传统纸媒新闻……

在所存报摘中，最贴合百姓"内需与内急"当属《北京晚报》，说得最多，聊得最勤，尤其该报当家栏目"我们日夜在聆听"，更对如何帮助百姓排遣内急多有独家报道。2007年，该专栏刊发的《王岐山市长表示——本栏目将"继续聆听下去"》，自然成为此间"公厕编年史"开篇。

作为民间智库的重要资讯来源，平日订阅的《新华每日电讯》《北京青年报》《华夏时报》《法制晚报》《新京报》《竞报》等纸媒，为"厕所革命"没少鼓与呼。其中《生命时报》更不遗余力仗义执言，多次在头版披露《医院厕所期待大变样》《全球公共马桶都发愁》等独家新闻。要知道，纸媒仅一个豆腐块大小"报眼"广告，收费就令人咋舌。

《人民日报》是党中央机关报，"人民"更具特殊属性。作为民生保障的基本诉求，"推动厕所革命"始终是该报常说常新的大话题。从《一座公厕的重建风波》到《上公厕啥时不闹心》，看似"小事"一桩的如厕体验，该报不惜在专版头条反复道来。

坦率而言，长期关注"厕所改革"不是件容易事，不仅乏味，而且"倒胃口"，因此，在自认为难能可贵的坚守中，每每读到"公厕干净与否，直接影响人们对一座城市的评价。判断城市的健康水平，最好去厕所走一趟"的党媒所言，总会有一种"英雄惜英雄"的自尊或"自恋"……

民办智库的信息来源不同其他，因为没有红头文件，所以有公信力的"红头报纸"就成为此间感知天下事的主渠道。从10年前那篇《厕所文明，我们还差多远》起，不同层面、角度的相关报道常读常新，粗略算了算，围绕"厕所革命"，仅收集的剪报就数千篇计。

在京城媒体中，最贴和百姓"内需与内急"的《北京晚报》说得最多、聊得最勤，尤其当家栏目"我们日夜在聆听"，更隔三岔五对排遣内急的"五谷轮回场"多有独家报道。因为标题醒目，过目不忘，于是成为"厕所编年"主色调。有鉴于此，本章以凸显"市情与民生"的"我们日夜在聆听"作开篇。当年该栏目究竟有多吸睛，看了2007年2月26日《北京晚报》记者李环字采写的《王岐山市长表示——本栏目将"继续聆听下去"》自会深信不疑：

"'我们日夜在聆听'栏目受到市领导的关注。2月17日上午，市长王岐山到市委市政府信访办慰问工作人员时，对'我们日夜在聆听'专栏记者说'聆听栏目我知道，要继续聆听下去。'这个栏目从2003年底开办以来，已报道反映900多件市民身边的急事难事，很多问题得到了及时解决。"

市政府12345 市情与民声 我们日夜在聆听

塔吊包围平房院 每日穿插运送钢筋铁板

居民上厕所都要算时差

本报讯(记者刘琳)一天中的大部分时间除了要忍受建筑噪音外，还要每时每刻都得注意从房顶上空穿插而过的塔吊，而距离居民家最近的一处塔吊仅10米远。"东西两座塔吊'夹击'我家，房顶上天天来回运东西。"朝阳区南磨房乡世纪东方嘉园工程在建工地内的居民高女士无奈地说。

最近塔吊离墙仅10米

昨天，记者来到世纪东方嘉园在建工地，居民高女士和马大妈的家就位于工地内，她们告诉记者，今年3月，工地开始动工。除了她们两家，目前工地内还有一家居民尚未搬走。但受塔吊安全困扰最严重的，当属高女士和马大妈家。

马大妈家距离高女士家西北南十几米远的位置，记者看到，她们两家的平房小院现在被三座塔吊包围。"上厕所都得算计时间差，我们得计算着两个塔吊一个朝……"

马大妈告诉记者，大约1个月前，她曾经目睹塔吊运输过程中突然掉下钢管。"那天晚上我们坐在院外乘凉，当时我家门前的这座塔吊着钢管从东向南运输时，不知什么原因，突然管子就掉了下来，'咣、咣'的响声特别大，幸亏当时工地下面没有站着人。"马大妈说，至今回忆起来她仍感到后怕。

施工方搭起防护架

昨天，记者找到工程承建方田华建筑集团四公司。"我们也没有办法，塔吊的位置都是按照施工图纸摆放的。两座楼在这儿，塔吊的有效范围既要够得着西南角，也要覆盖东南角。"第二项目张经理说，他们本来要为高女士家整个外层塔上防护架，但是高女士不同意，目前也只是在西墙外搭上防护架。田华建筑集团四公司专门负责……

一座厕所。"上厕所都得算计时间差，我们得计算着两个塔吊一个朝……

肠癌，这几个月来不仅休息得不保障，还时刻提心吊胆。记者采访……

两座塔吊包围下的高女士家

围绕公厕的喜与忧，"我们日夜在聆听"不仅事无巨细、掰开揉碎，同时文章标题也做得格外用心，真可谓不看不知道，一看忘不了。2007年7月3日，记者刘琳采写的《塔吊包围平房院 每日穿插运送钢筋铁板 居民上厕所都要算时差》就属于看了标题就想继续往下看的社会新闻。其中说道：

"一天中的大部分时间除了要忍受建筑噪音外，还要每时每刻都得注意从房顶上空穿插而过的塔吊，而距离居民家最近一处塔吊仅10米远。'东西两座塔吊夹击我家，房顶上天天来回运东西。'朝阳区南磨房乡世纪东方嘉园工程在建工地内的居民高女士无奈地说。高家西侧大约20米远是一座厕所，'上厕所都得算计时间差，我们得计算着两个塔吊一个朝西，一个朝东的时候才敢去厕所，不然担心不知什么时候塔吊上会掉下东西来。'因为担心安全，高女士一家现在在外面租房子住。负责工程安全生产的科长说，当初定图纸，高女士所在位置属规划中的车库，属于开发遗留问题。"

从标题所示"居民上厕所要算时差"，到开发商所言"属开发遗留问题"，似乎风马牛各不相关，但多少年来公厕伴生的千奇百怪却蕴含其中……

> **市政府 12345**
> **市情与民声**
> **我们日夜在聆听**
>
> 这事 给您办了 北京站前街地下通道将告别臊味
>
> ## 两座免费公厕即将开建
>
> **本报讯**（记者丁文亚）2005年2月22日，本报曾经报道《北京站前地下通道臊气袭人》的一条民生新闻。今天上午，记者从市市政管委环卫设施管理处和东城区有关部门获悉，市民反应强烈的北京站前街的地下通道内近期将新建两座卫生间。
>
> 当年市民李占清曾拨打12345热线反映，在经过北京站前街东侧的地下通道时，被阵阵臭气熏得反胃。原因是一些路人因就近找不到厕所，把地下通道当成了方便之所。
>
> 记者在现场看到，直到今天为止，这些过路的"臊客"仍然在北京站前街马路两侧的地下通道内"方便"。通道内还经常残留着一片片尿渍以及粪便。
>
> **北京站前 地下通道臊气袭人**
>
> 本报2005年2月22日的报道
>
> 据记者了解，按照北京市公厕建设标准，公厕的间距距离或服务范围，主要繁华街道公共厕所之间的距离宜为300米至500米，流动人口高度密集的街道宜小于300米。而北京站前街的南北总长为306.7米。
>
> 常年看到这些情况的李先生……通道和道口，通道的地上总有一汪汪黄色的液体，泛着腥臊味道，也总能看到有男子对着墙根小便。北京站客流量很大，很多人并不知道公共厕所的位置，除了导引指示牌外，还需要在站前街增加公厕。
>
> "政府将在北京站前街投资数十万元，新增两座免费使用的公共卫生间。这样会基本满足了附近流动人群的需要"。记者今天从市市政管委环卫设施管理处和东城区有关部门获悉，公厕的增建项目经过多方协调，目前已由东城区具体实施，目前正在招投标过程中。据了解，此次增建的公厕将在站前街过街桥步行梯夹道之间，高于"临时公厕"的标准，按照城市运行的标准安装，方便从此经过的高密集的流动人群。
>
> 另据相关负责人表示，今后如北京西站、南站、北站等出现与北京站类似的公厕难题，也都会一并解决。J145

虽然都市报纸反映的多是都市生活，虽然吃喝拉撒睡尽在叙事中，但说到如厕，即便"臭"字常见报端，可"臊"字却很少露面。然而，2007年10月8日，《北京晚报》刊发记者丁文亚采写的《北京站前街地下通道将告别臊味，两座免费公厕即将开建》，一图双文，"臊"字两度入选标题。其中说道：

"2005年2月22日，本报曾报道《北京站前地下通道臊气袭人》的一条民生新闻。今天上午，记者从市市政管委环卫设施管理处和东城有关部门获悉，市民反应强烈的北京站前街的地下通道内近期将新建两座卫生间。当年市民李占清曾拨打12345热线反映，在经过北京站前街东侧的地下通道时被阵阵臭气熏得反胃。原因是一些路人因就近找不到厕所，把地下通道当成了方便之所。记者在现场看到，直到今天为止，这些过路的'臊客'仍然在北京站前街马路两侧的地下通道内'方便'。通道内还经常残留着一片片尿渍以及粪便。"

尽管臊味袭人难得清爽，但有了"两座免费公厕即将开建"还是令人期待满满，说句公道话，"熏得反胃"是小事，"影响观瞻"也是小事，作为窗口，"北京站前街"的所见所闻似乎不仅与一般感观相近……

市政府12345 市情与民声 我们日夜在聆听

菊儿胡同公共厕所修缮 周边居民认为在花冤枉钱

厕所很好用 为何要重装

本报讯(记者轩燕龙)东城区交道口南大街菊儿胡同东口，一座公厕正在进行整体重装修施工。住在附近的王先生质疑，将原本就装修得很好的公厕重装修是不是一种资源浪费？为此，他拨打了北京市非紧急救助服务热线12345，希望有关部门予以关注。

王先生表示，因为公厕设计合理、装修体面，加之室内面积较大，又有值班保洁员认真清扫，这里几乎是附近居民如厕的首选。甚至马路对面香饵胡同的居民也有过这边来的。自10月7日施工开始之后，公厕门外便建立起了三个简易公厕。

"公厕也用了五六年了，但里面装修、设备破损得也不严重，大理石的地板砖、墙砖，特别干净。这么好好的突然要重装修了……"，昨天下午，看着内部已经一片狼藉的公厕，居民甚至比自己家里的厕所还要干净整洁。不少居民觉得附近的其他公厕味道比较大，年头也不算短了，如果要修的话，也轮不到这间公厕。

东城区城市管理委员会的工作人员告诉记者，东城区在进行安全卫生城区的评选，辖区内的公共厕所按照新标准的改造和修缮工程，在此之前已大体结束。这间公厕属于当时未改造的。

该公厕修缮由环卫局的第三管理处负责。其工作人员表示，每年都会对辖区内的公共厕所检查，根据其具体情况报请政府的各个部门批准、审核才能进行修缮，所需的费用也是由财政部门统一划拨，修缮结束后要由审计部门出示审计结果。公厕由于使用频率和破损程度不尽相同，包括上水、下水等管线，一些内部设备的损坏往往是看不见的，而维护、管理的部门不可能等到公厕已经坏得不能再用了再去修。

菊儿胡同的居委会工作人员表示，这个公厕的装修以及设备已经使用了六七年的，维护得虽然不错，但环卫部门要修肯定是有原因的。也有居民对公厕的修缮表示了支持，居民赵大姐表示，厕所的门、部分排水设备已经有些问题。而且冲水的开关还是半人高用手按的那种，感觉不太卫生。

在和很多居民聊天的时候，不少人还是觉得这样"大刀阔斧"地重装修，多少有些浪费。有社会学专家认为，修缮要花纳税人的钱。这里面就有一个居民认为这个钱该不该花、花得值不值的问题。显示了居民公共意识的提升。 J207

时间过得很快，转眼到了2008年。这一年不仅"我们时刻在聆听"继续聆听，同时"公厕春秋"也在周而复始。其中有两篇文章相隔时间不长，却从不同的视角谈及了公厕管理的内忧外患。

10月10日，记者轩燕龙撰文告知"菊儿胡同公共厕所修缮，周边居民认为是在花冤枉钱"，因此发文《厕所很好用 为何要重装》，其中说道：

"东城区交道口南大街菊儿胡同东口，一座公厕正进行整体重装修施工。住在附近的王先生质疑，将原本就装修得很好的公厕重装修是不是一种资源浪费？为此他拨打了北京市非紧急救助服务热线12345，希望有关部门予以关注。东城区城市管理委员会的工作人员告诉记者，辖区内公共厕所按照新标准的改造和修缮工程，在此之前已大体结束。这间公厕属于当时未改造的。在和居民聊天的时候，不少人还是觉得这样'大刀阔斧'地重装修多少有些浪费。有社会学专家认为，修缮要花纳税人的钱。这里面就有一个居民认为这个钱该不该花、花得值不值的问题。显示了居民公共意识的提升。"

读罢恍然大悟。从此在公厕意识里又多了个"纳税人意识"。何为"税"，何为"纳税人"，原来政府印钞厂印出来的票子并不归政府所有，包括盖公厕的钱，包括管公厕的钱，出处皆来自纳税人……

市政府 12345 市情与民声 我们日夜在聆听

追踪报道

公厕用8年浑身是"内伤"

环卫中心负责人解释如不修缮会有安全隐患

本报讯 (记者 轩燕龙) 10月10日，本报以《厕所很好用为何要重装》为题报道了菊儿胡同东口公厕修缮引发居民质疑的新闻，文章见报当天，东城区环卫中心第三管理所维修处张所长向记者详细介绍了公厕之所以要修缮的原因。

据了解，菊儿胡同东口的公厕始建于2000年底，投入使用已经近8年了，很多材料都需要进行更新。经过维修人员的一系列检查之后，公厕已经被确定为必须进行修缮，且列入了2008年公厕修缮的计划当中，并已申报管理部门批准。

根据工作人员出具的检测结论，修缮的主要原因有三点：其一，维护人员发现该公厕的吊顶子龙骨已经被酸碱腐蚀，并局部下沉，如不更新恐有塌陷危险。其二，公厕的钢管架瓷砖隔断板中的钢骨架腐蚀严重，不更换的话甚至有发生断裂砸人的危险。其三，公厕的排污系统由于局部塌陷，使用量大，积碱过厚、杂物过多，已无法正常排污，平时靠疏通来维持正常使用。而上水管线由于酸碱的腐蚀，现已发现有局部漏水，急需更新。更为关键的是，这些问题大多数都是发生在内部设备上，外部的简单观察并无法发现。而如果更换以上这些设备，就必须对原有的装修进行破坏，并进行重新装修。

张所长表示，由于奥运会、残奥会期间，施工必须暂停，因此工期到10月7日才正式开始，并且之前已经贴出了相关的通知。本次改造主要针对上述问题进行的，吊顶子、隔断板、厕坑门、便坑重新更新，上下水管线都采用使用寿命更长、质量更好的新型材料。另外，本次改造将原旧手按式延时冲水截门改为脚踏式冲水截门，新截门不仅省水，也可以避免居民使用时交叉感染。

据张所长介绍，本次修缮力争在入冬前完工，尽可能减小因施工对居民造成的影响。

J207

前文问过《厕所很好用为何要重装》，时隔数日，2008年10月13日，《北京晚报》又发后续报道，告知"环卫中心负责人解释如不修缮会有安全隐患"，毕竟《公厕用8年浑身是"内伤"》。其中说道：

"10月10日，本报以《厕所很好用 为何要重装》为题报道了菊儿胡同东口公厕修缮引发居民质疑的新闻，文章见报当天，东城环卫中心第三管理所维修处张所长向记者详细介绍了公厕之所以要修缮的原因。据了解，菊儿胡同东口的公厕始建于2000年底，投入使用已经近8年了，很多材料都需要进行更新。经过一系列检查后，公厕已被确定为必须进行修缮，且列入了2008年公厕修缮的计划当中，并已申报管理部门批准。据张所长介绍，本次修缮力争在入冬前完工，尽可能减小因施工对居民造成的影响。"

关于"老百姓"一词的解释既简单也复杂，说简单是因为工具书明言"区别于军人和政府工作人员的人"；说复杂是指"虽然不是政府工作人员，但很想、很爱、很会操政府事务的心"。因此，在"厕所革命"的漫长过程中，除了"纳税人意识"得以重提，同时"公共意识"也随之水涨船高。

就事论事，公厕究竟该执行怎样的修建标准，而怎样的标准更为符合公厕特质，诸如瓷砖硬度、水泥标号，似乎都有各自的说道……

市政府 12345
市情与民声
我们日夜在聆听

西城1700座平房院内厕所将统一管理、专人保洁、政府买单

4万居民不再自己扫厕所

今天上午，记者从西城区房地中心获悉，今年年底前西城区平房户厕的改造工程将初步完成。届时，包括金融街、什刹海、西长安街和新街口四大地区在内的1700余座直管公房户厕将全部达到国家二级公厕的水平，住在平房院的4万余名居民将从此摆脱户厕脏乱差、无人管的困境，为此西城区政府一年要掏1700余万元。

老户厕脏乱无人管

住在后海南沿的居民张伟明说，他们院内十几户用一个小户厕，改造前院内既无水、也无电，更没专人管，平时谁家有人就顺便扫一下。尤其夏天厕所脏极了，居民不能冲窗不说，上完厕所都得在院里站一会儿，等身上的臭味散了才回家，晚上上厕所更难。因为没光，连上厕所打的手电筒都掉到过便坑里。

西城区房地中心负责人介绍，平房院居民户厕是上世纪的遗留问题。上世纪七十年代，北京市曾统一进行过改造，像崇文区、宣武区平房院内的户厕都迁出并修建了公厕。可西城区位置特殊，怕户厕迁出后影响环境美观，于是保留了很多。据初步统计，全区名城（二环内）直

日常的清洁都是靠院内的居民轮流打扫。

改造后居民减负担

今天上午，记者来到什刹海后海南沿40号，看到院内改造后的户厕非常整洁。厕所内墙上都贴上了瓷砖，便坑和便池都是不锈钢的，在便坑旁的墙上还安装了供残疾人和老年人使用的扶手，墙上还用红漆喷上了"小心地滑"的提示语。

81岁的于香玫老大妈说："我住这个院已有49年了，从前都是我打扫这个户厕。因为没水、没电很不方便。现在可好了，户厕改造后不但有水电、晚上上厕所还有电灯。而且专人管理，每天上下午各打扫一次，我终于从打扫户厕中解脱出来了。"

西城房地中心保洁服务中心的万鑫经理告诉记者；从去年开始，西城区开始投入资金对内进行改造，到目前为止有1650座户厕改造完成。

万经理说，已接收的户厕，中心不但

诉。清洁人员都是经过严格培训的，每天上下午各打扫一次，户厕要做到玻璃、地面、墙壁、便池干净，便坑无污物、痰迹等；冬天户厕门前还要铺上块防滑垫。

万经理说，这个保洁中心是区政府在房地中心下专门设立的，主要的任务就是维护户厕的卫生和服务，这在其他城区是绝无仅有的。中心有保洁人员113名、管理人员13名。还配备了38辆电动自行车和70辆三轮车。

政府一厕一年掏一万

万鑫经理介绍：改造前的户厕，无水、无电、无人管的问题，即便有水、有电，也经常为交电费、水费和轮流打扫等问题造成院内居民的纠纷。

此次改造后，西城区政府直接为居民垫付了户厕的水电费，加上管理、维修的成本，以及保洁等人员的开支，一座户厕政府一年要拿出一万元，目前已改造完成的1650座户厕，政府一年就要掏1650万。

一位居民说，政府掏钱买单，也避免了邻里之

谁说不具等级的公厕是现代城市"等外品"？2009年5月16日《北京晚报》记者龙露告知，"西城1700座平房院内厕所将统一管理、专人保洁、政府买单"，因此《4万居民不再自己扫厕所》，其中说道：

"平房院居民户厕是上世纪的遗留问题。北京市曾统一进行过改造，像崇文区、宣武区平房院内的户厕都迁出并修建了公厕。可西城区位置特殊，怕户厕迁出后影响环境美观，于是保留了很多，占全市平房院户厕的50%以上。改造前，这些户厕大部分没有水和电灯，也没人管理，日常的清洁都是靠院内的居民轮流打扫。今天上午，记者来到了什刹海后海南沿40号，看到院内改造后的户厕非常整洁。厕所内墙上都贴上了瓷砖，便坑和便池都是不锈钢的，便坑旁的墙上还安装了供残疾人和老年人使用的扶手，墙上还用红漆喷上'小心地滑'的提示语。一位居民说，政府掏钱买单，也避免了邻里之间闹纠纷，改造户厕是政府为平房院居民办了件大好事、大实事。"

别看年轻人能用APP找厕所，但未必对当年"户厕"有了解。生活中那是何等的方便，又是何等的不方便，即便有过实际体验的人也会忘得一干二净……

市政府12345
市情与民声

我们日夜在聆听

紧邻前门步行街的廊坊三条胡同东口

公厕脏又臭 居民难方便

本报讯 虽说与干净漂亮的前门步行街只隔一条胡同，但对于廊坊三条胡同东口的居民来说，门前的这个公厕让人又爱又恨，周边公厕不多，这里又常年脏臭，居民罗先生无奈拨打北京市非紧急救助服务中心12345，希望相关部门能把公厕的环境改善改善。

昨天下午，记者来到这个位于廊坊三条胡同东口的公厕，距离二十多米即可闻到厕所飘来的臭气，不时有附近居民和来往游客掩鼻进

出。记者发现，这是个蹲坑式旧式公厕，没有冲水设备，蹲位一字排开，每个蹲位用挡板隔开。"20多年前我住进这个胡同，公厕就是这个样儿。"居民罗先生告诉记者，每天早晚是公厕使用高峰，也是公厕最脏臭的时候，由于公厕墙根儿年久失修，还经常有臭水顺着墙根流出。

居民韩先生则愤慨总有人上厕所的时候将粪便排在坑外，让后面的人根本无从下脚，"为了这么点儿事儿净吵架了"。韩先生说，厕所的

挡板前后间距较窄，块头稍大点儿的根本蹲不下。韩先生告诉记者，周边的厕所较少，除了廊坊三条胡同东口和西口各一个厕所，廊坊头条和廊坊二条都没有公厕，所以门前这个厕所的使用率很高，记者采访的十几分钟中，已经看到不少游客进去方便，走进去时无不眉头紧皱，走出时松一大口气。

随后，记者与宣武环卫中心业务科取得联系，彭科长介绍，廊坊三条胡同属于老旧平房区，自来水

管线和污水管线均较为老旧，下水管道经常堵塞，由于水压较小，按照目前的实际情况公厕没有条件改成冲水式。另外，目前廊坊三条胡同正在进行路面改造，抽粪车无法进入胡同，但环卫人员还是按照要求每天对公厕进行定期清扫。宣武区市政管委环卫工科李先生则表示，改造公厕涉及多方面因素，环卫科将与大栅栏街道办事处、宣武环卫中心和附近居民进一步协调，争取早日解决厕所脏臭难题。

叶晓彦 J224

真不是存心找公厕的茬儿，而是那个年代的公厕确实有太多太多的不尽如人意。2009年8月18日"我们日夜在聆听"披露，"紧邻前门步行街的廊坊三条胡同东口"《公厕臭又脏 居民难方便》。其中说道：

"虽说与干净漂亮的前门步行街只隔一条胡同，但对廊坊三条胡同东口的居民来说，门前的这个公厕让人又爱又恨，周边公厕不多，这里又常年脏臭，居民罗先生无奈拨打北京市非紧急救助服务中心12345，希望相关部门能够把公厕的环境改善改善。记者来到了这个位于廊坊三条胡同东口的公厕，距离二十多米即可闻到厕所飘来的臭气，不时有附近居民和来往游客掩鼻进出。记者发现，这是个蹲坑式旧式公厕，没有冲水设备，蹲位一字排开，每个蹲位用挡板隔开。'20多年前公厕就是这个样儿。'居民罗先生告诉记者，每天早晚是公厕使用高峰，也是公厕最脏臭的时候，由于公厕墙根儿年久失修，还经常有臭水顺着墙根流出。"

如果没有记错，2009年，有的公厕已经开始提供厕纸，甚至有的公厕已经开始提供一次性座桶垫，为什么差距如此之大，原来早年公厕改造按厕所等级排排坐，而等级划分则按是否邻街排座次。

对于以街面划分的公厕座次表，此间持以不同的观点。公厕临界于物质文明与精神文明之间，按明面排序，无疑让"背街小巷"积重难返……

市政府12345
市情与民声

我们日夜在聆听

这事儿正在办

停车场露天厕所已铲平

周边老人期盼有生之年看到空地披绿

本报讯（记者黄敬）去年12月29日，本报刊登了海淀区定慧北里一片规划中绿地变为停车场的报道。当晚，空地的承租方湘鄂情公司开始着手改善这里的环境，铲平了露天厕所，清除了空场上的土堆，受到居民们好评。但是大家仍迫切希望问题能得到根本解决，不要继续裸露着土地，还居民一片绿。

这片空地被湘鄂情饭店租下作为停车场，其西南角上隐藏着一个露天厕所。去年12月27日，该厕所已被湘鄂情封闭，此前则一直有人使用，天气一热就臭不可闻。2008年12月29日本报刊登了《沙尘伴荒草多年不见绿》的消息。当天夜里11时许，一辆推土机开进了空地，伴随着一阵轰隆隆的响声，这个已存在了二十余年的露天厕所终于变成了一片瓦砾。随后，施工人员继续清除了堆积在空场边缘的一堆堆渣

土。据湘鄂情负责后勤的一名经理介绍，这些土方是他们前一阵修整消防通道时产生的，临时堆在空地上。

这些举动令居住在定慧北里2号院的居民欢欣鼓舞，但他们仍强调，暂时的卫生清理并不能从根本上改善这里的环境。"空场上没有任何覆盖物，石子和泥土裸露在外，每辆汽车通过时，车后面都是一片扬起的白烟。这五六千平方米的泥土地每天得扬起多少灰尘呀。"

今年已80岁的张老先生苦笑着对记者说："我们2号院里老人多，我这个年龄还算年轻呐，所以大家都托付我来帮忙解决这个问题。"在去年一年的时间里，张先生和另外

一位老人四处奔走，找到了管理这片空场的多个部门。在八里庄街道办事处的协调下，去年4月，承租了这片空地的湘鄂情承诺每天派专人洒水降尘，并铺上碎石子减少扬尘。但是，在这次协调会中，却没有对居民提出的取消停车场、恢复绿地的建议进行讨论。

"我们又找到了海淀区市政管理委员会，市政管委表示，空地不具备停车场备案条件，要求市运输管理局转相关部门处理，但仍是迟迟没有结果。"张老先生最后对记者说："裸露土地危害的不仅仅是我们周围居民的身体健康，更破坏市容市貌。希望在我们有生之年，这里能长出绿草。"

文井摄 J008

停车场西南角的厕所已被铲平

办公室里存书不多，但《字典》《词典》不少，因为遇到不明白的生字或词句，及时查阅工具书，会少去很多误己误人的自以为是。

按理说"厕所"的正确解释是"专供人大小便的地方"。不知是"专供"二字出了问题，还是"人"出了状况，明明不是"专供大小便"的地方，有些人却偏偏要把本无路的地方生生尿出屙出新感觉。2010年1月6日，《北京晚报》刊发记者黄敬采写的《停车场露天厕所已铲平》很有看点，因为如此这般可以满足"周边老人期盼有生之年看到空地披绿"。其中说道：

"这片空地被湘鄂情饭店租下作为停车场，其西南角上隐藏着一个露天厕所。天气一热就臭不可闻。2008年12月29日本报刊登了《沙尘伴荒草多年不见绿》的消息。当天夜里11时许，一辆推土机开进了空地，伴随着一阵轰隆隆的响声，这个已存在了二十余年的露天厕所终于变成了一片瓦砾。"

且不说露天厕所如何隐藏，也不讲二十余年的露天厕所如何一去不返，仅一个本不该称其为"厕所"的"露天随地大小便的案发处"，竟被认可为露天厕所，其中似乎夹带了许多令常人、常态备感无奈、备感无语的无可无不可……

市政府 12345
市情与民声

我们日夜在聆听

西城区阜外北街等待拆迁10年 这里的居民似乎被遗忘

想上厕所排队 晚上回家摸黑

本报讯（记者于海波）"早晨上厕所排大队，晚上没有路灯的街道漆黑一片，我们这片平房区的居民每天都要面临这样的难题。"近日，家住西城区阜外北街的居民张女士拨打了北京市非紧急救助服务中心12345反映，居民们曾经向街道办事处咨询过，得知这里属于拆迁地区，无法解决这些问题。

但是这样的情况已存在很多年，居民日常生活受到很大影响，希望相关部门能为居民们增设公厕、安装路灯。

没有路灯也无处借光

昨天下午，记者来到西城区阜外北街，街面四五米宽，百十米长，水泥路面，街北侧便是张女士居住的平房区，南侧是一片两层高的彩钢房，彩钢房紧邻阜外大街，西侧是一处多年未动工的工地，据居民们说，工地的位置原本也是平房区，前些年拆迁了。记者观察发现，这里的居民很多是"老北京"，"我们都喜欢在路边乘凉、聊天、解闷儿，说实话也是因为家里太窄吧。"居民们说。

由于路上没有路灯，而那两层彩钢房又挡住了来自阜外大街上的灯光，每到晚上，这条小路一片漆黑，街坊们只好窝在家里，对于一些上班族，没有路灯就更为烦恼。张女士说，她上夜班就不敢回家，"有一次一位小伙子倚在大树下打手机，手机的蓝光映在脸上，特别渗人，吓得我赶紧打电话让家人出来接我。"

百户居民共用小公厕

除了路灯问题，居民们上厕所也是一大难题。记者在小街的西头看见一个公厕，里面只有4个坑位，"这哪儿够用的啊！"居民们说，平房区有百十户居民，就算每家三口人，也有300多人，每天早晨上厕所都得排队，"说句不好听的，早晨都不好意思在公厕大便，因为外面排队等着的人太多，街里街坊的都认识，不好意思让人等的时间太长，只好到单位方便。"居民们说，原本在小街的东头还有个公厕，但是由于前面盖上了彩钢房，公厕就被拆了。

"被拆迁"10年生活很憋屈

居民王女士也曾经向有关部门

平房院子里的厕所叫作"户厕"，而平房又分为"大宅门"和"大杂院"，前者户厕如何讲究不作探究，后者名曰户厕，却实乃公厕小户型。

与户厕对应的是公厕，早年间公厕又俗称"官茅房"，顾名思义，归政府管理。西城作为首都核心区，别看户厕升级人见人爱，但公厕革新却一户有一户难念的经。2010年9月1日，《北京晚报》刊发记者于海波采写的《想上厕所排队 晚上回家摸黑》，其中说道：

"'早晨上厕所排大队，晚上没有路灯的漆黑一片，我们这片平房区居民每天都要面临这样的难题。'近日，家住西城阜外北街的居民张女士拨打北京市非紧急救助服务中心12345反映，居民们曾经向街道办事处咨询过，得知这里属于拆迁地区，无法解决。记者在小街的西头看见一个公厕，只有4个坑位，居民说'平房区有百十户居民，就算每家三口人，也得300多人，早晨都不好意思在公厕大便，不好意思让外面排队的人等的时间太长，只好到单位方便。'"

说到这儿，写到这儿，脑子不由得信马由缰坠入一去不复还的"胡同情结"，以往只晓得胡同人家常吃"百家饭"，殊不知"大号"也有如此这般的情深意长。细想起来，其实"公厕故事"不让《茶馆》，只是无法再现实际场景，所以挺好的影视题材只能在纸面上一带而过……

市政府12345
记者走基层

我们日夜在聆听

拎着凳子 打着手电 点着蚊香

这儿的人上厕所需全副武装

本报讯（记者王琼）为了上趟厕所，西城区木樨地北里7排的5户居民需要拎着凳子、打着手电筒，甚至点上蚊香。原来，位于平房西侧的这座老旧厕所，没有灯，也没有安装扶手，更没有专业保洁人员清扫疏通。为此，81岁的王大爷向市非紧急救助服务中心12345反映了此事。

昨天傍晚，记者来到了王大爷家。王大爷说，他们居住的平房是公房，由房管所管，可这里的公共厕所，却从来没见过谁管。在这5户居民中，王大爷的岁数最大，其他4户居民家里也都有年龄在七旬以上的老人，其中还有一位78岁的残疾人。王大爷口中的这个

子。为了防止蚊虫来袭，大家上厕所都得点蚊香，否则"就会被蚊子咬花了"。记者留意到男厕所的红漆铁门上，用白漆写着："各户居民轮流打扫厕所，公摊水电费"。王女士说，由于厕所年久失修，经常堵塞，街坊们不仅轮流打扫厕所，大家还自制了"铁钩子"，进行疏通。"你向下捅一下，粪便和污水才能咕咚咕咚地下去！"

记者了解到，这片平房区还设有一座公厕，但是7排的居民们要走到那儿上厕所，至少要10分钟，王女士说，有时候，有的老人就算是上家门口的厕所，人还没跑到，就尿在裤子里了。因此，让这些老人去那座公厕方便，更不现实。

文井摄 J010

聆听回音

西城区非紧急救助服务分中心通过属地的月坛街道办事处核实了解到这一问题的成因和具体情况。月坛街道办事处工作人员表示，木樨地北里7排是中央某部门宿舍的平房区，之前曾经帮助居民向产权单位联系及时修缮院内厕所无果，无奈下准备将其纳入明年西城区非环卫系统公厕改造计划，考虑到此事落实还需要时日，目前街道办事处工作人员将再次联系催促产权单位采取措施解决照明问题，方便居民生活。

李祥樑 J010

时间不知不觉来到 2011 年。那年汽车普及率上升到何种水平不得而知，家用电器进化到何种程度不得而知，手机又增添了何种功能也不得而知，与之相比，人人必需的"五谷轮回地"情况又如何，告别平房的人似乎也已忘得干干净净。

当年的 9 月 1 日，《北京晚报》刊发了记者王琼采写的《拎着凳子 打着手电 点着蚊香 这儿的人上厕所需全副武装》，其中说道：

"为了上趟厕所，西城区木樨地北里 7 排的 5 户居民，要拎着凳子、打着手电、甚至点上蚊香。原来，位于平房西侧的这座老旧厕所，既没有灯，也没有安装扶手，更没有专业保洁人员清扫疏通。为此，81 岁的王大爷向市非紧急救助服务中心反映了此事。记者在厕所里只站了短短 5 分钟，腿上就被蚊子叮了 21 个大包。居民们一边晃动着身体，扇着扇子，一边无奈地说，一到夏天，厕所里全是蚊子，为防止蚊虫来袭，上厕所都得点蚊香，否则会被蚊子咬花了。"

新闻报道，采访对象有许多类，记者也分很多种，有的善于表述"记者一尝，味道果然不错"，有的肯于在官茅房里一待就是五六分钟，被蚊子咬了几十个包，于此不得不说，不少媒体的确是"推动厕所革命"的生力军。

说到记者采访公厕被蚊子咬了不少包，不由得想到相关部门工作人员是否也有相同的经历，进去看看，来回转转，似乎不如蹲下来的感觉更真实……

市政府🕿12345
记者走基层
我们日夜在聆听

各部门齐心协力 历时86天 木樨地北里新公厕今天交付使用

暖气洗手池坐便器 全齐了

民生笑脸

罗秀兰大妈说:"这下好了!新公厕干净、敞亮,还能自动冲水,再不用自己用盆接水冲了。"

百姓事放心里

时隔不久,2011年11月25日,《北京晚报》记者许前程告知,历时86天,通过各部门齐心协力,木樨地北里新公厕已交付使用,而且"暖气洗手池坐便器全齐了"。其中说道:

"今天对于西城区木樨地北里7排的居民来说,是个可喜可贺的好日子。他们期盼已久的新公厕终于建成了。上午9时,记者第八次来到这里,远远看到新建成的公厕。蓝色的房顶、灰色的外墙,新公厕简洁而实用。据负责施工的董师傅介绍,外墙用的是防水墙漆,内墙贴的是白瓷砖。82岁的罗秀兰大妈说,北里7排是平房,住着5户人家,其中4家里有七旬以上的老人,以前的旧公厕太不方便,一直盼着能有人给修修,没想到这次直接盖了个新的。罗大妈还透露,公厕正在装修的时候,她就进去看了好几次,这下可好了,新公厕干净、豁亮,还能自动冲水,再也不用自己用盆接水冲了。"

据了解,"在这86天里,从产权单位到北京市信访办、西城区月坛街道办事处,所有参与改造的相关工作人员,心往一块想,劲往一块使,急百姓所急,打破常规,通力合作,直至厕所最终投入使用"。

我们日夜在聆听

市政府 12345
市情与民声

修好的不开放　改造的还在施工中

公厕成为摆设
方便时不方便

本报讯（记者景一鸣）"小区外的公厕修得很漂亮，但仅仅是摆设，没开过门。"昨天，朝阳区北苑家园清友园社区居民王先生向市非紧急救助服务中心12345反映，在小区门外有两个公共厕所，今年年初已经完工，但直到现在都未开放使用。小区附近小花园内唯一的公共厕所，也从去年秋天开始改造，至今都没有开门，他希望有关部门监督，不

2012 年，晚报"我们日夜在聆听"改版，虽说原来的栏标有了新式样，但对于最大限度解决百姓"内急难"仍一如既往。2012 年 7 月 9 日记者景一鸣撰文告知，有些公厕"修好的不开放，改造的还在施工中"，以至于《公厕成为摆设　方便时不方便》。其中说道：

"'小区外的公厕修得很漂亮，但仅仅是摆设，没开过门。'昨天，朝阳区北苑家园清友园社区居民王先生向市非紧急救助服务中心反映。小区门外有两个公共厕所，今年年初已经完工，但直到现在都未开放使用。小区附近小花园内唯一的公共厕所，也从去年秋天开始改造，至今都没有开门，他希望有关部门监督，不要让公共设施成摆设。记者在清友园社区看到，王先生说的前两座公厕位于清友园社区北侧和东侧，两座公厕规格相同，从门外标识来看，公厕除分出男女厕外，还有专门残疾人厕所。这两间厕所外表就像两个小亭子，墙面瓷砖干净整洁，整体十分美观，唯一的缺憾是大门上了锁，行人无法使用。"

好好的厕所为什么"上锁"不得而知，肯定有的说，肯定有的扯，但撇开所有的客观原因，好像公厕数量不足既与数字有关，也与数字无关……

我们日夜在聆听

市政府
12345
市情与民声

停水已经一礼拜　内急的人相当难受

这座公厕，憋得难受

本报讯（记者景一鸣）"怎么还停水啊！"一位商户刚想拉开公共厕所的门，就看到了玻璃上贴着暂停使用的通知。这座公共厕所位于东大桥地铁站东北口附近，紧邻朝阳医院，周边人来人往。因此，过路的市民纷纷拨打了市非紧急救助服务中心12345热线，反映公厕已经停水一个礼拜了，给大家的生活带来了不小的影响。

昨天，记者在现场看到，厕所的门上张贴着暂停使用的通知，原因是停水。这个小路口来来往往的人还真不少，厕所的正对面就

2014年3月28日，还是改版后的"我们日夜在聆听"，还是推动"厕所革命"的晚报记者景一鸣，告知某公厕"停水已经一礼拜，内急的人相当难受"，让人感觉《这座公厕，憋得难受》。其中说道：

"'怎么还停水啊！'一位商户刚想拉开公共厕所的门，就看到了玻璃上贴着暂停使用的通知。这座公共厕所位于东大桥地铁站东北口附近，紧邻朝阳医院，周边人来人往。因此，过路的市民纷纷拨打了市非紧急救助服务中心热线，反映公厕停水一个礼拜，给大家的生活带来不小的影响。记者在现场看到，厕所门上张贴着暂停使用的通知，原因是停水。这个小路口来来往往的人还真不少，厕所的正对面就是公交卡的充值点，厕所后方就是朝阳医院。左邻地铁，右邻医院和众多商铺，再往远走几步就是公交车站。下班高峰期，十分钟内从这个厕所面前走过的就有上百人。其中不少想如厕的人习惯性地去拉公共厕所的门，可手碰到门把儿的那一瞬间，都会看到门上的通知，只好又把手都缩了回来。"

据说"地下管线故障，修复工作已快结束，预计几天内重新开放"。不辨虚实。在北京，有些事做起来喊"123"的号子没用，但打"12345"却很好使……

找不到 卫生差 设施损坏 地铁一号线遭乘客吐槽

"上个厕所还要换条线"

厕所找不到、厕所异味浓、厕所插销坏掉……近来，北京地铁一号线被乘客狂吐槽，一些厕所还被乘客列为"简直不能忍"的厕所。近日，记者走访这些地铁站内的厕所，情况堪忧。

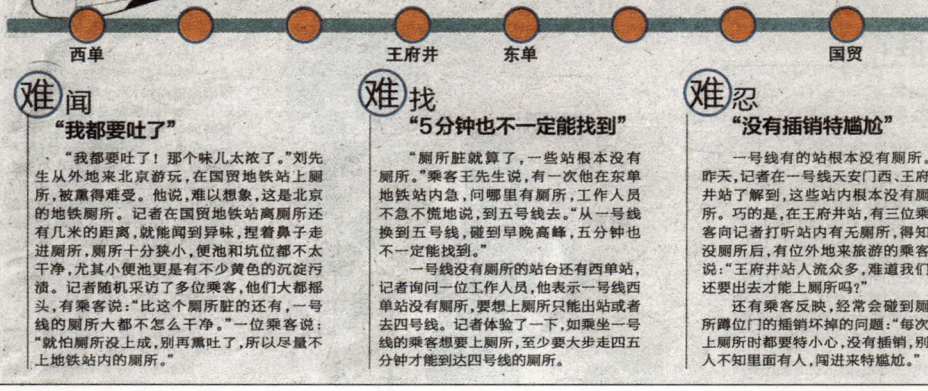

西单　　　　　　　王府井　东单　　　　　　　国贸

难闻
"我都要吐了"

"我都要吐了！那个味儿太浓了。"刘先生从外地来北京游玩，在国贸地铁站上厕所，被熏得难受。他说，难以想象，这是北京的地铁厕所。记者在国贸地铁站离厕所还有几米的距离，就能闻到异味，捏着鼻子走进厕所，厕所十分狭小，便池和坑位都不太干净，尤其小便池更是有不少黄色的沉淀污渍。记者随机采访了多位乘客，他们大都摇头，有乘客说："比这个厕所脏的还有，一号线的厕所大都不怎么干净。"一位乘客说："就怕厕所没上成，再被熏吐了"，所以尽量不上地铁站内的厕所。"

难找
"5分钟也不一定能找到"

"厕所脏就算了，一些站根本没有厕所。"乘客王先生说，有一次他在东单地铁站内急，问哪里有厕所，工作人员不急不慌地说，"到五号线去。"从一号线换到五号线，碰到早晚高峰，五分钟也不一定能找到。"

一号线没有厕所的站台还有西单站，记者询问一位工作人员，他表示一号线西单站没有厕所，要想上厕所只能出站或者去四号线。记者体验了一下，如乘坐一号线的乘客想要上厕所，至少要大步走四五分钟才能到达四号线的厕所。

难忍
"没有插销特尴尬"

一号线有的站根本没有厕所。昨天，记者在一号线天安门西、王府井站了解到，这些站内根本没有厕所。巧的是，在王府井站，有三位乘客向记者打听站内有无厕所，得知没厕所后，有位外地来旅游的乘客说："王府井站人流众多，难道我们还要出去才能上厕所吗？"

还有乘客反映，经常会碰到厕所蹲位门的插销坏掉的问题："每次上厕所时都要特小心，没有插销，别人不知里面有人，闯进来特尴尬。"

其实，仅就《北京晚报》来说，关注公厕万象远不止"我们日夜在聆听"。诸如2014 年 6 月 15 日，"生活"专版就刊发记者于建采写的《"上个厕所还要换条线"》，其中说道：

"'我都要吐了！那味儿太浓了。'刘先生从外地来北京游玩，在国贸地铁站上厕所，被熏得难受。他说，难以想象，这是北京的地铁厕所。记者在国贸地铁站离厕所还有几米的距离，就能闻到异味，捏着鼻子走进厕所，厕所十分狭小，便池和坑位都不太干净，尤其小便池更是有不少黄色的沉淀污渍。'厕所脏就算了，一些站根本没有厕所。'乘客王先生说，有一次在东单地铁站内急，问哪里有厕所，工作人员不急不慌地说，'到五号线去'。'从一号线换到五号线，碰到早晚高峰，五分钟也不一定能找到。'还有乘客反映，经常会碰到厕所蹲位门的插销坏掉的问题，'每次上厕所都要特小心，没有插销，别人不知里面有人，闯进来特尴尬。'"

记者随机采访了多位乘客，他们大都摇头，有乘客说"比这个厕所脏的还有"，有乘客说"就怕厕所没上成再熏吐了"，还有乘客说"尽量不上地铁站内的厕所"，总之，一个小小的厕所抑或厕位，让大大的、长长的地铁有时颜面扫尽……

墙这边我家 墙那边公厕 墙上裂开大缝子

"我快能跟蹲坑的街坊聊天了"

本报讯(记者张硕) 2012年，草厂八条胡同平房改造，夏先生老两口告别了漏雨的老屋，住上了原址翻建的新房。然而仅仅过去4年，墙体上就出现了裂缝。墙的另一侧是胡同里的公共厕所，"我快能跟蹲坑的街坊们聊天了。"夏先生无奈地说。

草厂八条是南北向的胡同，路西5号院紧挨着公共厕所。而公共厕所的后墙也是夏先生家房屋的墙壁。昨天下午，记者来到位于草厂八条5号院夏先生的家。一进门就能看到，这堵墙，从房顶到地面，已经裂开了一条小缝，上面约有三四毫米宽，下面的缝隙看上去要窄一些。

夏先生说，2012年房屋翻盖，但2013年的时候，墙面就出现了裂缝。刚开始是很细小的裂缝，从房顶到墙根都发展得厉害。而且他用织毛衣的针插进裂缝，发现20多厘米长的整根针都能插进去。"这是一堵二四墙"，也就是24厘米厚的墙，"我家跟厕所马上就连通了。"

夏先生将问题反映给了房管所，房管所答复，可以进行墙缝修补。"我在这住了快50年，自从1968年这个厕所盖起来，我家就一直受影响。"墙根长霉都是家常便饭。且房屋自1994年、2012年两次翻建，都没能解决墙根发霉的问题。因此夏先生觉得，翻盖并不是解决问题的根本办法。

老两口提出换房，"房管所说，目前没有这个政策。"

那么是否能通过公共厕所的管理部门解决问题呢？这些年，草厂八条人口疏散，已经有一些院落腾空，胡同的其他区域也比5号院门口更宽敞。老నక写信反映给东城环卫，希望厕所能搬走。

东城环卫回函答复，"该公厕未列入今年修缮计划，改造存在困难。根据实地调查情况，目前公厕对邻的住房存在一定影响，但不会危及生命安全，中心将于近期对该公厕与您住房共用的墙体做防水层，尽量减少公厕对您住房的影响。"

记者手记

公厕也是历史遗留问题

走进院子的时候，记者注意到，草厂八条的3号、5号两个院，使用同一个院门。细细打听得知，1968年这里建厕所的时候，便是占用了5号院的一部分空间，5号院从此和3号院合并，一起使用3号院的院门。现在女厕所的大门，便是曾经5号院的院门。

此前胡同里虽缺少公共厕所，但大部分平房院落里面，都是有厕所的。后来随着人口增多，一些平房院里面的厕所也被改成了普通的民厕，因此，居民们便要到街上找公共厕所了。

前几年，草厂一带的平房翻盖，人口疏散，有一些居民搬走，空出了一些院落。夏先生家这座一墙之隔的厕所问题，并没有得到彻底解决。

夏先生家的麻烦，可以说是历史遗留问题。但问题是，这些历史遗留问题，到底要遗留到什么时候呢？

文并摄 J233

北京人说话有意思，《北京晚报》说话则更有意思，2016年5月10日，晚报"北京"专版头条《"我快能跟蹲坑的街坊聊天了"》，同样带引号，同样让您看了很想继续往下看。其中说道：

"草厂八条是南北向的胡同，路西5号院紧挨着公共厕所。而公共厕所的后墙也是夏先生家房屋的墙壁。昨天下午，记者来到了位于草厂八条5号院夏先生的家。一进门就能看到，这堵墙，从房顶到地面，已经裂开了一条小缝。夏先生说，2012年房屋翻盖，但2013年的时候，墙面就出现了裂缝。刚开始是很细小的裂缝，家人以为只是墙皮裂了。然而最近一年，裂缝变宽。他用织毛衣的针插进裂缝，发现20多厘米长的整根针都能插进去。'这是一堵二四墙，也就是24厘米厚的墙，我家马上跟厕所就连通了。'"

记者最后感慨："夏先生家的麻烦，可以说是历史遗留问题。但问题是，这些历史遗留问题，到底要遗留到什么时候呢？"

据说"历史遗留问题"属特殊问题，急不得，恼不得，需要时间梳理，需要火候料理。然则，历史遗留问题也分轻重缓急，举凡"内急"，似应从重从快……

严寒天气导致部分公厕水管冻裂 影响市民使用

公厕难抵严寒 部分停用

"北京今年冬天异常寒冷，极低的气温也影响了一些户外公共厕所的使用。近日，读者反映，海淀区四季青东冉村有三间公厕因为气温低，水管被冻裂，不能正常使用。附近居民都不得不到周边的企业和单位借用厕所。记者随后也走访了其他地区的一些户外公厕，发现部分地区公厕受低温影响，也出现了水管因冻裂影响使用的情况。"

亮马桥附近的公厕备水桶冲洗　　　　　四季青附近的公厕已无法使用

尽管本章有心写成公厕变革的"编年体"，但资讯有限，因此写来写去最终也只能写成不尽全面、不尽系统的个人感知录。

在"恩波智业"的资料库里，关注厕所的远不止《北京晚报》，比如《北京青年报》，关于"现成的厕所不能用"就接二连三发表了如是说。其中 2013 年 1 月 4 日刊发的《公厕难抵严寒 部分停用》说道：

"北京今年冬天异常寒冷，极低气温也影响了一些户外公共厕所的使用。近日，读者反映，海淀区四季青东冉村有三间公厕因为气温低，水管被冻裂，不能正常使用，附近居民不得不到周边企业和单位借用厕所。记者随后走访了其他地区的一些户外公厕，发现部分地区公厕受低温影响，也出现了水管因冻裂影响使用的情况，包括亮马桥商业繁华区水桶冻住不出水、鼓楼中心老城区公厕无暖气。"

在随后追访中，有关工作人员介绍："今年冬天天气严寒，公厕水管被冻在所难免，已采取地温保暖等措来预防厕所被冻。接到居民反映，工作人员会立刻到场，用喷头、水管浇热水的方式融冰，一般情况半天就可解决问题。"

"半天即可解决"。半天，天知道半天里有多少如厕人会憋得胡说八道……

前门大街西北侧一路边公厕改造未通水电无法开放

公厕停用 墙角遭殃

　　无独有偶。2014年1月4日，《北京青年报》记者袁艺采写的《公厕停用 墙角遭殃》，又将一处明明已经建成的路边公厕由于"未通水电，无法开放"引入读者视线。其中说道：

　　"前门大街西北侧，一块路边绿地的四周成了过往路人解决内急的场所。绿地旁的围墙和铁栅栏上，多处可见被液体淋湿后形成的污渍。尽管紧邻绿地就设置有一间公共厕所，但由于公厕'未接水电'，暂未开放，路人方便之余，给道路留下了不方便。公厕的五个门都紧闭着，管理员用一条警戒线将公厕围起来，墙上贴着多张白纸，提示路人'未接水电，暂停使用'。公厕管理员和公厕所属公司均表示，公厕开放的时间还不清楚。公厕管理员称，环保公厕修建之前，此地曾有一间公厕，由于设备损坏，不能正常使用，随后进行重建。"

　　眼见路人就地方便，公厕管理员其实也很无奈："我只负责管理厕所，虽然也觉得这种行为很不文明，但也只能提示两句，到了夜里看不见的时候，只能靠路人自觉了。"

　　公厕近旁随处方便谁之过？"尿客"肯定脱不了干系，但干系何来……

2012年10月8日 星期一 新京报

国际新闻·区域 A21

印高院强制要求学校建厕所

缺少厕所和饮用水"侵犯孩子受义务教育的权利",全国4成学校没有厕所

据新华社电 印度最高法院下令,作为孩子接受教育权利的一部分,全国所有学校必须在6个月内配备厕所和饮用水。

法新社6日报道,最高法院本周早些时候下发判决声明,缺少厕所和饮用水"明显侵犯孩子受义务教育的权利"。调查显示,家长不愿意把孩子送到没有厕所设施的学校,特别是女孩家长。

最高法院认为,孩子需要"在干净和健康的环境中学习",邦政府必须在6个月内向孩子提供厕所设施、饮用水设施、足够的教室,任命教学和非教学职工等。这项裁决适用于公立和私立学校。

社会活动团体"教育权利论坛"4月发布的一项报告显示,印度一成学校缺乏饮用水设施,4成学校没有厕所。

印度2010年曾发起一项教育计划,向6岁到14岁孩子提供免费教育,不过童工现象依旧普遍。一些批评人士称,全国学校基础设施破旧,教师旷课严重,数以千万计开没有接受良好教育的年轻人可能找不到工作。

■ 焦点问题

女孩课间跑回家上厕所

据《印度教徒报》报道,一项针对新德里、加尔各答、孟买、班加罗尔等主要城市的低收入群体进行的调查显示,厕所问题仍然是女学生和他们父母所关心的主要问题,数据显示,印度只有44%的学校设有女性的独立厕所。课间休息时,女孩想如厕需要尴尬又冒险地到附近的田野里,或者跑回家使用厕所。

调查显示,印度的女孩辍学情况严重。除了缺乏女性独立厕所以外,早婚、学校距离远和女教师的缺乏是重要原因。(景青)

很长时间以来,《新京报》为推动"厕所革命"没少鼓与呼。2012年10月8日那篇《印高院强制要求学校建厕所》,披露了该国4成学校没有厕所和饮用水,从而侵犯了孩子受义务教育的权利。其中说道:

"印度最高法院下令,作为孩子接受教育权利的一部分,全国所有学校必须在6个月内配备厕所和饮用水。最高法院认为,孩子需要'在干净健康的环境中学习'。这项裁决适用于公立和私立学校。社会活动团体'教育权利论坛'发布的一项报告显示,印度一成学校缺乏饮用水设施,4成学校没有厕所。调查显示,印度的女孩辍学情况严重。除了缺乏女性独立厕所以外,早婚、学校距离远和女教师的缺乏也是重要原因。有关调查显示,'家长不愿意把孩子送到没有厕所设施的学校,特别是女孩家长。'"

另据《印度教徒报》报道,一项针对新德里、加尔各答、孟买、班加罗尔等主要城市的低收入群体进行的调查显示,厕所问题仍是女学生和他们父母所关心的主要问题。有数据显示,当年印度只有44%的学校设有女性的独立厕所,所以课间休息女孩如厕,需要尴尬而又冒险地到附近的田野里,或者跑回家里使用。

不说不知道,一说吓一跳。比起邻国的学童遭遇,我们的公厕,尤其学校厕所,尽管也存在这样那样的问题,但状况不可同日而语,感受更不可同厕而论,真可谓"幸福不是毛毛雨"……

2017年3月23日 星期四 新京报

焦点 A17

学生集中如厕拥挤致踩踏 1死5重伤

事发河南濮阳一小学,学生考前集中上厕所致踩踏事故;涉事学校多班级疑似人数超编

一次如期未至的月考,一场突如其来的踩踏事故。

昨日上午8点30分左右,河南濮阳县第三实验小学下课时间,教学楼厕所附近发生踩踏事故。涉事学校两名教师向新京报记者确认,事发时,该校即将进行月考,考试科目为语文。因学生开考前集中上厕所,导致秩序出现混乱。

濮阳县人民政府通过官网通报称,截至22日下午3点,事故共造成22名学生受伤,其中1人在送往医院途中死亡,5人重伤。受伤学生已全部送往医院救治。

3月22日,河南省濮阳县第三实验小学发生踩踏事故。根据官方通报,事故造成1名学生死亡,20余名学生受伤。   图/视觉中国

前文刚讲我们学校厕所令人羡慕,2017年3月29日,《新京报》刊发记者王煜林采写的《学生集中如厕拥挤致踩踏 1死5重伤》,犹如兜头一盆冰水。文章说道:

"昨日上午8点30分左右,河南濮阳县第三实验小学下课时间,教学楼厕所附近发生踩踏事故。涉事学校两名教师向新京报记者确认,事发时,该校即将进行月考,考试科目为语文。因学生开考前集中上厕所,导致秩序出现混乱。濮阳县人民政府通过官网通报称,截至22日下午3点,事故共造成22名学生受伤,其中1人在送往医院途中死亡,5人重伤。受伤学生已全部送往医院救治。一名学生家长向新京报记者证实,昨日上午原定考试科目为语文,事故发生以后,学校通知全体学生停课。"

文章透露,濮阳县第三实验小学是一所六年一贯制完全小学,现有19个班,在校生1600余人。按这一数字计算,该校平均每班人数在80人以上。记者注意到,根据教育部相关规定,"农村完小最大规模24班、1080人,城市完小最大规模是30班、1350人,班级平均规模不应超过45人"……

55

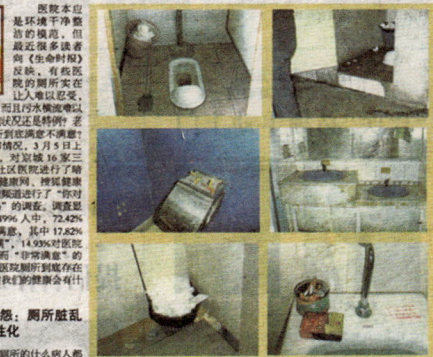

生命时报

● 第396期 ● 2010年3月12日 星期五 ● 每份1.5元 ● 每周二、五出版 ● 人民日报社主管 ● 国内统一刊号：CN11—0268 ● 邮发代号 1—109

医院厕所期待大变样

配上卫生纸、洗手液、感应水龙头，专人打扫、及时维修、更加人性化

● 本报记者 梁馨

3月5日，本报记者在采访中抽下的几家医院厕所一角。

长寿不是赚钱招牌

本期导读

- 久坐不动有"五伤" （6版）
- 老了也不该觉少 （7版）
- 别拿旧毛巾擦厨房 （10版）
- 结婚前去旅行一次 （11版）
- 男人死要面子活受罪 （13版）

声明：本报拥有所刊作品之版权或授权，未经本报许可，其他报刊等不得以任何方式转载、摘编。

● 地址：北京市朝阳区金台西路2号环球时报社生命时报 ● 邮编：100026 ● 办公室(010)65363742 ● 编辑部(010)65363766 ● 广告部(010)65363772 ● 发行部(010)65363776

　　2010年3月12日，《生命时报》头版刊发了记者梁馨采写的《医院厕所期待大变样》，其中说道："很多读者向报社反映，有些医院的厕所让人难以忍受，不仅臭味熏天且污水横流难以下脚。是普遍状况还是特例？老百姓对医院厕所到底满意不满意？调查显示，在参与的4996人中，72.42%对医院厕所不满意。"

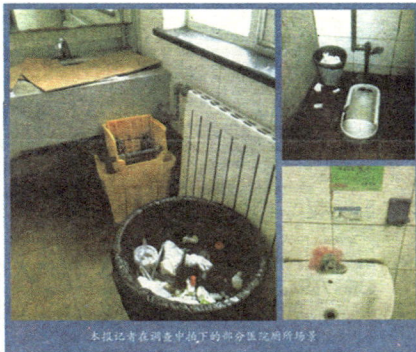

时隔多年,《生命时报》记者梁馨采写的《医院厕所怎么就管不好》再度成为该报头版整版,其中说道:"本报从 2006 年开始关注医院厕所问题,2007 年调查显示七成人认为医院厕所'较脏',2010 年有七成人对医院厕所不满意,2012 年 9 月调查显示,6 年以来,对医院厕所卫生状况不满意的人群反升到九成。"

人民日报　　　　　　　　　　政　治

南昌西湖区六眼井社区一公厕倒塌，三年内四次重建遇阻，不久前终于完成改造

一座公厕的重建风波

本报记者 吴齐强

核心阅读

一座倒塌3年的小公厕，却引发居民的很大不满。3年时间里，厕所废墟成了持不同意见居民持久战的"战场"。江西南昌市西湖区相关部门4次试图重建公厕，4次遇阻。区里组织召开10余次协调会议，社区干部上百次家访，问题仍悬而未决。

今年5月13日，公厕

居梦。这又是什么原因呢？

平衡

蔡华伟绘

盛夏酷暑，小巷里倒是清凉。8月初，记者来到南昌市西湖区六眼

了，苍蝇、老鼠难觅踪迹，家长和孩子们可高兴呢。

久战的"战场"。双方积怨日益加深，矛盾连连升级，各自串联了一批人

"解决矛盾，为民服务是我们的重要工作。"西湖区委书记周智安说，"做群众工作就像'年轻人谈恋爱'一样，党员干部对老百姓要心中怀真情、行动有真情，辛苦付真情、信任赢真情，以情动情、以心换心，才能做好一些难做的群众工作。"

反复研究、多次磋商，西湖区决定以人为本、迎难而上，从今年初开始，周智安经常带着相关部门负责人，搬着小凳子坐在楼房和平房居民中间，在公厕更建好的前提下，让双方提出各自的建议和诉求，听完这边听那边，尽量找到解决点。

"楼上楼下跑了几百趟，公厕公有理，要说最有理，原来总认为是不可调和的死扣，僵持在建或不建的具体里、大窗都不留步步、点里也挺

我们街道、社区干部就和区里反复商议，着重解决集中的意见。"

化解

调方案，改造获支持重实际，共赢促共享

"做群众工作不能简单生硬，要有人情味，多为对方着想，调整好了心态，也开阔了思路。"简琼的分析道出了工作方法的重要性。

设计方案变更了4次，原来公厕是男女各7个坑位，新建的男女各3个坑位，既能满足平房住户，又能减少面积，留出通道。

但楼房住户还是担心，公厕建成后不卫生、异味重，同时以前的老旧厕所内常有吸毒人员藏匿其间，怕新公厕建成后带来安全隐患。于是西湖区决定，专为公厕聘请保洁人员，保证全天候打扫卫生，并安装天网工程摄像头，打消居民的疑虑。

中凌云巷4号101室的楼房住户魏风祥说："前两天，孙子们放假帮忙打扫卫生，家里翻新不就用，我主了还算呢。"

周智安在多次听取群众意见后，进一步要求有关部门将六眼井社区纳入西湖33个社区综合改造计划中。要用最好的材料、最优的方案推进社区改造，化解群众矛盾与积怨，开创社区居民共赢、共享、共

《人民日报》虽然是党中央机关报，但"人民"二字冠以报名前端。作为民生保障的基本下限，"推动厕所革命"始终是该报常说常新的大话题。2013年8月19日，该报"政治"专版头条，刊发了记者吴齐强采写的《一座公厕的重建风波》，其中说道：

"南昌西湖区六眼井社区一公厕倒塌，三年内四次重建遇阻，不久前终于完成改造。一座倒塌3年的小公厕，却引发居民的很大不满。3年时间里，厕所废墟成了持不同意见居民持久战的'战场'。江西南昌市西湖区相关部门4次试图重建公厕，4次遇阻。区里组织召开10余次协调会，社区干部上百次家访，问题仍悬而未决。今年5月13日公厕开始重建，6月9日投入使用，圆了社区居民的安居梦。这又是什么原因？现实生活中群众工作不一定惊天动地，轰轰烈烈，可能就是'点亮窗前灯，铺平门口路'。公厕重建风波中如果没有党员干部深入到社区和居民家中了解民情、体察民意，发现问题、解决问题，就不会看到一张张真诚的笑脸，听到一句句表扬基层干部的由衷话语。"

文章结尾有句"公厕虽小，风波平息意义不小"。读来，想来，字斟句酌……

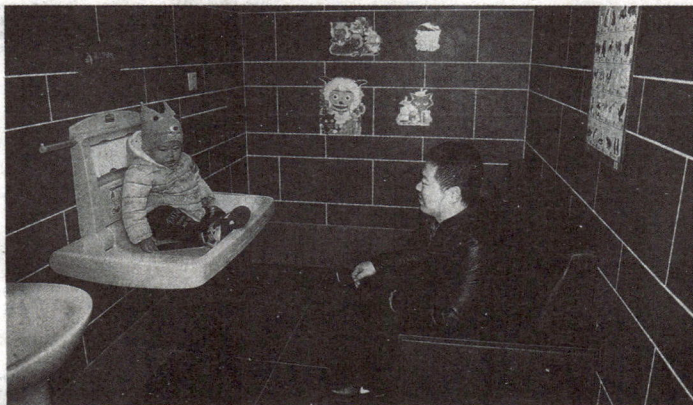

聚焦·"健康城市"缺点啥④

全国每万人拥有公厕不足3座

上公厕啥时不闹心

本报记者 王君平

上个厕所真遭罪

公厕干净与否，直接影响人们对一座城市的评价。判断城市的健康水平，最好是去公厕走一趟

刘侬侬在北京东城区一家重点中学读书，每年假期都会跟随父母外出旅游。一出门，她最担心的就是上厕所，因为她有过不少痛苦的经历。

有一次，刘侬侬去东北某城市旅游，一进厕所，恶臭扑鼻，呛得她差点喘不过气来。再看看地上屎渍斑斑，坑中粪便已满，她扭头就跑了出来，至今心有余悸。

在城市里，很多人都有类似不愉快的如厕经历。公共厕所太脏令人烦恼，找不到公共厕所更让人着急。城市公共厕所的数量远远不足。

按照住建部的规定，在城市繁华地段，300米至500米必须有一座公厕；在其他位置，也要保证750米至1000米有一座。国家统计局的数据显示，2015年全国共建有公共厕所12.6万座，每万人拥有公共厕所不足3座。人均数量最多的黑龙江是每万人5.13座，而北京人均只有1.53座。一些城市在进行老城改造、道路翻修时，拆掉公厕却没有及时重建，导致公厕数量不断减少。很多网友说，在城市里找公

山东威海幸福公园内的欧式建筑公厕配置了屏风台、沙发等，实用性强，得到市民和游客的称赞。 常 亮摄

2017 年 3 月 17 日，《人民日报》刊发记者王君平采写的《上公厕啥时不闹心》，文章段落导语写道：

"上个厕所真遭罪：公厕干净与否，直接影响人们对一座城市的评价。判断城市的健康水平，最好去厕所走一趟。"

"厕所设计不合理：洁净、卫生、私密，是公共厕所的最低标准。国内公厕的差距不仅体现在管理水平，还体现在缺少人性化关怀。"

"要视'粪土'为金钱：中国需要来一场厕所革命，把厕所建成最干净的地方，让'去肯德基上厕所'变成'去厕所里吃肯德基'。"

"如厕素质是短板：缺乏厕所文明教育，许多人认为公厕不是自己家的，脏了反正有人打扫。只有人人都成为厕所'保洁员'，城市公厕才会更清洁。"

有人讲"厕所、厨房都该是最干净的地方"。此话用心虽好，用情也够，但如实讲来，"看上去不脏，闻起来没味儿"已然是公厕的"绝代双骄"。社会上为什么有"去肯德基上厕所"的说法，很多年前此间不仅有实地体验，同时在《天大的小事》也有教学案例。至于"去厕所里吃肯德基"，听起来气势不小，但过于诗化……

05 / 厕趣达观

CEQU DAGUAN

在智库诸多研究选题里，为什么会对原本臭不可闻的"茅厕"关注十数年且津津有味？责任使然是一说，同时，报章隔三岔五冒出些"厕所趣闻"让您眼前一亮也是一说。现在回想起来，无此调剂，能否坚持似乎另当别论。

这些年看过的"厕趣"古今中外、无所不包，诸如《古代厕所何时分男女》《公务员如厕身亡算不算因公牺牲？》《坐长途车被尿憋出病乘客打官司没赢》《机上如厕请投一英镑》《宇航员紧急呼叫"马桶坏了"》《空间站上宇航员又是修厕所又是入新房》。

凡此种种，不一而足。其中《八小时时间没有上厕所时间》《上厕所掐表超10分钟挨批》读来好不辛酸。照理讲，"管天管地，管不了拉屎放屁"，但赶上一时犯糊涂的单位，屎尿是您的，但"工作时间"是我的，所以，让你憋着你就得憋着，没什么道理好讲。

其实，厕趣万象并非局限本章，亦如上篇《上个厕所还要换条线》《我快能跟蹲坑的街坊聊天了》。表面看，小小厕所抑或厕位，即便让地铁蒙羞，让街道汗颜，其实也属个案，但从"厕所革命"和"补短板"说开去，即便是"小众""小我"一时遇到的小问题，也同属必须认真解决的公案。

如厕"烦中作乐"的方式很多。本章收集的相关过往，有些一带而过，有些余音绕梁、回味无穷……

斯诺克花絮

墨菲输球后语出惊人

"丁，上厕所次数太多！"

丁俊晖：这个他管不着

本报讯（记者刘晓星）到底比赛当中上多少次洗手间是可以允许的次数？反正在各项大赛中都很少听到有人对此产生抱怨。不过这次斯诺克英锦赛上，看似憨厚的墨菲却小气地投诉，因为比赛中丁俊晖频繁上厕所，所以影响了自己的状态。对此，小丁觉得相当搞笑，"规则并没有规定可以上多少次厕所，这个他可管不着。"

本次英锦赛次轮中，丁俊晖9比3大比分完胜墨菲。虽然墨菲在当天赛后采访中表示，自己并不想以患上流感为借口去解释惨败，因为丁俊晖发挥太好理所应当成为胜利者。但是根据英国媒体报道，墨菲赛后却私下向赛事方面反映，"我不相信他每局比赛后都是真的要去洗手间，这很不正常。"丁俊晖得知此事后给出了解释：由于现场的灯光和温度高

的缘故，他需要经常去洗一下脸来保持清醒。

其实这并不是墨菲第一次抱怨对手，上海大师赛半决赛输给梁文博之后，墨菲指责梁文博经常利用去洗手间的机会接受教练的指点，临场获得了取胜秘籍。被墨菲抱怨的也不只是中国双星，今年4月的世锦赛半决赛，墨菲不肯让罗伯逊在比赛中前去休息室拿自己遗忘在那里的加长杆，场面一度陷入尴尬，最后还是比赛监督出来打了圆场；2004年斯诺克大奖赛时，马奎尔因为去取粉块同样遭到投诉，墨菲最后迫使裁判判苏格兰人此局告负，并导致后来很长一段时间两人之间关系都很紧张。看来尽管被称为"温柔小胖"的墨菲看起来憨厚可爱，其实却是锱铢必较。斯诺克是一项绅士运动，墨菲还得在当个绅士方面加把劲。

op.12.11   J2007

尽管本书所用报摘均为平日搜集，且逐篇看过，但凑到一起再读，却不免生出许多新奇感觉。

2009年12月11日，《北京晚报》刊发了记者刘晓星采写的《墨菲输球后语出惊人"丁，上厕所次数太多！"》，其中，小丁回敬"这个他管不着"，在大师赛中扯出了全新的比赛规则。其中说道：

"本次英锦赛次轮中，丁俊晖以9比3大比分完胜墨菲。虽然墨菲在当天赛后采访中表示，自己并不想以患上流感为借口去解释惨败，因为丁俊晖发挥太好理所应当成为胜利者。但根据英媒报道，墨菲赛后却私下向赛事方面反映：'我不相信他每局比赛后都是真的要去洗手间，这很不正常。'丁俊晖得知此事后给出了解释：由于现场灯光和温度高的缘故，他需要经常去洗一下脸来保持清醒。到底在比赛中上多少次洗手间是可以允许的次数？反正在各项大赛中都很少听到有人对此产生过抱怨。对此质疑，丁俊晖觉得相当的搞笑：'规则并没有规定可以上多少次厕所呀，这个他可管不着。'"

为"上厕所次数"愤愤不平的确很搞笑，说归说，笑归笑，但细细一想也怪有意思：尽管"厕所"和"卫生间"可以画等号，但小丁频繁"如厕"却并非"上厕所"。由此及彼，由表及里，斯诺克赛场的花絮让人浮想联翩……

宇航员紧急呼叫:
马桶坏了

"发现号"航天飞机受命送新马桶或水管工

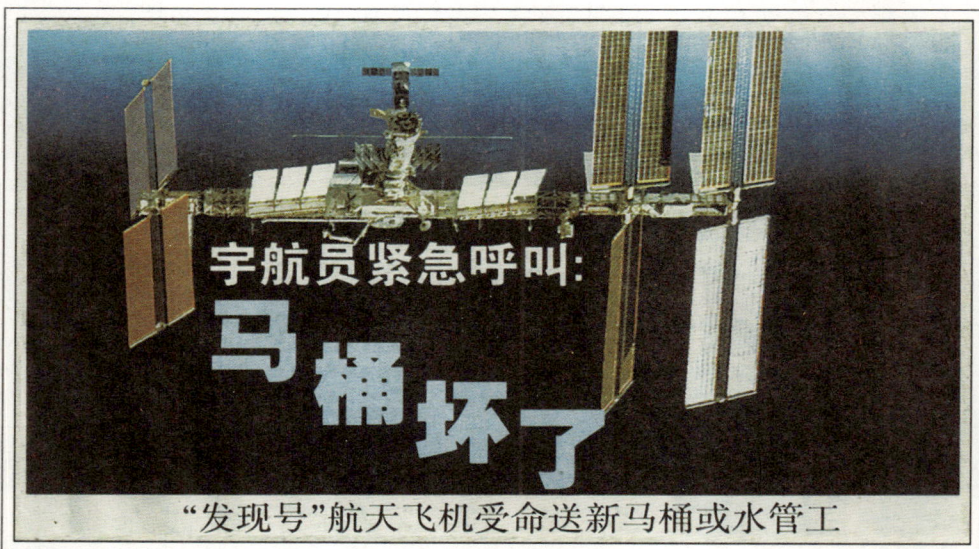

　　2008 年 5 月 29 日,《北京晚报》"世界新闻"头条《宇航员紧急呼叫:马桶坏了》颇具时代感。开展"厕所革命"的今天,重温"宇航员紧急呼叫:马桶坏了"意义非凡,马桶虽然难登大雅之堂,但天宫亦有此劫,何况人世间……

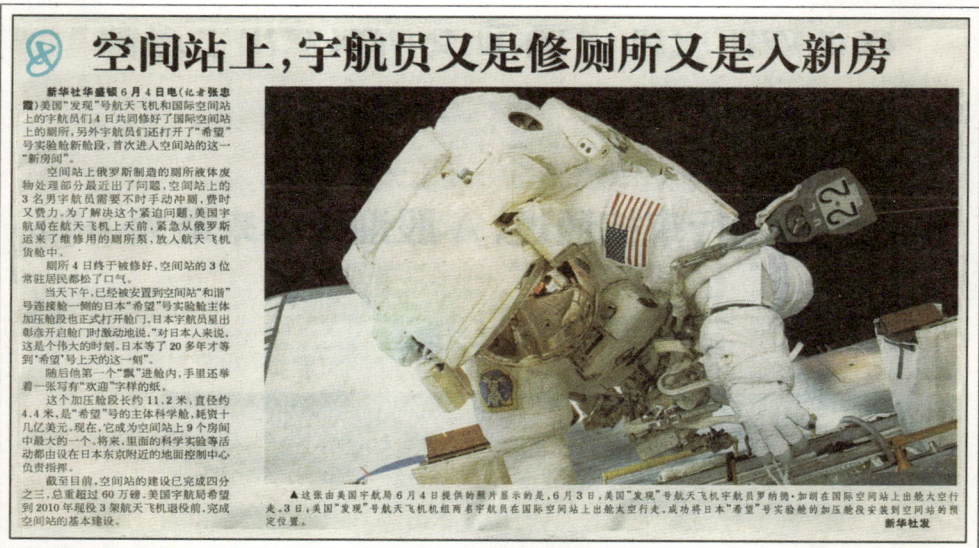

空间站上,宇航员又是修厕所又是入新房

　　（新华社华盛顿 6 月 4 日电（记者张忠霞））美国"发现"号航天飞机和国际空间站上的宇航员 4 日共同修好了国际空间站上的厕所。另外宇航员们还打开了"希望"号实验舱新舱段,首次进入空间站的这一"新房间"。

　　空间站上俄罗斯制造的厕所液体废物处理部分最近出了问题,空间站上的 3 名男宇航员需要不时手动冲厕,费时又费力。为了解决这个紧迫问题,美国宇航员在航天飞机上天前,紧急从俄罗斯远来了维修用的厕所泵,放入航天飞机货舱中。

　　厕所 4 日终于被修好,空间站的 3 位常驻居民都松了口气。

　　当天下午,已经被安置到空间站"和谐"号接接续一侧的日本"希望"号实验舱主体加压舱段也正式打开舱门,日本宇航员最初彰布开启舱门时激动地说,"对日本人来说,这是个伟大的时刻。日本等了 20 多年才等到'希望'号上天的这一刻"。

　　随即他第一个"飘"进舱内,手里还举着一张写有"欢迎"字样的纸。

　　这个加压舱段长约 11.2 米,直径约 4.4 米,是"希望"号的主体科学舱,耗资十几亿美元。现在,它成为空间站上 9 个房间中最大的一个,里面的科学实验等活动都由设在日本东京附近的地面控制中心负责指挥。

　　截至目前,空间站的建设已完成四分之三,总重超过 60 万磅。美国宇航局希望到 2010 年现役 3 架航天飞机退役前,完成空间站的基本建设。

▲ 这张由美国宇航局 6 月 4 日提供的照片显示的是,6 月 3 日,美国"发现"号航天飞机宇航员罗纳德·加明在国际空间站上出舱太空行走。3 日,美国"发现"号航天飞机机组两名宇航员在国际空间站上出舱太空行走,成功将日本"希望"号实验舱的加压舱段安装到空间站的预定位置。
　　　　　　　　　　　　　　　　　　　　　新华社发

　　时隔不久,2008 年 7 月 26 日,《新华每日电讯》刊发驻美记者张忠霞采写的《空间站上,宇航员又是修厕所又是入新房》,对之前的"宇航员紧急呼叫:马桶坏了"进行跟踪报道。宇航员活脱半个神仙,但马桶坏了照样抓耳挠腮、无所措手足……

机上如厕请投一英镑

"那是发展趋势,只等波音造出投币厕所门"

爱尔兰瑞安航空公司24日坚持对乘客乘机时如厕收费的做法,称那将在飞行过程中"减少乘客不便"。

CEO 奥利里的逻辑
更多乘客会在机场如厕

公司首席执行官迈克尔·奥利里上个月透露,公司正考虑是否可以给航班上的厕所安装一道门,而只有投入人1英镑硬币后才能打开使用厕所。

奥利里24日在西班牙首都马德里举行的新闻发布会上说:"我们正在与(飞机制造商波音公司讨论中,他们尚无法制造出投币厕所门。"

他还说"但我认为,从逻辑上来讲,那是发展趋势,例如,假设你在英国的火车站使用厕所,你必须付费。那为什么飞机上的人们可以不用付费而使用厕所,我找

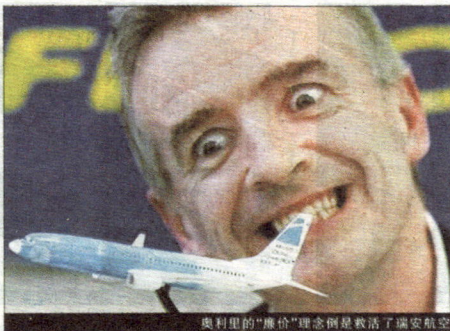

航空公司节源增收招数

● 6小时航程内的国内航班停止提供免费餐;
● 饮料收2美元;
● 不再提供原本必备的花生和椒盐卷饼;
● 如果旅客要枕头和毛毯将多收7美元;
● 托运第一件行李就加收15美元;
● 附加的伸展空间收费,比如靠近出口的座位;
● 机上娱乐、无线局域网服务收费。

航空公司吐苦水算账

奥利里的"廉价"理念倒是救活了瑞安航空

2009 年 3 月 25 日,《北京晚报》的《机上如厕请投一英镑》需要静下心细读,否则很容易"好心被当成驴肝肺"。爱尔兰瑞安航空公司 CEO 奥利里之所以冒天下之大不韪,盖因"由此更多乘客会在机场如厕,以利低碳出行"。

美炸机嫌疑人为银行家之子 将化学粉末贴大腿携带登机

如厕20分钟装"裤档炸弹"

美国西北航空公司253次航班炸机嫌疑人供认,自己接受"基地"组织指派,将爆炸物藏在裤档内带上飞机。他26日遭起诉。正在夏威夷度假的美国总统奥巴马对这起炸机未遂事件表示高度关注。

据美国媒体26日报道,经初步审讯,美国联邦调查局官员认为,企图制造航班炸机事件的犯罪嫌疑人系单独行动,很可能与恐怖组织无关。尼日利亚一名银行家的家族成员已"认领"嫌疑人。

美国有线电视新闻网公布的一张图片显示,美国执法人员在机舱内将一名穿白色汗衫的男子双手反剪。这名男子肤色较深,脸部经模糊处理。

机上如厕掏不掏钱另当别论,但 2009 年 12 月 27 日《北京晚报》刊发的《如厕 20 分钟装"裤档炸弹"》着实让人触目惊心。虽属个案,但事件毕竟发生在公共厕所,从而为"说开放也开放,说不开放也不开放"的公厕提了个不大不小的醒。

公务员如厕身亡算不算因公牺牲？

本报记者 孙莹
实习生 惠秋霞

因公牺牲并不比工伤死亡抚恤多

新闻回放

28岁公务员加班猝死

2010年7月24日，星期六，一个本应休息的日子。

江阳区委宣传部透露，7月24日，江阳区黄舣镇公务员朱继宏主动放弃双休日，忙于建设"中国白酒金三角"项目"酒谷大道"的筹备工作。当日下午2时左右，长期超负荷工作的朱继宏，不慎摔倒在卫生间地板上，后脑受到重创，造成颅内出血，因抢救无效，7月26日19时40分，朱继宏不幸去世，年仅28岁。

7月27日，朱继宏被认定为因公牺牲，中共江阳区委追授朱继宏"优秀共产党员"称号。7月28日，江阳区四大领导班子为朱继宏举行隆重的追悼大会，200余名干部群众前往泸州市殡仪馆送他最后一程。

黄舣镇政府工作人员李某在网上发帖回忆，事发时朱继宏吃过午饭，在办公室上网，边看工作上的事情，边和女友聊天，随后到厕所方便准备午休，结果摔倒在厕所内。

消息一出立即引起网友争议：午休时间算不算工作时间？如厕摔倒不治而亡算不算因公牺牲？虽然朱继宏所在单位表示朱长期承担着3个人的工作，在周六加班午休期间……

法律解释

什么人因公死亡算牺牲？

牺牲对于国人有着深刻的含义，大家往往将其在战场上、在救灾中、在见义勇为时将死亡定义为"牺牲"。因此，公务员上厕所时摔伤不抢命在很多人眼中似乎没有达到传统观念上的"高度"，这也是造成广泛争议的重要原因。

时福茂律师解释说，为保卫或抢救人民生命、国家财产和集体财产等赴死献出生命的行为，称为"因公牺牲"，为的是鼓励和宣扬这种为公献身的无私精神，要给他们家属相应的政治荣誉、精神鼓励和物质帮助。

"因公牺牲"最初来源于军人的战争牺牲。但是在和平年代，这个定义的适用就逐渐放宽了，拓展到国家机关工作人员、人民警察等职业上。

在一般情况下，目前"因公牺牲"只是在军人、公务员身上才会出现，规定字在执行任务、在工作岗位上或因工作原因的死亡。而普通劳动者如果在工作岗位上摔死就不能叫"因公牺牲"，而是认定为"工伤死亡"。这主要是因为考虑到公务员、军人的职业虽然对某个人来讲是为个人生活而工作，但从国家体制来讲，其编制性质是人民公仆，为公共事业服务，与普通劳动者还有一些区别，因此才有了因公牺牲和工伤死亡……

2010年8月25日，《北京晚报》刊发记者孙莹采写的《公务员如厕身亡算不算因公牺牲？》。虽与"副市长路边方便被撞身亡"无关，但毕竟事关"公务员"，所以读起来总会有点你中有我，我中有你。其中说道：

"江阳区委宣传部通报，江阳区黄舣镇公务员朱继宏主动放弃了双休日，忙于建设'中国白酒金三角'项目'酒谷大道'的筹备工作。当日下午2时左右，长期超负荷工作的朱继宏，不慎摔倒在卫生间地板上，后脑受到重创，造成颅内出血，因抢救无效不幸去世。朱继宏被认定为因公牺牲，中共江阳区委追授朱继宏'优秀共产党员'称号。"

据说，"消息一出立即引起网友争议：午休时间算不算工作时间？因如厕摔倒不治而亡算不算因公牺牲？虽然朱所在单位表示朱长期承担着3个人的工作，因此在周六加班午休期间，不慎摔倒后引发颅内出血死亡，完全符合政策标准。然而，在网友们的理解中，午休、聊天、如厕、摔死实在与他们认为的'因公''牺牲'格格不入"。

清官难断家务事。但越是说不清的个案似乎越应该细分……

坐长途被尿"憋出病" 乘客打官司没赢

只获补偿2000元 但须负担诉讼费用3545元

憋出病你负责吗?

长途

冯晨清 插图H126

俗话说人有三急,不是自己能控制的。乘客苏先生坐长途客车因内急想要上厕所,司机却不给停车,因此"憋"出病来。苏先生在进行前列腺手术后将北京市长途汽车有限公司四惠分公司告上法院,索赔19万余元。今天上午,这起因上厕所引发的诉讼在朝阳法院开庭审理。法官当庭宣判,长途汽车公司补偿苏先生2000元。

[基本案情] 司机不停车乘客"憋"出病

2012年9月2日上午,62岁的苏先生乘坐北京市长途汽车有限公司四惠分公司的长途客车从四惠前往河北省玉田县,车辆发车时间为8时40分,票价38元,正常

因膀胱疼痛无法坚持,第三次提出要上厕所。

"司机让我再坚持10分钟,我说一分钟也坚持不了了。"苏先生告诉记者,当时司机本来仍不肯

了一个星期还是不行,苏先生又转院治疗,后因前列腺增生、急性尿潴留、泌尿系感染进行了前列腺切除手术。

苏先生称,他患尿频、尿急的病

凭经验估计,"公务员如厕身亡算不算因公牺牲"最终不会有太多反复,只是给人们提个醒,实践出真知,凡事皆有可能。然而,2013年4月25日《北京晚报》所言《坐长途被尿"憋出病" 乘客打官司没赢》则不然,其中"算与不算"是由法庭作出的判决。其中说道:

"俗话说人有三急,不是自己所能控制的。乘客苏先生坐长途客车因内急想要上厕所,司机却不给停车,因此'憋'出病来。苏先生在进行前列腺手术后将北京市长途汽车有限公司四惠分公司告上了法院,索赔19万余元。今天上午,这起因上厕所引发的诉讼在朝阳法院开庭审理。法官当庭宣判,长途汽车公司补偿苏先生2000元。"

细节不讲,"须担讼费3545元"也不赘言,谨记"如厕非儿戏"即可……

八小时内没有上厕所时间？

企业以如厕时间要挟 实属变相强迫加班

■本报记者 张蕾

新闻聚焦

员工为如厕时间罢工

上个月第17日，日本手表品牌西铁城位于中国深圳的这家代工厂——深圳冠星精密表模厂发生了上千名员工的罢工事件。

根据该厂员工的反映，自2005年开始至去年11月，厂方以"上厕所、喝水"等为由，每日克扣员工日额外补足40分钟的休息时间，这40分钟不算工资也不给加班费。这次罢工，该厂员工的诉求之一，就是要求厂方支付被克扣的加班工资。

所谓的"40分钟"是，冠星工厂在员工原有的正常8小时工作时间外，在上午、下午和晚间分别另加15分、15分钟和10分钟工作时间，全天合计40分钟。

厂方认为，虽然中国的劳动法规定，每天正常的工作时间是8小时，但在这8小时里是不可能工作满8小时的，因为人必须要上厕所，每日每天40分钟是厂所的这部分时间被占据和占据值的，那么就应该在正常工作时间后将这部分时间补回来。在这5年间工厂，该厂员工每天都被克扣足40分钟的工时。

而据《每日经济新闻》报道，宝安区人力资源局的一位副局长称，目前我国没有明文的法律规定上厕所的休……

法律视点

如厕权是公民的基本人权

中国劳动关系学院劳动法与工会法研究所所长王向前分析认为，员工工作过程中如厕，是维持其良好工作状态的一种必要活动，企业不能将这种行为单纯理解为是一种个人需要，这同样是保证企业正常生产的一种需要。

"这就如同既安全帽、穿防护服一样，属于正常工作时间的一部分，对为人的正常生理需要，如就近关系到人的身体健康……"王教授表示，虽然没有某一具体法条规定了"如厕时间"的问题，但是法律已经规定了公民的基本权利。"上班如厕"实际上涉及到了民法上的公民健康权的问题，具体到劳动法，体现在……

劳动者享有"获得劳动安全卫生保护权"的这一规定之上。

"以往就便发生过，有企业限制上厕所的时间，员工不取去厕所，以致引发员工膀胱破裂。"王教授表示，从健康权的角度，如厕不仅是员工的权利，企业更有保障员工享有此项权利的义务，所以工作中应当有如厕的时间，企业不能将其从工作时间中扣除。

北京中洲律师事务所于德华律师在接受记者采访时也表示，如厕权是公民的基本人权，尽管我国没有具体法条对"上班如厕"的行为作性质明确规定，但是企业的这一做法显然是与我国的立法精神相违背的。

"工作时间"不能钻漏理解

北京义联劳动法援助与研究中心

如厕时间为何屡被拿来做文章？

记者了解到，企业为"如厕时间"上做文章，以此来盘剥员工的事件在我国已发生多起。这可起来不但让人觉得可笑，更让那些为企业卖命的劳动们深感心酸。

2009年5月，深圳宝安区西乡有家外资企业出台厂规，规定员工上厕所时间分别为上午10时到10时15分、下午3时到3时15分。有员工表示："全厂300来名员工规，每名员工上厕所的时间只有48秒。"由于受到员工强烈抵制，这才一"霸王厂规"执行了仅一天便被废止。

控制"如厕"和屈来就变得荒唐，但就此如此荒唐，可以说明一些问题，却在国内二三地发生。是谁律者和漏洞？还是有其他的原因？

王向前教授分析认为，屡屡出现这样问题的原因，并非是由于我国的法律不健全或缺漏，而是正反两方双力量不够正比，工会没有真正地出来说起到的……

一则评论指出，在资强劳弱的语境下，靠劳动者个体与强大的资方进行利益博弈，无异于以卵击石。在这一事件中，我们始终没有看到过工会的身影。本来，无论是工资协商，还是将老板告上法庭，都可以由工会出面，不必由单个的劳动者赤膊上阵，没"组织"的劳动者面对着强势一样的面临，可能连自己正常上厕所的权利都保护不了。

在我国的劳资关系上，为什么会出现今天这种力量悬殊的对比局面？王向前教授认为，目前，基层工会实际上依附于企业而生，工会干部多的就附属于企业支付的工资，劳动合同也是跟企业签订的，他同样是企业的雇员，饭碗一样被握在企业的手中。在这种雇佣关系下，要求他拿企业的钱为工人说话，他不可能做得到。

一个健全的工会组织关系和利益关系的缺位，导致表层和单位的工会根本没法真正地出来跟企业交涉，维护职工的利益。

法律建设

让基层工会发挥作用

王向前教授表示，若想……

"劳动法制定得再好，也……"

艾娜娜/摄图 J231

关于如厕，小时候听得最多的是"管天管地管不了拉屎放屁"。大概是儿时记忆没齿不忘，所以本书好像才重复使用。然而，看过 2011 年 11 月 16 日，《北京晚报》记者张蕾采写的《八小时内没有上厕所时间？》，才猛然发现自己的工作境遇该有多么幸运。其中说道：

"如厕时间不计入法律规定的 8 小时工时——日本手表品牌西铁城位于中国深圳的一家代工厂，竟持续 5 年强制要求员工每日须额外补足 40 分钟的如厕时间。该工厂职工日前采取的大规模罢工行动，将这一荒唐的'如厕'事件推向公众视线。'如厕时间'不计入工时究竟是否合理合法？中国劳动关系学院劳动法与工会法研究所副所长王向前分析认为，员工工作过程中如厕，是维持其良好工作状态的一项必要活动。企业不能将这种行为单纯理解为是一种个人需要，这同样是保证企业正常生产的一种需要。北京中洲律师事务所于德华律师也表示，如厕权是公民的基本人权，尽管我国没有具体法条对'上班如厕'的行为性质作出明确规定，但是企业的这一做法显然是与我国的立法精神相违背。"

北京人有句老话，"玩不起别玩"。此事例当属最佳个案……

员工称沃尔玛用人苛刻 卖命17年只比新人多挣700元 每逢加薪数额低条件多

上厕所掐表 超10分挨批

比起 2011 年"8 小时不含上厕所时间"，2013 年 7 月 25 日《法制晚报》记者杨诗凡采写的《上厕所掐表 超 10 分挨批》所言，就更具喜感，更具仪式感了。其中说道：

"员工上厕所之前得打下岗条。上完后再打一次，超过 10 分钟会被训诫，为此大家只好'掐表'。在深圳采访期间，多名沃尔玛店员向记者披露了单位内幕。在他们眼里，沃尔玛堪称'当代周扒皮'。回忆往日工作，原店员李君说：'太紧张、太累了。一个上午，光现金就能收五六万。'李君告诉记者，作为收银员，她每天就是一刻不停地收钱，连上厕所都得掐表。因为公司规定，上厕所之前必须打一个下岗条，上完之后再打一次。如果主管发现谁上厕所超过了 10 分钟，就会对员工进行训诫。次数多了，就可能扣工资。虽然她的水杯就放在收银台上，但经常因为顾客多，腾不出工夫喝水。"

有专家表示，"沃尔玛的制胜之道是通过精简人力成本等方式降低商品价格"，此话不假，此理不孬，但不由得又想起另外一句老北京资方、劳方之间的互动语，话虽糙点，但"紧活儿不紧饭，紧饭王八蛋"话糙理不糙……

便秘痔疮垫个脚凳　心血管病少用蹲坑

马桶上的非常提示

本报记者 王月

今天，人们可以不要电视、冰箱、电脑或汽车，但却离不开马桶。英国著名的《焦点》杂志还曾邀请100名最权威的专家学者和1000名读者，评出了世界上最伟大的发明，马桶位居榜首。它的出现，使人类的如厕问题变得便捷、卫生。

在中国，马桶作为生活品质的象征，被越来越多的家庭和公共场所采用。而据英国《每日邮报》近日报道，曾经发明马桶的英国人，在150年后，却开始摒弃它。位于曼彻斯特市的著名商业城洛奇代尔镇，准备从本周起以主要的购物中心换蹲便器，取代清一色的坐式马桶。随着人们对于生活的关注，马桶已不再是单纯的卫生洁具，著名歌星刘德华甚至专门为"马桶"唱了一首歌，来描述它与人类的亲密关系。

公共马桶："坐"出来的恐慌

马桶的出现，不仅使人们的如厕问题变得方便，也使许多发达国家因此开始重视城市自来水和排污系统的建设，可以说，马桶的发展史，也反映出人类文明、卫生的历史。

然而，本应为人们带来便捷的马桶，却也带来了意想不到的烦恼。在外上厕所，马桶较多时，哪怕有一个蹲坑，所有人都会在门口排队等着。"接受记……

北京大学第一医院泌尿外科袁亦铭博士表示，一定程度上表现了大家对公共马桶清洁程度的不信任。"理论上讲，性病传播的几率并不大。只有在生病患者上厕所时将带有分泌物留在马桶圈上，而后面使用者的生殖器又不慎沾上时才会传染。只要有人经常清洁坐垫，或用手纸垫着坐、擦完再坐，就可避免。"事实上，专人经常清洁坐垫在公共场合极难实现。负责打扫商场卫生的清洁工刘阿姨说："我们肯定不能做到每个顾客使用完后我们就擦一遍。"而且使用公共马桶可能引起接触性炎、皮肤真菌感染，更需要提防。

不仅是公共场所，家里的座便器也有卫生隐患。据公共卫生权威部门调查，32%的马桶垫上有痢疾杆菌，其中一种叫"宋内"的痢疾杆菌存活的时间长达17天；另一份实验显示，将1亿个脊髓灰质炎病毒投入马桶内，溅到座垫上的病毒竟有3000个。

体的过度弯曲使胸腔和下肢一齐向腹部施加压力，使原本功能处于劣势的心脏、血管雪上加霜，尤其是在患者着凉和大便干结的时候，从而瞬间出现头晕加重、呼吸急促、头脑发胀，严重者会出现脑溢血、心绞痛等，从而危及生命。"还有些老人常年有膝关节骨性关节炎，由于膝关节软骨表面被破坏和关节边缘有骨质形成，常会使老人出现下蹲困难。这时使用马桶相比较省力，腿的承重能力不大，重量都转移到了马桶上，所以对老年人和身体虚弱的人来说非常方便。

守护马桶上的健康

马桶虽小，健康事大。为此，专家们也从卫生、健康和慢性病患者使用注意等几方面，为大家传授了几招马桶健康经。

公共场所尽量选择蹲便器。由于目前还不能保证公共座便器每次使……

在家中如厕，尽量不要插上门，以便出现意外时，家人可以在第一时间发现。家人也要询问老年人如厕情况，若长时间没有应答须特别注意。

便秘者备个小脚凳。北京大学第三医院消化科刘主任医师姚伟说，便秘或痔疮患者最好选择座便器，这样能减少蹲位姿势对胃肠等消化系统的压迫。患有痔疮的人，肛门一齐用力，长蹲久坐容易造成肛门齿状内淤血而引发疾病。姚伟建议，可以在家中马桶旁放个小脚凳，如厕时排脚垫高8～10厘米，有助于排便。排完后要缓慢站起来，以免出现过脑性出血，甚至发生脑血管意外。

看书抽烟都是大忌。如厕时看书抽烟会分散注意力，易导致排便不畅，甚至诱发痔疮。姚伟说："老年人蹲厕，一边屏气排便一边吸烟，还会增加心脑血管意外发病的几率。排便时最好一心一意，切忌太用力，排不出来的时候不要勉强。"

冲水时盖上马桶盖。纽约大学菲利普·泰尔诺博士指出，如果冲水时马桶盖打开，马桶内的瞬间气旋最高可以将病菌或微生物抛到6米高的空中，并悬浮在空气中长达几小时，进而污染墙壁和其他物品。所以，应养成冲水时盖上马桶盖的习惯。

三天一刷洗，内外都兼顾。袁亦铭说，很多人都会等马桶出现……

2010年7月30日，《生命时报》刊发《马桶上的非常提示》，告知"要守护马桶上的健康"，并请专家从卫生、健康和慢性病患者使用注意等几方面为读者传授"马桶健康经"，包括心血管病人多选马桶，便秘者备个小脚凳，切忌如厕看书抽烟……

未来 我们这样诊病

马桶报告你的健康

躺下就能体检的中式床垫、在小区里就就诊的远程名医、如测之后便能判断出当天健康的马桶、可追踪保存在冰箱里的蔬菜的出产地与保质期……这样智能健康家居用品并非幻想，而是已被研发出来，甚至能被批量生产，在未来生活中投入使用。

开眼界

电子中医把脉问症开处方

"你心目中的未来城市是什么样子？"晚宝一进入到世博园区片区的城市未来馆，就对入口处的参观者们提出了这样的问题。"房价蹿到5000元一平方米？""不堵车不限行？""小孩小狗满街跑"……好吧，房价和交通，最现在人们最关心也是最核心的话题。可当参观结束后，晚宝在出口又再次的参观者提出了同样的问题，大多数人的回答都回到了自己的身上，"老有所依，健康生活"。没错几，如何让自己在20年后得更好更健康是一件更值得思考的事情。

提起望、闻、问、切，人们脑海中常常会浮现出一个或头、三个指头"这样扎属可亲的中医形象，而城市未来展望中，有这么一位"电子中医"同样有高超的诊断本领，同样鉴于"亲和力"。这是一台中医数字化诊仪，脚同诊、诊检及脉诊于一体，参观者坐在人机器上的一个喇叭、"脉象仪X"中的传感器会自动搜索绘绘完成"把脉"，"画像仪"来集绘……

看门道

远程诊断让在家看病指日可待

远程医疗是指通过计算机技术、通信技术与多媒体技术，同医疗技术相结合，旨在提高诊断与医疗水平、降低医疗开支，满足广大人民群众保健需求的一项全新的医疗服务。目前，远程医疗技术已经从最初的电视监护、电话远程诊断发展到利用高速网络进行数字、图像、语音的综合传输，并且实……

2010年8月13日，《北京晚报》刊发《马桶报告你的健康》，告知"日本已造出一种通过检验人体排泄物来测量人的体重、脂肪和血糖的马桶。测验结果可交给医生、家人甚至传送到其他家电设备中。对于老龄化问题严重的国家，这项发明无疑将十分有益于照顾老人"。

"厕所"可以揣兜里

女人们有了解决之道

世上最痛苦的事其实在尿急找不到厕所，找到厕所时又发现尿有人排了大队！通常在这个时候，男士们可以就地解决（当然不文明），可对女性而言，这是很难办的事。女人们出门前真不敢喝水，神经紧张是大可理解的。

德国一家公司最近发明了"便携式女用厕所"，这款"便携式厕所"实际上是用塑料制成的尿液袋，折叠起来只有一块巧克力大，女士们可以将其放进手袋内随身携带，需要用的时候将其展开就可以了。具体的使用方法，可以参照印在袋子底部的图片说明，使用的时候可以蹲着、坐着或站着，只要自己感到舒服。

如果你以为这只不过是一款普普通通的尿液袋就错了，这款"厕所"最大的特点就是可以凝固尿液，不会造成渗漏，这是因为袋子内有一种能将液体转化为凝胶的聚合剂。

厕所进化史

不知道今年《时代》周刊评选年度"50大发明"时会不会将德国人的这项"便携式女用厕所"的发明也编括进去。纵观历史，厕所及其周边产品从未被列入世界上最重要的发明之列，由于这是个难登大雅之堂的话题，所以人们在言谈中一直避讳它。但是，厕所一直与人类一起进化，人类的厕所文明史已有5000多年。

人类在进入定居状态并建立文明之后，就开始考虑创造一种系统，以便在急于排泄时能够找到合适的去处，早在公元前3300年，在现属塞尔维亚的一个美索不达米亚城市哈布巴卡帕，人们就用管道输送污水。印度河流域的印度居民用污水"冲洗"厕所，然后排入秽臭的粪坑。中、埃及人、希腊人以及罗马人都知道了他们那个时代精密复杂的厕所系统。

奇怪的是，到了中世纪，人们如厕的习惯却倒退回原始状态，再次回到了大地上。法国学者让·克洛德·布罗尔在其所著的《廉耻观的历史》中描述道："16世纪的法国，厕所羞布在城墙中消失了。人们追求建筑堂皇的同时，似乎忘记了给'便所'留下一个存身之所？卫生问题很快显露出来，明显连今天的便所都没有，宫中甬道的每块石头上、宏伟的迎宾台阶上到处是大小便。"

具有革命性意义的厕所文明诞生于英国

1596年 热衷于发明的英国诗人约翰·哈灵顿发明了世界上第一只抽水马桶。这是一种带有水箱和冲水阀门的木制座便器。座便器与下水道相通，冲水时，人们拉动把手将冲水阀门打开，水便从上方的水箱中流下来，将厕所里的污物冲走。哈灵顿对这项发明颇为自豪，特意以荷马史诗》中的一位英雄"埃杰克斯"的名字为它命名。他甚至还写了《夜壶的蜕变》一书，详细描绘了他的抽水马桶的设计。然而，修建这样一套马桶系统在当时是一项相当昂贵的工程，对供水都有极高要求，因此他只出售为数不多的名门贵族家里，英国女王伊丽莎白一世便是这好抽水马桶的第一批使用者。

1775年 伦敦有个叫亚历山大·卡明斯的钟表匠改进了哈灵顿的设计，研制出了带有封闭系统的抽水马桶，从而减轻了恼人的臭味。到1840年，英国议会颁布的《公共卫生法令》规定，凡新建房屋，住宅必须修建厕所，安装抽水马桶和存放垃圾的地方，这就为抽水马桶技术的发展提供了条件。自此，抽水马桶开始受到人们的欢迎。

1852年 英国人乔治·詹宁斯申请了无阀门冚吸式抽水马桶的专利，虹吸式下冲式马桶，极大地加强了进入座便器内的水压。相比之前的样式，奔流而下的水将便桶盆洗刷更为······

2009年9月12日，《北京晚报》披露《"厕所"可以揣兜里》。原来德国一公司最近发明了'便携式女用厕所'，可以将其放进手袋内随身携带，最大特点是可以凝固尿液，不会造成渗漏。考虑到味道的问题，在聚合剂中加入除味剂，阻止尿液的气味散发。

车载"便壶"

无独有偶。2012年2月28日，《新京报》披露《车载"便壶"》问世，告知"一苏州出租车司机展示刚领到的免费便携式应急坐便器。当日，苏州登记在册的市区4003辆出租车上的近9000名司机免费获得便携式应急坐便器，摆脱了出租车司机如厕难的困扰"。

　　街面上的公厕不会与生俱来，或为早年规划，或为后来补建，总之，根据需要不断完善。遗憾的是，受"饱汉子不知饿汉子饥"的影响，公厕该建哪儿，哪儿该建公厕，人在不同段位，很难求得一致。

　　生活中"这也不行那也不行"的事情很多，其中就包括了"公众离不开的公共厕所究竟该建在哪儿？"慢慢地，时间长了，明白人也多了，于是学界给这类事端起了个学名叫作"邻避效应"。

　　民生工作，有些事，站着说话不腰疼；有些话，着三不着两的确很难挺起腰杆。"公厕选址"就属于这类，毕竟不是"闻香识女人"，毕竟己所不欲、难施于人，毕竟"群众的民生需求就是我们的工作方向"。

　　社区管理，居民自治，只可惜是"公厕设置"游离在家国之间、情理之间。听谁的，不听谁的，是一家说了算，还是"几十上百户形成的当地一大家子"说了算？由于土地是国有的，可"便意"是私有的，所以"哪儿该建公共厕所"只能协商解决，只是双方协商谁也别太跟谁过不去。

　　"谁家愿与公厕为邻？"

　　时逢"大数据"年代，"给大数据加注小数点"或可平抑失衡。与居民住宅"80厘米间距"是有些城市的新建厕所标准，对于不能挪窝儿的老厕所，理当用加倍保洁权当居民的出气筒、顺气丸……

社区调查 晨练串门如厕无着 楼根树边成了厕所

小区里能给修个公厕吗？

本报讯 对于在繁华地段、街头巷尾设立公厕，人们觉得理所当然，甚至可以像什刹海还有如厕向导车带你去最近的公厕。然而在住宅小区居民晨练时的内急，小区访客如厕的不便是否需要一个小区内的公共厕所来——解决？为此，本报与焦点房地产网联合进行了一项调查——小区内是否需要建公厕。

调查背景
小区成了露天厕所

自打入住大兴枣园小区，几年来，这里的居民一直忍受着随意"方人，一到夏天，味道特别难闻，这楼根儿简直就是露天厕所。"高先生先后找了物业公司数次，要求把松树移走，可物业公司最后只将松树的底部枝叶砍去，问题依然存在。记者在居民的带领下绕到了楼边的绿地，在不到30米长的路上，就有不少尿迹，甚至粪便，墙角也是小便后留下的痕迹。"我们还弄了标语放在这，一点儿用也没有，这都是因为小区里面没有厕所的原因，我们找了好些次，物业也不管。"高先生说。

八成网友赞成小区建公厕

枣园小区的情况在焦点房地产网上引发起了众多网友的大讨论，小区是否建公厕引发了火热投票。截至记者发稿时，共有1288位网友点击此调查，307名网友参与了投票，257名网友认为小区应当建公共厕所，41名网友表示反对，而还有9名网友表示无所谓。

不少网友对此也留下了自己的看法。"有必要，我装修的时候，几次都找不到厕所，我赞成小区里面有公厕"，网友"xiaosongqun"举双

居民声音

居民声音1："小区里面没有厕所实在不方便。"家住丰台区南里60多岁的刘大爷每天都保持晨练的习惯，遇到想上厕所的时候只能急忙往家里跑。"我们这么大岁数了，你说一想上厕所的时候就得赶楼的，每次我提着马扎就往家跑，总不能在外面方便吧。"李大爷说。

居民声音2：新安里社区内有一所幼儿园，每天送孩子上学的何女士也对孩子如厕的事感到很头疼，"这孩子什么时候想'方便'咱们不知道啊，眼看就到幼儿园的时候他说要上厕所了，还一分钟都憋不住。可小区里面没有厕所，就只能找一个偏僻的地方了，要是我们大人可就没办法了。"

小区到底有没有公厕

记者从东恒时代、上上城等楼盘了解到，众多小区规划大盘中都没有公厕一项。眼前很多小区建设中，人文关怀的地方体现得越来越建和改建小区内建公厕是公共服务设施规划设计的其中一项。千人指标的建筑面积为10平方米，并指出公厕宜建在靠近老年人活动场所或公交首末站附近，尽可能附建于其他建筑内，但公厕一项在工程验收时并不作为强制指标。

记者又从市政管委相关部门了解到，根据《北京市市容环境卫生条例修改草案》第六十八条，新建、改建住宅区，开发建设单位应当按照规划要求配套建设公共厕所、密闭式垃圾收集站和其他环境卫生设施。

一位不愿透露姓名的开发商向记者透露，由于成本原因，大部分开发商还是不愿意在小区内建公厕。首先，本身开发的楼盘就是"见缝插针"，占地有限，心有余而力不足，拿不出富余的地盘建公厕，增加公厕的面积就意味着减少小区内可利用的面积。另外，建公厕所需的人力、财力都将耗费成本，管理和清理费用都是一笔不小的开支。

目前在工程验收中，公厕的验

街面上的公厕不会与生俱来，或为早年规划，或为后来补建，总之，根据需要不断完善。遗憾的是，受"饱汉子不知饿汉子饥"的影响，公厕该建哪儿，哪儿该建公厕，人在不同段位，很难求得一致。

这是个老话题，由来已久。2007年3月5日，《北京晚报》刊发叶晓彦、张颖采写的《小区里能给修个公厕吗？》。何出此言？原来"晨练串门如厕无着，楼根树边成了厕所"。其中说道：

"自打入住大兴枣园小区，几年来，这里居民一直忍受着随意'方便'的不文明行为。小区的犄角旮旯成了露天厕所，冬天还好，夏天臭气熏天，因此在小区修建公厕成了居民多年的心声。"

记者同时从北京市规划委了解到，"根据《北京市居住公共服务设施规划设计指标》，小区内建公厕是公共服务设施规划设计的其中一项"，但问题是"公厕一项在工程验收时并不作为强制指标"。此外，"一位不愿透露姓名的开发商透露，由于成本原因，大部分开发商还是不愿意在小区内建公厕"。您听听，规划委模棱两可，开发商自然不想砸银子，于是，问题很难解决，"问号"无法拉直……

公厕该不该建小区大门口

居民投票表决公厕选址

本报讯(记者徐德新)连日来，就小区大门口该不该建公共厕所的问题，丰台区丰卉家园的业主们一直争论不休。昨天上午，居委会组织业主进行了投票表决。

据了解，今年6月，有关部门决定在丰台区程庄路上建设一座公共厕所，选来选去这座公厕的位置被选在距丰卉家园小区大门口不到10米处。这一决定引来了小区众多业主的反对，尤其是住得离大门较近的业主反对更是强烈。多数业主认为，他们反对在小区大门口建设公共厕所，一是担心会"有味道"，二是担心有碍小区的形象，影响房产的保值增值。不过，一些上了年纪的老年业主却支持这一举措，认为老人们平时下楼遛弯，门口有一处公共厕所会很方便。"内急了年轻人可以忍一忍，老人就不行。门口有公共厕所，免得老人刚下楼又要匆匆忙忙往家赶。"

由于持反对意见的业主情绪比较激烈，当时该公共厕所并没有建成。事情拖到了年底，因为小区还没有成立业主委员会，于是有关部门请求居委会就这一问题征询业主的意见，请业主投票表决能不能在小区门口建公厕。

昨天上午9时，许多业主来到小区大门口进行投票。居委会制作了选票和投票箱，在确认了业主的身份后，每位业主可以拿到一张选票，上面有3个选项，分别为"同意在大门口建公厕"、"不同意在大门口建公厕"、"同意建公厕但是需要另外选址"。

居委会任书记介绍说，这次投票结果只是给有关部门做出决策提供参考，并不是最终建与不建的依据，尽管这样，业主们还是络绎不绝地赶到现场投票。投票之余，一些业主还在现场发生了激烈争论。

记者了解到，程庄路的扩建工程已经通过规划，市政红线也已经标出。按照规划，现在打算修建公共厕所的位置已经在市政道路的范围内，在马路中间修建公厕似乎已经不太可能。那为什么还要就此事让业主进行表决呢？该小区所在的街道城管科葛科长没有向记者做出解答。

据统计，昨天共有221名业主参加投票，结果195票反对，18票支持，10票同意另外选址，其中有2票为重复投票。　　　　　　文并摄 D175

业主们正在相互交流意见

生活中"这也不行那也不行"的事情很多，其中就包括了"公众离不开的公共厕所究竟该建在哪？"慢慢地，时间长了，明白人也多了，于是学界给这类"事端"起了个学名叫作"邻避效应"。

还是10年前，2007年12月2日，《北京晚报》刊发记者徐德新采写的《公厕该不该建小区大门口　居民投票表决公厕选址》，其中说道：

"连日来，就小区门口该不该建公厕的问题，丰卉家园的业主们一直争论不休。今年6月，有关部门决定在程庄路上建设一座公共厕所，选来选去这座公厕位置被选在距丰卉家园小区大门口不到10米处。这一决定引来小区众多业主反对，尤其是住得离大门较近的业主反对更是强烈。"

据了解，共有221名业主投票，195票反对，18票支持……于此，该说些什么、又该想些什么？

社区管理，居民自治。只是"公厕设置"游离在家国之间、情理之间，听谁的，不听谁的，是一家说了算，还是"几十上百户形成的当地一大家子"说了算？由于土地是国有的，"便意"是私有的，所以哪儿该建公厕只能协商解决……

半数公厕与居民院"墙挨墙" 管理部门为公厕安家犯难

谁家愿与公共厕所为邻？

本报记者 邱伟

的确，"谁家愿与公厕为邻"？ 2008 年 1 月 30 日，《北京晚报》刊发记者邱伟采写的同名报道，告知"由于半数公厕与居民院'墙挨墙'，所以管理部门为公厕安家很犯难"，其中说道：

"30 多年与公共厕所为邻，年近八旬的赵大娘将东城区环境卫生服务中心告上法庭，要求停止侵害，清除污染。此案近日在东城法院一审宣判，赵大娘没打赢官司，同时被告心里也很郁闷，东城环境卫生服务中心表示，赵大娘家的情况并非个案，目前东城区有类似的公厕 900 多家，一半以上有类似墙挨墙的情况。现在新建厕所的标准是'离居民家的墙体距离在 80 厘米以上'，但是这个标准对已经修建的厕所并不适用。"

民生工作，有些事，站着说话不腰疼；有些话，着三不着两的确很难挺起腰杆。"公厕选址"就属于这类，毕竟"闻香识女人"而非其他，毕竟己所不欲、难施于人，毕竟"群众的民生需求就是我们的工作方向"。

时逢"大数据"年代，"给大数据加注小数点"或可平抑失衡。"80 厘米间距"是新厕标准，那么，不能挪窝的老厕理当用加倍保洁权当居民的顺气丸……

社区
关注

堡头街道在翠城公园建一座公厕,因距离居民楼房较近,遭到居民反对。昨天,堡头街道召集57位小区居民代表开听证会,加大公厕和居民楼之间的距离。57位代表全票通过,公厕下周开建。有居民代表对厕所冲洗方式表示质疑,街道方表示将请教专业人士。

昨日,朝阳区堡头街道举行翠城公园公厕建设居民听证会,居民举手表决。

本报记者 赵亢 摄

小区建公厕居民听证会表决

翠城公园公厕新方案加大和居民楼距离,57名居民代表听证后通过,公厕下周开建

可能是同类问题较多,前些年媒体对小区建公厕多有报道。2011年6月26日,《新京报》刊发记者赵亢采写的《小区建公厕居民听证会表决》,告知在小区建公厕也存在"距离产生美"。其中说道:

"堡头街道在翠城公园建一座公厕,因距离居民楼房较近,遭到居民反对。昨天,堡头街道组织5名居民代表,听证在小区唯一的活动场所建设厕所的方案。原来的方案距离小区60米,遭到居民反对,现在的方案距离小区近百米,居民代表全票通过。"

文章在"专家看法"的短评里谈道:"社区参与行动服务中心宋主任说,政府部门就公共设施的建设,听取使用者(即来公园锻炼的居民)的意见,是管理方式的一种创新,听取民心民意。但宋庆华认为,听证会不具备协商的过程,只能是参加者提出意见,决策方收集信息。对在公园修建公厕这类民生问题,更应集合居民代表到一起讨论,把修建公厕可能遇到的各种问题都摆出来,逐一分析利弊,并通过商讨得出最后的解决方案。"

100米和60米就差40米。看来解决民生问题,有时候多1米是1米……

居民小区　有必要建公厕不

日前，市环卫集团表示，北京的公厕将合并多项业务，升级为"第五空间"。"世界厕所日"当天，备受关注的"第五空间"样板间在房山区政府广场落成并投入使用。除了厕所基本功能，还增加了自动存取款机及缴费机、新能源汽车充电桩、无线网络覆盖等便民服务基础设施。

当公厕逐渐迈向"升级时代"，其数量和密度是否趋于合理？例如，在高堂的住宅小区内，除了凉亭、花园、喷泉……有无公厕存在的意义？

> 憋坏我了！今后不能走太远了！

> 再忍一忍！马上就要到家了！

> 麻麻呜呜呜

"去小区集中的地方，一定会先清空'内存'"

对于小区居民而言，即便偶尔会有"突发状况"，至少家就在步行距离内。与之相比，那些非住户们或许才是更需要公厕的群体。

"总的来说三环里还行，说得过去。正常忍一忍，能找到。"常常连续在外十几个小时，出租车司机林燕军感触颇深。但因为是开着车，上厕所对他来说是个莫大的困扰。"好容易找到一个公厕，不一定能停车。画了车位的地方，基本上人家都停满了。没画车位的地方，有可能被贴条拍照。现在二三环辅路有公厕的地方，好多都加上了栏杆不让停。"

即便停车不太容易，能找到公厕总归是不错。更令林燕军苦恼的是，当年车子开出主城区，可能会陷入"找不到公厕"的窘境。"现在外面好多大片的地方，像上地、望京、亦庄等等，找公厕简直是梦。"

于是，司机们对于路上的公厕地点极为敏感。"平时拉活儿记着哪有公厕，能坚持住就住那走。或者看着公厕了，差不多就先进去方便一下。实在忍不住，我们男的也好说，就找个背阴的绿化带，给首都绿化'做贡献'去了。"林师傅坦言，他也见过不少尿急的同行干脆"车门一开着点儿"，直接撒马路上。"你看好多出租车司机排队拉活儿的地儿，马……

　　围绕"小区内该不该建公厕"的话题，絮絮叨叨了许多年。建吧，怕"非居民"扰乱居民的正常生活秩序；不建吧，居民又不能天天宅在家里不出门。总之，怎么说都有理，但怎么干都没辙。2015年12月10日，《北京晚报》刊发魏婧、莫凡采写的《居民小区　有必要建公厕不》，其中说道：

　　"从事出版行业的林先生笑言，他去小区集中的地方，一定会先清空'内存'。'去年我去海淀一个小区拜访大学老师，到了楼下想上厕所，又不好意思在老师家方便，最后是用手机搜的附近麦当劳跑出去上的。'在他看来，核心城区就算标识不明显，仔细找一定还是找得到而且不会太远。周围都是小区的话，除了商家店铺，可能就真没有公厕了。"

　　即便如此，"林先生并不赞同公厕建在小区里面。'公厕建在里面其实覆盖范围很有限。如果没有门禁，会有很多外面的人进来上厕所，而物业维护费用会由业主承担。更何况还有选址问题，谁也不愿意公厕建在自家楼下吧？'"

　　说了半天，扯了半天，最终林先生也认为："与其在社区里配建公厕，不如将公厕建在小区门口外面。"瞧，就这么点儿事，位置合适，皆大欢喜……

07 / 厕标辨误

曾几何时，"厕所标志"五花八门、无所不有，有礼帽，有卷发，有男女人形。据媒体讲，其中有40%标志不规范，包括《"烟斗男"标志男厕有违禁烟主流》，包括《厕所不得以烟斗、高跟鞋为标》。

何为规范？早在2000年，中国标准研究中心、国家旅游局等单位就已共同起草制定了《标志用公共信息图形符号》，其中"男厕符号为一站立男子，女厕符号为裙装站立女子，符合国际标准化组织标准"。

对于"厕所称呼"全世界同样很有想象力。"WC"是"Water Closet"的缩写，但不属中国人自创。在法国、德国、荷兰，尤其是俄罗斯的公厕，"WC"的使用很普遍。据说，我们曾用的"WC"可能是当年学习苏联的遗存。

2007年《法制晚报》披露《"WC"下岗，厕所将重取英文名》。据专家解读，将公共厕所叫"WC"很不雅。其实在很多西方国家根本不用其表示厕所，因为在英语里，"WC"的内涵基本可以理解为国人所说的茅坑儿，实在难登大雅之堂，因此拟被"Toilet"取代。

世事难料。没过几年，"Toilet"也出了问题，但此问题非彼问题，原来是我们基层工作人员不谙外语，自摆乌龙，错将"Toilet"写成"Tollet"。由此想开去，为什么饭馆菜单、马路街牌常会闹出笑话，原因众多，其中有一个问题似乎与"有学问的明白人常常滞后出场"不无关系……

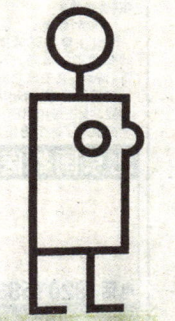

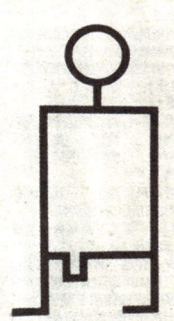

英文"公厕"怎样写，地球村"公厕标志"又如何，2007 年 8 月 19 日，《北京晚报》的《厕所的闲"片"》可谓图文并茂、言简意赅。其中说道：

"WC 是'Water Closet'的缩写，但这个缩写不属中国人自创，在法国、德国和荷兰，尤其是在俄罗斯的公共厕所，'WC'的使用很普遍。我们的公共厕所普遍用'WC'，可能是当年学习苏联的遗存。

"对于厕所的称呼全世界都很有想象力。可发挥想象力的地方还有一个项目，就是厕所标志，如果爱泡酒吧或夜店的人，就知道这些地方厕所门上的标志多么有创意，它们的功用已经远非告诉我们男女区别这么简单。"

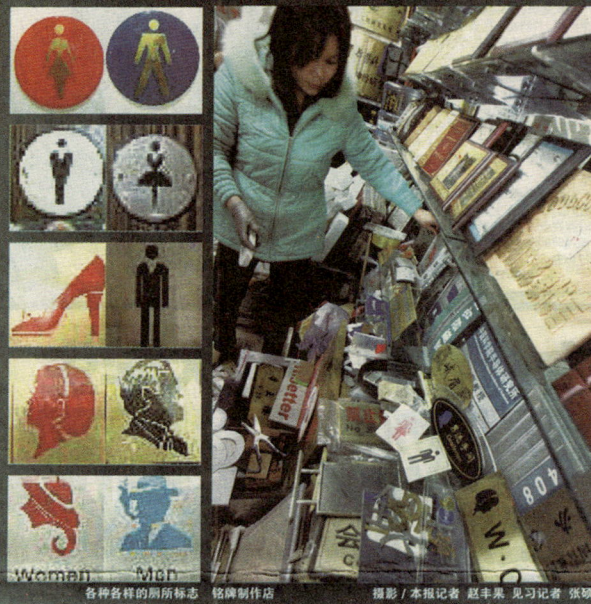

各种各样的厕所标志　铭牌制作店　　　　　　摄影 / 本报记者 赵丰果　见习记者 张硕

对于公厕标志的乱象，其实早在 2006 年 11 月 17 日，《竞报》就对"公厕标志五花八门"有所警示，告知《40%厕所标志不规范》，其中说道：

"厕所标志五花八门，有男女头像、男女礼帽、男女小人，其中 40%标志不规范，市民多数认为应统一，国家曾颁布相关标准……早在 2000 年，中国标准研究中心、国家旅游局等单位就共同起草制定了《标志用公共信息图形符号》作为符号的标准。其中用于男厕所的符号为一站立男子，女厕所符号为一穿裙子站立女子。这一标准符合国际标准化组织标准。"

厕所标志还出现过不少似是而非。2008 年 5 月 6 日，《北京青年报》刊发记者樊江云采写的《"烟斗男"标志男厕 有违禁烟主流?》。其中说道：

"何先生带着 6 岁的小侄子到运河文化广场游玩，两人上厕所时，小侄子走到男厕门口突然不愿意进去了。一问才知道，小孩儿看到男厕门框上面标的叼烟男人头像，以为里面是吸烟室不敢进去。何先生告诉记者，前不久他到石景山游乐园游玩时，发现公园里面的男厕门上也是这种叼烟头像。另外一些商场、高档写字楼及档次较高饭店的男厕，有不少也采用这种图案。'可能采用烟斗标志是为给顾客一种有身份的感觉'，何先生分析说，但这种符号无疑是对香烟的一种美化，存在鼓励人们吸烟的嫌疑，有悖于公共场所不提倡吸烟的共识。"

男性公厕使用烟斗图案是否合乎规定？记者获悉："国家质监局于 2000 年修订发布了《标志用公共信息图形符号第一部分：通用符号》，对公厕标志有明确规定：正确的厕所图形符号应当是白底，图形为男士西装图案与裙装女士图案，颜色只能使用黑色、蓝色、棕色等。而烟斗图案，并不在此规定范围内。"

无独有偶。2008 年 12 月 6 日，《新华每日电讯》刊发记者邓华宁采写的《南京：厕所不得以烟斗、高跟鞋为标》，文章指出，"南京市政府宣布，明年 1 月 1 日将实施《公共信息标志标准化管理办法》，首批确定 16 项公共信息标志标准，如不采用'男''女'来标识洗手间，最高可罚 1000 元"。

说过公厕标志 ABCD，接下来讲"WC"前世今生。2007 年 6 月 5 日，《法制晚报》刊发记者李洁采写的《"WC"下岗 厕所将重取英文名》，告知"我市 18 区县公厕标识的整治规范已启动"。其中说道：

"今后，被不少人用来表示公共厕所的代名词'WC'将被彻底取缔。今年年底前，全市公共场所的厕所、洗手间、卫生间、盥洗室等都将换用统一英文译法。据了解，今年年底前，本市将针对旅游景区、商业、文博、文化设施、地铁公交、医疗卫生、体育场馆、环卫设施等领域的公共场所，进行英文标识的整治。其中，18 个区县公厕英文标识的整治规范工作已经启动。"

根据专家解读，"将公共厕所叫 WC 很不雅。其实在很多西方国家根本不用 WC 表示厕所了，因为在英语里 WC 的内涵基本可以理解为咱们中国话所说的茅坑儿，实在难登大雅之堂，因此拟被 Toilet 取代"。

此事怪有意思。当初 WC 肯定不是文盲叫出来的，很长一段时间，未见专家质疑，也未见学者纠偏，等到朗朗上了口，突然提出 Toilet 更准确，虽然没有毛病，但此类可以提前规避的马后炮，似乎还是早早"跳槽"为好。

此事极易联想，包括餐馆"鱼香肉丝"等英文该怎样叫，也经常是吃得够不够了才猛然回过神。时逢深化改革，似应为此等同类项设置"统一定调"机制……

厕所译成"tollet" 公园英文标识出错

多家公园英语标识牌出现单词拼写错误、单复数用错;公园管理方均表示马上整改

新京报讯 北京共有169个注册公园,很多公园都竖起中英双语标识牌。但是,"tollet"是什么单词?把"水深危险"翻译成"Cautionl Deep Water"是怎么回事?昨日,新京报记者走访发现,龙潭公园、朝阳公园和团结湖公园内的标识牌存在着英文单词拼写错误等"硬伤"。对此,各公园管理方均表示将予以更正。

龙潭公园
袁督师庙简介单词拼错

龙潭公园位于东南二环左安门内,是4A级公园。

昨日,记者走访发现,公园内几乎所有指路牌、指示牌和提示牌,均采用了中英文双语标注。但所有指示 image of Yuan Chong-huan",错写成"there are"。

对此,龙潭公园管委会办公室一邓姓负责人表示,今年准备庙会时,公园为了让指路牌更好看,进行了统一更换,应该是制作时把"tollet"全搞错了。公园将马上整改,对于袁督师庙的错误也将马上改正。

朝阳公园
"10元"变成"0.00元"

朝阳公园是以园林绿化为主的综合性、多功能的大型娱乐公园,为4A级。

在朝阳公园南门立有一宣传板,用中英文双语介绍了朝阳公园内电瓶车的路线及票价、时间等。在中文版文字中,第一条标注了

团结湖公园
"caution"长尾巴

团结湖公园是具有江南古典园林特色的一家3A级公园。昨日,记者发现湖边每隔一段距离,就立有一块"水深危险"的木质中英双语警示牌,均将"Caution"一词错写成"Cautionl"。

据了解,《北京公共场所双语标识英文译法通则》提到,"小心"、"注意"可译为"Caution!"。旅游专家分析认为,团结湖公园警示牌上的"caution"多了一个"l",很有可能是将末尾的"!"错写成了字母"l"。

另外,该公园东、西、南三个出入口均放有一铜质景点介绍牌。牌子上"故名为'团结湖!'"对应的翻译

前文告知"Toilet 取代 WC",但没几年 Toilet 也出了问题。2015 年 3 月 24 日《新京报》披露《厕所译成"Tollet"公园英文标识出错》。其中说道:

"很多公园都竖起中英双语标识牌。但是'Tollet'是什么单词?昨日,记者走访发现,龙潭公园、朝阳公园和团结湖公园内的标识牌存在着英文单词拼写错误等硬伤。对此,龙潭公园办公室一负责人表示,今年准备庙会时,曾进行统一更换,应该是制作时把'Tollet'搞错了。马上整改。"

两者有何不同?还别说,一不留神指定会把洋码子弄混了。生活中张冠李戴的笑话不少,为什么饭馆的菜单、马路的标牌总会出错,原因众多,其中有一个问题司空见惯、熟视无睹,就是在拟稿或确认的第一时间,我们能挑毛病、会挑毛病的专家学者往往不在现场。由此想开去,"真神"理应早早现身……

08 / 厕路迷途

CELU MITU

　　十年前，先是一篇《找不到厕所憋坏八旬老外》令人汗颜，后是一篇《导厕员助君寻"方便"》让人瞠目，再是一篇《导厕车救急》使人想望。总之，这些听起来有些古老、古怪的"曾经有"，事过境迁，不仅被人们遗忘于脑后，同时作为笑谈，且谈笑之时好像与己无关。然而，"厕所革命"的历史就是如此这般充满戏剧性，无论此时您是何等光鲜，您儿时，您爹娘当时，其实百分之大几十是在此等尴尬中一路走来。

　　当年找不到厕所能憋坏八旬"老外"，但指定憋不坏老板、老爸乃至老师。为什么？且不说"活人不能让尿憋死"是通则，同时寻厕之际，常年生于斯长于斯，除了"眼观六路、耳听八方"，同时嗅觉也能帮上忙。2006 年，媒体告知《闻味儿找厕所，东城改看牌》，小处着眼，善莫大焉，"鼻子曾经的导厕功能"从此有望成为历史笑谈。

　　不谦虚地讲，从某种角度来看，《天大的小事》堪称"城市行善指南"，仅以"方便公众如厕"为例——2007 年，偌大京城，先是东城环卫部门受该书启发，率先爆出《路牌添距离，找公厕少着急》，后是时隔 9 个月，北京奥运前夕，北京发布"公厕引导牌设置标准"，由此"引导牌必须注明距离"。

　　据说，从萌生"便意"到内急难捱，虽然因人而异，但前后大约不到 10 分钟，由此看来，由此算来，除导厕牌加注距离，同时公厕间距更不可大意……

随地小便 罚 50 元送上"如厕指南"

本报实习生 吴鹏报道 路边随地小便，先罚 50 元，再赠"如厕指南"。昨海淀城管妙招巧治不文明现象。

马路停车场随处"方便"

昨天上午，当执法队员来到马甸桥西北侧时，三百多辆出租车停在马路两旁。的哥们下车后，三三两两聚在一起抽烟。有的哥旁若无人走到路边草丛、树边或墙边就方便起来。

城管队员介绍，从每天上午 9 点开始，最多时这里停四百多辆出租车，已经自发形成了一个马路停车场。等车辆开走后，此处一片脏乱。

新修路不知公厕位置

记者了解到，因为这条路刚刚修好，交管部门暂时不能画线以及设置禁停标志，对停靠出租车处罚缺少依据。

城管队员介绍，城管对随地便溺可以进行最高额度 50 元的处罚，但是执法过程中，很多的哥们说，因为新修的路，他们根本不知道厕所在哪儿。

据记者了解，马甸桥西北侧附近有 5 个公厕，大约距此一两百米远。

海淀城管妙招巧治"的哥"随地大小便，街头分发"如厕指南"。 ■本报记者 李鹏/摄影报道

开篇聊过国外"厕所地图"，宛若浮云，恍若天书。其实，早在 2005 年北京就有了本土版。2005 年 3 月 9 日，《华夏时报》刊发了吴鹏采写的《随地小便罚 50 元送上"如厕指南"》，告知"城管妙招巧治不文明现象"。其中说道：

"上午 10 点半，路边上。一位正在小便的男子被来检查的执法队员抓个现行，城管执法人员依据《北京市市容环境卫生条例》，对该男子处以 50 元的罚款。执法队员说，罚 50 元是个警示作用，告知他们哪里有厕所才是最重要的。罚款后，海淀城管把印有马甸桥西北侧及周边的地形情况的卡片递到了的哥手里。卡片上，不仅标明了马路、公园、明显建筑物，图上还用红字标出来 5 处公厕的位置。昨天上午，海淀城管在马甸桥西北侧路边上共发放告知卡 260 张。另据了解，近一周来，城管、公安等部门对此处进行了综合整治，共查处随地便溺者 60 多人。"

由此及彼，由表及里。细说起来，尽管时下城市管理不尽如人意比比皆是，但上述举措却"且暖且超前"。为什么挺好的事情"做着做着却做没了""夸着夸着就夸跑了"，原因众多，但未能"永远在路上"，既与忘了初心有关，也与当初行善没能"落细、落小、落实"不无关系……

找不到厕所憋坏八旬老外

市民感慨："这丢的是咱北京人的脸"

本报讯（记者丁文亚）"内急找不到厕所，外国人觉得丢人，我觉得北京人更丢人。昨天，包先生对记者讲述亲眼所见外国游客遭遇的尴尬事：4名外籍老人在地安门西大街一带四处寻找厕所，最后一名老人无法忍受将大便拉入裤裆。

"老太太愁眉苦脸地走了"

"我正在值班，看到有两名六十多岁老外架着一位估计有八十岁的外籍女士，从门洞住出版社里走。"在地安门西大街40号解放军出版社附近工作的包先生说。

包先生说，两名老外对着出版社门口站岗的卫兵比划半天，但是他看到老人进去时表情很痛苦，以为是老人有病求助。

"我过去一问，卫兵说是老人找卫生间。"包先生说，他这时才发现出版社门口有好几处大便。随后，一

名老外到附近买来卫生纸进入厕所，估计是进去清洁污物了。

"最后那个老太太被其他人扶着，愁眉苦脸地走了。"包先生说，整个过程看得"让人真不舒服"。"你说，这外国人觉得挺丢人的，可我觉得，这更丢咱北京的脸！"包先生感叹道。

"公厕藏在胡同里"

昨天下午，记者到游人如织的地安门西大街一带了解情况。

从平安里到北海路南侧虽有个别宾馆饭店，记者未发现有公共厕所，也无公共厕所的明确导向指示。最后只是在附近居民的指示下，记者在胡同里找到一处公厕。

"公厕藏在胡同里面，我们怎么能知道呢？"在地安门西大街，两名来自江苏的游客抱怨："北京公厕太少，指示标志也少。"

随后记者在王府井、雍和宫等

繁华地段调查时看到，这里的公厕导引指示牌均明确可见，和胡同指示牌相似，蓝底上有男女图形的公厕通用标志。因为这些导向牌分布在公厕周围一两百米的范围内，所以，有"内急"的中外游客抬眼就能看到，轻而易举解决了难于问询和盲目寻找的难题。J145

别让内急憋坏中外游客

有专家指出，八旬老外遭遇"内急"其实并不是一个偶然现象。据统计，每年国庆的七天长假中，都有超过100多万的外地人、外国人进京旅游购物，但不少商业和旅游集中地区，公共卫生间数量和指示标志都不够。

曾经呼吁过为"的哥"解决上厕所难问题的北京市政协委员左立臣指出，北京承办2008年奥运会和定位"世界城市"，无论中外游客还是本市市民，对北京更复杂的城市功

能的需求会越来越迫切。北京如果不注重体现"以人为本"的城市精神，忽视人们日常生活中的需求，像找不到厕所之类，也是一种欠缺。传统的交通旅游地图只着重引导"吃喝玩乐"，却不能及时解决人们"方便"之急，这也就暴露出城市服务精神的缺失。J145

热线链接

广场附近增加10座临时厕所

本报讯（记者左颖）"十一"黄金周期间，本市共有2万多名环卫工人坚守岗位，北京环卫集团的人工清扫保洁工作从每天的3时至24时进行。为缓解天安门广场附近中山公园和人民文化宫游客用厕压力，在东西红墙处增加了10部临时箱体厕所，使临时厕位增加了74.4%。

据统计，从9月30日夜到昨天下午3时，天安门地区日清运垃圾113.8吨，是平时的20余倍。J170

在相关的报道里，2006年10月4日《北京晚报》记者丁文亚采写的《找不到厕所憋坏八旬老外》最是过目不忘、横亘于心。在以往各地相关讲学中，这篇文章做成的PPT冲击着数不清的听众心灵。尤其那句"这丢的是咱北京人的脸"，更让本不是北京人的与会者沉思不语。文章说道：

"读者包先生对记者讲述了亲眼所见外国游客遭遇的尴尬事情：4名外籍老人在地安门西大街一带四处寻找厕所，一名老人实在无法忍受只得将大便拉进了裤裆。包先生说，两名老外对着出版社门口站岗比划半天，他看到老人进去时表情很痛苦，以为是老人有病求助。过去一问，说是老人找卫生间。这时，包先生才发现出版社门口有好几处大便。随后，一名老外到附近买来卫生纸进入厕所，估计是进去清洁身上的污物了。包先生对记者说，最后那个老太太被其他人扶着愁眉苦脸地走了，整个过程看得让人真不舒服，'你说，这外国人觉得挺丢人的，可我觉得，这更丢咱北京的脸！'"

此情或是小概率，但此景当为大难堪。缘何找不到厕所能憋坏八旬"老外"，而非自家"老板""老爸"抑或"老师"，答案模棱两可、似是而非……

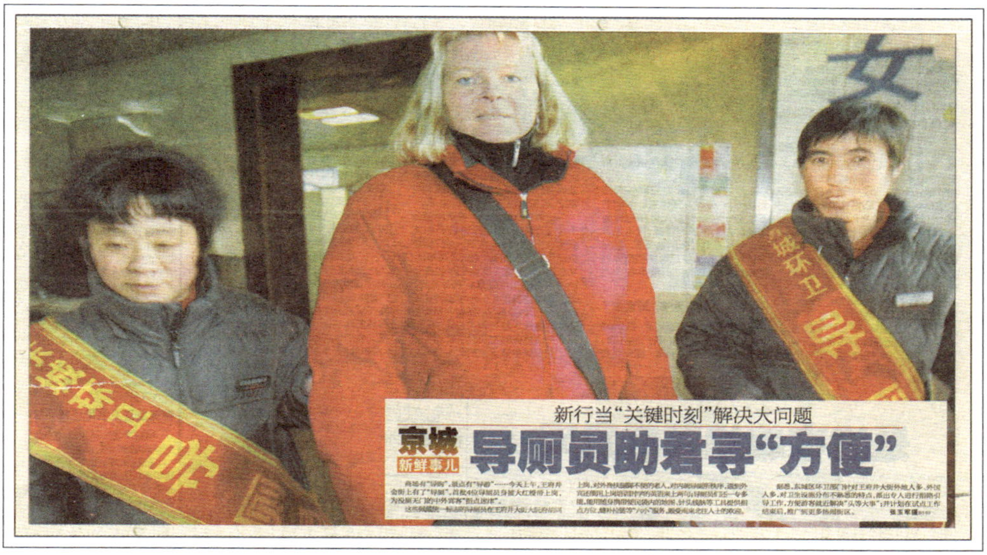

新行当"关键时刻"解决大问题

京城 新鲜事儿

导厕员助君寻"方便"

2007 年 1 月 23 日，《北京晚报》刊发了张玉军采写的《导厕员助君寻"方便"》，不清楚此举与前文所讲"找不到厕所憋坏八旬老外"是否有关联，但情急之下有人帮助找厕所，肯定类似"他乡遇故知"。事过境迁，此情此景或被遗忘，但"厕所革命"即由此一路走过……

竞报联动

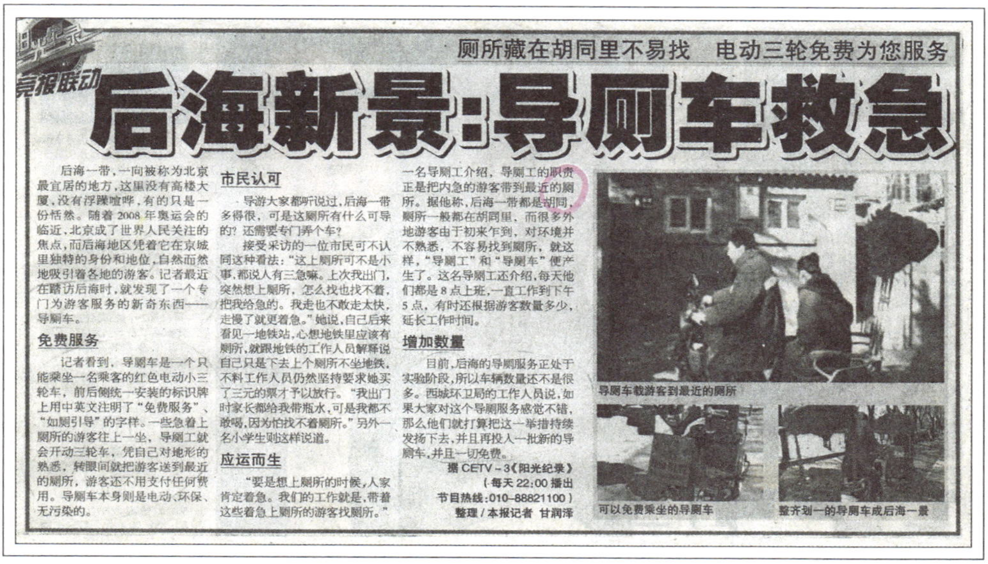

厕所藏在胡同里不易找　电动三轮免费为您服务

后海新景：导厕车救急

后海一带，一向被称为北京最宜居的地方，这里没有高楼大厦，没有浮躁喧哗，有的只是一份恬然。随着 2008 年奥运会的临近，北京成了世界人民关注的焦点，而后海地区凭着它在京城里独特的身份和地位，自然而然地吸引着各地的游客。记者最近在踏访后海时，就发现了一个专门为游客服务的新奇东西——导厕车。

免费服务

记者看到，导厕车是一个只能乘坐一名乘客的红色电动小三轮车，前后侧统一安装的标识牌上用中英文注明了"免费服务"、"如厕引导"的字样。一些急着上厕所的游客往上一坐，导厕工就会开动三轮车，凭自己对地形的熟悉，转眼间就把游客送到最近的厕所，游客还不用支付任何费用。导厕车本身则是电动、环保、无污染的。

市民认可

导游大家都听说过，后海一带多得很，可是这厕所有什么可导的？还需要专门弄个车？

接受采访的一位市民可不认同这种看法："这上厕所可不是小事，都说人有三急嘛。上次我出门，突然想上厕所，怎么找也找不着，把我给急的。我走也不敢走太快，走慢了就更着急。"她说，自己后来看见一地铁站，心想地铁里应该有厕所，就跟地铁的工作人员解释说自己只是下去上个厕所不坐地铁，不料工作人员仍然坚持要求她买了三元的票才予以放行。"我出门时家长都给我带瓶水，可是我都不敢喝，因为怕找不着厕所。"另外一名小学生则这样说道。

应运而生

"要是想上厕所的时候，人家肯定着急。我们的工作就是，带着这些着急上厕所的游客找厕所。"一名导厕工介绍，导厕工的职责正是把内急的游客带到最近的厕所。据他称，后海一带都是胡同，厕所一般都在胡同里，而很多外地游客由于初来乍到，对环境并不熟悉，不容易找到厕所，就这样，"导厕工"和"导厕车"便产生了。这名导厕工还介绍，每天他们都是 8 点上班，一直工作到下午 5 点，有时还根据游客数量多少，延长工作时间。

增加数量

目前，后海的导厕服务正处于实验阶段，所以车辆数量还不是很多。西城环卫局的工作人员说，如果大家对这个导厕服务感觉不错，那么他们就打算把这一举措持续发扬下去，并且再投入一批新的导厕车，并且一切免费。

据 CETV－3《阳光纪录》

（每天 22:00 播出

节目热线:010-88821100）

整理 / 本报记者　甘润泽

导厕车载游客到最近的厕所

可以免费乘坐的导厕车

整齐划一的导厕车成后海一景

可能是人力不如机械，"导厕员"露面没多久，2007 年 4 月 13 日，《竞报》刊发记者甘润泽采写的《后海新景：导厕车救急》，告知"厕所藏在胡同里不易找　电动三轮免费为您服务"。初瞧乍看，议论纷纷，但"厕所革命"的漫长过程，绝对少不了让日后发笑的七七八八……

今年底779座达标公厕
改造全部完工

闻味找厕所 东城改看牌

本报讯（通讯员张洪）"闻味找厕所的历史在东城区即将结束。"昨天记者从东城区环卫局获悉，东城区今年年底779座达标公厕改造工程将全部完工，过去沟槽式的三类公厕都将改建成独立水冲式的达标公厕。同时还在全市城八区率先设立公厕导引指示牌。这些指示牌在公厕周围一二百米范围内，有"内急"的行人抬眼就能看到。目前已有680座公厕改造升级，其余计划今年年底全部完工。

"以后进公厕不用再捂着鼻子了。"家住南吉祥胡同的王阿姨说，"以前想找厕所，不用问人，离厕所还挺远呢就能闻见那股气味。住得离厕所近的人家，到了夏天罪可受大了。现在胡同里的厕所装修得可好了！"王阿姨把记者带到一间改造后的公厕，面积不过20平方米，灰色的外墙，喷塑的钢板门，塑钢窗，显得很整洁，里面铺着防滑地砖，墙砖一直到顶，安装的全部是不锈钢的便器，每个蹲位之间还有一米高的隔板隔开，除了干净、无异味外，还多了些人文的元素。

据了解，东城区共有公共厕所1016间，其中有80%分布在胡同里。建厕办主任张铁庆介绍，区环卫局从1997年开始大范围地对四类公厕进行了翻改建工作。2005年，区政府决定，按照文明、卫生、适用、方便、节水、防臭、美观的标准，对全区779座三类公厕进行升级达标改造，预计2006年底全部完工。2005年3月底，随着育群胡同18号公厕改造工程开始，全区三类公厕进行升级达标改造工作全面启动。

公厕升级达标改造，不仅方便了居民，更为居民解决了难题。小雅宝胡同67号院成老先生反映，屋后公厕造成自家墙壁返潮。在厕所的改造时，施工人员、设计人员和工程监理都来到了现场向老人做解释工作。工作人员详尽地解答，换来了成老人全家的满意笑容。之后，施工人员还帮助老人贴了家里的瓷砖。几天后，86岁的老人挥毫泼墨，一块"公德无量"的大匾送到了区政府。 J147

其实，北京的"导厕牌"早于"导厕员"。2006年10月16日，《北京晚报》刊发通讯员张洪采写的《闻味找厕所 东城改看牌》，其中说道：

"记者从东城区环卫局获悉，东城区今年年底779座达标公厕改造工程将全部完工，过去沟槽式三类公厕都将改建成独立水冲式的达标公厕。同时在全市城八区率先设立公厕导引指示牌。这些指示牌在公厕周围一二百米范围内，让内急的行人抬眼就能看到。"

家住南吉祥胡同的王阿姨说："以后进公厕不用再捂着鼻子了。以前想找厕所，不用问人，离厕所还挺远呢就能闻见那股气味。住得离厕所近的人家，到了夏天罪可受大了。现在胡同里的厕所装修得可好了！"

市市政管委主任陆海军昨天做客北京城市服务管理广播时透露

北京街头将设公厕导向标

本报讯（记者 陈凯一 黄建华）昨天，北京市市政管委主任陆海军在做客北京城市服务管理广播时透露，北京目前已经改建、新建公厕5200个，超过纽约、伦敦、东京等地，成为全世界公厕最多的城市。为方便游客，在街头还将逐步设立导向标志。

陆海军表示，通过三年的规划，北京市一共改建、新建公厕5200座，是全世界公厕最多的城市，其公厕的数目已经超过纽约、伦敦、东京等大城市。但目前仍存在游客如厕难问题，主要是因为公厕分布不平均，服务时间不明确，路标导向不清楚造成的。据此，北京市有关部门将

制定规章，对外公布包括公厕在内的公共场所的位置和服务时间，并在街头设立一些导向标志，从而更好地解决游客如厕问题。

同时，陆海军表示，北京的垃圾治理问题仍是市政管理的难题之一。目前，北京垃圾占用土地已经超过两万亩，如果按照目前的垃圾增长速度，每天还要多占500亩地进行垃圾处理。但目前北京郊区已经找不到土地，不得不使用原本计划在2020年使用的垃圾填埋场。

据悉，北京现在每天产生垃圾1600吨，相当于每人每天产生垃圾一公斤，基本与发达国家水平相当。

城区垃圾无害化和处理率基本达到百分之百，郊区也达到76%。陆海军呼吁市民，从自身做起，做好垃圾分类工作，增加垃圾再利用的价值，减少绝对垃圾的数量。

据介绍，截至目前，北京共拆除违法建设近800万平方米，差不多有1100多个足球场的面积；整治城中村710个，拆迁居民3万余人；粉刷楼房12000多栋，预计今年还将再粉刷8000栋，以后每5年都要粉刷一次；完成1800多栋楼房屋顶的"平改坡"工程，不仅美化了楼体，也让顶层住户的室内温度得到改善，冬天比平常要高3到5℃，夏天可以降低3到5℃。

本书的叙写体例比较特殊，从海量的剪报中搭建叙事主体，既有各说各，也有一并谈，因此，看过书稿的朋友都讲，本书挑着读可也，连着看也行，而两者之中，关于"导厕"的沿革史，还是按照年头叙述更有年代感。

前文讲述的《闻味找厕所 东城改看牌》的披露时间是2006年。时隔两年，2008年3月5日，《北京青年报》刊发记者陈凯一、黄建华采写的《北京街头将设公厕导向标》，其中说道：

"昨天，北京市市政管委主任在做客北京城市服务管理广播时透露，通过三年的规划，北京市一共改建、新建公厕5200座，是全世界公厕最多的城市，其公厕的数目已经超过纽约、伦敦、东京等大城市。但目前仍存在游客如厕难问题，主要是因为公厕分布不平均，服务时间不明确，路标导向不清楚造成的。据此，北京市有关部门将制定规章，对外公布包括公厕在内的公共场所的位置和服务时间，并在街头设立一些导向标志，从而更好地解决游客如厕问题。"

如前文所示，东城设立公厕导引指示牌系"全市城八区率先之举"，看来，经过两年试点，一目了然的导厕牌确实比"闻味儿"好许多，雅许多。于此，还是想说，尽管"厕所革命"是系统工程，但此系统有时非彼系统，尽管沿革过程有点惶惶然，但始终向善、向尚，则是矢志不渝的革命大方向……

厕所革命

A16 社区·东部

主编/徐晓蕾 执行人/岳照宇 编辑/孔琳 美

东城 遍布各主干道 共计106块 指示牌统一加标数字 路程最远不过500米

路牌添距离 找公厕少着急

行人10分钟内找到"目的地" 王府井、灯市口等地区将有增加 本周可完成

本报讯（记者 叶慧）哪个公厕离你最近，内急行人一目了然。连日来，东城区环卫局给106块公厕指示牌换个"增加"如厕路程的标识。

昨天，记者在东四路口附近发现，沿街人行道300米左右的路口，就有四五块公厕指示牌，每块牌子上除了指示不同方向的箭头外，箭头下还标着"50m、100m"等数字。

在"50m"指示牌的引导下，记者步行了两三分钟，就发现了胡同内的公厕。"外来游客以后就方便了。"居民王冬梅说，其实许多公厕都藏在胡同里，真遇上内急的外来者，如果不了解地形，光看方位指示找对地方还是要费半天劲。

此外，在朝内大街、东四北大街、景山前街、东四西大街等主干道的公厕指示牌都已标注了距离，最远处不超过500米，最短路程是5米，保证行人在10分钟内找到"目的地"。

环卫部门加标距离的灵感，来自于一本名为《天大的小事》的书。工作人员把自己当作如厕人，实地步测后在主干道或胡同口人流量大的地方，更换了新的指示牌。

东城区环卫局主管科的张东青介绍，这次更换实行"有增有减"方式，在王府井、灯市口等人流量大的地方增加厕子，而使厕所超过500米的指示牌就被撤掉。整个更换工程本周可完成。

《天大的小事》：作者用镜头聚焦西方生活细节、服务细节、文明细节等各方面，与国内相对应的领域进行对比，并科学地加以归纳总结。
——新浪读书

早于《北京街头将设公厕导向标》半年，2007年8月6日，《法制晚报》刊发记者叶慧采写的《路牌添距离 找公厕少着急》，告知"环卫部门加标距离的灵感来自《天大的小事》，工作人员把自己当作如厕人，实地步测后更换了新的指示牌"。

2008年5月8日 星期四

北京新闻
BEIJING NEWS

本市发布公厕引导牌设置标准

《北京市公共厕所管理办法(草案)》即将发布施行

本报讯（记者 王东亮）记者昨天从市政管委获悉，本市已出台公共厕所引导牌设置规范，全市公厕导牌将统一为中英文的蓝底白字"公共卫生间"，跟已设置的公厕引导牌将逐步更换，诸如可着大烟斗的人头、高跟鞋等区分性别的标识也将统一为男女正面全身剪影。

公厕停用超过24小时应有补救措施

此外，《办法(草案)》还禁止了七类在公共厕所内常见的不文明行为。

时隔9个月，2008年5月8日，北京奥运前夕，《北京日报》刊发记者王东亮采写的《本市发布公厕引导牌设置标准》，告知，"新公厕引导牌由厕所标识、文字、方向指示及距离指示等组成，引导牌离所指示厕所距离超过200米时，方向指示箭头上还要注明距离"。

李先生近日却在东城区大羊毛胡同口发现一个贴着距离标识的导厕牌，精确到米的距离指向让李先生感觉"太人性化了"。

李先生说，他和身边的不少朋友都碰上过"寻厕难"的问题，没有公厕指示牌的地方全凭嘴问，可路人指半天后自己找起来还是费劲。后来有了指示牌，大多只标个箭头，许多公厕又都藏在胡同深处，顺着箭头绕来绕去也找不着厕所，心里那叫一急啊。

记者在现场看到，这个指示牌下面"25m"的标识很明显是后贴上去的。据附近居民说，这个标识贴上去已经有些日子了，很大程度方便了外来游客。记者还发现，在东城区的其他地方，比如朝内大街、东四北大街、东四西大街也有类似的标明距离的指示牌，标识显示的最远距离不超过500米，最短路程是5米。

据东城区环卫局工作人员介绍，这些距离标识是在2007年陆续添加上去的，在东城各主干道的106块公厕指示牌上都标注了距离，同时撤换掉了一些距厕所超过500米的指示牌，以最大程度方便市民和外地游客。李文明 摄 J200

让路人感觉方便
路边指示牌
标明厕所距离

本报讯（记者宋玮）相信不少人都有过这样的尴尬：走在城市的街头，尤其是陌生的地方，急需上厕所时，顺着导厕牌的箭头指示却在胡同里绕来绕去都找不对地方。市民

古语有曰，西谚有云，"鞋合适与否，只有脚知道"。标明了距离的导厕牌真的受欢迎吗？2009年10月9日，爱操"闲心"的《北京晚报》刊发了记者宋玮采写的《让路人感觉方便 路边指示牌标明厕所距离》，其中说道：

"相信不少人都有过这样的尴尬：走在城市的街头，尤其是陌生的地方，急需上厕所时，顺着导厕牌的箭头指示却在胡同里绕来绕去都找不对地方。市民李先生近日却在东城区大羊毛胡同路口发现一个贴着距离标识的导厕牌，精确到米的距离指向让李先生感觉太人性化了。"

记者看到，"指示牌下面'25m'的标识很明显是后贴上的。据了解，从2007年起，东城各主干道的106块公厕指示牌上全都标注了距离。"

读者或会发现，区颁标准为"25米"，而市颁标准却是"超200米"才予考虑，孰多孰少，孰高孰低，似可交由"便意"投票……

发短信可查公厕位置

公厕引导牌本月安装到位 本市正研制公厕信息查询系统 计划明年投入使用

本报讯（记者 张伟涛）昨天，记者从市政管委了解到，本市正在研制一种公共厕所信息引导系统，预计在明年投入使用。市民可通过打电话、发短信的形式，即时了解到附近公厕的位置。

目前本市环卫部门管理的公厕已有 5095 个，数量堪称世界之最，但许多市民在外出时，却经常遇到"如厕难"，造成这种状况的原因就在于公厕的分布不合理。

市环卫设计科科研所有关负责人介绍，本市目前正在建设公厕信息引导系统，计划明年就能投入使用。届时，外出的人们可以通过打电话、发短信、路边信息亭查询等多种方式获知附近的公厕信息。据了解，电话语音查询公厕系统包括自动语音查询和人工语音服务，自动语音查询是用户拨打厕所信息专用服务电话，说出所在地点的街道或建筑物名称，系统通过自动语音识别即可判断其所处位置并在数据库中搜索出附近的厕所的相关信息告知查询者，系统可支持普通话、英语及其他语种，电话语音查询是一个人机交互的过程，操作界面友好，查询过程也很直接。市民在外出时，还可用手机短信的方法进行查询，系统会自动将公厕信息以短信方式，反馈至市民的手机上。

另外，公共厕所信息查询系统中的网络查询则是将地图信息部署在网络中，市民无论在家中还是在街头，通过计算机或北京街头的 600 多座信息亭可快捷地获取附近公厕的信息。

为改变如厕难的现状，本市将依照繁华区平均每 300 至 500 米，一般区域 500 至 1000 米即有 1 个公厕的标准，对新建公厕的选址统一规划；商场、宾馆、饭店等公共建筑的厕所对外开放，另外还将增加移动厕所的数量，特别是奥运场馆周边。针对公厕引导标识不明显的问题，城八区主要旅游点、商业中心、体育馆及人口密集区周边都将推广公厕引导牌，计划 8 月初即能全部安装到位。

关于"导厕"，其实除了设立"导厕牌"，有关单位还想过许多办法，譬如早在 2007 年 8 月 5 日，《竞报》就告知《发短信可查公厕位置》，其中说道：

"本市正在研制一种公共厕所信息引导系统，预计在明年投入使用。市民可通过打电话、发短信的形式，可即时了解到附近公厕的位置。据了解，正在研制的公厕信息查询系统计划明年投入使用。"

旅游景点公厕将可短信查询

未来5年城区公厕全安除臭装置；"十二五"时期首都城乡环境建设规划纲要发布

本报讯（记者饶沛）日前发布的《北京"十二五"时期首都城乡环境建设规划纲要》提出，将全面推进公共厕所建设、改造和维护管理。到 2015 年，实现公厕密度达标率城区 95%、郊区 90%；今后旅游景点公厕将可短信查询。

本市市容委有关负责人解释，公厕的合理服务半径应该是 300 米至 500 米，未来北京的公厕规划将更加合理。计划建立"公厕电子地图"，并与联通等公司合作，在人员密集的旅游景点、商业区建立公厕引导系统。市民"内急"，找不到厕所，发

个短信，就能查询到距离自己最近的厕所。

城区的数千家公厕未来 5 年将全面达标，全装除臭装置。目前城镇地区和旅游景点周边还有数百座公厌不达标。北京计划在未来 5 年内对这些公厕进行改造升级，消除"旱厕"，改为水冲厕所。24小时有人值守，免费提供卫生纸、皂液或香皂。全装除臭装置，及时修补、漏风。

计划将平房小院内那些只有一个或两个闲包的小公厕改为移动厕所，在不影响居民生活的基础上，加强对这些公厕的管理和维护，确保清洁卫生。

▉ 个案

北大毕业生发明公厕止臭阀

已在西城东城一些胡同公厕及北大等单位室内厕所安装

目前西城东城一些胡同内的公厕，反北大、大等单位的室内厕所，都安装了一种止臭软阀。平时软阀处于关闭状态，阻止有害气体和臭虫以过后自然闭合。

发明者是北大毕业于北大，在老北京胡同里长大。对公厕的臭味记忆深刻，他应用了 10 多项针对公厕臭味的专利。张雷准备为学校、医院、宾馆、商场、车站等 200 家单位的公厕免费试装止臭阀。

另据了解，张雷还愿意免费提供有关公厕卫生的除臭咨询。

本报记者 饶沛

▉ 相关新闻

飞机起降可视区清露天市场

《纲要》称，北京将着力打造进京第一印象区域，推进 484 平方公里航空走廊，9 条进京铁路、11 条国道、11 条高速路、城市快速路、地铁周边环境建设，营造整洁有序的首都印象。

对机场周边及飞机起降高度 200 米以下可视范围内的 83.86 平方公里核心区域、高度在 200 米至 1000 米可视范围内的 400.22 平方公里基本区域，进行环境综合整治，包括修补残墙断壁，实施屋顶绿化美化工程；拆除搭乱建；清理露天市场。消除露天废品回收市场，清理随意丢生活垃圾和建筑渣土；完善立交桥、高速路、标志建筑的景观照明，提高上还区域绿化覆盖率。

推进首都境内 101 等 11 条国道，京港等 11 条高速路及京通快速路沿线的环境整治，保持交通护栏、护网完好；拆除违法户外广告。

时隔 4 年，"短信寻厕"进度、围度喜人。2011 年 11 月 21 日，《新京报》刊发记者饶沛采写的《旅游景点公厕将可短信查询》，其中说道：

"公厕的合理服务半径应该是 300 米至 500 米，未来北京的公厕规划将更加合理。计划建立'公厕电子地图'，并在人员密集的旅游景点、商业区建立公厕引导系统，市民内急找不到厕所，发个短信，就能查询到距离自己最近的厕所。"

城事观察

走基层 转作风 改文风

软件找公厕为何舍近求远？

商超、写字楼、医院、地铁站的公厕尚未纳入软件　开发者称目前仅能显示政府设立的厕所

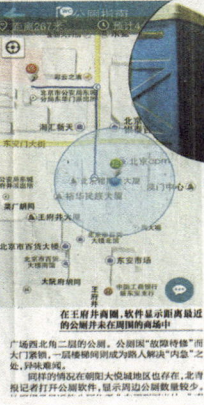

　　转眼间到了 2014 年，手机成了人见人爱的"出行离不开"，而 APP 更无所不在、无所不能。其中便捷无比的"导厕软件"更大显身手。然而，好事多磨，这年 4 月 23 日的《北京青年报》刊发了刘洋、董鑫采写的《软件找公厕为何舍近求远?》，真可谓"智者千虑，必有一失"。其中说道：

　　"前天上线的'北京公厕查询'软件，北青报记者昨日下载该软件并实地体验发现，软件为寻找公厕提供智能化导航的同时，未能将商铺、写字楼等商业楼内的卫生间纳入其中。因此在公厕较少的商业繁华区，该软件或'舍近求远'，无法提示附近商铺有卫生间，而指向背街小巷的公厕。此外，部分公厕点位错漏、故障未修，均有待所在地区环卫部门尽快完善。"

　　"走转改"是记者的责任与担当，文章告知，"记者拿出手机打开'北京公厕查询'软件，显示附近的二十余座公厕主要分布于周边写字楼背面，与公交枢纽站距离普遍超过 500 米，未有一处显示在写字楼内。记者随机走进惠普大厦，在一层找到卫生间。在其他繁华商圈，记者同样发现，要在商业楼内找到厕所、卫生间并不太难，而按照软件寻找公厕，可能会'舍近求远'"。

09 / 厕类旁通

CELEI PANGTONG

　　"厕所革命"进程中，在"以革命的名义想象过去"的时候，也会遇有许多意想不到，其中最意想不到的是"厕类旁通"。

　　很多年以前，曾听一位社会学家讲过"人分七性"，即"男、女、男变女、女变男、两性、中性、其他"。浮言聋听，一时难以接受，但随着眼界不断开阔，加之"明星变性"或"变性明星"的频频出镜，先是开始见怪不怪，接下来也就认同了必须认同、接受的客观规律。

　　尽管如此，同样是很多年以前，当有人问起"公厕分几类"时，仍一脸懵懂不知所云，幸亏公厕相关事，提点无知人，发现"亲子厕所大人孩子同时用"的早年报章所言竟如此以人为本。确实，"公共场所父亲带女儿、母亲带儿子如厕尴尬普遍存在"。

　　其后许多年，媒体告知《部分公厕将增设"无性别卫生间"》。从"亲子厕所"到"无性别卫生间"，看似名称有变，其实内涵已今非昔比，只是其后不久又有"中性卫生间"建设指导意见出台，从"无性别"到"中性"，一时间不知所云，甚至如坠"人分七性"的五里雾中。

　　再往后，"第三卫生间"应运而生，据说此厕也称"中性卫生间"，是"满足特殊人群、特殊情况下如厕需求或服务的空间"。茅塞顿开，感激不尽，但接下来面众的"第五空间"，理解起来稍微有点略费脑筋……

一方钩沉

古代公厕何时始分男女

倪方六

国庆8天长假全民旅游热中出现的"女厕"排长队的现象，成为长假后一个格外引人关注的话题。近日有报道称，在北京新公厕标准中，拟将男女厕位比例从现在的1:1改为1:2左右，计划于2013年实施。中国古代有公厕吗?古代公厕也分男女吗?

**早期公厕多建在道路旁
先秦时期"民溷"垣高"十二尺以上"**

不必讳言，厕所与食堂一样，是人们每天都要去的地方。东汉许慎《说文解字》称，"厕，清也"。意思是，厕所是清除污物的地方。厕所有公厕和私厕之分，学术界有一种观点，最先出现的应该是公厕，而非私厕。公厕，又叫官厕，中国最早的一种公厕，是建于道路旁边的厕所，即所谓"路厕"。

先秦时期的公厕有具体的选址和建筑标准。《墨子·旗帜》中称，"于道之外为屏，三十步而为之圆，高丈。为屏，垣高十二尺以上。"所谓"屏"，就是围墙作厕，"圆"，则是古人对厕所的另一种叫法。

西晋豪厕"有绛纹帐""两婢持香囊"
明代豪厕"不闻有秽气也"

陕西汉中汉台区汉墓出土的汉代分男女绿釉陶厕（汉中博物馆藏品）。

既然"厕神"古来有之，想必与如厕相关之人、之事、之物肯定早就有说法。2012年10月21日《北京晚报》刊发的《古代公厕何时始分男女》很有看点，导语通古论今，夹叙夹议："近日有报道称，在北京新公厕标准中，拟将男女厕位比例从现在的1:1改为1:2左右，计划2013年实施。中国古代有公厕吗? 古代公厕也分男女吗?"

结论是肯定的，原来"汉代厕所已分男女"，且"明代军营约50人开厕坑一个"。此外，公厕选址也早有规制，据说，早期公厕多建在道路旁，而"先秦时期'民溷'垣高十二尺以上"。

文章刨根问底，引经据典，告知"东汉许慎《说文解字》称，'厕，清也'。意思是，厕所是清除污物的地方。厕所有公厕和私厕之分，学术界有一种观点，最先出现的应该是公厕，而非私厕。公厕，又叫官厕，中国最早的一种公厕，是建于道路旁边的厕所，即所谓'路厕'"。

更长学问的是，文章同时披露许多如厕珍闻，诸如"周代厕溷与今日之洋茅厕相类，汉代已有水冲式坐厕所""西晋豪厕有绛纹帐、两婢持香囊""明代豪厕不闻有秽气也"，甚至"厕所管理员'宫人'始于汉代"，以及"清代出现收费公厕，'入者必酬一钱'"云云……

在公共场所父亲带女儿、母亲带儿子单独如厕不再尴尬

亲子厕所大人孩子同时用

本报讯（记者王琼） 到底什么是最人性化的厕所呢？现在这个问题在不少网民心中已经有了答案，那就是专为幼儿全家设计的"亲子厕所"，因为它实现了幼儿如厕"无障碍"。

昨天下午，记者来到王府井新东安市场，找到了这座近期网民热评如潮的"最人性化厕所"。记者看到在卫生间的指示牌上，出现了一男一女手拉幼儿的图案，形象地示意"亲子厕所"面向幼儿全家。记者一推开门，就看到一个"童话的世界"。在这里，迷你洗手池的水龙头变成了彩色的，洗手池外壁上出现了一圈小花猫，池子下面还"长"出了两只穿着小鞋的铁架；迷你坐便器外壁上，也画着卡通小熊的形象。

记者注意到，这里的洗手池、小便池、坐便器都比成人用具缩小了一号，这样幼儿如厕时就不必再担心尺寸不合适，洗手时也不必再努力地踮起脚、使劲地向前伸胳膊……实现了幼儿如厕"无障碍"。

记者发现，"亲子厕所"内还有扇"玻璃屏风"，屏风后面还有一套成人坐便器，这样如果父亲单独带女儿或者母亲单独带儿子外出时，既不必担心家长如厕时将孩子单独留在门外，又可以有效地避免尴尬。

记者从该商场物业部得知，一年前商场装修时，对设施进行了人性化改造，参照香港模式，在每一层都设计了这种"亲子厕所"，并由专人负责日常清洁。

"刚开始大家都不知道这是什么意思，向我们咨询的人很多。现在好了，每到周末带着孩子来逛商场的家庭很多，'亲子厕所'派上了大用场。"商场清洁工小杨笑着说，平时"亲子厕所"的使用量并不大，每到双休日时却"爆满"，有些成人甚至出于好奇，时常推开门一探究竟。

程宁摄影 B149

很多年以前，若有人问起"公厕分几类"，一定引起哄堂大笑，然而看过2007年10月31日《北京晚报》记者王琼采写的《亲子厕所大人孩子同时用》，才恍然大悟，凭此"公共场所父亲带女儿、母亲带儿子如厕不再尴尬"。其中说道：

"到底什么是最人性化厕所？现在这个问题在不少网民心中已有答案，那就是专为幼儿全家设计的'亲子厕所'，因为它实现了幼儿如厕无障碍。昨天下午，记者来到王府井新东安市场，找到了这座网民热评如潮的'最人性化厕所'，记者看到在卫生间的指示牌上，出现了一男一女手拉幼儿的图案，形象地示意'亲子厕所'面向幼儿全家。记者一推开门，就看到一个'童话的世界'。在这里，迷你洗手池的水龙头变成了彩色的，洗手池外壁上出现了一圈小花猫，池子下面还'长'出了两只穿着小鞋的铁架；迷你坐便器外壁上，也画着卡通小熊的形象。"

记者同时注意到，"这里的洗手池、小便池、坐便器都比成人用具缩小了一号，这样幼儿如厕时就不必再担心尺寸不合适，洗手时也不必再努力地踮起脚、使劲地向前伸胳膊……实现了幼儿如厕无障碍"。

采访中，细心的记者还发现，"亲子厕所"内有扇玻璃屏风，屏风后还有一套成人坐便器，如果遇到父亲单独带女儿或者母亲单独带儿子使用时，既不必担心家长如厕时将孩子单独留在门外，又可以有效地避免尴尬……

北京青年报 BEIJING YOUTH DAILY

A14

本市新闻 A14—A21

本市新闻

2012年6月29日 ■ 星期六

妈妈当众哺乳、异性家庭成员同时如厕尴尬将解决

部分公厕将增设"无性别卫生间"

本报讯（记者 黄建华）妈妈当众哺乳、异性家庭成员同时如厕的尴尬将可以避免，今年城区的190座公厕在改造中，如果有条件都将增设"第三空间"。记者昨日获悉，公厕增设"第三空间"和无障碍设施将被写入北京公厕建设地方标准。

昨天，在市市政市容委的组织下，由市教委、市旅游委、市卫生局、市医管局、市铁路局组成的检查组对各行业落实《北京市主要行业公厕管理服务工作标准》情况进行了检查。市市政市容环境卫生管理处处长谢国民介绍，昨天的检查显示，全市各个主要行业都采取了具体措施，综合打分结果显示，行业运行服务都获得了高分。有些已经设立了"第三空间"。

"第三空间"也被称为"中性卫生间"，是指满足特殊人群、特殊情况下如厕需求或服务他们的空间。当下，人们正对妈妈是否该当众哺乳进行讨论，而许多市民也遭遇过爸爸带着女儿、妈妈领着儿子上厕所的情况。

市市政市容委韩利副主任告诉记者，目前，在北京城区的5993座公厕中，有1400余座设立了"第三空间"，它们在满足特殊人群的需求方面发挥了很大的作用，但调查显示，这离市民的需求仍有差距，市政市容委将从今年改造的190座公厕入手，只要具备条件的都将增设"第三空间"。另外，市市政市容委也在和市老龄委、市残联进行专项调查研究，对需要"第三空间"的人群分布进行分析，"目前的初步分析结果，对"第三空间"需求最大的是哺乳期妇女、老人、残疾人，以及低龄儿童。我们将根据这些人群的活动规律，在商场、车站、医院和人流密集的商业区增设"第三空间"，这样，既满足了这些人群的需求，又能合理利用资源和降低成本。"韩利说。

公厕遇尴尬的情况，更有女儿推着年迈的父亲无法帮助如厕的事情发生，有了"第三空间"这些烦恼不再是问题。

记者在百货大楼的二层看到，这里的公厕不仅干净卫生，而且在女厕中还专门设立了面积20多平方米的化妆间、换衣间，有女顾客在此哺乳和化妆。北京南站的"第三空间"设在男厕和女厕之间，其中各种卫生设施一应俱全。

另据韩利介绍，市市政市容委计划下一步将"第三空间"和无障碍设施写入北京公厕建设地方标准。今后新建、改建的公厕中具备条件的都将增设这些人性化设施，而这也标志着北京公厕在增量提质的基础上迈入了人性化时代。

"亲子厕所"问世多年以后，2012年6月29日，《北京青年报》刊发记者黄建华采写的《部分公厕将增设"无性别卫生间"》。何来"无性别卫生间"？据说，与之前所言"亲子厕所"大同小异。

北京青年报 BEIJING YOUTH DAILY

2012年7月5日 星期四

中性卫生间建设指导意见出炉

入口大于1.5米 面积大于4平方米 设置呼叫按钮

本报讯（记者 黄建华）政府机关和大型公共建筑及城市的主要地段将建设"中性卫生间"。昨天，记者从市政市容委了解到，在尚未出台北京公厕地方标准前，管委已经制定出"中性卫生间"建设指导意见，其要求"中性卫生间"入口大于1.5米、面积大于4平方米，必须设置呼叫按钮等。

■ **能哺乳能化妆 只讲先来后到**

"中性卫生间"的最大特点就是无性别区分，凸显了人性化精神，使公厕的作用更加合理。昨天市政市容委环境卫生管理处处长谢国民介绍，专家总结其有三大优势。首先，体现了男女平等，无性别的如厕使用上，一直有一种"女性吃亏"的呼声，这种不分男女的如厕设立方式，一方面让不排队的男女分配位更科学，另一方面让女性生理特点限制，"方便"时有更多不便，另外……

中性卫生间 UNISEX REST ROOM

出现了"公平不公平"。"中性卫生间"既是男厕又是女厕，"如厕"只讲先来后到，不分男女，最公平不过，此次，照顾了大人带小孩的如厕心情，许多情况下，大人带着不同性别的小孩上厕所也能够放心，但小孩自己使用不放心，有小孩进入人性别的厕所有时小孩会难为情，爸爸一块进孩子可以一块进女性别的厕所又是不可能的，有时大人使用厕所时，另一个性别的小孩子留在外面，等等，上个公厕却常让人为难；最后，提高了使用率，使人们更方便于分男女性别，有人在……

■ **政府机关与大型公共建筑 领域建设"中性卫生间"**

"中性卫生间"虽是舶来品，但在北京已经服了"水土"。昨天，记者在采访谢国民处长时，他介绍，公厕配建"中性卫生间"，符合社会需求。最早采纳了人大代表从悉尼考察回来后提出的建议。目前，在北京城区的5993座公厕中，有1400余座设立了"中性卫生间"，并在市民的生活中发挥重要的作用，而随着社会对公厕的要求越来越多，所以，此次市市政市容委制定的指导意见中要求，政府机关和大型公共建筑及城市的主要地段都应设无障碍的"中性卫生间"。之所以考虑到必须是结合无障碍建设，是因为"中性卫生间"所服务的群体多数是老、弱、病、残及特殊需求的人，两者都是结合来建设"中性卫生间"的功能更全面，也没必要重复建设，浪费更多的资源。另外，"中性卫生间"建设在政府机关和大型公共建筑及城市的主要地段，这些地方都是寸土寸金，因而建设的设置更增加了建设和设置的难度。

■ **"中性卫生间"将写入公厕建设地方标准**

谢国民处长介绍，"中性卫生间"建设指导意见是根据《公共厕所建设标准》，按照《城市道路和建筑物无障碍设计规范》之无障碍厕位设计要求进行有专用厕所无障碍设施设计要求来建设，其中的细节要求是："中性卫生间"入口大于1.5米，最好为2米，门扇间距大于1.2米，这考虑到很多时间，使用者有残疾人，轮椅能够宽松地进出，其使用面积大于4平方米，这要比一般的卫生间大得多，也是要满足不同人群的需求，另外，卫生间设置0.45米高坐便器，0.7米高水平抓杆，在墙面一侧要加设高1.4米的垂直抓杆，设置挂手纸的专用设备、安全抓杆，设置放物台、挂衣钩、呼叫按钮等都要满足特殊人群的需要，无论是哺乳的妈妈，还是行动不便的老人，都能在"中性卫生间"里得到方便。

记者采访市市政市容管委韩利副主任时，他表示，市市政市容委正在计划将"中性卫生间"写入北京公厕建设地方标准，让其成为标准之一，届时，北京公厕将在增量提质后更具人性化。

同年7月5日，《北京青年报》继续刊发记者黄建华采写的《中性卫生间建设指导意见出炉》，并且公布了对应标识，据说，此举"最早采纳了人大代表从悉尼考察回来后提出的建议"，服务对象多为老、弱、病、残及特殊人群。

[市民对话一把手] 市政市容委：今年集中治理街巷胡同、居住小区、校园周边环境

"第三卫生间"标识今年统一

本报讯（记者叶晓彦）今天上午，北京市市政市容委主任陈永永走进北京城市广播"市民对话一把手"谈环境秩序整治。陈永永透露，本市已经明确"第三卫生间"的概念，今年将统一标识。

胡同小区环境
今年集中治理

陈永介绍，对于群众反映的环境突出问题，本市今年将对街巷胡同、居住周边、校园周边、郊区村庄等开展集中治理。实施中心城区100条街巷胡同、全市100个校园周边和100个集贸市场周边环境示范工程和老旧小区综合整治。

陈永说，今年将治理胡同违规广告牌匾、清理小广告、修补破损道路、清理地锁等，目前本市有6200多条胡同，环卫作业门脸，可是他们应该回来看看留下的老街坊们住的都是什么样的环境。"

陈永说，今年将治理胡同违规广告牌匾、清理小广告、修补破损道路、清理地锁等，目前本市有6200多条胡同，环卫作业面积3000多万平方米，有一整套环境卫生保洁的作业体制。"但是问题是，胡同如何保持好"。陈永认为，除了管理部门对环境进行整治之外，胡同整治更需要共治，居民和社会力量都要参与其中，形成治理氛围，才能长效保持。

"第三卫生间"
确保全部开放

记者了解到，目前本市已经有不少"第三卫生间"，这种公厕也被称为"中性卫生间"，有别于现有公厕的男女分区设置，其用途主要是为方便市民照顾家人如厕，有独立的出入口，方便父母带异性的孩子、子女带异性的老人外出，照顾其如厕。但由于目前尚无专门标识，多数"第三卫生间"挂的都是残疾人卫生间的牌子，利用率不高。

陈永透露，2013年本市在医院、公园、旅游景区、主要大街等公厕新建了"第三卫生间"51座，今年还将建设12座。随着今年本市启动厕所地标的升级工作，"第三卫生间"也将有专用"名片"。陈永介绍，目前，本市正在修订《公共厕所建设标准》，草案稿已明确"第三卫生间"概念，增加"第三卫生间"的规划、设计、建设要求，同时，设计了"第三卫生间"统一标识，标注"第三卫生间"字样（字大小为4cm×4cm），字体为黑体，标识规格为30cm×30cm。

此外，本市还将开展"第三卫生间"开放运行情况自查工作，督促产权单位和使用管理单位落实工作要求，对发现的问题进行整改，确保"第三卫生间"全部开放运行。每日组织专人对"第三卫生间"及开放运行情况进行检查，结果纳入"市容环境卫生综合检查考评"，对发现的问题整改不及时的单位，予以曝光。

J224

图注：**"第三卫生间"统一标识**

时隔两年，"亲子厕所"是否等于"无性别卫生间"，"无性别卫生间"又是否等于"中性卫生间"还没有彻底闹明白，2014年4月14日，《北京晚报》刊发记者叶晓彦采写的《"第三卫生间"标识今年统一》。其中说道：

"记者了解到，目前本市已有不少'第三卫生间'，这种公厕也被称为'中性卫生间'，有别于现有公厕的男女分区设置，其用途主要是为方便照顾家人如厕，有独立的出入口，方便父母带异性孩子、子女带异性老人外出，照顾其如厕。但由于目前尚无专门标识，多数'第三卫生间'挂的大多是残疾人卫生间的牌子，利用率并不高。"

这位主任透露，"2013年本市在医院、公园、旅游景区、主要大街等公厕新建'第三卫生间'51座，今年还将建设12座。随着本市启动厕所地标的升级工作，'第三卫生间'也将有专用'名片'。目前，本市正在修订《公共厕所建设标准》，草案稿已明确'第三卫生间'概念。增加'第三卫生间'的规划、设计、建设要求，同时设计了'第三卫生间'的统一标识"。

文章看到这份上，多少算是明白了"亲子公厕＝无性别卫生间＝中性卫生间＝第三卫生间"，只是不知道我看明白以后"别人"是否也能看明白，所谓别人，包括文化程度不高的，也包括人家那疙瘩暂时不时兴的……

首个新型公厕"第5空间"亮相

能存取钱、购物、缴费、为汽车充电　用水量仅为原来十分之一

本报讯(记者张楠)能取钱存钱，能缴纳水电燃气供暖费，能给电动汽车充电，还能买水买食品，这样的公厕您见过吗？今天上午，首个新型公厕样板间"第5空间"率先在房山区政府前广场建成并投入使用。像这样的"第5空间"明年将陆续出现在通州、顺义、平谷等城乡地区，明年年底前预计将陆续复制并推广1000个左右。

在房山区政府对面的小广场上，一栋新建成的蓝色建筑格外引人注目，而是标有醒目的"WC"标志，而是标有醒目的"第5空间"几个大字。外墙上挂有公厕、ATM、无线局域网和电动汽车充电桩等多个图标，外面有ATM机的棚子、电动汽车充电桩、饮料瓶智能回收机等设施。"希望这里能够成为继家庭空间、工作空间、社交空间和虚拟空间之后的第5空间"，北京环卫集团副总经理、新闻发言人罗伟表示。

宽敞明亮的综合服务区和电商终端，两台自动售卖机挨着墙壁摆在屋子的一侧，一台机器中售卖各种冷热饮料，而另一台则出售各种小食品。工作人员说，"现金、支付宝、微信都可以支付。"

窗户边还挂着一台自助缴费机，供暖费、电费、电话费、水费、燃气费和歌华有线的费用都能在这台机器上自助缴费。把电话听筒摘下来，插上电话卡，还能打电话。

进入单独的厕位隔间，墙壁上安装有平板显示器，正在循环播放环保宣传片。洁白的马桶被分成了前后两部分，中间被一个隔断隔开。墙上有两个闪着绿光的电动按钮，分别写着"大"、"小"二字。轻轻扭动"小"按钮，马桶前部立着有小股水流冲出，可以将粪便冲刷得干干净净。罗伟告诉记者，公厕原本的化粪池已经

从轮椅可以自由出入的缓坡进入第5空间，伸手摸摸墙边的暖气，一股暖意立刻在整个手掌中迅速蔓延。右手边的房间是

拆除，在40平方米左右的设备间配备了一套全球先进的循环处理设备，启动墙上的不同按钮，可以选择单独冲尿液或是单独冲粪便，尿液与粪便将被分类回收，分别转化为尿素和有机肥料进行再利用。

"第5空间"内还新增了第三卫生间，不同高度的大小马桶、婴儿安全座椅和专门为婴儿更换尿布的尿布台，是专为残障人士、老人以及母婴如厕设计的。

罗伟表示，洗手池、淋浴间等处的水道通过先进的水处理技术，可实现水的循环利用，用水量仅为原来的十分之一。采用的负压技术能够极大降低异味。"除一般建筑成本外，'第5空间'的建设成本主要集中在这套环保处理设备上。"

文并摄　J204

过去有句"一天不学问题多，三天不学没法活"的老话，时逢信息爆炸年代，知识更新更是日新月异。刚刚弄懂弄通"第三卫生间"的来龙去脉，2015年11月19日，《北京晚报》记者张楠告知《首个新型公厕"第5空间"亮相》。顾名思义，5比3大，5比3多，其中说道：

"能取钱存钱，能缴纳水电燃气供暖费，能给电动汽车充电，还能买水买食品，这样的公厕您见过吗？今天上午，首个新型公厕样板间'第5空间'率先在房山区政府前广场建成并投入使用。另据了解，像这样的'第5空间'明年将陆续出现在通州、顺义、平谷等城乡地区，明年年底前，预计将陆续复制并最终推广1000个左右。"

记者同时告知，"在房山区政府对面小广场，一栋新建成的蓝色建筑格外引人注目，建筑门口不见常见的'WC'标志，而是标有醒目的'第5空间'几个大字。外墙挂有公厕、ATM、无线局域网和电动汽车充电桩等多个图标，同时外面有ATM机的棚子、电动汽车充电桩、饮料瓶智能回收机等设施"。

据说，"第5空间内还新增了第三卫生间"，用起来可能很方便，但听起来、想起来有些拗口，有些不知所云。先来后到，既然有"第三卫生间"面市在先，后来的"第5空间"，至少在起名字时应避开数目的"五"或数字的"5"……

北京有"性别友善厕所"了 你会用吗？

方便跨性别人群如厕，数十家咖啡厅酒店开放，联合国开发计划署北京办公室加入；网友质疑加剧歧视

新京报讯 一个圆形标志中，一个裤装轮廓代表男性，一个裙装轮廓代表女性，还有一个一半是裙装一半是裤装的轮廓代表跨性别人群（心理性征和身体性征不完全一致人群），而这个圆形标志上写着"性别友善厕所"的字样。

近日，一则"北京出现性别友善厕所"的帖子刷爆了朋友圈。不少网友很好奇，这样的厕所有什么特别的地方？是不是给跨性别人群贴标签？新京报记者走访发现，不仅北京数十家咖啡厅、酒吧等机构的厕所也"改头换面"，贴有标志的厕所对所有性别开放。

"厕所什么性别都能用"

15日下午15时许，记者来到位于朝阳区三里屯路上

在这家咖啡厅内，性别友善厕所的标志并未直接被贴在厕所门口上，而是贴在咖啡厅的正门玻璃上。咖啡厅顾客吴小姐表示，可以接受性别友善厕所这种改变形式，此外，她认为，性别友善厕所会为更多人操作方便。

昨日下午，联合国开发计划署一位工作人员证实，开发计划署在此处的办公室里厕所门上近日贴上性别友善厕所标志。"不管什么性别都可以使用这个厕所，里面也有一些设计的改变。"该位工作人员介绍，因为担心女性看到男士的小便池会有一些不舒服，所以在性别友善厕所所中安装的一般家庭使用的马桶，此外其他设备和普通厕所没有区别。

设立初衷源自如厕尴尬

据了解，近期被大家关注的性别友善厕所活动项目为北京一家NGO机构纪安德咨询中心发起，纪安德可持续发展项目主管杨刚介绍，设置性别友善厕所的想法，源自一个朋友超小米的亲身经历。

杨刚表示，超小米的生理性别是男生，平时穿着比较女性化。"去年的时候，

15日，三里屯某酒吧内，一间厕所挂出"性别友善厕所"标识。

新京报记者 彭子洋 摄

焦点1 "噱头"是否大于实用性？

发起人称会改进厕所细节，正在与大型单位接洽

就像不是很欣赏用"第三""第5"一类的新名词去表述公厕类别一样，对于个别区域使用"听起来犯晕、用起来犯难"的公厕名称同样难以赞同。居心再好，用情再重，别忘了如厕为的是解决内急，而人在此急中，多会"无头蒙"，因此需要提供的是"让便意尽快随意"。

2016年6月17日，《新京报》记者李馨撰文设问《北京有"性别友善厕所"了，你会用吗？》，讲的大致就是这类"公厕迷宗"。其中说道：

"一则'北京出现性别友善厕所'的帖子刷爆朋友圈，不少网友很好奇，这样的厕所有什么特别的地方？是不是给跨性别人群贴标签？记者走访发现，不仅北京数十家咖啡厅、酒吧的卫生间加了这一标识，联合国开发计划署北京办公室等机构的厕所也'改头换面'，贴有标志的厕所对所有性别开放。目前加入项目的主要为咖啡馆、酒吧、NGO等。这些机构很多厕所已是男女通用厕所，只需加上标志和做简单的改造。"

"噱头是否大于实用性"姑且不谈，说了半天，其实就是"本店条件不够只有一间厕所可供开放"。这有啥难，"先来后到，随手插门"不就得了……

公园改造将引入无性别厕所

本报讯（记者 王海燕）本市日前新出台《北京市老旧公园改造提升导则》，该导则首次提出，公园公厕在改扩建时，要引入无性别厕所。

无性别厕所也称独立厕所，是男女均可使用的厕所，主要方便残疾人、老年人及行动不便的人群使用。制订导则期间，走访的工作人员发现，年轻妈妈带着儿子，或者父亲带着女儿，以及儿子陪伴行动不便的母亲、女儿陪伴轮椅上的父亲逛公园，如厕是个比较尴尬的问题，"如果有一间无性别厕所，会自如得多。"

目前本市大多数公园还不具备无性别厕所。老旧公园更是如此。因为建成年代较早，很多公园厕位不足，游览高峰时段，游客"方便"极为不便。此次制订的导则，要求老旧公园在改造时，要按照公园面积和游人容量，设置相应的厕所厕位，男女厕位比例为1:1.5；厕所的服务半径不超过250米；老年活动场地距离厕所不应超过100米；应设置方便残疾人、儿童及母婴使用的厕所设施，并且增加无性别厕所。

这类以人为本的改造措施还有不少。例如很多老人有到公园晨练的习惯，考虑到不同喜好的群体有不同的需求，老旧公园改造时，老年活动场地应动静分区、晒太阳以及棋牌活动场等相对安静区域应与健身舞场等相对热闹的场地有一定隔离。老人大多视力不好，公园道路指示牌上的图片、文字，应适度放大，并设置语音提示或者盲人触摸字体。

儿童活动场所，要考虑成人对儿童的看管、监护，场地内部不宜种植遮挡视线的树木，活动场地四周的围栏应为透空或半透空状。儿童活动区附近应

2018年3月27日，《北京日报》刊发记者王海燕采写的《公园改造将引入无性别厕所》，告知"本市日前新出台《北京市老旧公园改造提升导则》，该导则首次提出，公园公厕在改扩建时，要引入无性别厕所"。其中说道：

"无性别厕所也称独立厕所，是男女均可使用的厕所，主要方便残疾人、老年人及行动不便的人群使用。制订导则期间，走访的工作人员发现，年轻妈妈带着儿子，或者父亲带着女儿，以及儿子陪伴行动不便的母亲、女儿陪伴轮椅上的父亲逛公园，如厕是个比较尴尬的问题。目前本市大多数公园还不具备无性别厕所。老旧公园更是如此。因为建成年代较早，很多公园厕位不足，游览高峰时段游客'方便'极为不便。此次制订的导则，要求老旧公园在改造时，要按照公园面积和游人容量，设置相应比例的厕所厕位，男女厕位比例为1:1.5；厕所的服务半径不超过250米；老年活动场地距离厕所不应超过100米；应设置方便残疾人、儿童及母婴使用的厕所设施，并且增加无性别厕所。"

新闻就是新闻，而且表述得十分清楚，但不知怎的，总是有点似曾相识的感觉。翻阅之前的报道，好像早在2012年此类厕所就有出现，而且也是"市政市容委"推出的创新举措。不仅如此，其后又有"中性卫生间"概念出炉。

新闻似曾相识，但文章所言"无性别厕所也称独立厕所"却很有新意。这些年从"亲子厕所"到"第三空间"，其实说了半天好像均与"独立厕所"大同小异……

10 / 厕位懵懂

CEWEI MENGDONG

谈及"厕所革命"历程，难免涉及陈糠旧谷，因此本书成稿"一读"期间，友人提示最好尽量避开历史缺憾。有心接受，只是无力以迂为直，包括"曾为史"，也包括"曾用名"，似乎少了哪项"厕所革命"均失去原始动能。

尽管"茅房"就是"洗手间"，但现如今倘若脱口说出曾用名，不仅连茅房都倍感憋屈，同时还会招来异样眼神。又比如"厕位"是此时专用语，可谁又曾想之前竟叫作"坑位"。

原来，公共厕所，先有"旱厕"后有"水厕"，先有"蹲坑"后有"座便"，基于此，也就顺理成章先有"坑位"后有"厕位"。其实，叫什么名称并不重要，坑位也好，厕位也罢，社会进程之所以为其留足了进化空间，盖因"位"的数量、比例大有学问，大有来头。譬如：

2012年，报章披露《公厕男女厕位比例将1：2》；

2015年，报章告知旅游厕所《男女厕位比例要达到2：3》；

2016年，报章告知《住建部：男女厕位比例要达到2：3》……

由于自己的数学头脑不够发达，所以男女公厕厕位比例究竟是"1：2"合适还是"2：3"更理想，始终没有主见。养马比君子，想起早年探究"商业科学"，"大商场究竟该建多大？"有明白人率老中青三代家人，用脚实地丈量，最终用"脚语"书写的数据令人眼前一亮……

责任编辑 /王军华　BEIJING EVENING NEWS　2011 年 11 月 22 日

10　版面设计 / 高　峡　本版校对 / 禹小伟

民生新闻

北京晚报

市政府12345 市情与民声　我们日夜在聆听

坑位有限 来人太多

居民上厕所要等半小时

本报讯（记者王琼）东城区民旺园甲7号楼附近有两排平房，共用一座由产权单位修建的私人厕所，然而自2008年以来，由于路南那座公厕被一道铁门拦死而停止使用，附近的外来租户、商户都来这里上厕所，造成这7户居民不得不排队或者绕远上厕所，于是居民向市非紧急救助服务中心12345反映此事。

昨天下午，记者来到这座厕所边，发现它藏身在一个车棚旁边，相对隐蔽，即便如此，还是不断有人来上厕所。厕所本身面积不大，男女各只有一个蹲坑，蹲坑外面各有一口污水井，连接着排污泵，厕所里的地砖上踩满了漆黑的脚印。

平房居民胡先生说，他在这里居住了十几年了，原本只有7户人家使用这座厕所，各家轮流负责日常打扫，“也扫的过来”，然而2008年以后，由于马路对面那座公厕被一道铁门锁住，附近租户、商户无法直接穿行如厕以后，都改来这里上厕所，尤其是到了早上，这7户居民不得不排起长队，等着上厕所，有时候一等就是20多分钟。

“我最长的时候排过半小时，甚至40分钟。”胡先生的邻居刘先生说，从此排长队上厕所成了常事儿，他实在等不及了，只能每天一早起床后，直奔地坛东门的厕所，虽然得从家走上近20分钟，但不用在家门口排队等待了。

两位居民无奈地表示，附近租户、商户，甚至幼儿园接送孩子的家长都来这里上厕所，挤占了原本居民上厕所的机会不说，还带来了脏乱差的问题，7户人家早已经不堪承受打扫厕所的重负了。刘先生说，厕所里的水管时常会坏，还得居民自己修，厕所一到夏天就泛味儿，上完厕所身上都有味儿。“这里已经变成了‘公厕’，却没有人管，倒不如直接升级成公厕，至少还有人来管理”。

厕所旁边锅炉房的胡师傅说，产权单位已委托他们为厕所抽水排污，他们眼看着来这里上厕所的人越来越多了，挤得原来的平房居民不得不绕远上厕所，为此他们会向产权单位反映此事，争取早日为平房居民解决这一生活难题。　J010

谈及“厕所革命”难免涉及陈糠旧谷，因此本书成稿“一读”期间，友人提示最好尽量避开历史缺憾。有心接受，只是无力以迂为直，包括“曾为史”，也包括“曾用名”，似乎少了哪一项，“厕所革命”均失去原生态动能。

尽管“茅房”就是“洗手间”，但现如今倘若脱口说出曾用名，不仅连茅房都会备感憋屈，同时还会招来异样的眼神。又比如“厕位”是此时专用语，可谁又曾想之前竟叫作“坑位”。包括 2011 年 11 月 22 日《北京晚报》记者王琼采写的《居民上厕所要等半小时》，仍然因“坑位有限”。其中说道：

“民旺园甲 7 号楼附近有两排平房，共用一座由产权单位修建的私人厕所，面积不大，男女各只有一个蹲坑。原本只有 7 户人家使用这座厕所，各家轮流负责日常打扫。然而，由于马路对面那座公厕被一道铁门锁住，附近租户、商户无法如厕后，都改来这里上厕所，尤其是到了早上，这 7 户居民不得不排起长队。等着上厕所，有时候一等就是 20 多分钟。”

原来如此。公共厕所，先有“旱厕”后有“水厕”，先有“蹲坑”后有“座便”，基于此，也就顺理成章先有“坑位”后有“厕位”。其实，叫什么名称并不重要，坑位也好，厕位也罢，社会进程之所以为其留足了进化空间，盖因“位”的数量、比例大有学问，大有来头……

公厕男女厕位比例将1:2

缓解男女厕位不平衡,女士如厕有望不再排队;新标准预计明年实施

新京报讯(记者饶沛)女厕所门口排大队是很多商场、景区的常见景象。昨天,记者从市市政市容委获悉,新的公厕标准已经基本修订完成,男女厕位比例将从现有的1:1改为1:2左右,缓解男女厕位不平衡的问题。预计新的公厕标准将从明年开始实施。

商场饭店不会强制实施

市市政市容委相关负责人表示,新的公厕标准已经基本修订完成,下一步将进行专家论证,预计将在明年开始实施。新的公厕标准将男女厕位比例从现有的1:1变为1:1.5或者1:2甚至更高。"对于公厕男女厕位比例的变化,是在听取了专家的意见之后实施的。"市市政市容委相关负责人表示。

一旦新的公厕标准实施,新建的公共场所公厕都要按照这一标准修建,而商场、火车站的新建公厕厕位比例也要相应调整。已有公厕,将会根据是否具备改造条件,来决定是否按照新的标准进行改造。但是这一标准仅为推荐标准,商场、饭店等场所不会被强制实施这一标准。

1比2标准在全国领先

记者了解到,根据建设部实行的《城市公共厕所设计标准》,商场、超市和商业街公共厕所的男女厕位(包括男厕所的小便厕位)比例为1:1。而此次北京修订的公厕地方标准,将会根据北京的实际情况改变这一看似均衡实际并不均衡的标准。

如果北京的男女公厕比例达到1:2,将会在全国大中城市中处于相对比较领先的地位。广州2011年制定的《关于提高公厕女性厕位比例实施意见》要求,今后广州市公共场所的新建公厕,男女厕位应按不低于1:1.5比例进行设计和建设。杭州也要求新建公厕男女厕位比都要达到1:1.5。

"坑位"叫法何时彻底改成为"厕位"不得而知,在此间收集的资讯里,"厕位"最早出现在报章标题是2012年10月13日的《新京报》,记者饶沛所言《公厕男女厕位比例将1:2》,道出厕位比例的科学性。其中说道:

"女厕所门口排大队是很多商场、景区的常见景象。昨天记者从市市政市容委获悉,新的公厕标准已经基本修订完成,男女厕位比例将从现有的1:1改为1:2左右,缓解男女厕位不平衡的问题。预计新公厕标准将从明年开始实施。"

记者同时了解到,"根据建设部实行的《城市公共厕所设计标准》,商场、超市和商业街公共厕所的男女厕位(包括男厕所的小便厕位)比例为1:1。而此次北京修订的公厕地方标准,将会根据北京的实际情况改变这一看似均衡实际并不均衡的标准。"

文章同时提到,"如果北京的男女公厕比例达到1:2,将会在全国大中城市中处于相对比较领先的地位。广州2011年制定的《关于提高公厕女性厕位比例实施意见》要求,今后广州市公共场所的新建公厕,男女厕位应按不低于1:1.5比例进行设计和建设。杭州也要求新建公厕男女厕位比都要达到1:1.5"。

养马比君子,由此想其他。"坑位"也好,"厕位"也罢,在相关的阿拉伯数字上出现小数点,可谓"以人为本",但断不可一刀切,断不可想当然。有鉴于此,"如何为大数据加注小数点""如何为标准化融入人性化",则成为此间研究方向……

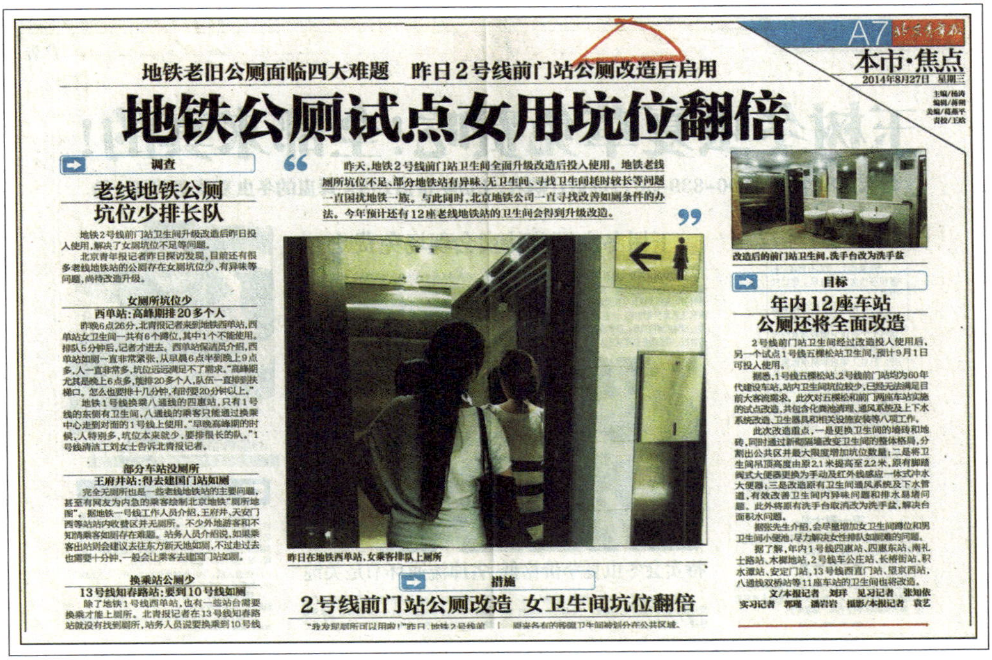

A7 北京青年报
本市·焦点
2014年8月27日 星期三
主编/杨涛 编辑/蒋刚 美编/葛燕平 责校/王晗

地铁老旧公厕面临四大难题　昨日2号线前门站公厕改造后启用

地铁公厕试点女用坑位翻倍

“昨天，地铁2号线前门站卫生间全面升级改造后投入使用。地铁老线厕所坑位不足、部分地铁站有异味、无卫生间、寻找卫生间耗时较长等问题一直困扰地铁一族。与此同时，北京地铁公司一直寻找改善如厕条件的办法。今年预计还有12座老线地铁站的卫生间会得到升级改造。”

调查

老线地铁公厕坑位少排长队

地铁2号线前门站卫生间升级改造后昨日投入使用，解决了女厕坑位不足等问题。

北京青年报记者昨日探访发现，目前还有很多老线地铁站的公厕存在女厕坑位少、有异味等问题，尚待改造升级。

女厕所坑位少 西单站：高峰期排20多个人

昨晚6点26分，北青报记者来到地铁西单站，西单站女卫生间一共有6个蹲位，其中1个不能使用。排队5分钟后，记者才进去。西单站保洁员介绍，西单站如厕一直非常紧张，从早晨6点半到晚上9点多，人一直非常多，坑位远远满足不了需求。“高峰期尤其是晚上6点多，能排20多个人，队伍一直排到扶梯口。怎么也要排十几分钟，有时要20分钟以上。”

地铁1号线换乘八通线的四惠站，只有1号线的东侧有卫生间，八通线的乘客只能通过换乘中心走到对面的1号线上使用。“早晚高峰期的时候，人特别多，坑位本来就少，要排很长的队。”1号线清洁工刘女士告诉北青报记者。

部分车站没厕所 王府井站：得去建国门站如厕

完全无厕所也是一些老线地铁站的主要问题，甚至有网友为内急的乘客绘制北京地铁“厕所地图”。据地铁一号线工作人员介绍，王府井、天安门西等站站内收费区并无厕所。不少外地游客和不知情乘客如厕存在难题。站务人员介绍说，如果乘客出站则会建议去往东方新天地如厕，不过走过去也需要十分钟，一般会让乘客去建国门站如厕。

换乘站公厕少 13号线知春路站：要到10号线如厕

除了地铁1号线西单站，也有一些站台需要换乘才能上厕所。北青报记者在13号线知春路站就没有找到厕所，站务人员说要换乘到10号线

昨日在地铁西单站，女乘客排队上厕所

措施

2号线前门站公厕改造　女卫生间坑位翻倍

改造后的前门站卫生间，洗手台改为洗手盆

目标

年内12座车站公厕还将全面改造

2号线前门站卫生间经过改造投入使用后，另一个试点1号线五棵松站卫生间，预计9月1日可投入使用。

据悉，1号线五棵松站、2号线前门站均为60年代建设车站，站内卫生间坑位较少，已经无法满足目前大客流需求。此次对五棵松和前门两座车站实施的试点改造，共包含化粪池清理、通风系统及上下水系统改造、卫生器具和相关设施安装等八项工作。

此次改造重点，一是更换卫生间的墙砖和地砖，同时通过新砌隔墙改变卫生间的整体格局，分割出公共区并最大限度增加坑位数量；二是将卫生间吊顶高度由原2.1米提高至2.2米，原有脚踏阀式大便器更换为手动及红外线感应一体式冲水大便器；三是改造原有卫生间通风系统及下水管道，有效改善卫生间内异味问题和排水易堵问题。此外将原有洗手台取消改为洗手盆，解决台面积水问题。

据张先生介绍，会尽量增加女卫生间蹲位和男卫生间小便池，尽力解决女性排队如厕难的问题。

据了解，年内1号线四惠站、四惠东站、南礼士路站、木樨地站，2号线车公庄站、长椿街站、积水潭站、安定门站，13号线西直门站、望京西站，八通线双桥站等11座车站的卫生间也将改造。

文/本报记者　刘珲　见习记者　张知依　实习记者　郭曦　潘岩岩　摄影/本报记者　袁艺

也许是“坑位”叫习惯了，也许是“厕位”还没叫出感觉，2014年8月27日《北京青年报》记者刘珲、袁艺采写的《地铁公厕试点女用坑位翻倍》，依旧将“坑位”写进标题。其中说道：

“昨天，地铁2号线前门站卫生间全面升级改造后投入使用。地铁老线厕所坑位不足、部分地铁站有异味、无卫生间、寻找卫生间耗时较长等问题一直困扰着地铁一族。与此同时，北京地铁公司一直寻找改善如厕条件的办法。今年预计有12座老线地铁站的卫生间会得到升级改造。”

据地铁前门站工作人员介绍，“以前的卫生间的公共区域也就和地铁隧道边上的过道一样狭窄。男士和女士卫生间位置较近。最主要的问题还是厕所的坑位不足，男卫生间原来有4个小便池、4个蹲位和一个残障卫生间。女卫生间原有4个蹲位和一个残障卫生间。升级改造后，男卫生间小便池增加了3个，女卫生间由原来的4个蹲位增加为8个，原来各有的残障卫生间被划在公共区域”。

跳出坑位与厕位之说，“地铁公厕试点女用坑位翻倍”试得好，翻得对，究竟多少位合适，莫忘“性别特征”涵括不同性别“用厕时间”各不相同……

住建部：男女厕位比例要达到2:3

人流量较大地区要达到1:2；加快改造城市老旧公厕，禁止擅自占用或者改变用途

11月19日是"世界厕所日"。住房和城乡建设部副部长倪虹在19日于青岛举行的中国城市环境卫生协会年会上说，我国城市公厕建设要做到新城新区不欠账、老城老区尽快补上，同时调整男女厕位比例。

据新华社电

城市公厕男女厕位比例将逐渐调整

倪虹说，未来，我国城市公厕建设的重点工作将包括：新城新区不许欠账。加强规划引导，各地应根据实际情况编制环境卫生专项规划，将城市公厕作为重点内容，统筹布局。将新建公厕用地纳入城市黄线保护范围，禁止擅自占用或者改变用途。商业服务、文化体育、医疗卫生、交通客运等公共服务设施建设项目，要明确配建公共厕所的数量和建筑面积，并与项目主体同步规划、同绍，住建部近日发布了修订后的《城市公共厕所设计标准》。各地应因地制宜，在新建和改建公厕时，按照3;2的比例设置女性厕位与男性厕位，人流量较大地区为2:1，严格按照新标准提高女性厕位比例。

全国完成新改建旅游厕所近4万座

国家旅游局最新数据显示，截至2016年11月15日，全国已完成新改建旅游厕所近39393座，其中新建27137座，改扩建12256座，累计完成厕所革命三年行动计划的69.11%。旅游厕

11月19日在青岛市崂山风景区拍摄的光大生态公厕。住房和城乡建设部副部长倪虹在19日于青岛举行的中国城市环境卫生协会年会上说，我国将调整男女厕位比例。
新华社发

看来这回厕位比例真要"2：3"了。2016年11月20日，《新京报》转载新华社消息，告知《住建部：男女厕位比例要达到2：3》。其中说道：

"11月19日是'世界厕所日'。在19日于青岛举行的中国城市环境卫生协会年会上，住房和城乡建设部副部长倪虹说，我国城市公厕建设要做到新城新区不欠账、老城老区尽快补上，同时调整男女厕位比例。未来我国城市公厕建设的重点工作将包括：新城新区不许欠账。加强规划引导，各地应根据实际情况编制环境卫生专项规划，将城市公厕作为重点内容，统筹布局。将新建公厕用地纳入城市黄线保护范围，禁止擅自占用或者改变用途。此外，城市公厕男女厕位比例也将逐渐调整。据介绍，住建部近日发布了修订后的《城市公共厕所设计标准》。各地应因地制宜，在新建和改建公厕时，按照3：2比例设置女性厕位与男性厕位，人流量较大地区为2：1，严格按照新标准提高女性厕位比例。"

前文谈及在"厕位比例"决策上搞不懂哪个部门说了算，看罢此文，似乎又对厕位比例究竟听从《城市公共厕所设计标准》还是服从《旅游厕所建设管理指南》有些不明就里，好在一句"人流量较大地区为2：1"，从而让之前的困惑不再似是而非、一头雾水。

为什么挺简单的概念变得有点复杂化，好像"诗在诗外，戏在戏外"……

男女比例失衡继续加剧 女性如厕又比男性多花一倍时间

男女厕位比例该调调了

第二届中国厕所革命论坛昨天举行并发布了《中国厕所革命进步报告》，建议对男女厕间数量进行调整，科学配置公厕男女厕位比，解决女性如厕排队时间过长问题。

数据 改扩建旅游厕所5万多座

截至2017年2月，全国新建和改扩建旅游厕所50916座，完成国家旅游局厕所革命三年行动计划所列建设目标（57028座）的89.33%。

2015年农村卫生厕所普及率达到78.4%，实现了《全国城乡环境卫生整洁行动方案（2015—2020年）》中所设定的目标，即到2015年底，农村卫生普及率提高到75%的目标。

问题 男女厕位比例不合理

专家指出，长期以来，中国男女厕间数量都是按照1比1的比例配备，这样的厕所性别设施业已经不符合实情。据联合国报告显示，中国1970年0至4岁婴幼儿男女比例为1.08，2010年婴幼儿性别男女比例为1.18，男女比例失衡还可能继续加剧。

相关研究表明，女性使用厕所花费的时间约为男性的两倍，孕期或经期的妇女，上厕所更为频繁，所花时间也更多。早在2012年，来自北京、广东、湖南、河南等7省市的10位律师、学者曾联合致信国家住建部，建议完善《城市公共厕所设计标准》，强制规定女厕位的比例，明确公厕审批和验收机制，保障女性的平等权利。住建部同年12月发布的新版《城市公共厕所设计标准》，对比2005年版旧版，2016年新规将女性厕位与男性厕位的比例提高到3比2，并建议人

新规 男女厕位比改为2比3

国家旅游局2016年8月，修订出台新版《旅游厕所质量等级的划分与评定》标准，根据不同的人流情况给出了具体的比例计算方式，并增加儿童便位设置的相关规定。住建部同年12月发布的新版《城市公共厕所设计标准》，对比2005年版旧版，2016年新规将女性厕位与男性厕位的比例提高到3比2，并建议人流量较大地区为2比1。同时，新规将对厕位规定的表述从"宜为"改成"应为"，限制了具体执行中的随意性。

人性化的新版规定引发了社会大众的关注，关于男女厕位比例的话题也进入了"2016年厕所革命十大舆论聚焦"榜单。各地也积极尝试不同的创新方法解决男女厕位问题。

2016年11月上海市绿化和市容管理局在张家浜浦东南路口试点建造上海市首座无性别公厕，其目标主要是科学配置公厕男女厕位比，解决女性如厕排队时间过长问题；光大置业建设的崂山生态厕所则是利用大数据技术实现男女厕位转换；研发团队采用"互联网＋"技术，使系统能精确计算如厕人员数量，并根据等候情况，智能转换男女厕位，实现了卫生间的高效利用。

本报记者 代丽丽 J205

时间进入2017年。按理说"厕位"有这些年不断絮叨，至少"认识、意识"不该再无尽无休。然而，2017年4月14日，《北京晚报》刊发了记者代丽丽采写的《男女厕位比例该调调了》，告知"第二届中国厕所革命论坛"近日举行，并发布《中国厕所革命进步报告》，建议对男女厕所间数量做调整，科学配置公厕厕位比，解决女性如厕排队时间过长问题。其中说道：

"女性使用厕所花费的时间约为男性两倍，孕期或经期的妇女，上厕所更为频繁，所花时间也更多。早在2012年，来自北京、广东、湖南、河南等7省市10位律师、学者曾联合致信国家住建部，建议完善《城市公共厕所设计标准》，强制规定厕位比例，明确公厕审批和验收机制，保障女性的平等权利。国家旅游局2016年8月，修订出台新版《旅游厕所质量等级的划分与评定》标准，根据不同的人流情况给出了具体的比例计算方式。"

文章告知，"人性化的新版规定引发社会大众关注，关于男女厕位比例的话题也进入了'2016年厕所革命十大舆论聚焦'榜单。各地也积极尝试不同的创新方法解决男女厕位问题"。此事、此举，说来话长，虽为男士，但常想常暖心……

12女生致信校长
呼吁大学增建女厕

均为师范类院校；称女生比例高，如厕难；北师大表示正着手研究解决

新京报讯（记者何光 李禹潼）"我们学院男女生比例为3:7，可是厕所厕位的比例却为1:1，一下课厕所就排队。"北京师范大学文学院大三女生小迪（化名）说。

昨日是世界厕所日，包括小迪在内的12名全国在校师范院校女大学生，在"占领男厕所"活动发起人李麦子的呼吁下，分别致信校长，希望重视女生上厕所难的问题。

探访 不同教学楼
如厕情况不同

北师大教七楼共五层，每层有男女厕所各一个，面积都差不多20平方米。其中，女厕共九个蹲位，男厕有五个蹲位和五个小便池。一位研一女生介绍，在该楼上课的学生不算多，"课间最多

■ 对话

"用行动为自己争取权利"

新京报：怎么看占领男厕所的活动？

小迪：我认为活动的目的不是要当场达到效果，就像拿出一个口号一样，让大家看到我们有这种意识，并且我们行动了，希望这些唤起公众的关注，也希望学校和政府能予改善吧。

新京报：如果真有抢占男厕所的活动，你会参加吗？

小迪：会吧，挺有意义的。

新京报：周围有人支持你吗？

小迪：有，包括老乡，还有周围的同学。这不仅仅是女权主义的诉求，更是一种合理维权。尤其是大学生，应当能独立思考，勇于站出来维护自己的权利。确实这个地方有这种缺陷，我们的权利没有得到保护。我们用行动为自己争取权利。而且我听说其他大学已经有所改造了，所以更坚定了我的信心。

新京报：给校长写的信交到他手上了吗？

小迪：我投进邮箱了，不确定他是否收到。

新京报：你期望的答复是什么？

小迪：就像我们口号中说的一样，把教学楼内厕所蹲位修成男女1比2的比例，给女生一些方便。

据说很多年以前，广东曾明确学校男女厕面积为1：2。享受不到岭南福利的内地女生又怎样？2012年11月20日，《新京报》刊发记者何光、李禹潼采写的《12女生致信校长，呼吁大学增建女厕》，其中说道：

"'我们学院男女生比例为3：7，可厕所厕位比例却1：1，一下课厕所就排队。'北京师范大学文学院大三女生小迪说。昨日是世界厕所日，包括小迪在内的12名全国在校师范院校女大学生，在'占领男厕所'活动发起人的呼吁下，分别致信校长，希望重视女生上厕所难的问题。小迪说，就像我们口号中说的一样，把教学楼内的厕所蹲位修成男女1比2的比例，给女生一些方便。"

忍俊不禁却又哭笑不得。多可爱的孩子，为如厕这点事竟然想出"占领男厕所"这么一个没辙的辙。可也是，这一半实在是憋得难受，那一半却又是闲着也闲着，如何让具有同样功能的各一半发挥最大效能，有时候强行占领是一招，而事先有关方面"用屁股投票"也是一招……

[今日快评]

女生如厕不难也是一种幸福

苏文洋

前天的世界厕所日在中国也有新闻。北京师范大学文学院大三女生小迪（化名）和另外11名全国在校师范院校女大学生，在"占领男厕所"活动发起人麦子的呼吁下，分别致信校长，希望重视女生上厕所难的问题。

北师大教七楼共五层，每层有男女厕所各一个，面积都差不多20平方米。其中，女厕共9个蹲位，男厕有5个蹲位和5个小便池。表面上看起来，男女厕所还是平等的。问题出在男女生人数不一样。小迪说："我们学院男女生比例为3比7，可是厕所厕位的比例却为1比1，一下课厕所就排队。"北师大文学院男女生比例还算不那么严重失衡，华南师范大学某专业男女生比例竟然达到1比7。

要从解决师范院校男女生比例严重不平衡入手，去推动解决女生如厕难，那是不现实的。唯一可行的办法是增加女生厕所厕位。但据说也有难度，一方面是学校的建筑大部分是老楼，在设计时并未考虑到男女比例会越来越失衡；另一方面，厕所厕位数量、男女厕位比例，学校都无权定，所有的设计都需要经过国家建筑部门和规划部门强制性审核。另外，综合性大学并非每个专业都是女生远多于男生，如果硬性改变厕所厕位比例，也可能对男生造成影响。

事情听起来，每一方面都有理由。现实是活人被尿憋着难受，用今天最时髦的话说：不幸福。我最近一直在琢磨"幸福"这件事，收集了一些材料，打算谈谈个人的看法。幸福是一种主观感受，非常个人化的东西。幸福与不幸福的感觉不是固定不变的，而是动态的。前些日子，我随着二十几位作家去新疆塔克拉玛干沙漠腹地采访，汽车跑到公路边一处简陋厕所时，全车人都有一种如释重负的幸福感流露出来，他们不说"我幸福了"，我也知道他们此时此刻一定是天底下最幸福的人，因为我是他们中的一个，我有亲身体验（会）。老实说，人憋着尿尿时，你该什么都不幸福。另外，人幸福有时是毛毛雨，一件很小很小的事，类似师范院校女生如厕难的问题。下车方便之后，每个人脸上都有一种如释重负的幸福露出来，我也知道他们此时此刻一定是天底下最幸福的人。下车方便之后，每个人脸上都有一种如释重负的幸福露出来，不一定整天挂在嘴上，更不一定要随时随地把自己的幸福说出来。脑子里也不会一天24小时只想着"我幸福了"。尿完了，幸福一瞬间，幸福就过去了。这时有记者问我"你幸福吗"，我也只能回答"我妈曾"，曾经幸福过，刚才幸福过。

顺便说一句，"幸福"过头，挂在嘴上招摇，很容易出事。10月16日，500名西班牙绑私警察把科沃·卡莱哈市场最大的老板、国贸城董事长高平等人抓捕了。高平在当地很张扬，起初开奔驰500，后来换成玛莎拉蒂。高平的太太此前在接受当地电视媒体专访时，也曾把记者带到家里，将放在床底下的爱马仕提包一个个拎出来介绍说："虽然打拼得很辛苦，但每天晚上能躺在这些奢侈品上睡觉，觉得很幸福……"遇上这么一个把"幸福"告诉当地电视台记者的老婆，高平晚就会不幸福了。

有一首歌词说："幸福不是毛毛雨，不会自己从天上掉下来。"当然，我也不赞成用"占领男厕所"的方式解决问题。为人民谋幸福，不能搞抓大放小。幸福有时就是毛毛雨，一件很小很小的事，类似师范院校女生如厕难的问题。

J012

摘自 2012 年 11 月 21 日《北京晚报》　作者 / 苏文洋

前天的世界厕所日在中国也有新闻。北京师范大学文学院大三女生小迪（化名）和另外 11 名全国在校师范院校女大学生，在"占领男厕所"活动发起人麦子的呼吁下，分别致信校长，希望重视女生上厕所难的问题。

问题出在男女生人数不一样。北师大文学院男女生 3∶7 比例还算不那么严重失衡，华南师范大学某专业男女生比例竟然达到 1∶7。要从解决师范院校男女生比例严重不平衡入手，去推动解决女生如厕难，那是不现实的。唯一可行的办法是增加女生厕所厕位。但据说也有难度，一方面是学校的建筑大部分是老楼，在设计时并未考虑到男女比例会越来越失衡；另一方面，厕所厕位数量、男女厕位比例，学校都无权定，所有设计都需要经过国家建筑部门和规划部门强制性审核。综合性大学并非都女生多于男生，如硬性改变厕位比例，可能对男生造成影响。

有一首歌词说："幸福不是毛毛雨，不会自己从天上掉下来。"当然，我也不赞成用"占领男厕所"的方式解决问题。为人民谋幸福，不能搞抓大放小。幸福有时就是毛毛雨，一件很小很小的事，类似师范院校女生如厕难的问题。

11 / 厕纸善待

CEZHI SHANDAI

关于"厕纸"的称谓，就像茅房成了变卫生间，多少年来，历经沧桑变故。不知不觉，鬼使神差，以往随口就来的"擦屁股纸"演化为"手纸""揩腚纸"，最终成为说得出口的现代文明用语。

10年前，当很多人家里还没有专业手纸、坐垫纸时，报章已披露《一级区公厕提供厕纸及坐垫纸》。其后，媒体不仅告知《低等级公厕将试点配卫生纸》，同时透露"每个公厕手纸年支出 2 万元"。2 万元是个啥概念，按 365 天计算，大约每天平均 55 元；55 元又是个啥概念，批发价再便宜，估计也要一天消耗大几十卷。

于是，有人打起公厕免费厕纸的主意。有媒体为此算过账：《公厕消耗一卷卫生纸，平均用时约 14 分钟》。

厕纸闹心，闹得最热闹当属发生在 2017 年天坛公园的《扯扯扯 有人连续扯了 11 次》。兵来将挡，水来土掩，没多久，天坛公园发明了"人脸识别厕纸机"，"既可防止游客过度使用厕纸，又可同一人每隔九分钟取纸一次，同时每次出纸长度 60—70 厘米。"

公厕卫生纸被过度取用引发京城市民热议。一方面，公厕承诺"纸不断"；另一方面，人们开始质疑"公物私用"背后的社会规范缺失。事实上，类似不文明行为早就见诸报端，"社会失范"如何重回正轨，"如厕者"当反思……

政府出资1600万元引导文明如厕，游客卷走手纸现象越来越少

2007 本报独家视点　城市观察　公厕

公园公厕免费手纸用量降一半

15分钟自动喷一次空气清新剂，游客"方便"后游走起身，一般8到2小时内排除……今年7月实施"公厕文明行动"以来，市属11家公园130个公厕目前全部达到二星级标准。星级标准的设施、更人性化的服务，政府的投资建设，有效引导了市民、游客文明如厕。

现在，公园公厕里已基本没有市民、游客卷走免费手纸，手纸用量已降至最初的一半；大家还养成了自觉维护公厕卫生的习惯。

1500万元改造公厕上星级

"Wow！"这个感叹语，是一位外国游客12月11日在中山公园一家公厕留言本的开头语。公厕的洁净程度，让他感叹"以为到了私人花园"。

公厕里，天花板上安装了全自动仪器，每15分钟就会喷一次空气清新剂，卫生间吊杆上一束束鲜花，在下的电热器，便水龙头里总能喷出近20摄氏度的温水，再加上感应水龙头，几分钟后就会被擦掉……难怪游客与市民愿意停留于公厕，在门口的本子上写满30来页赞叹之词。

3小时内无一人"席卷"免费纸

昨天，记者分别在中山公园、北海公园的公厕门厅观察了2个小时，总共走访150人使用公厕，但无一人"席卷"大量手纸，也没有人将免费手纸装入自己口袋。应记者要求，中山公园两位公厕服务人员也认真观察一个小时，结果也是无一人浪费、拿取免费手纸。

公厕提供的免费手纸，悬挂在门厅的墙上，由大家自取自用。据市公园管理中心副主任刘英介绍，以前在坑位放的小卷手纸总是被人拿走，现在换了大卷手纸后，就很少发生这种事。中山公园一名公厕服务员王长宽告诉记者，大家的文明意识确实提高了，公厕现在每天只需要不到两大卷手纸。而在以前，一天至少需要提供四五卷一尺直径的手纸。

不少市民表示，公厕建得和高级饭店的洗手间一样，谁也不好意思破坏，慢慢就养成了文明如厕的好习惯。王长宽告诉记者，他现在常常一两天也遇不到浪费卫生纸的现象，偶尔几年，每天都要替人补卫生纸，洗手池台面取水了，洗手池台面取水的几乎不见了。"每天对我说'谢谢'的人真是比以前多了好几倍。"

全市公厕将创文明行业

"公园公厕为全市的公厕文明建设作了表率！"首都文明办主任张慧光昨天评价星级公厕取得的成效，并表示这些经验值得总结和推广。

据介绍，"公厕文明"是首都"迎奥运、讲文明、树新风"活动重要内容之一，明年全市将开展广泛的"公厕文明"行动，并争创文明行业，以此引导提高市民、游客公共文明素质。

明年，市市政管委将加强全市街边公厕管理，改善数千个公厕的设施、环境与服务，为市民提供真正的"方便"，使之无味、通风、节能，不给进京乘客留下难闻的第一印象。

本报记者 童曙泉 RJ061

新闻链接

花钱买个好习惯
彭桐

环境文明促人文雅。政府出资，把改造公厕所的硬件设施，免费提供手纸，选手液，以美化环境的角度来促成文明如厕的好习惯，是城市精神文明建设的一个亮点。这用于引导文明如厕的1600万元专项资金被投得好，其效果应该说这钱花得值。

治净生活洁净身、之末然、做到的多是与留面管置的建设相匹配的软件。在坑位多年与启民的长期坚守。遇到的多是与简陋般陋般的设施，坑位多、坑等、坏了找不到人管、没有卫生纸可以有一个好习惯……这里既然硬件建设条件都具备，要想硬件建设条件改善建成的有机地结合来，是其最大成就的。公厕所的文明打造，应该是对最关键的公共产品和公共服务，才能做好从诸多的。

RJ075

　　关于"厕纸"的称谓，就像茅房变成卫生间一样，多少年来，历经沧桑变故。不知不觉，鬼使神差，"擦屁股纸""揩腚纸""后门票""手纸"，最终演化成说得出口、拿得出手的"厕纸"或"卫生纸"。

　　如同餐馆，公厕也分等级，其中有个不成文的"特级"，就是公园里面的公厕，后来又被称为"旅游厕所"。就厕纸而言，公园公厕不仅走在前面，同时"连用带拿"也首当其冲。通过努力，2007年12月22日，《北京日报》刊发记者童曙泉采写的《公园公厕免费手纸用量降一半》，其中说道：

　　"现在，公园公厕已基本没有市民、游客卷走免费手纸，手纸用量已降至最初的一半；大家还养成了自觉维护公厕卫生的习惯。免费纸公厕提供的免费手纸，悬挂在门厅的墙上，由大家自取自用。据市公园管理中心副主任介绍，以前在坑位放的小卷手纸总是被人拿走，现在换了大卷手纸后，就很少发生这种事。中山公园一名公厕服务员告诉记者，大家的文明意识确实提高了，公厕现在每天只需不到两大卷手纸，而在以前，一天至少需要提供四五卷一尺直径的手纸。"

　　"厕纸免费供的应先行者"为什么会有突破性进展，据说"政府出资1600万元引导文明如厕"起到了至关重要的作用。十余年过去，听起来，想起来，个中滋味依旧回味无穷……

北京环境卫生保障确定两级区域
一级区公厕提供厕纸及坐垫纸

本报讯（记者贾中山）奥运会、残奥会期间，本市环境卫生保障区域将划定为两级，一级保障区赛事期间将施行24小时全天候保洁作业，公厕将提供卫生厕纸及坐垫纸。这是记者从昨天下午召开的北京市奥运会及残奥会期间环境卫生保障工作会议上获悉的。

环卫保障确定两级区域

市市政管委副主任陈玲介绍说，一级保障区包括奥运场馆外围保障区、奥运比赛路线、奥运签约饭店、大型文化活动场所、驻华使馆、重点旅游景点、重要交通枢纽、重要商业街区和赞助商展示现场周边等重点区域，赛事期间将进行24小时全天候保洁作业，环境卫生保障标准符合环境卫生作业质量一级标准要求。二级保障区

陈玲说，《2008年北京奥运会及残奥会环境卫生保障工作实施方案》已经确定，同时制定了《奥运会及残奥会期间城市生活垃圾收集、运输、处理环境卫生标准》《奥运会及残奥会期间城市公共厕所清洁质量标准》和《奥运会及残奥会期间城市道路清扫保洁质量标准》。这三个标准将城区分为一级保障区和二级保障区标准，并在今年7月1日起开始实行。

公厕配卫生纸和坐垫纸

根据《奥运会及残奥会期间城市公共厕所清洁质量标准》，一级保障区域内的城市公共厕所及二级保障区域内二类及二类以上公共厕所，清洁服务时间为全天24小时；二级保障区域内二类以下公共厕所清洁服务时间为早晨

道路雨后4小时无成片积水

根据《奥运会及残奥会期间城市道路清扫保洁质量标准》，道路清扫保洁质量一级标准分为感观和量化标准，感观要求是，道路整体感观要清洁，无暴露垃圾、污渍和积水；路面（包括路缘石边沿）基本呈现本色；路边垃圾箱清洁，投放口不堵塞，周围不能有垃圾；道路排水畅不堵塞，周围不能有成片积水；雨后4小时道路不能有成片积水，一般雨后1天恢复道路清洁水平。

垃圾站视野内苍蝇不超过3只

根据《奥运会及残奥会期间城市公共厕所清洁质量标准》，奥运场馆内垃圾集中存放处，分为固定式和临时式两种。垃圾收集容器、集装箱、垃圾密闭式清洁站、垃圾转运站

看来，公厕兜底民生，而"厕纸"则关乎兜底痛痒。在"恩波智业"资料库里，继"公园厕纸减量"，2008年3月21日《北京晚报》记者贾中山采写的《一级区公厕提供厕纸及坐垫纸》则成为难得的厕纸资讯。其中说道：

"记者从昨天下午召开的北京市奥运会及残奥会期间环境卫生保障工作会议上获悉，根据《奥运会及残奥会期间城市公共厕所清洁质量标准》，一级保障区域内的城市公共厕所及二级保障区域内二类及二类以上公共厕所，清洁服务时间为全天24小时；二级保障区域内二类以下公共厕所清洁服务时间为早晨6时至晚上10时。一级保障区域的城市公共厕所及二级保障区域内二类及二类以上公共厕所，应提供卫生厕纸及坐便器应配备坐垫纸。"

什么叫"一级保障区"，通俗说来，大概是指街面上、明面上、脸面上的公厕，按理说各级公厕本该一视同仁，但10年前人财物力的状况即如此。凡事循序渐进，按照通常事物的发展规律，大面上有了，后面的也就有指望了。

同样，按照通常事物的发展规律，好像"坐垫纸"似乎没有太大的必要与厕纸同步登场，将就、讲究是两码事，"坐垫纸"偏属后者……

低等级公厕将试点配卫生纸

包括近万座达标公厕及三类公厅，未来可用手机找公厕

本报讯（记者饶沛）昨天，市市政市容委消息，本市将试点在目前没有配备卫生纸的低等级公厕配备卫生纸。据市市政市容委负责人介绍，目前本市有公厕12000多座，按等级分为一类、二类、达标、三类等4级，一类公厕等级最高，硬件设施、软件服务也最好。目前本市一类、二类公厕2000多座，这2000多座公厕都配有卫生纸、洗手液，有专人保洁、看护。

而9000多座达标及三类公厕目前尚没有配卫生纸。本市将选择9000多座公厕的一部分作试点，在试点公厕中配备卫生纸、洗手液等。

"十二五"期间，市市政市容委将根据城市发展状况，合理布局公厕。目前全市的公厕引导牌设置已完成，正在开发手机指明公厕位置的软件。

每个公厕手纸年支出2万元

现行支出标准尚无法支付手纸费用

人物：崔宜　**职务：**市政市容委环境卫生管理处副处长

新京报：达标及3类公厕为何没有配备卫生纸？

崔宜：主要是经济原因。根据公厕目前的使用情况，一座公厕一年手纸的支出是2万元左右，9000多座公厕，就是小2亿元。这是个经济问题。

新京报：目前北京公厕费用支出的标准是多少？

崔宜：达标级公厕每年3万元，二类以上的公厕每年5万元，人流密集场所的公厕每年7万元，这钱里包括人工费、小修费、维护费等。达标级公厕每年的费用支出额定是2万元，如果用2万元买手纸，连人工保洁费都不够。目前的标准还不能满足公众需求。

新京报：是否能将达标级公厕提升为二类公厕？

崔宜：全部升级有一定难度。比如二类公厕是要求有专人值守的，有一些达标的公厕在胡同里，没有空地用来修建保洁人员的工作间。

新京报：北京有没有考虑提高公厕等级的额定费用标准？

崔宜：此事正在研究当中，准备先选一批达标公厕试点配备卫生纸等，核算实际支出情况。

如何分辨公厕等级

公厕有一个大门，进入后中间有一个保洁工作间，左右是男女厕入口，这样布局的公厕一般是二类以上；而没有保洁工作间，公厕左右墙各是男女厕入口……

距"一级区公厕提供厕纸及坐垫纸"近4年，2012年1月7日，《新京报》刊发记者饶沛采写的《低等级公厕将试点配卫生纸》。其中说道：

"昨天，市市政市容委消息，本市将试点在目前没有配备卫生纸的低等级公厕配备卫生纸。据市市政市容委负责人介绍，目前本市有公厕12000多座，按等级分为一类、二类、达标、三类等4级，一类公厕等级最高，硬件设施、软件服务也最好。目前本市一类二类公厕2000多座，这2000多座公厕都配有卫生纸、洗手液，有专人保洁看护。而9000多座达标及三类公厕目前尚没有配卫生纸。本市将选择其中一部分作试点，在试点公厕中配备卫生纸、洗手液等。"

除此之外，文章还透露"每个公厕手纸年支出2万元"。那时候没兴"大数据"，但2万元是个啥概念，按照365天计算，大约每天平均55元；55元又是个啥概念，批发价格再便宜，估计也要一天消耗大几十卷。

无论吃喝拉撒，心急吃不了热豆腐，所以"事缓则圆"，所以"风物长宜放眼量"。早年那句"面包会有的"曾影响一代国人。其实厕纸也在"民生面包"序列之中，如同居家过日子，光埋怨抱怨自家，俩眼光瞅着别人家，绝对于事无补……

西单15座街头公厕近九成不供厕纸

记者走访发现公厕无厕纸现象普遍，八成网友认为公厕应免费供厕纸，专家建议厕纸应由公共财政开支

焦点

最近公厕是否该提供免费厕纸的问题不断进入公众话题。

今年，免费厕纸正式进入北京环卫专业管理的二级以上公厕，中国人民大学也在部分校区自行进行试点。

上周，本报通过凤凰网开展网上调查显示，八成网友认同对免费厕纸进入二级以上公厕持正面态度。

同时，对于免费厕纸进入了城市的哪些公厕，以及提供情况，本报记者在街区、商场及高校进行了一番走访。

街头公厕
仅两家限供厕纸

地点：地铁灵境朝阳站到西四站之间近20条胡同

12月23日，记者走访了从地铁灵境朝阳站到地铁西四站之间的近20条胡同，探查15座公厕。

15座公厕中免费提供厕纸的，占调查数的87%，有两座二级公厕可向如厕者领取限量应免费厕纸，每人供应量为80厘米(5卷)。

羊肉胡同西口公厕有专人管理，据值班人员介绍，该二级公厕，如有需要，值班人员可向如厕者提供一份长80厘米的免费卫生纸，卫生纸质级较为紧缺。该公厕工作人员介绍，每天提供的免费纸用量不定，通常为1至2卷。这种免费用纸为无芯卷纸，每卷直径七八厘米。"有些人嫌纸不好，也会另买纸。"

距该卫生间200米左右的西四胡同，也有两座公厕。据值班人员介绍，该公厕每月用纸60卷，由西城环卫服务中心投到提供。

据值班人员称，这种免费卫生纸就这样摆上了。"你看，有的公厕即便摆免费厕纸，好多人卫生纸上厕所，而是擦手、擦脸、擦脚。如不爱惜，就没了。"现在也有少数人反复使用要纸。

西单周边，在本报记者走访的15座街头厕所中，只有两家二级公厕限量提供厕纸，每次限量提供80厘米，其余13家普通公厕均不提供。

商场公厕
一半供免费厕纸

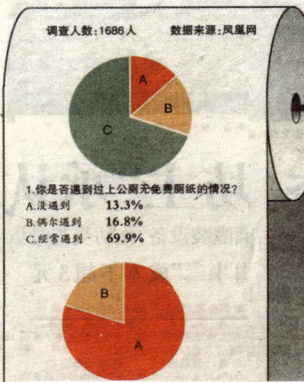

8家商场中，半数商场不提供厕纸，而提供厕纸的商场也不是"敞开提供"。

记者走访发现，目前公共场所的厕纸主要由政府部门、产权方、甲方及物业操供，根据不同的场所，由不同的管理方负责。

同时，相关管理方表示，厕纸免费提供后，厕纸被带走、浪费情况较普遍：如截、开封使用，势必增加负担。

对此，长期关注厕纸问题的北京师范大学壹基金公益研究院院长王振耀认为，因为素质低就不提供厕纸是一个"伪命题"，的确有部分人把纸或浪费的情况，但这些都可以通过管理手段来处理，小厕纸反映的是大民生。

调查人数：1686人　　**数据来源：凤凰网**

1.你是否遇到过上公厕无免费厕纸的情况？
A.很遇到　13.3%
B.偶尔遇到　16.8%
C.经常遇到　69.9%

■ 王振耀（北京师范大学壹基金公益研究院院长）

观点 "厕纸就是最基本的民生"

倡导公共场所提供免费厕纸，到时候了

洋教授如厕出"洋相"

卫生纸不是小事，牵扯到对人的尊严是否尊重、管理的文化水平等等方面。

如果大学和商场这些场所都考虑不到提供厕纸的细节，很难说教学和提供的服务是上等的。

勿怪罪于国民素质

不少人将公厕不提供厕纸归罪于国民素质差，我认为，这是一个伪命题。

不能先假设国民素质低，然后来束系到老百姓生活便利的事情就不做了。即使存在部分人抽纸或浪费的情况，但这些都可通过管理手段来处理。

真正做到公共厕所都有……

尽管如厕问题多多，但仍有人认为此事冠以"革命"二字大可不必。细说起来，民生相关事宜大体如此，不仅政府能说在点儿上，同时群众也很会挑眼挑在点儿上，因此在"厕所革命"的大事小情上，群众更是真正的英雄。

就拿"一级公厕提供厕纸及坐垫纸"来说，既然政府有关部门下了决心下了令，无论怎样分等级、怎样分顺序，像《西单15座街头公厕近九成不供厕纸》这样的事情不该成为新闻。然而2011年12月26日《新京报》底东娜、王卡拉采写的新闻标题即如此，其中说道：

"免费厕纸进入了城市的哪些公厕，以及提供情况，本报记者在街区、商场及高校进行了走访。在西单周边，在走访的15座街头厕所中，只有两家二级公厕限量提供厕纸，每次限量提供80厘米，其余13家普通公厕均不提供。8家商场中，半数商场不提供厕纸，而提供厕纸的商场也不是'敞开提供'"。

为什么会出现这等怪现象，记者通过走访发现，"目前公共场所的厕纸主要由政府部门、产权方、甲方及物业提供，根据不同的场所，由不同的管理方负责"。事出因由，原来随便进出的公厕，产权属性未必都姓公家的"公"……

学生微博质疑清华图书馆无厕纸

清华图书馆工作人员表示,因经费问题一直未提供免费厕纸,近期将提供

新京报讯 (记者萧辉) 学校图书馆是否应该免费提供厕纸?近日,围绕该问题,一名清华学生和该校图书馆官方微博进行公开争论。昨日,清华大学图书馆工作人员表示,该馆馆长早就提出厕所应该提供手纸,但因经费问题,一直没有实施。近期将为厕所提供手纸。

学生
忘带手纸只好跑回寝室

12月12日,一名清华学生在微博上向清华图书馆发问:"每次来文图书馆(清华大学图书馆人文分馆)都会突然意识到厕所没纸的严重问题。手纸预算很多吗?"

清华图书馆
未提供手纸因经费问题

当天,清华大学图书馆

这条微博立即引起清华学生围观。网名"Cillion农小米"的学生在微博上说:"每天背着书包到馆学习,默默地找一个角落坐下,默默地掏出电脑、书本、水杯、手纸,如果哪一天忘记带了特别是后两样东西,那一天就会要么渴死,要么憋死。"

清华大学新闻传播学院的王同学说,有一次他在图书馆想上厕所,因为忘了带手纸,只好骑车10分钟跑回寝室。"我以前在台湾交流学习,厕所里都有手纸。"

清华大学图书馆工作人员表示,图书馆馆长早就提出厕所应该提供手纸,但是因为经费问题,一直没有实施。应读者要求,将在近期内为厕所提供手纸。

官方微博回应称:"测算过,是目前我们承担不起的。轮到我发问了:为什么图书馆没纸你就觉得严重?体育馆有纸吗?教室有纸吗?"

该微博表示,图书馆务会早就讨论过此事,根据此前测算,给图书馆的所有厕所提供手纸成本近20万,提襟见肘,只能暂缓。微博还给同学"献计":如果急需,可以到图书馆总咨询台求助,前台备有卫生纸。

声音

提供手纸是一种服务理念

复旦大学教授葛剑雄在微博上表示:"复旦大学图书馆里都放有手纸……这是一种服务理念。"据葛剑雄透露,去年复旦大学5个分馆用于放手纸、洗手液的费用共9万多元。

公厕免费手纸存浪费现象

北京大学图书馆工作人员张先生认为,厕所是一个社会文明的象征,图书馆工作人员考察发现国外大学基本都提供手纸。北大图书馆于2010年开始为读者提供手纸。"提供厕所手纸只是个小问题,能为读者带来便利是我们服务的宗旨。"

不过,张先生同时提出,公共厕所提供手纸存在浪费现象。昨日,北大图书馆厕所,记者看到几名女生洗完手后,随意拉出一大把手纸,擦完手后扔进垃圾堆。

张先生呼吁,大家应该珍惜公共物品,节约用纸。

有些事"英雄所见略同",有些事"俗人所见略同",而"公厕本应提供厕纸"就属后者。2012年12月18日,《新京报》刊发记者萧辉采写的《学生微博质疑清华图书馆无厕纸》,其中说道:

"学校图书馆是否该免费提供厕纸?近日,围绕该问题,一名清华学生和该校图书馆官方微博进行公开争论。昨日,清华大学图书馆工作人员表示,该馆馆长早就提出厕所应该提供手纸,但因经费问题,所以一直没有实施。近期将为厕所提供手纸。"

据说,这条微博立即引起清华学生围观。有学生留言:"每天到馆学习,找个角落坐下,掏出电脑、书本、水杯、手纸,如果哪天忘带特别是后两样东西,那一天就会要么渴死,要么憋死。"还有同学讲:"有次在图书馆想上厕所,因忘记带手纸,只好骑车10分钟回寝室取。"

复旦大学教授葛剑雄在微博上表示:"复旦大学图书馆里都放有手纸,这是一种服务理念。"据葛剑雄教授透露,去年复旦大学5个分馆用于放置手纸、洗手液的费用共计9万多元。

葛教授的话让人陷入沉思。"提供手纸是一种服务理念"讲得真好,说得真对,只是对那些不知"理念价值几何"的人来说,既不好量化,也不好固化……

[走基层·生活观察]

免费厕纸连用带拿

一座公厕一年卫生纸支出达2万元

如今，北京2000多座公厕都已经配备了免费的卫生纸。免费卫生纸方便了群众的同时，也考验着市民的素质。一些公厕的免费卫生纸被人顺手肆意大量扯走，上趟厕所甚至要拽走10多米的卫生纸。公厕的管理人员不得不绞尽脑汁和如厕者"斗智斗勇"，有的派专人看守限量发纸，有的采用高端的"节纸器"。归根到底，都是为了节约厕纸的使用量。根据市市政市容委的统计，北京市一座公厕一年下来，光卫生纸的支出就高达2万元。北京现有公厕12000多座，若都配上免费厕纸，一年下来就得花掉2.4亿多元。

目前，全市尚有9000多座公厕"配不起"免费卫生纸。市市政市容委表示，下一步，北京计划从这9000多座公厕中选出一部分来，先试点配备免费的卫生纸和洗手液等。

美术馆后街：
专人坐镇分发厕纸

纸，并没有向记者收取任何费用。

为什么不把卫生纸放在厕所让大家自由取用呢？保洁员听完连连摇头说，那样用着太费，放不起啊。好多人一撕就撕走好多，自己用不算，还"连用带拿"，管都管不住。改为人工分发厕纸之后，浪费的情况的确好了很多。就是太麻烦，得专门有人坐在这发纸。

陶然亭公园：
撕纸人"累坏"节纸器

晚上8点左右，陶然亭公园内满是家住附近前来遛弯消食的游客，公园内一处小空场，几名中年人聚集在一块儿，正在领操员的指导下合着拍子做健身操。离小空场不远，有一座公共厕所。

走进公厕，能明显见到男女厕所门外墙壁上，各挂着一台方方正正的高科技产品——节纸器。想要用纸，只需要轻轻按一下节纸器正面的按钮，一段大约70厘米长的卫生纸就会从节纸器中"吐"出来，机器还会发出"感谢使用"一类的语音

算起来，上一次厕所至少需要用掉3米左右的卫生纸。

晚8点15分左右，一位头戴着黑色棒球帽，身穿黑色外套的大爷来到节纸器前，一口气按了6次节纸器上的按钮，将足足有4米多长的一大卷卫生纸团成团儿，迅速揣进外套兜里走进了厕所。不到1分钟的工夫，大爷一闪身，又从男厕所里走了出来，在洗手池前冲了冲手，甩了甩手上的水，又站在了节纸器前，拽出1米多长的卫生纸擦手。随后，他便开始频频按动节纸器上的按钮，1次、2次、3次……一共又按了8次。很快，他的身后就排起了等待取纸上厕所的队伍。众目睽睽，大爷将节纸器中拽出来的一大卷儿卫生纸非常自然地塞进了外套的另一个口袋，心满意足地走出了厕所。见到记者上前询问，大爷连连摆手说："主要是这纸质量不好，太薄，按一下出来那么点根本不够使劲的。你别问我到底拿了多少，你看看，前面一人，大家都这么拿。"

"哟，怎么按不动了？"一个远离公园的姑娘按了几次节纸器上的按钮，却发现没有卫生纸吐出。这

这种节纸器后，厕纸的使用量比过去下降了将近一半呢。

这么个浪费法儿
免费厕纸配不起

目前本市还有9000多座达标及三类公厕尚未配备卫生纸。按照市市政市容委的规划，准备在这9000多座公厕中，先拿出一部分进行试点，在试点公厕中配备卫生纸和洗手液等。

为什么现在没法在所有的公厕敞开供应卫生纸呢？说到这个问题，市市政市容环境卫生管理处副处长崔宣也颇有些无奈。他告诉记者，现在全市有公厕12000多座，按照等级划分为一类、二类、达标、三类等4级，一类公厕等级最高，硬件设施、软件服务最好。目前本市一类、二类公厕2000多座，这2000多座公厕都配有卫生纸、洗手液，还有专人进行保洁、看护。但是仍有9000多座公厕没有配卫生纸，没配的原因就是由于财政支出太大。

崔宣给记者算了笔账，按照

有些事循序渐进，有些事一步到位。关于厕纸遭遇不测，2012年4月16日，《北京晚报》刊发记者张楠采写的《免费厕纸连用带拿》，文章告知"一座公厕一年卫生纸支出2万元"。其中说道：

"如今，北京2000多座公厕都已配备了免费的卫生纸。免费卫生纸方便了群众的同时，也考验着市民的素质。一些公厕免费卫生纸被人顺手肆意大量扯走，上趟厕所甚至拽走10多米的卫生纸。公厕的管理人员不得不绞尽脑汁和如厕者'斗智斗勇'，有的派专人看守限量发纸，有的采用高端'节纸器'。归根到底，都是为节约厕纸的使用量。根据市市政市容委的统计，北京一座公厕一年下来，光卫生纸支出就高达2万元。北京现有公厕12000多座，若都配上免费厕纸，一年下来就得花掉2.4亿多元。"

为探明虚实，拿到第一手资料，晚报记者在厕所门口蹲守了半个小时，发现，"差不多每半分钟，就会走进1至2名游客，径直走到节纸器前，最少按2下，拽出1.4米左右长的卫生纸；多则按上三四下。2台节纸器断纸的声音和语音提示交织在一起，此起彼伏"。

游园·天坛

公厕消耗一卷卫生纸
平均用时约14分钟

本报讯(见习记者 杨琳)43 卷卫生纸,这是天坛公园内一个厕所 10 个小时的消耗量。天坛内公厕放置免费使用的卫生纸本是为方便游客如厕,然而,大量卫生纸却被游客拿走私用或浪费。与天坛不同,故宫博物院为了防止浪费,厕所内没有提供免费的卫生纸。

"咣当咣当"卫生纸盒的转轴时不时发出声响,在天坛一个厕所内很多游客在离开厕所时不忘带走一点卫生纸。一位女游客扫视四周,见旁边无人,便以极快的速度抽取卫生纸,塞入包内。

北京青年报记者注意到,很多游客抽取大量卫生纸却只草草擦了下手便扔进纸篓,还有一些有"洁癖"的游客,他们"小心翼翼"地将前面游客不小心打湿的卫生纸撕掉,再抽取大量的卫生纸擦手。没几分钟,卫生纸盒下的纸篓就堆满了用掉的卫生纸。

北青报记者看到一张更换卫生纸的记录单,从 6 时到 16 时,10 小时内,厕所用掉卫生纸 43 卷,最快的更换卫生纸间隔仅为 5 分钟,最慢的间隔也不过 35 分钟,平均一卷卫生纸的"存活"时间

"厕纸"闹心,闹得最热闹的当属发生在 2017 年天坛公园的"扯扯扯"。然而,谁又曾想,早在 2013 年 10 月 5 日,《北京青年报》见习记者杨琳就撰文告知天坛公园《公厕消耗一卷卫生纸 平均用时约 14 分钟》,其中说道:

"43 卷卫生纸,这是天坛公园内一个厕所 10 个小时的消耗量。天坛内公厕放置免费使用的卫生纸本是为方便游客如厕,然而,大量卫生纸却被游客拿走或浪费。'咱管不了人家。'清洁人员说,拿走卫生纸的人很难管,经常不讲理。据了解,在天坛内,靠近各门口和主要景观的厕所属于'重灾区'。厕所内一卷半径 8 厘米左右的卫生纸,在数分钟内就被用光。"

过去,听过非常正能量的"只要功夫深,铁杵磨成针"和"勤来勤去搬倒山",没想到,这两段励志金句,几经周折竟作用在"厕纸不拿白不拿"上,是人心不古还是公厕厕纸"质地柔软、吸水性强",不得而知……

[追踪报道]

本报《手下留情》报道引起热议　今晨回访天坛公园公厕发现

扯扯扯　有人连续扯了11次

本报讯　昨天，本报刊登的《手下留情》一文引起社会热议。今天上午8点多，笔者再次来到天坛公园，在东门附近的一处公厕内，“排队！排队！”“你用吧，我不用了还不行吗！”几位老人簇拥在门口，只听见纸盒内手纸唰唰地往下滑，时而还能听见几句拌嘴声。与昨天相比，情况似乎还是一样，他们拽完手纸并不着急上厕所，而是在一旁将纸捋好，觉得“战果”还不错，然后走进厕所内，出来后还会再拽走一沓。

“没纸了。”一位老年游客说道。“好好好，马上上。”保洁员大姐服务很热情，表情看起来却很无奈。有时候，有些游客还会主动敲值班室门：“上纸了。”

笔者继续往里走，在另一所公厕内也看到了同样的情况。纸盒内的手纸非常好拽，一位老人边拽边捋，一次就能扯下半米多，扯了11次，足足得有五六米。有些游客扯手纸能扯10秒以上。

记者在天坛公园北门的一处公厕内看到，一位老年人正坐在长椅上捋手纸，丝毫没有遮掩，来来回回如厕的人也向老人搭一

这位老人拽下一大团手纸，坐在椅子上慢慢捋顺整理。

大家争说《手下留情》

昨天，本报刊发由记者胡铁湘采写拍摄的专题报道《手下留情》，引起了各方热议，在《北京晚报》两微一端及各大网站、客户端里跟帖无数。我们从中节选了部分，看看有些观点是否与您不谋而合？

【感叹型】

奶油草莓叔叔：勤俭是美德，但勤俭不是贪小便宜没公德心。

塔米Mok_Maek：服务百姓的利民措施真的是越来越多，可惜有些人的素质还没跟上，出现这种情况也就不足为奇。

【断供型】

雷声震：如果这样，还是不放厕纸为好，不给那些贪小便宜损人利己的人机会。

果子nancy：其实最好不要提供纸，很多人觉得是免费的纸，本来平时用两格这时候就会抽长长一大截，浪费。

【建议型】

雨夜残荷：早期公共厕所里有保洁员管理手纸。如厕的人如果需要可向保洁员要。建议取消手纸谁用谁拿，要么取消要么找保洁员要。

薇薇_君：建议在抽纸旁加一面大镜

2017 年 3 月 2 日，天坛公园的厕纸供应继续出人意料，这天《北京晚报》刊发张林文、胡铁湘采写的图文报道《扯扯扯　有人连续扯了 11 次》，非常形象地还原了现场情况，其中说道：

“昨天，本报刊登的《手下留情》一文引起社会热议。今天上午 8 点多，笔者再次来到天坛公园。在东门附近的一处公厕内，几位老人簇拥在门口，只听见纸盒内手纸唰唰地往下滑，时而还能听见几句拌嘴声。与昨天相比，情况似乎还是一样，他们拽完手纸并不着急上厕所，而是在一旁将纸捋好，觉得‘战果’还不错，然后走进厕所内，出来后还会再拽走一沓。笔者继续往里走，在另一所公厕内也看到了同样的情况。纸盒内的手纸非常好拽，一位老人边拽边捋，一次就能扯下半米多，扯了 11 次，足足得有五六米。有些游客扯手纸能扯 10 秒以上。”

记者在天坛公园北门的一处公厕内看到，“一位老年人正坐在长椅上捋手纸，丝毫没有遮掩，来来回回如厕的人也向老人搭一眼。老人说，家住在公园附近，她几乎每天都会来这里，知道每个月公厕里都会拉来一大车手纸，好几十箱子。老人平时和老伴两个人住，在这里拽点手纸回家，就能够用一两天。”

天坛公园试点"人脸识别厕纸机"

以防止游客过度使用厕纸；同一个人每隔九分钟取一次纸，每次出纸长度60—70厘米

新京报讯（记者信娜） 此前，天坛公园游客过度使用厕纸引发关注。昨日，记者了解到，为规范游客使用厕纸，天坛公园试点使用"人脸识别厕纸机"，识别人脸后，自动出纸。天坛公园相关负责人介绍，目前，该机器仍在试点阶段。试点结束后，将根据实际效果考虑是否进一步推广。

6台机器置于北、南、西门三座公厕

此前，有媒体报道，天坛公园游客过度使用公园公厕内提供的免费厕纸，有市民甚至数次抽纸。昨日，天坛公园部分公厕推出"人脸识别厕纸机"，在北门、南门、西门三座公厕共安装了6台机器，分别设置在每座公厕的男、女厕所入口处，并根据男女平均身高分别调整高度。

昨日，在天坛公园西门公厕内，几名游客看到悬挂在一侧的"人脸识别厕纸机"询问工作人员。一位工作人员解释，市民可站在特定的识别区，通过屏幕识别人脸，机器下部会自动出纸。

出纸。由于操作不熟练，平均每位游客用时约半分钟，相比普通的抽纸设备用时间较长。

与西门公园稀少的人流相比，北门公园的人流络绎不绝。记者看到，放置在大厅的两台新机器并没有启用。据了解，新机器安装后，数位市民站在机器前几分钟，也无法识别出纸。

工作人员介绍，新机器仍处于调试阶段，天坛公园将与厂家沟通处理，以达到理想使用状态。

目前仍处调试阶段

据介绍，"人脸识别厕纸机"可以调节取纸时间，目前，设置同一个人每隔九分钟取一次纸，每次出纸长度为60—70厘米，并由原来的单层纸改成了双层纸。

天坛公园相关负责人表示，目前，"人脸识别厕纸机"仍在试点阶段，试点时长为半个月左右，在试点期间，公园管理处安排了专人在旁指导，试点结束后，将根据实际效果考虑，如反映不方便，则再寻求其他方式试用。同时，他呼吁，市民多抽纸等行为进行劝导。

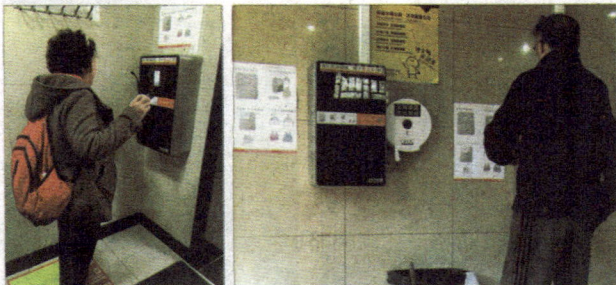

昨日，天坛公园公厕内，游客正在准备使用"人脸识别厕纸机"。　　　新京报记者 信娜 摄

■ 链接

部分公园设专人劝阻游客浪费厕纸

针对天坛公园厕纸被市民随意抽取造成浪费等情况，多家公园曾回应，仍将继续提供免费厕纸，将对市民多抽纸等行为进行劝导。

记者发现，此前，部分公园下降了，过两年分别下降8%和14%。陶然亭公园则下降2011年的30000卷/年，下降到20000卷/年。

纸机，代替传统的人工取纸。游客只要按下按钮就能领取相应长度的卫生纸。

为确保厕纸能取纸正常使用，上述负责人介绍，公园有"节约用纸"提示语，同时设专人，对浪费过度取纸的游客进行劝阻。

此前，陶然亭公园也曾开展文明游园活动，在公园有"节约用纸"提示语的协助下。

　　2017年3月19日，《新京报》记者信娜告知《天坛公园试点"人脸识别厕纸机"》，既可防止游客过度使用厕纸，又可同一人每隔九分钟取纸一次，同时每次出纸长度60—70厘米。其中说道：

　　"此前，有媒体报道，天坛公园游客过度使用公园公厕内提供的免费厕纸，有的甚至数次抽纸。昨日，天坛公园部分公厕推出'人脸识别厕纸机'，在北门、南门、西门三座公厕共安装了6台机器，分别设置在每座公厕的男女厕所入口处，并根据男女平均身高分别调整高度。在天坛公园西门公厕内，几名游客看到悬挂在一侧的'人脸识别厕纸机'询问工作人员。一位工作人员解释，市民可站在特定的识别区，通过屏幕识别人脸，机器下部会自动出纸。当游客询问后，工作人员还进行了现场指导，摘掉帽子，眼镜并在屏幕前站立数秒后，机器下方缓缓出纸。平均每位游客用时约半分钟，相比普通的抽纸设备时间较长。"

　　有了"人脸识别机"，情况又会咋样？其后不久，《北京晚报》告知"平均每天用纸量减八成"。时隔数日，又有媒体发文《"刷脸取厕纸"谁之耻》。冥思苦想，不外乎您之耻，我之耻，过往之耻，而"知耻近乎勇"当为明日失范回归……

12 / 厕门善开

CEMEN SHANKAI

细说起来，此番"厕所革命"其实类似当年"改革开放"，只不过新一轮的"改革"泛指传统公厕的与时俱进，新一轮的"开放"强调社会单位的内部厕所要呈开放状。

最早解决群众"如厕难"专指出租汽车司机。如何让"的哥"方便更方便，据说2004年就有政协委员提出建议。其后，先是靠近公厕的路边画出租车临时停车位，后是有媒体刊发《临街单位厕所请对的哥开放》。

在"各自为政"的城市难以找到"方便"之处，是不少市民遭遇过的尴尬事。除了"沿街单位内设厕所对外开放"以外，让已经面众的厕所尽量物尽其用也是不错的选项。为此，有媒体呼吁"医院酒店服务时间厕所须开放"。

说来也是，闲着也是闲着，那些白天开门、晚间打烊的厕所，理当率先走出困局，门上挂把"将军不下马"，等同给群众来了个下马威。

群众眼光雪亮。内急难忍的群众眼光更加犀利。于是，《银行邮局能否设公厕》，不仅是群众呼声，同时也是报章呼吁。此种情况逆来顺受许多年，被当回事提出，说明"深水区"并非深不可测。

不说不去想，一说想很多。细数起来，超市不设厕所，银行不设厕所，邮局不设厕所，似乎已成常态。为什么此类机构都犯一个毛病，有说是行业性质使然，也有说是行业惰性使然……

133

公厕路边将划临时停车位
的哥如厕难问题有望解决

40 年前，中国"改革开放"的大潮风起云涌。细说起来，"厕所革命"其实也同样掀起了新一轮的"改革开放"。改革，泛指传统公厕的与时俱进；开放，专指为千方百计解决群众如厕难，社会单位的内部厕所要呈"开放状"。

"厕所开放"听起来是个新命题，其实早在 2006 年 6 月 5 日《华夏时报》就刊发记者成江采写的《公厕路边将划临时停车位》，只不过，此一时彼一时，当初关注的是"的哥如厕难问题有望解决"。其中说道：

"开车期间突然想上厕所，看见公厕却不敢靠边停车。这个让许多司机头疼的问题有望得到解决——公厕路边画出租车临时停靠线。记者从市信访办获悉，针对市政府特邀建议人提出的'南四环缺少厕所，给出租车司机如厕带来不便'的建议，市政管委十分重视，作出回复：要与交管部门协调，在靠近厕所的路边画出租车的临时停靠线，设置上下车站牌，以方便司机。"

万事不仅开头难，同时万事也开头"乱"，所谓"剪不断，理还乱"大致说的就是这样的阶段。然而有意思的是，开头的"难与乱"，也会衍生出许多意想不到。譬如谁曾想，当年为他人鼓与呼，最终竟成为"自顾自"的一己诉求……

自称大老粗 附近厕所懒得去

的哥方便为何偏爱钻树林

"我们都是大老粗，方便时就爱钻这小树林，丽都广场固然有厕所，但那是你们文人去的地方。"昨天下午，在朝阳区丽都广场前趴活的众的哥一脸无所谓地说。的哥无所谓了，但是周边居民却有所谓，当地居民侯女士说："大白天的就在那儿方便，多不文明啊！"针对这一现象，记者昨天进行了一番调查采访。

5分钟里3个的哥树林里小便

昨天下午4时许，丽都广场前面的小树林旁，一帮的哥们守着一排出租车在聊天。这个时候，一辆出租车从东向西行驶过来，行至小树林旁戛然而止。车门打开，一名身穿蓝色上衣的的哥急忙忙跑了出来，只见他边解腰带边跨灌木丛，等到了小树林就毫无顾忌地小便起来，一点东张西望的紧张情绪都没有。记者统计了一下，在5分钟的时间内就有3名的哥来此小便，其中有两名的哥明显地将此地当为厕所，在此方便后他们马上驾车离开。

自称大老粗就爱钻树林

"丽都广场里有洗手间吗？"听到记者询问，一名的哥笑了，他说："有啊，但那是文人去的地方，我们大老粗，在树林里就行了。"还有一名的哥具体解释了文人和大老粗上厕所的不同："我们这高中毕业的就去树林，你们大专以上的才去洗手间。"说完，这名的哥哈哈大笑。"你

周边建筑内有厕所

记者注意到，虽然附近并没有公共厕所，但是的哥们趴活的地方附近有燕翔饭店和丽都广场这两栋主要建筑。在找不到公厕的情况下，的哥们是不是不方便进入这两栋建筑里方便？带着这样的疑问，

都方面表示，一层的洗手间是公共的，谁都可以进去。燕翔饭店门童表示，只要说清楚就可以进来。

自认为有麻烦所以不进

那么的哥们为什么不进楼内的洗手间呢？记者一路问了四名的哥，他们几乎给予了这样的回答："我们也知道进去行，但是你看我们穿着这身制服，一看就是开出租的，和你们不一样，万一给拦下了多不好，你说为了上个厕所再惹一肚子气多不值当。"语气中明显含有一丝自卑。

有话就说

抛开丽都广场前这帮的哥自称大老粗爱钻树林不谈，其实，的哥随地小便的现象并非个别，也一直被人议为是一个修养问题，认为有此举动的的哥公德意识不高。这种批评或许有一些道理，但却没有考虑到一些的哥的这一不雅举动也是被"逼"出来的。

记者了解到，2004年就有政协委员对此提出建议，当时北京有关方面回应过，在靠近公厕的路边划出租车临时停车位，设置上下站牌，并建成一批出租车候车站，站内设有环保厕所。

"的哥如厕有多难"？前些年，围绕《天大的小事》应不少地方党委政府邀请讲学。谈及此事，少不了投放上图所示 PPT。加上"傻哥们也不怕扎着"的画外音，通常情况，无论与会者级别有多高，也一定会笑出声来。然而，笑过之后，又多会呈现一片沉寂。我知道，是此间专属讲学形式引出的反思。

这篇《的哥方便为何偏爱钻树林》，刊发在 2007 年 3 月 2 日的《北京晚报》，记者于建视角很不一般。文章说道：

"'我们都是大老粗，方便时就爱钻这小树林。'昨天下午，在丽都广场前趴活的众的哥一脸无所谓地说。的哥无所谓了，但周边居民却有所谓，当地居民侯女士说：'大白天的就在那儿方便，多不文明啊！'针对这一现象，记者昨天进行了一番调查采访。"

如何让的哥方便更方便？据说"2004 年就有政协委员对此提出建议，当时有关方面回应，靠近公厕的路边画出租车临时停车位、建出租车候车站且站内设有环保厕所、在出租车上装 GPS 系统，的哥可按卫星定位系统找厕所"。按理说，有这等组合拳，"的哥从此不再钻树林"，可为啥还依旧偏爱呢……

长期憋尿，出租司机很受伤 "爱心中国行"组委会呼吁社会为他们提供方便

临街单位厕所请对的哥开放

欧亚医院专家提醒，每天连续驾车超过2小时的司机都该注意保护前列腺

"每天都有几十名出租司机打进爱心热线，希望能借这次活动检查一下前列腺问题。"截至昨天，已经有200多名出租司机领取了"爱心中国行"组委会提供的爱心体检卡。

"久坐对前列腺的伤害，大家都知道了。对于出租司机而言，长期憋尿对前列腺的影响更大。"

对此，中国公益事业联合会会长李宪梅女士呼吁，"北京有近10万名出租司机，全社会都该为他们献出爱心。沿街社会单位的内部公厕，如果都能向出租司机开放，那么他们患病的几率就将大大降低。"

只顾多拉活 苦了前列腺

"几乎所有打来电话的出租司机，都咨询前列腺的问题。几乎所有的人都确信自己已经患病。"

欧亚医院男科专家韩晓虎主任介绍，从60多名已经体检的结果看，前列腺炎和前列腺增生的人占大部分。韩主任提示：前列腺疾病必须尽早接受治疗以免错过最佳治疗时机，前列腺疾病如不及时治疗，极易发展成为重症的前列腺炎、前列腺增生等泌尿疾病。

可是，出租车司机王师傅说："停下来？停下来就没有车开了！没有车开，就意味着没了收入。"

王师傅说："他白天出车时经常憋

救助设备

治疗前列腺炎的终极武器

ZRL-Ⅱ-A型腔道介入仪

这次爱心活动中，欧亚医院所有的先进设备都投入其中。

ZRL-Ⅱ-A型腔道介入仪的工作原理为：治疗仪利用导管上、下两者和软导丝、灌注药物液体形成闭合电路，电极系针对困合高频电磁场，磁场强度量被组织吸收转化为热能，组织温度升高使得局部组织血管扩张，组织加速血液循环加快，组织代谢大大增强，迅速促进炎症被吸收，并使得被坏死的菌落病及原有腺体被吸收，大大缓解患者的骨盆紧张综合病及前列腺疾病。

由于高频电磁振荡使组织中的带电粒子及细胞之间的摩擦振荡

请把关爱和尊重献给的哥

的哥您一定接触过，或许你还帮动过他闯红灯，或许你还理想过他给你赊送几，或许你还为当年的"拒载"来咨询前列腺的问题，我们批评、健康帮报他们已经坏了，可是，生活却不得不让他们无视这一事实的存我还有一份工作，毕竟这是一个付出辛劳就有回报的年代，毕竟自家的生活在一天天提高。或许，正是因为理

于是，有好心人想起网开一面。2007年10月4日，《北京晚报》"健康资讯"专版，刊发《临街单位厕所请对的哥开放》的文章，尽管不难看出专科医院、专科医生的多重诉求，但无论怎样表述，无论怎样表露，殊途同归，其实都为了"邻街单位内部厕所开放"做贡献。文章说道：

"'久坐对前列腺的伤害大家都知道。对于出租司机而言，长期憋尿对前列腺的影响更大。'对此，中国公益事业联合会会长李宪梅女士呼吁，'北京有近10万名出租司机，全社会都该为他们献出爱心。沿街社会单位的内部公厕，如果都能够向出租司机开放，那么他们患病的几率就将大大降低。'"

文章列举了出租车司机王师傅的如是说："白天出车时经常憋尿，车上有客人时上厕所不方便，公厕也不是哪里都有，为了少上厕所，出车时尽量少喝水不喝水。停下来？停下来就意味着没了收入。"

本书主述"厕所革命"那些事，因此对"的哥、前列腺"不做过多探讨。然而，相关话题还是要说，尤其"临街单位的围墙"出现尽快拆除的动议，一部分有条件的单位将内部厕所奉献出来，既是大势所趋，也是"便意"所向……

单位厕所对外开放，浙江立法推进与民"方便"

新华社杭州6月5日专电（记者岳德亮）浙江省人大常委会决定立法推进公共厕所必须姓"公"，车站、机关单位等的厕所都要与人"方便"。

作为一部关系人民群众切身利益的重要法规，浙江省人大常委会办公厅日前决定将《浙江省城市市容和环境卫生管理条例（草案）》（以下简称草案）在浙江省人大网站等媒介上公布，公开向社会各界征集意见。

根据该草案规定，公共厕所应当设置明显、规范、统一的标志，确定专人负责保洁，并保持整洁、完好，对公众24小时免费开放。违反规定的，责令改正；逾期不改正的，处300元以上3000元以下的罚款。

此外，举办大型活动时，举办单位应当设置足够的临时公共厕所。车站、码头、宾馆、商场（商店）、饭店，以及沿街的机关、企事业单位（涉密等特殊单位除外）的厕所，应当免费对外开放。

2007年开年，《天大的小事》获评"最值得推荐的一本书"。在此间收集的相关资料里，《杭州日报》的整版报道虽非先声夺人，但属"最为早上心"。由此，不仅与该市有了深刻互动，同时杭州城市管理的相关资讯也不断汇总案头。

2008年6月6日，《新华每日电讯》就刊发记者岳德亮采写的《单位厕所对外开放，浙江立法推进与民"方便"》，篇幅不大但格外上眼。其中说道：

"浙江省人大常委会办公厅日前决定将《浙江省城市市容和环境卫生管理条例（草案）》在浙江省人大网站等媒介上公布，公开向社会各界征集意见。根据该草案规定，公共厕所应当设置明显、规范、统一标志，确定专人负责保洁，并保持整洁、完好，对公众24小时免费开放。此外，车站、码头、宾馆、商场以及沿街的机关、企事业单位的厕所，应当免费对外开放。"

南方如此，北方如何？2010年10月20日，《新华每日电讯》刊发记者齐雷杰采写的《石家庄沿街单位，内设公厕免费或低价开放》，其中说道：

"在'壁垒森严'的城市难以找到'方便'之处，是不少市民遭遇过的尴尬事。石家庄市政府18日发布公告，要求即日起市内279家沿街单位内设公厕免费或按全市统一公厕收费标准低价向公众开放。须对外开放的公厕指沿街服务单位的内设厕所，开放时间不得少于所在单位对外经营时间，不得擅自关闭或无故停用内设公厕。通告还要求，对外开放的公共场所、沿街服务单位内设公厕须设置醒目标志和指示牌，有条件的还应设置残疾人专用厕位。确需收费的内设公厕，应执行统一标准，不得随意收费。"

■及时评论

"拒外人蹭厕"太小气，亦提醒公共服务加力

"非本酒楼客人借用厕所，罚扫厕所一天"，广州金沙洲一家酒楼，因为厕所里贴出了这样一张"温馨提示"，近日在网上曝光后，被不少网友质疑。酒楼则"诉苦"称，楼上多家商场未设厕所，顾客蜂拥而至，酒楼厕所成了公厕，无奈才出此下策。（9月28日《信息时报》）

显而易见，酒楼没有执法权，但没必要据此对酒楼上网上线，酒楼在厕所贴出的"温馨提示"，更像是开个玩笑。更何况，该酒楼从弄出"借用厕所"到

酒楼贴出这样一张"温馨提示"，自然

有其苦衷和难处，但却与温馨无缘。俗话说：人有"三急"，如厕第一。内急难忍时，总不能就地解决，要是有内急者遍寻之余，终于找到这家酒楼的厕所，却突然看到这样的提示，势必进退维谷，骑虎难下、啼笑皆非，只能"左右不是人"，这叫人情何以堪？

换个角度看，作为对外公开营业的酒楼，理应有广纳四方来客的胸怀与气度。动辄在厕所上贴出如此"温馨提示"，拒外来者于厕外，恐怕只会起到负面的广告效应，给本酒楼的客人和外来如厕者留下不好印

象，导致一些潜在的客源白白流失。正所谓：与人方便，与己方便。

不独这家酒楼，也不独广州，许多城市都出现过类似的"温馨提示"。不过，这与其说是在提示如厕者，不如说是在提醒城市的管理者。随着经济社会的发展，城市的高楼越来越多、生活越来越热闹，但公厕却越来越难找，城市公厕的数量、布局和卫生条件，远远满足不了市民的现实需求。

从城市管理者的角度看，除了以法规或文件形式"提倡和鼓励商场、餐馆、宾馆、加油站等场所内的公用厕所在营业时间向社

会开放"，让更多市民能够更理直气壮地借用厕所外，还应科学规划，因地制宜地多建一些公厕，合理设置男女蹲位数量，尽量让市民方便快捷地解决个人的"方便"问题。

实际上，公厕与我们每个人的生活息息相关，是一个不折不扣的民生问题，而民生问题无小事。城市管理者急市民之所"急"、想市民之所想，不仅是"以人为本"的应有之义，还是政府公共服务和社会文明进步的具体体现。

(陈尧)

关于"沿街内设厕所对外开放"一事，许多年来，各种声音不绝于耳。2011年9月29日，《新华每日电讯》陈尧撰写的"及时时评"，题为《"拒外人蹭厕"太小气，亦提醒公共服务加力》。其中说道：

"非'本酒楼客人借用厕所，罚扫厕所一天'，广州金沙洲一家酒楼，因为厕所里贴出了这样一张'温馨提示'，近日在网上曝光之后，被不少网友质疑。酒楼则'诉苦'称，楼上多家商场未设厕所，顾客蜂拥而至，酒楼厕所成了公厕，无奈才出此下策。酒楼贴出这样一张'温馨提示'，自然有其苦衷和难处，但与温馨无缘。俗话说：人有'三急'，如厕第一。内急难忍时，总不能就地解决，要是有内急者遍寻之余，终于找到这家酒楼的厕所，却突然看到这样的提示，势必进退维谷、骑虎难下、啼笑皆非，只能'左右不是人'，这叫人情何以堪？"

换个角度看，作为对外公开营业的酒楼，理应有广纳四方来客的胸怀与气度。动辄在厕所上贴出如此"温馨提示"，拒外来者于厕外，恐怕只会起到负面的广告效应，给本酒楼的客人和外来如厕者留下不好印象，导致一些潜在的客源白白流失。正所谓：与人方便，与己方便。

文章最后说道："不独这家酒楼，也不独广州，许多城市都出现过类似的'温馨提示'。不过，这与其说是在提示如厕者，不如说是在提醒城市的管理者。随着经济社会的发展，城市的高楼越来越多、生活越来越热闹，但公厕却越来越难找，城市公厕的数量、布局和卫生条件，远远满足不了市民的现实需求。"

迎与拒，请与推，"算计"无可厚非，但过于算计就不好了……

银行邮局能否设公厕

民意直通车

排队时间过长 内急找不到厕所 市民去银行办理业务遭遇如厕尴尬

民意探访

本报讯（记者 宋旸）昨天，网友"若水仪风"通过新浪微博"@"北青本地新闻"称，如今去银行办理业务排队等候时间都很长，银行设施是越来越先进，但作为城市公共设施，银行却没有向市民开放的卫生间，这对长时间等候的市民，尤其是老年人和残疾人来说更为不便。建议银行像酒店、医院、超市、商场等场所一样，能够为市民开放公共卫生间。

这位网友说，她去某银行存钱，由于办理业务的人较多，她在大厅等了近半个小时。当她询问保安厕所在哪里时，得到的回答却是银行内没有厕所，她不得不到距离银行三百米外的商场去，待她再次返回银行时，自己所排的号已经作废了，只能重新排队。

市民耿先生前几天去东大桥附近某国有银行办理业务，也经历类似的遭遇。"到银行等了一会儿以后想去厕所，但一层的工作人员回答厕所正在装修，我问她二层有没有，她却回答说不知道。于是我自己上了二层，保安的答复则是厕所不对外开放，当时我就感到非常气愤。"

记者走访了公主坟、六里桥附近的多家银行，发现大多数银行内没有为客户设置的公共厕所，而银行内部的厕所大部分不对外开放。在公主坟的一家银行，当工作人员被询问是否有厕所时，她回答道："银行内的厕所不对外，旁边的百货商场就有厕所，但是如果过号了还得重新取号。"

"银行不对客户开放厕所，对客户不公平。银行是公共场所，为顾客提供完善的服务是必要的。"耿先生说，除了银行，邮局等服务场所也没有为顾客设置公共厕所，这对于很多老年人或者残疾人来说更不方便。"而在一

广州酒楼"拒蹭内厕"让人不适。2012年1月13日《北京青年报》刊发记者宋旸采写的《银行邮局能否设公厕》。为什么此类机构都犯一个毛病？有说行业性质使然，有说行业惰性使然，总之，群众"逆来顺受"了当回事提出，被媒体当回事报道，似乎说明此等惰习、惰政非改不可。

医院酒店服务时间厕所须开放

市民希望公共服务场所非营业时间内也能对外开放

本报讯（记者全杰 通讯员成广伟）昨日，广州市城管委对外发布，要求公共场所、服务单位要做好内设厕所对外开放事宜。根据《关于广州市内公共场所、服务行业内设厕所对外开放的通告》规定，火车站、长途汽车客运站、医院等公共场所、服务行业内设厕所在对外服务时间对外开放。

按照规定，火车站、长途汽车客运站、机场候机楼、码头、医院、证券交易所、加油站、宾馆、酒店、餐饮店、招待所、公园、文化场馆、体育场馆、游（娱）乐场所、商场、集贸市场等公共场所、服务行业内设厕所在对外服务时间对外开放。需购票的公共场所，只向购票进入人员开放。

同时，规定要求，公共场所、服务单位内设厕所应有明显的标志和引导牌，其所有者或经营者负责维护并做好卫生管理，市容环境卫生主管部门负责检查监督。公共场所、服务单位内设厕所未经物价部门批准不得擅自收费，收费的应严格执行物价部门制定的标准。市民、游客使用上述公共场所的公厕，应当爱护其设施，自觉维护其环境卫生，损坏设施的应照价赔偿。

不少市民对于广州市内公共场所、服务行业内设厕所对外开放的规定表示欢迎。市民曾先生说，公共场所内设厕所对外开放，能方便市民如厕使用，让市民生活更加便利。但市民同时希望公共服务场所在非营业时间内也能对外开放。市民罗先生说，市内公厕布点还有"盲点"，晚上遇上"三急"时，还真希望这些单位能"救急"。

市城管委：加大厕所对外开放检查力度

市城管委称，下一阶段，将把各区"公共场所、服务单位内设厕所对外开放"落实情况纳入城市管理综合考评范畴，同时与精神文明创建工作结合起来，并加大检查督办力度，对执行好的区给予表彰，对成效差的区扣分批评。

与北京市民期盼"银行邮局能否设公厕"2012年4月18日，《广州日报》刊发了记者全杰采写的《医院酒店服务时间厕所须开放》。可也是，闲着也是闲着，白天开门、晚间打烊的公厕理当率先破解如厕困局。厕所没什么好丢的，挂把"将军不下马"，等于给群众来个下马威。

公厕服务品质提升方案发布征求意见，平房公厕将改造，增加保温除臭设施

鼓励餐饮行业厕所对外开放

脏、乱、臭味大，是人们对平房区公厕的普遍印象。近日，记者从市城管委公布的"实施公厕革命提升服务品质工作方案（征求意见稿）"（以下简称"方案"）中了解到，平房公厕将改造，到"十三五"末，街巷胡同、城乡接合部及农村等平房区公厕将提升为智能、节水、节能、资源循环利用的新型公厕。 **新京报记者 信娜**

将根据人口情况规划公厕数量

平房区老旧脏臭的公厕将迎来大变身。"方案"称，平房区将改造胡同及城乡接合部公厕，主要增加保温除臭等功能。而从2018年3月到5月，东城区试点保温、除臭、节水技术全应用。朝阳区则试点真空排导，费便资源循环利用改造。

如何改造？市城管委相关负责人介绍，会根据人口情况，规划公厕数量。同时，加装保温除臭设施，并发展节水、节电资源循环利用新型公厕。

除了改造老旧公厕，北京还将出现一批精品公厕，它们将成为集科技、基本公共服务、景观建设为一体的新智能公共空间。上述负

责人介绍，新型公厕将具备上网、充电等功能。根据规划，各区从明年起一直到2020年，每年要打造5到10座精品公厕。

据介绍，北京曾经开展过四次公厕革命。"十三五"期间，北京将组织实施第五次公厕革命，进一步提升公厕服务品质。根据征求意见稿，到"十三五"末，街巷胡同、城乡接合部及农村等平房区公厕将变身为智能、节水、节能、资源循环利用的新型公厕。

餐饮业厕所开放或减免餐厨垃圾处置费

女性如厕时间也成为征求意见稿中的亮点。方案"提出，轨道交通、公交枢纽站、加油气站及火车站公厕，将根据

人流量增加相应的女厕数量。同时，还将加大保洁服务经费投入，提升服务。

此外，餐饮行业厕所将对外开放。"方案"提到，将利用沿街厕所对外开放，解决一些地区如厕难问题。鼓励餐饮行业厕所对外开放的同时，对厕所开放、管理、维护到位的餐饮企业，免收或减收餐厨垃圾处置费用。

市城管委相关负责人解释，到"十三五"末，北京将以固定式、附建式公厕为主、社会单位公厕对外开放为辅，移动公厕拾遗补缺，解决公厕紧张问题。

此外，针对老人及儿童等如厕需求，还将继续建第三卫生间。征求意见稿要求，公厕应加装扶手，设置儿童大、小便器，增加女厕位比例、坐便器。

昨日，和平里北街公共卫生间，清洁工作人员对卫生间进行日常打扫。新京报记者 侯少卿 摄

■探访 东城未来两年改造896座老旧公厕

东城区和平里东街的一处室外公厕，地面干净整洁，不再弥漫臭味。工作人员介绍，每天对便池内喷洒除臭剂，十分钟就能去味。

据介绍，除臭剂是在小便池表面形成一层喷雾薄膜，可以阻断、降解臭味。公厕

还加了保温系统。上述工作人员说，厕所内温度可调控，冬季一般保持在20摄氏度。

东城区环境卫生服务中心副主任宫宁介绍，目前，东城区1300多个公厕已经全部办理了新型除臭剂。东城区共有

1339座公厕，是北京市公厕最为密集的区域。

董宁说，此次提升改造，将用两年时间，改造提升896座老旧公厕。其中2017年计划改造131座，以交道口、东华门等地胡同公厕和老旧平房区公厕为主。

老子除了讲过"天下大事，必做于细"，同时还倡导"天下难事，必做于易"。道理很直白，面对万事开头难，先从自己得心应手的方面下手，不仅会让事情简化，同时还会让自己在困难面前树立信心。

2017年11月30日，《新京报》刊发记者信娜采写的《鼓励餐饮行业厕所对外开放》。此举不同"性别友善"般的迷踪，而是通过"餐饮业厕所对外开放将减免餐厨垃圾处理费"的杠杆，让不可能尽量变为可能。其中说道：

"记者从《实施公厕革命提升服务品质工作方案（征求意见稿）》了解到，平房公厕将改造。到'十三五'末，街巷胡同、城乡接合部及农村等平房区公厕将提升为智能、节水、节能，资源循环利用的新型公厕。此外，餐饮行业厕所将对外开放，解决一些地区如厕难问题。鼓励餐饮行业厕所对外开放的同时，对厕所开放、管理、维护到位的餐饮企业，免收或减收餐厨垃圾处置费用。"

亦如本书开篇《紫姑神赋》所言，"官茅兜底民生"。实践证明，想做好这类事，习总书记经常倡导的"落细、落小、落实"必在其中。如何才能不走样，一言难尽，但如何远离负面清单，其实少些理念、行动上的花拳绣腿即可……

13 / 厕洁清规

CEJIE QINGGUI

没有规矩不成方圆，没有标准不成体统。餐饮行业如此，"五谷轮回地"亦如此。究竟公厕清洁标准如何评定，12年前，北京市市政管委主任曾讲"新改建公厕干净整洁就行"。水平如何，上过公厕者俗人所见略同。

同样是10年前，媒体告知《公厕臭味大，居民最不满》。细说起来，公众对公厕评价的标准晚于对餐馆好赖的认同。什么是厕所宜人的上上签，不妨到街上去转转看，但凡好吃不贵的餐馆大多人满为"欢"，别看被晾在门外苦等，但无人皱眉头，无人爆粗口，相比之下，我们的公厕则不然。

"厕所革命"走过的路曲曲折折，按照《北京市主要行业公厕管理服务工作标准》，监督公厕臭味达标与否将通过"嗅味员"和仪器检测两种方式。此举后续如何不得而知，只要相信"实践是检验真理的标准"即可。

说来也许不信，早在2005年，北京西城区率先完成公厕改造并出台全市首个服务标准，要求"公厕内苍蝇须少于两只"。平心而论，相信无论是谁，看到苍蝇限额或"配额"一定笑喷。的确，苍蝇不仅是个活物，同时还是活物中的"小强"，以其数量为验收标准，不亚于"蚊子飞行辨公母"。

时隔多年，北京市市政市容委颁布"公厕限蝇令"，同样"公厕里苍蝇不得超过2只"，看来"西城实践"有门。其后，媒体刊发《京城公厕无蝇背后》，虽然说的不是西城，但西城经验绝对靠谱……

没有规矩不成方圆，没有标准不成体统。餐饮行业如此，"五谷轮回地"同样如是。2007 年 1 月 12 日，《北京晚报》专版头条刊发记者贾中山采写的《新改建的公厕干净整洁就行》。其中说道：

"今后，北京公共厕所数量不仅要增加，卫生状况也将进一步改善。今天上午，北京市市政管委主任、2008 环境建设指挥部办公室主任，在北京城市管理广播城市零距离'与一把手对话'栏目与市民对话时透露，今年北京将新建 100 多座公厕，继续改善市民如厕难的问题。据统计，到 2006 年年底，全市已有达标公厕 5583 座，其中二类以上公厕 1700 多座。2007 年北京还将按计划新建改建公厕 1001 座，并已列入 2007 年市政府为市民所办的实事项目，新建改建重点是要解决部分地区群众如厕难的问题，使公厕布局日趋合理。"

针对有市民反映"北京城区存在豪华公厕成本太高"的问题，市市政管委主任说："公共厕所的建设和改造有不同的建设标准，最主要的就是干净整洁。据悉，本市规定，二类以及二类以上公厕，在硬件上，只要具备面镜、洗手池、烘干器等必备硬件即可。"

对公厕有发言权的官员很多，但官阶再高，在北京，当年的市政管委主任可谓一言九鼎，此人能讲出"公厕干净整洁即可"，确为"公厕革命"之幸事……

公厕臭味大
居民最不满

本报讯（记者张楠）在市市政市容委最新
发布的本市第三季度"干净指数"中，首次出
现了街巷胡同指标。城区中，"最干净"前三名
分别为西城区、朝阳区和东城区；延庆县、密
云县和顺义区位列郊区三甲。而公厕臭味大、
厕位少居民最不满意。

早在今年7月到9月份之间，市市政市容
委组织专业人员共检查了城六区上千条街巷
胡同，其中包括五道营胡同、东花市东街、顺
四条、三里河北街、松榆东里等，发现的环境
卫生问题达到571个。同时还邀请专家对城
六区街巷胡同环境卫生进行抽查，发现路面
及绿地、树坑内废弃物较多，雨水口有污物、
人工保洁车车容不整、生活垃圾未密闭存放、
建筑渣土乱堆乱放、白色污染等问题比较普
遍。

在昨天市市政市容委首次公布的街巷胡
同"干净指数"中，西城区、朝阳区、东城区位
居前三甲。各区街巷胡同的环境卫生问题多

2011年12月6日，《北京晚报》刊发记者张楠采写的《公厕臭味大 居民最不满》，
尽管篇幅不大，但"别太臭"一针见血，其实说起来，老百姓对公厕要求并不高。
其中说道：

"在市市政市容委最新发布的本市第三季度'干净指数'中，城区中，'最干净'
前三名分别为西城区、朝阳区和东城区；延庆县、密云县和顺义区位列郊区三甲。
而公厕臭味大、厕位少居民最不满意。城区中，东城区和西城区居民对公厕服务的
满意度明显高于其他四区。郊区县中，门头沟区、顺义区、平谷区、密云县和延庆
县公厕服务满意度在郊区县新城总体满意度之上。"

公众对公厕评价的标准晚于对餐馆好赖的认同。何为厕所宜人的上上签，不妨
到街上转转看，但凡好吃不贵的餐馆大多人满为"欢"，别看被晾在门外苦等，但
无人皱眉头，无人爆粗口，相比公厕则不然，"一臭遮百好，一气不回头"……

北京青年报

2012 年 5 月 24 日
星期四 A

京城公厕首次将臭味分为 一级（轻微）、二级（适中）、三级（最臭）三级

嗅味员判定公厕味道是否达标

本报讯（记者 黄建华）京城公厕的臭味是否达标，将由嗅味员来判定。本市首次将公厕臭味分为一级（轻微）、二级（适中）、三级（最臭）三级。昨天，记者从市市政市容管委了解到，《北京市主要行业公厕管理服务工作标准》公布后，市市政市容管委将通过嗅味员和仪器检测两种方式监督公厕臭味达标。

■嗅味员有 12 名左右

标准中明确了公厕卫生的部分标准值，首次将臭味分级，分为一级（轻微）、二级（适中）、三级（最臭）。针对公厕气味的测量，主

要分为人工测量和仪器测量，将委托市市质监局核准的具有环境检测资质的专业检测部门进行检测，记者了解到，本市具有资质的包括北京市环卫科研所和北京市环保监测中心两个单位，嗅味员的工作用大气采样器，对厕所内的氨、硫化氢气体进行采集样品，按照两项专业指标，采用比色法确定，按照国家标准确定气体是否达标。

■5 名嗅味员同时闻一间厕所

而人工测量则需要嗅味员现场嗅辨，比如 5 个嗅味员同时对一

间厕所进行嗅辨，其中 3 人认为臭味超标，超过三级，那么这间公厕气味不合格。记者了解到，市市政市容管委开始制定相关考核及评价标准，对不合格的公厕进行处罚。该标准适用于公园、旅游区、机场车站、医院和商场超市等人员集散场所的所有公厕。

■嗅味员不仅测评公厕。市市政市容管委有关专家介绍说，嗅味员嗅辨公厕只是他们的工作之一，他们还将每月对京城的各个垃圾填埋场进行臭味监测，另外，还将对其他不明来源的臭味进行监测。

为什么辨别臭味不用仪器设

备，而要用人类的鼻子呢？市市政市容管委有关专家表示，目前，用仪器设备只能测到硫化氢、甲硫醇、甲硫醚、氨等 8 种典型的恶臭污染物，而人们闻到的恶臭常是多种气味混合在一起的，到底这个气味是否属于国家规定的恶臭范畴，就得靠人的鼻子来判定。

■获嗅味员资格须过闻臭考试

嗅味员需要通过考试，据介绍，嗅味员资格考试中有一项闻臭操作考试，目的就是考验鼻子的灵敏度。考试中，考官将准备若干装有气体的袋子，其中，既有装有臭味

的袋子，也有无气味的袋子，应试者则必须用鼻子算出一半以上有气味的袋子，才算合格。

昨天采访中，记者还了解到，由于工作的特殊性，嗅味员这种职业并不是所有人都能胜任，从业人员必须有健康的生活方式，不抽烟、不喝酒、没有鼻炎，且年龄有一定限制。嗅味员必须继续保持这种健康的生活方式，平时生活中要尽量避免感冒，以免影响嗅觉。嗅味员也有男有女，嗅味员考试中，根据科学家的实验，女人的鼻子比男人灵敏，因而在这个职业群体中"女性也顶半边天"。

尽管本书、本章的叙述过程大致有时间顺序，但并不完全等于"前言、后语"说的就是同一回事。话虽这样讲，但有了前文所示"公厕臭味大，居民最不满"，所以看到了 2012 年 5 月 24 日《北京青年报》记者黄建华采写的《臭味员判定公厕味道是否达标》并不觉太过突兀。其中说道：

"京城公厕的臭味是否达标，将由'嗅味员'来判定。本市首次将公厕臭味分为一级（轻微）、二级（适中）、三级（最臭）三级。昨天，记者从市市政市容管委了解到，《北京市主要行业公厕管理服务工作标准》公布后，市市政市容管委将通过嗅味员和仪器检测两种方式监督公厕臭味达标。"

为什么辨别臭味不用仪器设备，而要用人类的鼻子？有关专家表示，"用设备只能测到硫化氢、甲硫醇等 8 种典型恶臭污染物，而人们闻到的恶臭则是多种气味混合在一起，到底这个气味是否属国家规定的范畴，就得靠人的鼻子来判定。由于工作特殊，从业人员必须有健康的生活方式，不抽烟、不喝酒、没有鼻炎，要尽量避免感冒，以免影响嗅觉，且年龄还有一定限制。专家介绍，根据科学家的实验，女人的鼻子比男人灵敏，因而在这个职业群体中'女性也顶半边天'。"

或是孤陋寡闻，或是迂腐迟钝，总之，公厕"嗅味员"能嗅到哪一天，不仅会拭目以待，同时还会说三道四碎碎念……

北京 / 时事

责编 / 林色平　美编 / 周鑫　责校 / 赵阳

本版 E-mail:abc@beijingtimes.com.cn

京华时报 A0

2005 / 9 / 20

西城率先完成公厕改造 出台全市首个服务标准

公厕内苍蝇须少于两只

本报讯（记者侯艳 李艾） 截至昨天，西城区完成了450座公厕改造，在全市率先完成公厕改造。当天，该区还出台了全市首个公厕管理和服务标准。根据该标准，今后西城区的每个公厕保洁员只需负责一座公厕的卫生，每个公厕的苍蝇少于两只。

据西城区环境卫生服务中心副主任赵宝庆介绍，以前西城区的环卫工人基本上每人每天要打扫10—12座公厕，每天清洁两遍，服务标准实施后，每个保洁员只需负责管理一座公厕。为此，西城区环卫中心增加了400名环卫工人。

根据服务标准，公厕的卫生保洁控制指标应符合：废弃物少于两个；废弃物停滞时间不超过30分钟；苍蝇少于两只。此外，保洁人员在清洁女厕前，必须先问清是否有人使用，待无人时，方可进入清扫，并在门口悬挂提示牌。

赵宝庆说，该标准实施后，环卫中心的检查组将根据标准对辖区内的公共厕所保洁进行定期的检查。

据市市政管委环卫设施处处长马康丁介绍，450座公厕的改造工程是西城区3年（2003年至2005年）的总体任务。目前，四个城区（东城、西城、崇文和宣武）中，西城是第一个完成改造的，除东城进入验收阶段外，今年，全市公厕改造计划为1726座，截至9月6日，已经完成了1092座的改造。

说起来，北京西城区在"厕所革命"的漫长过程中确实有不少创新举措。然而所谓"创新"，有时候第一时间很无语，有时候最后时刻才会见分晓。

2005年9月20日，《京华时报》记者侯艳、李艾告知"西城区率先完成公厕改造 出台全市首个服务标准"，要求《公厕内苍蝇须少于两只》，其中说道：

"截至昨天，西城区完成了450座公厕改造，在全市率先完成公厕改造。当天，该区还出台了全市首个公厕管理和服务标准。根据该标准，今后西城区的每个公厕保洁员只负责一座公厕的卫生，每个公厕的苍蝇须少于两只。根据服务标准，公厕的卫生保洁控制指标应符合：废弃物少于两个；废弃物停滞时间不超过30分钟；苍蝇少于两只。此外，保洁人员在清洁女厕前，必须先问清是否有人使用，待无人时方可进入清扫，并在门口悬挂提示牌。"

据西城区环境卫生服务中心副主任介绍："以前西城区的环卫工人基本上每人每天要打扫10—12座公厕，每天清扫两遍。服务标准实施以后，每个保洁员只需负责管理一座公厕。为此，西城区环卫中心增加了400名环卫工人。这位负责人还说，该标准实施以后，区环卫中心的检查组将根据标准对辖区内的公共厕所保洁进行定期的检查。"

平心而论，相信无论是谁，看到"公厕内苍蝇须少于两只"一定会笑喷。的确，苍蝇不仅是个活物，同时还是活物之中的"小强"，以其数量为验收标准，不亚于"蚊子飞行辨公母"。于此，您如是，我如是，俗人略同皆如是，"公厕卫生能否用少于两只苍蝇评判"，慢慢来，细细品，一切尽在不言中……

公厕里苍蝇不得超过2只

本市主要行业公厕管理服务标准公布

本报讯（记者张楠）公园、超市内的公厕，不得比该场所关门还早；公厕内的苍蝇个数不得超过2只；便池堵塞12小时内要抢修完毕……市市政市容委昨天对外公布"北京市主要行业公厕管理服务工作标准"，对部分行业公厕内的一系列服务提出了严格的要求。

所谓主要行业公厕，是指公园、旅游区、旅游饭店、长途汽车首末站、轨道交通站、飞机场、火车站，还

有医院、商场、超市等人员集散场所的公厕。

标准提出，这些场所的公厕必须保证隔断板、镜子、水嘴、洗手（盆）池、挂衣钩、标识灯具、通风除臭等各种设施、设备齐全完好，保证使用。应设置无障碍通道和老年人、残疾人专用厕位。

地面蹲台、便器、座圈等设施设备要清洁卫生，无积尿、积水、结冰、杂物。废纸容器不溢

满，无乱写乱画。公厕内的废弃物不得超过2个，废弃物的停滞时间不得超过30分钟。公厕中苍蝇的个数不得超过2只。

为了避免出现公园等公共场所还没有闭园时，公厕先关门拒客的问题出现，新标准特别提出，公厕的开放时间应当与场所的开放时间同步，有条件的还可以适当延长。要公示公厕管理单位的监督电话、公厕的开放时间等内容。

J204

[有话要说]

余味：如能达到这些指标，就是我理想中的公厕。

沙小易：公厕最能代表一个城市的文明程度。

霹雳老头（1054969344）：我们还远远没有达到苍蝇不得超过两只的实际条件。还是把主要精力用在怎么样才算真水平。

维纳斯（421476251）：要求不高，只要无异味、无蚊蝇、有手纸、可以洗手、干净整洁，就很不错了。

蒋无三：硬件设施，只要解决了资金问题就没有办不到的，管理的怎么样才算真水平。

小台风（624297230）：标准很好，实现很难。人的素质还达不到。

学无止境（845047312）：公厕硬件提高了，人的如厕素质也亟待提高。

[马上就访] 不是强制性标准

市市政市容委相关负责人今天向记者解释称，目前公布的仅是北京市主要行业对于公厕的管理服务工作标准，是一种工作要求，还不是一种强制性的标准，希望引导这些公厕向更好的方向发展。北京市现在对于公厕的标准，是在国家统一

标准的基础上制定的，但是里面的很多要求显然都已经高于了国家标准。

对于这一标准，一些市民在肯定的同时，也提出了一些建议。如一些商场、超市里的公厕，蹲坑的数量太少，坐便器大家嫌脏谁

都不愿用，建议减少坐便器，增加女厕坑位。公厕的冲水设备，经常有人嫌用手按压的冲水把手不卫生，就直接上脚踩，"你踩完我这怎么用手按啊，多脏啊，于是干脆大家都用脚踩，或者索性不冲了，还不如改成脚踏的呢。"

张楠 J204

2005年，北京西城区率先提出"公厕内苍蝇须少于两只"以后，说什么的都有，历经了不少沧桑磨难。时隔六七年，2012年5月22日，《北京晚报》记者张楠撰文告知"本市主要行业公厕管理服务标准公布"，包括《公厕里苍蝇不得超过2只》。其中说道：

"公园、超市内的公厕，不得比该场所关门还要早；公厕内苍蝇个数不得超过2只；便池堵塞12小时内要抢修完毕……市市政市容委昨天对外公布'北京市主要行业公厕管理服务工作标准'，对部分行业公厕内的一系列服务提出了严格的要求。所谓主要行业公厕，是指公园、旅游区、旅游饭店、长途汽车首末站、轨道交通站、飞机场、火车站，还有医院、商场、超市等人员集散场所的公厕。"

记者同时告知，对于这一标准，一些市民在肯定的同时也提出了一些建议，如公厕冲水设备，经常有人嫌用手按压的把手不卫生，就直接上脚踩，结果最后干脆大家都用脚踩，或者索性不冲了，不如都改成脚踏的。

"鞋舒服与否只有脚知道"。因此，公厕设计者当初有无考虑得那么细，事后有无体验得那么实，也就决定了"厕所革命"的进程……

北京西城区试水"公厕限蝇"后，全市各区相继多有跟进，2012 年 5 月 26 日，《北京青年报》刊发记者黄建华采写的《市政市容委回应公厕限蝇令》，称"公厕苍蝇不多于 2 只并非不能实现"。其中说道：

"'公厕中苍蝇不得多于 2 只，绝不是拍脑门想出来的，它依据了国家标准。'昨天的说明会上，市市政市容委环卫处处长谢国民介绍，1998 年颁布的《中华人民共和国城市公厕卫生标准》中就有明确规定，一类公厕苍蝇数量是零只，二类公厕苍蝇要 3 只以下，城市公厕国标中不仅对苍蝇的数量进行了明确，还对蝇蛆、臭味强度、采光系数、氨、硫化氢等具体标准值设定了指标。谢国民处长介绍，北京的厕所也是经历了露天旱厕、水冲厕所不断干净的过程，因此，很多网友对此提出的指标质疑也是正常的，说明大家关注这件事。他表示，提出苍蝇数量的标准，从另一个侧面说，也反映公厕是否消毒、是否及时保洁、是否装纱窗、是否装门帘，而这些工作到位，苍蝇少是必然的。"

实践出真知。据说 2008 年北京奥运期间，西城区就"率先对辖区 400 名公厕保洁员提出禁超 2 只苍蝇的强制性要求"，结果令人满意……

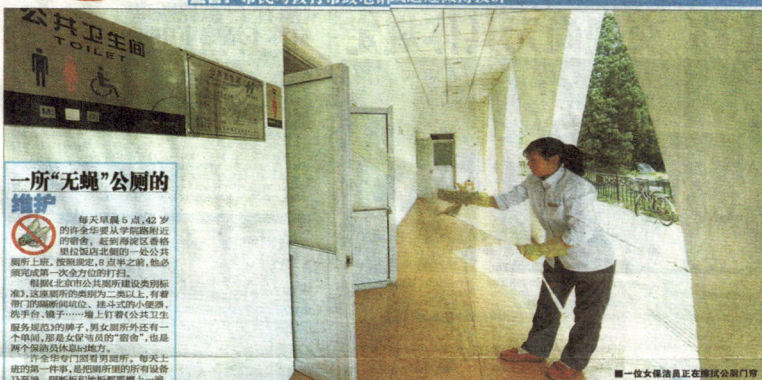

公厕内苍蝇数量能否有效控制？2016 年 2 月 2 日，《北京青年报》刊发了记者满羿、王晓溪采写的《京城公共厕所无蝇背后》整版报道，其中说道：

"5 月 21 日，北京市市政市容委向市交委、市商务委等五家市属委办局下发《北京市主要行业公厕管理服务工作标准》。一石激起千层浪，争议的焦点正是公厕卫生保洁控制指标中关于苍蝇的数量。如此规定苛刻吗？具有可操作性吗？事实上，标准的背后，支撑它的是一个严格的公共厕所卫生工作管理监督体系，而'苍蝇'只是其中一个监测点。在这个网络中，从厕所保洁员到各区县的第一把手都不得不承受厕所卫生考核所带来的压力：它可以影响一个打工者的生活，也可以影响到一个区县负责人的政绩。"

据报道，"正是这个鲜为人知的'网络'，让北京的大部分市政公共厕所具备了'无蝇'的现实可能。新标准的诞生，让公厕这一话题重新回到老百姓的视野之中。这对于舆论中心的市政市容管委会来说，或许不是一件坏事。在他们看来，这恰恰说明，市民关注与政府关注实际上不谋而合"。

此事想到 2005 年西城区率先开展的"公厕控蝇"，首善之区果然了得……

14／厕管高配
CEGUAN GAOPEI

老百姓过日子有句"吃不穷喝不穷，算计不周就得穷"。五谷轮回，厕所管理同样是"屙不脏尿不脏，清扫不勤肯定脏"。鉴于此，"加强公厕保洁"是厕所管理亦抑或"厕所革命"的底线思维。

多年以前，一篇《平凡的岗位，不平凡的品格》引人注目，讲的是上海公厕管理员李影，不嫌活脏，不怕事小，以诚敬的心干着方便他人的工作，以诚实的力量彰显劳动光荣，把小小公厕打理成了大上海的文明窗口。时隔不久，新华社发文《78岁"厕所所长"：小车不倒只管推》。两位一老一小，一南一北，不同点多，但相同点也不少，其中，媒体刊发的《他让公厕像家里一样干净》，可谓一语道破其中原委。

从某种意义讲，"厕所革命"的主战场是"公厕革命"。既然产权原姓"公"，那么相应的"官本位"就该顺理成章。一篇《市委书记任总厕所长，这个可以有》，告知"为整治公厕卫生，巢湖市成立厕所整治小组，城管局管辖下的39所公厕实行'一厕一长'制，局中层以上干部分别联系一座公厕，担任厕所长，市委书记则担任'总所长'"。

好一个"一把手思维"，好一个"抓住关键少数"，好一个"抓关键少数也可用于很多社会治理领域"，有此助兴，凭此助推，或许某一天，响当当、亮堂堂的"官茅房"将成为"卫生间"的时代写真……

公厕高管

"您让我这点儿宝贝上了报纸，别的区可就都学会啦……北京所有的区，全国所有的公厕都学会这些招几才好啦，那得给国家省多少钱啊……"昨天下午，东城钱粮胡同混土消纳管理所几平方米的办公室内，周富宾展示着他的数件法宝。

开朗风趣的周师娓娓叙起调侃语气，满脸严肃地道起了北京城公厕冲洗中水取代自来水节能减排的治本之计，和哪些他发明的宝贝一旦投入使用便能日均、周均、月均、年均给国家省多少钱……说这些时，55岁的汉子常常被突然噎不上来的一口气打断，喝口水或站起来拖着极其几步喘些一下后，又会接着用略显急迫的口气盘着着他那如数家珍的行初衷。

周富宾，26岁返城来到东城环卫，公厕保洁干了六年，综合维修干了几十年。艰苦岁月里，他曾用手捂暖冻坏的管道，他曾连天隔夜舍命保修低温大雪里的公共设施……周富宾的整个职业生涯都交给了东城区大大小小千余个胡同公厕。

近三十年来，被周富宾称之为"一根筋专研技术"改进的水电维修技术革新项目多达20多项。

寒来暑往，人称"拼命三郎"的他20多年没回家过春节，接报修电话曾接到手哆嗦，跳进维修管道抢修跑水水井冻到腿抽筋，积劳成疾导致支气管哮喘、大泡肺气肿，下肢股骨头坏死让亲朋好友疼得心哆嗦。

如今，笑称自己已经熬成了公厕"高管"的他不到五年便要"到站"退休了，在他的心头有件事儿一直挺焦虑：自己满身的手艺后继乏人，年轻的城里孩子一听说是环卫侍弄公共厕所基本扭头就走；真正带着文凭来环卫系统立志"新兴绿色事业"的学生到了一线大多眼高手低需要重新培养；好不容易出徒的"透溜"孩子又是眼望那山待不长远……

刘航 摄影报道 J214

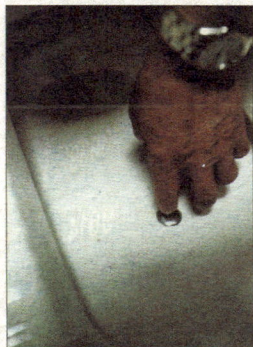

看似不起眼儿的这个"小机关"是老周带徒弟们安置的，它节省了不少因"堵死地度"而更换硬件的开销。
▶每项发明能节水多少、能减少硬件损耗多少……老周都如数家珍。

物品井井有条，多年维修一线工作养成的习惯被老周延续到了领导岗位。

无论年龄和资历，老周都是班上绝对的领导。但想到身后这些都已年近退休不小的徒弟，他还是难免为这个千家万户离不开的岗位前景担忧。

股骨头坏死的老周离不开岗位，残废车成了他继续巡检的"好伴侣"。

2010 年 6 月 29 日，《北京晚报》刊发刘航采写的摄影报道《公厕高管》，图文并茂，仅凭标题看了就想乐。其中说道：

"周富宾，26 岁返城来到东城环卫，公厕保洁干了六年，综合维修干了几十年。艰苦岁月里，他曾用手捂暖冻坏的管道，他曾连天隔夜舍命保修低温大雪里的公共设施，可以说整个职业生涯都交给了东城区大大小小千余个胡同公厕。寒来暑往，人称'拼命三郎'的他 20 多年没回家过春节，接报修电话曾接到手哆嗦，跳进维修管道抢修跑水水井冻到腿抽筋，积劳成疾导致支气管哮喘、大泡肺气肿，下肢股骨头坏死让亲朋好友疼得心哆嗦。如今，笑称自己已经熬成了公厕'高管'的他不到五年便要到站退休了，在他的心头有件事儿一直挺焦虑：自己满身手艺但后继乏人，年轻的城里孩子一听说是环卫侍弄公共厕所基本扭头就走；真正带着文凭来环卫系统立志'新兴绿色事业'的学生到了一线大多眼高手低需要重新培养；好不容易出徒的'透溜'孩子又是眼望那山待不长远……"

周师傅的难处是人都能理解，因为环卫工，尤其是与公厕打交道的环卫工成长空间确实不那么春风得意。这是事实，也是"厕所革命"的初心所在……

全国道德模范候选人

平凡的岗位
不平凡的品格

——记上海公厕管理员李影

一位"80后"的年轻姑娘,不嫌活脏,不怕事小,以诚敬的心干着方便他人的工作,以诚实的力量彰显劳动的光荣,把小小公厕打理成为大上海的文明窗口。

这位姑娘就是第三届全国道德模范候选人、上海闸环灵石环境卫生工程有限公司沪太路1170弄(龙潭小区)29号公厕管理员李影。

1998年,17岁的李影从苏北农村来到上海打工,其间她做过服务员、推销员、当过投币厕所管理员。2005年10月,李影成为沪太路1170弄(龙潭小区)29号公共厕所管理员。

这里的公厕设施简单,环境潮湿,有时还会泛起阵阵气味。但自从李影管理起这间公厕,变化悄然发生。

从大家关注的环境入手,李影一步一步提高公厕的服务水平。当观察到顾客特别是老年人如厕后,地面时常会留下尿渍,既容易产生异味,干了以后又不易清除,她自创"跟踪式"保洁法,每来一位客人,就进行一次打扫,这样的保洁方式劳动强度很大,一天下来相当于走了数千米的路,但李影觉得能保持公厕干净无异味,自己累点也值得。

当发现公厕便民设施不多,李影自掏腰包在公厕内点起了檀香,贴上"小心地滑"的提示,摆上了洗手液,在洗手台下方添置了一个大鱼缸,原本呆板的公厕环境变得整洁生动。

看到顾客的自行车、助力车停放不便,李影便自己动手把公厕门前的一片泥地改造成一个停车点,将废旧长椅修缮成为休息座椅,方便了往来群众。

公厕50米外是龙潭小区居委会的便民输液点,许多老人常常举着吊瓶跑到公厕方便。李影发现这一情况后,上班时总会自然而然地朝居委会的方向望望,只要看到有举着吊瓶的老人过来,就主动迎上去,将老人扶进厕所。

双腿残疾的居民朱祖康住在公厕附近,从他家到公厕20米长的路面坎坷不平,李影就动员丈夫与自己一起利用休息时间,用方砖砌成宽约1米、长约20米的平坦通道。这红砖小道既方便了朱祖康,也方便了其他人。

多年来,李影以热心、细心、虚心、耐心、诚心来管理公厕,方便群众,这个小小公厕荣获了闸北区十佳文明窗口称号。

(新华社北京8月31日电 记者隋笑飞)

2011年9月1日,《光明日报》转发新华通讯社记者隋笑飞采写的《平凡的岗位不平凡的品格——记上海公厕管理员李影》。其中说道:

"一位'80后'的年轻姑娘,不嫌活脏,不怕事小,以诚敬的心干着方便他人的工作,以诚实的力量彰显劳动光荣,把小小公厕打理成为大上海的文明窗口。这位姑娘就是第三届全国道德模范候选人、上海厕管理员李影。她自创'跟踪式'保洁法,每来一位客人就进行一次打扫,这样的保洁方式劳动强度很大,但李影觉得能保持公厕干净无异味,自己累点也值得。多年来,李影以热心、细心、虚心、耐心、诚心来管理公厕,方便群众,使小小公厕荣获了文明窗口称号。"

"78 岁"厕所所长":小车不倒只管推

年近八旬的许"所长"慈眉善目爱笑，身材瘦小硬朗，他手下没有一兵一卒，是个厕所所长。许"所长"27年雷打不动坚持打扫厕所，每年只给自己在大年初一放一天假。记者问他，这厕所要扫到什么时候，他说："小车不倒咱只管往前推，再干五年也没问题。"

许校长成了许"所长"

今年78岁的许久志是河北省武强县农牧局退休干部，曾经当过兵，1954年加入中国共产党，上世纪70年代转业到县农业部门，当过农广校长。

许久志转业不久，看到邻家退休干部李荣斌义务打扫小区公厕，经常过去帮忙。过了几年，李荣斌对许久志说："我年纪大了，你能不能接我班？"许久志回忆说："当时我没想什么，扫个厕所也不是什么艰巨的任务，就把这个话接下来了。"

1984年，县城规划，原来的小区公厕拆了，许久志家附近盖起一个新公厕，他主动承担了打扫厕所的任务。2003年，公厕改为水冲厕所，为了节水，他打制一把小铁铲，专门清理茅坑壁上的粪便和尿池内的杂物。

原来的许校长成了许"所长"，亲戚、朋友对他冷嘲热讽，家人专门召开家庭会议劝他不要干，劝不住就把他的铁锹、扫帚藏起来。许久志说："为周围群众做点好事有什么不应该的？问心无愧才对这件事，就要把它干好。"

一年只放一天假

许久志打扫厕所定时定点，每天早上五点半、下午五点半各一次。

遇上有些人上厕所不讲文明，屎尿弄得很脏，许久志说，"首先你自己不能生气闹情绪，更不能对他们说咽话，弄脏了我就打扫一次，次数多了，他们就能被感化。"

根据他多年的经验，这厕所平时每天有300人次光顾，每逢集市增加到500人次，20立方米的粪池21天就要掏一次，在1990年以前，没有专用的吸粪车，许久志要专门跑二里路叫人赶着驴车来淘粪。如今，吸污车定期前来抽粪。

许久志27年如一日坚持打扫厕所，每年只给自己在大年初一放一天假。只是在2003年春天，许久志和家人去北京旅游五天，之前给特意照顾厕所的事找邻居帮忙。从照顾后，许久志再也没出过远门。即使是来参访友，去儿女家小住，身体不适时，他也没有闲着，27年来，许久志用坏了5个水桶、6把铁锹和100多把扫帚。

"为社会做点贡献"

武强县城管局干部郭铁柱告诉记者，"老许年纪大了，我们多次劝他别扫了，让环卫工人干。如果坚持打扫也行，城管局每月可以补贴他一笔收入，这些都被他婉拒了。

许久志说，"我和老伴都有退休金，我打扫厕所就是为社会做点贡献。"

许久志负责打扫的厕所隔壁是武强县直幼儿园厕所，"每周一，许师傅都准时来我们幼儿园帮着打扫厕所。这么多年，他从没间断过，孩子们一看到许师傅来了，都争着拿工具。他不仅创造了好的生活环境，还教会我们懂得感恩。幼儿园教师贾晓蕾说。(记者王民)据新华社石家庄10月16日电

许久志拿着铁锹和水桶走出家门准备去扫厕所(10月10日摄)。　新华社记者　王民　摄

和媒体报道李影前后脚，2011年10月17日，《新华每日电讯》刊发记者王民采写的《78岁"厕所所长"：小车不倒只管推》。两位一老一小，一南一北，不同点很多，相同点也不少。其中说道：

"年近八旬的许'所长'慈眉善目爱笑，身材瘦小硬朗，他手下没有一兵一卒，是个厕所所长。许'所长'27年雷打不动坚持义务打扫厕所，每年只给自己在大年初一放一天假。记者问他，这厕所要扫到什么时候，他说：'小车不倒只管往前推，再干五年也没问题。'

许久志是河北省武强县农牧局退休干部，曾经当过兵，1954年加入中国共产党，上世纪70年代转业到县农业部门，当过农广校校长。许久志转业不久，看到邻家退休干部李荣斌义务打扫小区公厕，经常过去帮忙。过了几年，李荣斌对许久志说：'我年纪大了，你能不能接我班？'许久志回忆说：'当时我没想什么，扫个厕所也不是什么艰巨的任务，就把这个话接下来了。'

1984年，县城规划，原来的小区公厕拆了，许久志家附近盖起一个新公厕，他主动承担了打扫厕所的任务。2003年，公厕改为水冲厕所，为了节水，他打制一把小铁铲，专门清理茅坑壁上的粪便和尿池内的杂物……

许久志负责打扫的厕所隔壁是幼儿园厕所，'每周一，许师傅都准时来幼儿园帮着打扫厕所。这么多年从没间断过，孩子们一看到许师傅来了，都争着拿工具。他不仅创造了好的生活环境，还教会我们懂得感恩。'幼儿园教师贾晓蕾说。"

【德行录】

韩堆堆把地安门外大街上的3个公共厕所当成自家厕所打扫。工作五年来，无论冬夏，他每天早上6点到晚上9点，轮流查看、清扫，每天打扫十多次，干净得让隔壁胡同的人愿意骑自行车来这里上厕所。冬天下雪担心居民上厕所滑倒，他买盐撒路面，还找废纸箱铺在厕所门外。遇到醉汉上厕所砸碎玻璃，他帮醉汉清理伤口。背坐轮椅的老人上厕所，帮小孩提裤子，更是常事。清扫公厕这份工作虽然平凡，但他尽心尽力，无怨无悔。

本版采写新京报记者
李雪莹 李馨
本版摄影新京报记者
黄月

◀11月11日，地安门外白米社区，公厕保洁员韩堆堆站在他日常工作的工具前。

NO.13
2013感动社区

他让公厕像家里一样干净

说完了上海、河北，再聊聊北京，2013年11月20日，《新京报》刊发李雪莹、李馨采写的《他让公厕像家里一样干净》。其中说道：

"韩堆堆把地安门外大街的3个公共厕所当成自家厕所打扫。工作五年来，无论冬夏，他每天早上6点到晚上9点，轮流查看、清扫，每天打扫十多次，干净得让隔壁胡同的人愿意骑自行车来这里上厕所。冬天下雪担心居民上厕所滑倒，他买盐撒路面，还找废纸箱铺在厕所门外。遇到醉汉上厕所砸碎玻璃，他帮醉汉清理伤口。背坐轮椅的老人上厕所，帮小孩提裤子，更是常事。清扫公厕这份工作虽然平凡，但他尽心尽力，无怨无悔。"

住在地安门外的王先生说，他每天进出家门必经胡同口公厕，总能看到韩堆堆认真打扫的身影。附近奶茶店一位男店员说，老韩打扫的厕所很干净，夏天味儿也不大，虽然奶茶店边上的商场里就有厕所，但他更愿意走上300多米到杏花天胡同上厕所。

肃然起敬。一位同样能闻出香臭的人，居然能够在漫长的时间里，把"茅房"打造成公众肯于舍近求远的"卫生间"，好生了得，更好生了不得……

面对这项无人问津的活计 他坚持了整整10年

京城最后的淘粪工

本报记者 张硕

淘粪工，消失在现代化的城市中已经有很多年。随着城市发展，似乎无人记得，究竟是何时，大小罐车取代了背粪的工人。然而在京郊西五环路边的长辛店大街，还有一只手就能数得过来的几位淘粪工人。

现状
工作仍是又脏又累

早上7点多。"哦，好的，我一会儿去您家。"说完这句话，周艳东把手机揣回衣兜，戴上手套，拿起绑着塑料桶的"齐眉棍"——这是他自制的淘粪舀——走进了长辛店大街西侧的一个院子内。

长辛店这一带，平房的格局颇像是北京城里的小胡同。这儿的厕所也有公、私之分，有的院落稍微宽敞，居民们便凑钱在院子里建起厕所。因为没有完善的污水排放设施，因此，还需要人工淘粪。和居民打过招呼，周艳东便进了一间一米见方的小屋。粪桶放在一旁，他拿起大舀子伸进坑位，一勺一勺将里面的粪水舀进了桶，然后，他用扫帚将蹲坑旁边滴落的屎尿清理干净。接着，他将两只盛满粪水的桶挂在扁担上。这一挑粪水三四十斤，周艳东一路小碎步，穿过只有一人宽的小巷，来到了小胡同里。他的"三蹦子"粪车，停放在小胡同里。他将从居民院子里淘出来的粪水，利落地倒进车后的大铁罐子里。

"这个小伙子干了好多年了，淘得最干净。现在，这一片居民都愿意找他。"一位大婶说。在这里，淘粪靠口碑。周艳东出来的……

欣慰
能吃苦颇受人尊敬

1983年出生的周艳东是江苏徐州邳县人。身材不算高，皮肤黑里透红。他初中毕业后出来打工，曾经在河南的羊皮厂干过活。23岁结婚，第二年，他来到了北京，投奔老丈人，一起在长辛店打工。他的老丈人20年前就来到了北京，很早就开始从事淘粪的工作。去年开春，老丈人因病回到老家，周艳东开始独自撑起淘粪这摊活儿。

胡同旁的街坊们都知道，周艳东会在每个月15日、30日两次来淘粪，事务早已有居民站在门口等待他。"一般一个月一两次就够了，如果赶时间需要，居民们都会给我打电话。像这种一两桶儿就能清理干净的，一次收费大都是15元左右，视着所在的院子的'深度'可能略有增加。"

看到有记者来给淘粪工人照相，老街坊们挺高兴。"当年研究劳动不分贵贱，你当年传祥一样的劳模嘛！"但真要了掏钱的时候，居民们也有自己的说法。"当年生产队派人来淘粪，根本不收钱。""还15块钱哪，能不能便宜点儿？""您看看我们这破厕所，一直不给改造，都怕蹲着的时……

困惑
卸粪成了一件难事

上午10点多，已经忙活了三个多小时，周艳东的粪车基本上装满了。他晚着"三蹦子"从长辛店南口行驶至京周路，大约十多分钟后，就到了赵辛店村。很快开到了田地边，这里有一男一女两位老人，正在地里忙活。打个招呼，周艳东直接把车停到了地头儿的粪坑前，将一车粪水卸了进去。"咱们这儿还没有改造的信儿，我看见那边都圈起了地，可能要盖楼呢。"大婶兴奋地说。

然而，这正是周艳东最烦心的事儿。几年前，长辛店南口旁边还有很多田地，而近年来城里人淘粪，已经成了一件难事儿。"前几天到地里给人家地上浇一车粪水，人家好歹给个十块八块的。现在，附近地快找不到粪了，只能免费给人家，而且越卸越远。"

忙了一上午，周艳东带着记者来到了他家。这是普通农村小院儿，门口摆着那一辆三蹦子粪车。下午，周艳东会开着这辆带有电动装置的车，再去胡同稍微宽阔的院子卸粪一趟车。如此一个月，他的收入大约有4000元。别看收入不高，这里常有热心的居民围着村时他的生活。他家墙外堆着一摞大白菜，这……

---

20 世纪五六十年代没"淘宝"，但"淘粪"二字无人不晓，一是当时公厕皆为旱厕，二是"淘粪工时传祥"平凡而伟大令人肃然起敬。时隔五六十年，2016 年 4 月 20 日，《北京晚报》刊发记者张硕采写的《京城最后的淘粪工》，其中说道：

"长辛店一带，平房格局颇像北京城里的小胡同。这儿的厕所也有公、私之分，有的院落稍微宽敞，居民们便凑钱在院里建起厕所。因为没有完善的污水排放设施，因此，还需要人工淘粪。和居民打过招呼，周艳东便走进了一间一米见方的小屋。把粪桶放在一旁，他拿起大舀子伸进坑位，一勺一勺将里面的粪水舀进了桶，然后，他用扫帚将蹲坑旁边滴落的屎尿清理干净。接着，他将两只盛满粪水的桶挂在扁担上。这一挑粪水足足有三四十斤，周艳东一路小碎步，穿过只有一人宽的小巷，他的'三蹦子'粪车停放在小胡同里。他将从居民院子里淘出来的粪水，利落地倒进车后的大铁罐子里。'这个小伙干了好多年了，淘得最干净。现在，这一片居民都愿意找他。'一位大婶说。在这里，淘粪靠口碑。"

淘粪是淘粪工赖以生存的生计，"15 块钱"是周艳东的劳动所得。二五眼地听起来似乎很公道很正常，但一干就是 10 年，不是愚公胜似愚公……

本刊记者彭卓、于力

曾有统计显示，每人每天上6—8次厕所，一年约2500次，一生中约有3年时光在厕所度过。

对于汪越，这位知性美丽的女人，一生与厕所结缘的时光，又何止"3年"。作为辽宁省朝阳市城市公厕管理大队大队长，掌管212座城市公厕的"女当家"，与厕所有着别具一格的"缘分"，还有太多不得不说的故事。

"我淘粪，我光荣；脏一人，净全城。"就是这样朴素的行事理念，伴她走过了34载卫生生涯。

在五谷轮回之地，点亮文明的蜡烛

推开玻璃大门，映入眼帘的是一尘不染的地面、光洁如新的洗手池、随手可取阅的报刊，扑鼻而来的是淡淡幽雅的馨香，舒缓的音乐旋律在耳畔萦绕……身着保蓝色统一制服的工作人员，静静地站在一旁，随时准备为往来人士提供微笑服务。

这不是星级酒店的豪宾休息室，而是遍布朝阳市大街小巷的公共厕所。在这座辽西古城，212座公厕在汪越及其团队的透心维护下，为全城50万市民提供着轻松、惬意的如厕环境，成为展现城市文明与软实力的一张"靓丽试纸"。

"过去朝阳公厕的确不敢恭维，如厕者得捏着鼻子、蹑着脚踮进去，带着一身臭味出来，市民对此意见非常大。"如何改变"脏乱差"的固有印象，成为汪越接手公厕大队面临的头等难题。俗话说，物质文明看厨房，精神文明看茅房，公厕折射着一座城市的文明进程，是外地人看城市的窗口，我不能让家乡的窗户脏兮兮的！"

公厕之脏，就像"破窗理论"——公厕越脏，保洁员越难打扫；保洁员扫不干净，如厕者就越不注意维护卫生，进而进入恶性循环。而一座城市的实力不仅在"面子"，更在于公厕等与百姓生活息息相关的"里子"。此貌之下，如何让城市的"里子"更有质量?市民如厕如何更舒适，有尊严?

深入调研走访后，汪越发现，提高保洁员工作积极性，或可成为解决问题的突破口。为此她创新工作思路，制定"夫妻保洁法"，即招聘"夫妻档"保洁员，实施一对夫妻共同管理，公厕管理问题是夫妻的宿命，既解决了过去靠个人搭班工作"权责不清""推诿扯皮"的问题，还实现了公厕24小时有人值守。

在保洁质量上，汪越推行"宾馆式服务"，要求保洁员实行"跟踪服务"：市民如厕后立即清理便池和地面，棚顶、门窗、瓷砖等一切边角缝隙的角落都要结净，保持无蚊蝇、无臭味、无污水、无乱渍，并与保洁员签订承诺书、责任到人，实施综合评分和末位淘汰制，极大提高了服务意识和责任意识。

在硬件设施方面，汪越不放过任何一个小细节。镜子、画框、

从17岁"花季灰姑娘"，到51岁"肥料大总管"

今年51岁的汪越，职业生涯至今，有28年在扫大街，6年在管厕所。"反正不是干清扫，就是干淘粪工。这辈子都没离开过环卫岗位，也不想离开。"

大眼睛、白皮肤、齐耳短发、身量纤纤的汪越，说起话来柔

very good(非常好)！"的赞叹。

的"家"，就是个租来的简易"地震棚"，丈夫瘫痪十年生活不能自理，家里年迈婆婆和三个小孩要靠一个人照料。"孙大姐告诉我，日子乐呵呵也是过，哭天抹泪也是过，为啥不摆正心态，把日子往好了过呢?"

"是啊！为啥不好好过日子呢?"一瞬间，汪越放下了思想包袱，全身心投入环卫事业：做个城市"美容师"有什么不好?三百六十行，行行出状元，当城市卫生一样可以干出彩!

从小小清洁工，到"金牌"队长，汪越付出辛劳的同时，也

212座公厕的"女当家"

"拉撒"的源头是"吃喝"，有关吃喝的哲理很多，其中"吃不穷喝不穷，算计不周就得穷"传播甚广。以此类推，公厕管理也如是，没有搁心人，没有张罗神，说破大天也没戏。2017年12月4日，《新华每日电讯》刊发记者彭卓、于力采写的《212座公厕的"女当家"》讲的就是这类女菩萨。

菩萨不仅要有菩萨心，同时更要有菩萨能，在大半版的报道中，主人公汪越有许多金句堪比神明，诸如"五谷轮回之地"，诸如"物质文明看厨房，精神文明看茅房"，诸如"我淘粪，我光荣；脏一人，净全城"云云。

更了不得的是，辽西古城这位朝阳市公厕管理大队长的"理论功底"非同一般，甚至远远超过许多城市的"大当家"。我们有不少干部只管低头拉车不会抬头看路，忙乎了半天基本是在疲于应付，至于为什么忙，为什么累，其中有没有可以从根本上规避的办法，不少当事人宁可浑身出透汗，也不愿意脑袋偶尔"走走神"。

汪越队长则不然，居然会把公厕脏乱差归入"破窗效应"，用她的话讲，"公厕越脏，保洁员越难打扫；保洁员扫不干净，如厕者就越不注意维护卫生，进而进入恶性循环"。好好听听吧，"破窗效应"解析得如此透彻，当让不少人汗颜……

换个思维看本科学历的公厕管理员

3月2日，武汉市一则事业单位招聘简章引发争议，洪山区城市管理委员会公厕管理站，要招两位公厕管理员，最低学历要求为本科。网友吐槽，不好好读书，管个厕所都不够格。

网友的质疑是认为招个本科生管厕所，有点大材小用了。其实招聘单位说得很清楚了，招的是公厕的管理人员，不是清洁工，而且拿出的是事业编制，是正儿八经的公考，要求本科以上的学历是再正常不过的事。而且，谁说管公厕就没有技术含量了。这种类似管理员的角色，恰恰需要具备一定的专业能力。

往大了说，公厕是观察一个城市文明程度的窗口，一个公厕设置得合不合理？布局合不合理？设施合不合理？这里面学问多了去了；往小了说，这些管理员一人分管若干个公厕，主要工作内容是对公厕日常巡查、维护等，发现问题，解决问题，这个活并不像想象中的那么轻松。

所以，在传统的话语体系中，这样的争论是无解的，公说公有理婆说婆有理，听谁的好

呢？我们不妨从另一个角度来看问题，比如，有没有必要拿出事业编制为一个公厕管理员专门设置岗位，更进一步说，能不能有一个更好的办法管理公厕？

在公共管理领域，类似公厕管理员这样的岗位是很多的，公厕管理员、园林管理员、社区服务人员……它们因为深入城市管理的细枝末节，所以数量可能非常庞大，不可能每个岗位都拿出事业编制来解决问题，这样的话，编制就会成为巨大的社会负担。而且这种政府大包大揽的管理方式也未必是最理想的。

政府不妨尝试服务外包的方式，引入社会力量，通过买断的方式分散公共职能，而政府退居行管理职责上，这样的话，既提高了效率，也避免了编制的过度扩张。而社会力量的成熟也将帮助政府部门从繁重的日常事务中解放出来，把精力集中在监管上。

能够交给市场办的不妨就交给市场办，学会用市场的办法解决问题，可能带来完全不一样的效果。由市场来决定用什么这样的人，争议就会小很多，也可能是资源配置的合

理方式。拿武汉这次招的公厕管理员的事说吧，公开招聘以后，估计又得抢破头了。可是这种热度究竟是冲管公厕的职业热情去的，还是冲事业编制去的？

大社会小政府，这已经是社会发展的现实，公共管理事务的增多，管理的相对滞后，正倒逼着政府部门用更新的思维、新的角度看问题。比如"互联网+公共服务"的建设，很多地方就引入了互联网公司、第三方力量，政府部门需要花费很大代价才能解决的问题，可能在互联网平台上只需要添加一个功能，何乐而不为呢？

爱上评论
我爱故我评

爱上评论
钱江晚报评论公号

2018年3月6日，《钱江晚报》刊发评论员高路撰写的《换个思维看本科学历的公厕管理员》，其中说道：

"武汉市一则事业单位招聘简章引发争议，洪山区城市管委会公厕管理站，要招两位公厕管理员，最低学历要求为本科。网友吐槽，不好好读书，管个厕所都不够格。网友的质疑是认为招个本科生管厕所，有点大材小用了。其实招聘单位说得很清楚了，招的是公厕的管理人员，不是清洁工，是正儿八经的公考，要求本科以上的学历是再正常不过的事。而且，谁说管公厕就没有技术含量了。这种类似管理员的角色，恰恰需要具备一定的专业能力。"

评论员就是评论员，文章说道："往大了说，公厕是观察一个城市文明程度的窗口，一个公厕设置得合不合理？布局合不合理？设施合不合理？这里面学问多了去了；往小了说，这些管理员一人分管若干个公厕，主要工作内容是日常巡查、维护等，发现问题，解决问题，这个活并不像想象中的那么轻松。"

初看武汉相关新闻，不少人不以为然，甚至误以为"公厕管理员＝公厕保洁员"，经明白人梳理，不仅明白无误，同时还顺便明白了许多……

"所长制"管厕 公厕成"网红"

在浙江常山县新昌乡郭塘村办公楼边上的小公园里，10来名村民正在晒太阳、聊家常，他们身后一座灰白相间的小洋楼与周遭环境和谐相融，若不是竖着指示牌，很难想到竟是公厕。

"我们村这公厕，可不比城里差。"村民刘发根说，这里算是村中心，办事、休闲的人都挺多，原来村中公厕是又小又脏的旱厕，气味难闻大家都绕着走，现在不但建起了新公厕，而且漂亮干净，碰上内急再也不必像以前那样着急了。

如今，这样的变化在常山城乡已不新鲜。今年，常山县共启动36座城区公厕、72座乡村公厕的新建和改造提升，目前27座城区公厕改造完成，66座乡村公厕通过县级验收并投入使用。"小康不小康，厕所算一桩。"常山县委书记叶美峰说，厕所的卫生与人们的健康息息相关，足以检验全面小康的成色。

常山的公厕也曾面临数量少、设施旧、卫生差的尴尬。回应民声，常山于今年4月全面推行"厕所革命"。除了加大投入改善基础设施，常山在全省率先推行公厕"所长制"。县委书记当起全县公厕的总所长，县委副书记和常务副县长分任农村和城区公厕总所长，城区各公厕所长由县住建局干部和街道党工委领导担任，农村则分解到乡镇领导和村两委，让全县所有公厕都有了"当家人"。

公厕所长干什么、怎么干？常山县确立了"六个一"制度。一牌一本，即所长公示牌和所长制工作日志，公示所长信息，确保厕所问题快速反映、全面记录、妥善解决。一日一巡，要求所长每天巡察不少于1次，检查监督厕所卫生、设

2017年12月3日，《新华每日电讯》刊发胡江平等人撰写的《"所长制"管厕，公厕成"网红"》，其中具体道出了"所长的职责所在"：

"浙江常山县公厕也曾面临数量少、卫生差的尴尬。回应民声，全面推行'厕所革命'，率先推行公厕'所长制'。县委书记当起全县公厕的总所长，县委副书记和常务副县长分任农村和城区公厕总所长，城区公厕所长由县住建局和街道党工委的领导担任，农村分解到乡镇领导和村两委，所有公厕都有了'当家人'。"

文章披露，"常山县设立'六个一'制度：一牌一本，即所长公示牌和工作日志；一日一巡，有效监督日常工作；一考一评，倒逼所长主动作为"。坦率而言，能否将"厕所革命"进行到底，说破大天，其实除此别无其他……

第三只眼

市委书记任总厕所长，这个可以有

一把手直接负责到底，打破了层层叠加的科层管理机制，精简了中间程序，
削减了执行过程中的打折空间，清理者不至于简单清扫了事。

据报道，为整治公厕卫生，2016年巢湖市成立厕所整治小组，城管局管辖下的39所公厕实行"一厕一长"制，城管局中层以上干部分别联系一座公厕，担任厕所长。市委书记担任"总所长"。该制度规定，每位厕所长每周不定期要来所负责的厕所3趟，只要有脏乱差现象，就要及时跟管理员提出，并反馈给外包公司。

公厕是城市文明的窗口，标记着一座城市最细微处的文明。但有些时候，一些城市公厕由于疏于管理，既脏且乱、臭味相闻，让人难以接近，失去了公厕的本来价值。

公厕脏乱差，管理者无法撇清责任。因为一些城市的公厕，并没有配置专职的清理者，仅靠负责某个片区卫生的环卫工来打扫，显然捉襟见肘。

这也就凸显了巢湖"一厕一长制"的优势。市委书记任总厕所长，可以打最大限度地调动环卫资源，且能传导一种压力机制，督促每个"分所长"与清洁工人落实自己的责任；而一把手直接负责到底，也打破了层层叠加的科层管理机制，精简了中间程序，削减了执行过程中的打折空间，清理者不至于简单清扫了事。

"一厕一长制"本质上秉持的是"一把手思维"。都知道"抓住关键少数"是从严治党的关键，实际上，"抓关键少数"可以用于很多社会治理领域。比如到2018年要全面建立的河长制，就是要利用省市县长的资源调动能力高效治理河流污染。

从巢湖的情况来看，推行"一厕一长制"以来，"不仅环境卫生搞好了"，而且"市民的素质也在逐步提高"，这证明了"一厕一长制"的高效。

有人质疑"一厕一长制"是大材小用，资源浪费。其实不然。公厕既是

一个城市的脸面，也是基本的民生问题，如果连一个公厕都治理不好，治理好整座城市就更是奢谈。何况就巢湖来说，当地之所以推行"一厕一长制"，也是因为其公厕数量与质量远远不达标，这本就是城市管理部门的失职。"一厕一长制"不过是一种问题解决的路径探索而已。

需要看到的是，所谓"一厕一长制"的基本运行逻辑还是靠一把手的资源动员能力来推动公厕治理，有人治色彩。如何将这种治理模式推向制度治理，需要进一步的思考。

□承章(媒体人)

从某种意义上讲，"厕所革命"的主战场是"公厕革命"，既然产权原本姓"公"，那么，相应的"官本位"就该顺理成章。2017年3月23日，《新京报》发表承章撰写的《市委书记任总厕所长，这个可以有》，其中说道：

"为整治公厕卫生，巢湖市成立厕所整治小组，城管局管辖下的39所公厕实行'一厕一长'制，局中层以上干部分别联系一座公厕，担任厕所长。市委书记担任'总所长'。该制度规定，每位厕所长每周不定期要来所负责的厕所3趟，只要有脏乱差现象，就要及时跟管理员提出，并反馈给外包公司。"

文章同时谈及，"推行'一厕一长'制以来，不仅环境卫生搞好了，而且市民的素质也在逐步提高，这证明了'一厕一长'制的高效。'一厕一长'制本质上秉持的是'一把手思维'。都知道'抓住关键少数'是从严治党的关键，实际上，'抓关键少数'可以用于很多社会治理领域"。

好一个"一把手思维"，好一个"抓住关键少数"，好一个"抓关键少数也可以用于很多社会治理领域"，有此助兴，凭此助推，或许某一天，响当当、亮堂堂的"官茅房"将成为"卫生间"的时代写真……

15 / 厕奢无良
CESHE WULIANG

讲述过去的事情如同讲故事，讲述"官茅房沿革过程"就更像讲故事。其中"豪华公厕"的前世今生就够你一蒙。

先是《配沙发电视，豪华厕所现身天津》，后是《防弹公厕进驻中关村广场》，再是《南京40万豪华公厕免费开放》《平顶山四星级公厕堪比"总统级"》。更有甚者，西北某镇"一总造价近20万元的公厕，建成后只使用了一天就停止使用达两年之久，最近被拆除。相关负责人称，建成后使用了一天"。

关于高级公厕、豪华公厕，本章从2001年收集到剪报说开去，虽絮絮叨叨说了不少，但与全国各地情况相比，可谓九牛一毛。该如何看待这类糗事，去年报章一篇《超五星厕所，岂是厕所革命所愿》颇有说服力。看来，"豪华厕所的实质是'厕所秀'，迎合的是某些地方决策者的喜好。更进一层说，豪华厕所是面子工程、形象工程，并不能解决老百姓的民生需求"。

尽管在豪厕中如厕感觉很爽，但本书还是要对此等"厕所革命"的怪胎说不。毕竟公厕不是宅厕、私厕，毕竟公家钱是纳税人的钱。正如《厕所"炫酷"是走歪路》所言："'善战者无赫赫之功'。踏踏实实干好工作比什么都强。那些花里胡哨的把戏，还是不要耍的好。"

厕所文明我们已然落后许多，"厕所革命"我们已然付出不少，因此，无论出于怎样的考量，弯路少走，歪路不走，才是最好的出路……

三毛钱享受顶级公厕

中央空调、背景音乐、红外感应 、幼儿看护一应俱全，服务小姐还会英、日语！

晨报讯（记者 李海霞）星级宾馆的厕所够高级的了，可是位于天安门广场西侧路边、昨天投入使用的公共厕所更高级，里面有中央空调、背景音乐、红外感应器、无线呼叫、负压排气……这么高级的厕所您敢进吗？没关系，在这里如厕一次仅需三毛钱。

昨天记者率先享用了一回高级公厕的服务。还没进门，先闻到一股花香——这是厕所安装的飘香盒在发挥作用。里面四白落地，除了化妆台之外，还设有婴儿台和幼儿台。婴儿台是给孩子换尿布的地方，大一点的孩子则可以暂时放进幼儿台，由服务小姐代为看护……服务真可谓无微不至。整个如厕过程中可以不必触摸任何能给人造成交叉感染的东西，一旦发生意外，还可以使用便池旁边的无线呼叫装置。

据西城环卫局介绍，该厕所投资达100万元，可同时为54位客人提供服务。服务小姐能用标准普通话以及简单的英语、日语等为客人服务。

据悉，国庆前，西城区还将有14座二类以上公厕竣工并投入使用。

不管别人如何分类，在"恩波智业"资料库里，最早谈及或"高级"或"豪华"或"另类"的公厕，是2001年9月30日《北京晨报》记者李海霞采写的《三毛钱享受顶级公厕》，不仅告知"中央空调、背景音乐、红外感应、幼儿看护一应俱全"，同时"服务小姐还会英、日语"。其中说道：

"星级宾馆的厕所够高级的了，可是位于天安门广场西侧路边、昨天投入使用的公共厕所更高级，里面有中央空调、背景音乐、红外感应器、无线呼叫、负压排气，这么高级的厕所您敢进吗？没关系，在这里如厕一次仅需三毛钱。昨天，记者率先享用了一回高级公厕的服务。还没进门，先闻到一股花香，这是厕所安装的飘香盒在发挥作用。里面四白落地，除了化妆台之外，还设有婴儿台和幼儿台。婴儿台是给孩子换尿布的地方，大一点的孩子可以暂时放进幼儿台，由服务小姐代为看护。服务真可谓无微不至。整个如厕过程中，可以不必触摸任何能给人造成交叉感染的东西，一旦发生意外，还可以使用便池旁边的无线呼叫装置。据西城环卫局介绍，该厕所投资达100万元，可同时为54位客人提供服务。"

虽然没有身临其境，但仅看过介绍之后就感觉很好，除了"通外语的服务小姐"意思不大，其他各项"指标"均很有公厕革命的前瞻性。如同早年喝牛奶吃面包是享受，如今喝牛奶吃面包是常态；如同早年出门坐车是享受，如今出门开车打车是常态；当年顶级公厕的诸多要素，如今已经是司空见惯的基本配置……

配沙发电视 豪华公厕现身天津

您见过配备舒适沙发、37英寸液晶彩电的公共厕所吗？昨天，记者从有关部门获悉，天津市已在市内六区建了8座高标准公厕，其中卫生间中间的墙上悬挂着一台37英寸的液晶彩电，外侧还摆设沙发。在女卫生间里，还设有母婴专用卫生间和老年人专用卫生间，老年人专用卫生间里安装着坐便器。

供稿/《城市快报》

京津排名历来有序，所以公厕演化好像也有先来后到。在北京有空调、有背景音乐、红外线感应的高级公厕出现了五六年以后，2007年3月20日《竞报》转载《城市快报》文章，告知《配沙发电视　豪华厕所现身天津》。和北京的比较了下，不仅沙发和电视的确是创新，同时数量也占先。其中说道：

"您见过配备舒适沙发、37英寸液晶彩电的公共厕所吗？昨天记者从有关部门获悉，天津市已在市内六区建了8座高标准公厕，其中卫生间中间的墙上，悬挂着一台37英寸的液晶彩电，外侧还摆设沙发。在女卫生间里，设有母婴专用卫生间和老年人专用卫生间，老年人专用卫生间里安装着坐便器。"

读罢，感慨良多，但感觉"沙发、电视"与"会外语"同属可有可无。厕所是撒尿拉屎的地方，而公共厕所则是供公众撒尿拉屎的地方，如此是非地，屎尿虽不漫天飞，但空气污染充满杀伤力，因此"方便后赶紧抬屁股走人"是便后第一要务，坐在沙发上优哉游哉看电视，究竟是爱他呢，还是毁他呢……

防弹公厕进驻中关村广场

昨天，记者在中关村广场北侧见到了价值80万元的防弹公厕，这个远远一看就像一个铁盒子一样的厕所，不时引来过往行人的目光。

据周围执勤的保安介绍，前几天几个法国人安装调试时他们碰巧看到里面的情况，里面自动化设施一应俱全，包括自动冲水、自动清洁、自动干燥等。目前已安装好，但尚未正式投入使用。记者从此厕所前的使用说明上看到，此厕所为无人看管封闭式自动投币单人使用厕所，使用时须投入一枚1元硬币，不允许10岁以下的孩子单独使用，另规定每位最长使用时间不得超过20分钟。

文并摄 / 本报实习记者 张卫

讲述过去的事情如同讲故事，而讲述"官茅房进程"就更像讲故事。前文说到"公厕配沙发彩电"听起来有点不着边际，要是看到此文标题，相信再看到什么也不会感觉不可思议。

2006年9月5日，《竞报》披露了《防弹公厕进驻中关村广场》，回想当初第一感觉，好像仅标题就看了好几分钟。其中说道：

"昨天，记者在中关村广场北侧见到了价值80万元的防弹公厕，这个远远一看就像一个铁盒子一样的厕所，不时引来过往行人的目光。据周围执勤的保安介绍，前几天几个法国人安装调试时他碰巧看到里面的情况，里面自动化设施一应俱全，包括自动冲水、自动清洁、自动干燥。目前已安装好，但尚未正式投入使用。记者从此厕前的使用说明上看到，此厕所为无人看管封闭式自动投币单人使用厕所，使用时须投入一枚1元硬币，最长使用时间不得超过20分钟。"

同日，《华夏时报》告知，该物体"壁厚30厘米，普通炸药如在里面爆炸不会威胁外物的安全"，同时披露"耗资90万，防爆公厕遭刑侦专家冷遇"。为什么会在真神面前"遇冷"，好像是说"中国国情与其产地国不同，根本用不着上厕所也自己吓唬自己"……

南京40万豪华公厕免费开放

有人认为是城市名片 有人说侵占绿地妨碍散步

本报南京讯 上厕所也能享受住宾馆待遇？昨天，南京夫子庙平江府路上的一座豪华公厕揭开了它的神秘面纱。耗资40万，占地100多平方米，古色古香又充满了现代气息：内是仿红木仿古家具风格，洗手池是青花瓷的，还有中央空调、液晶电视，如完厕还能坐下来小憩一会。据了解，夫子庙景区三星级公厕现有3座，而四星级的豪华公厕全市仅此一家。

上公厕就像进宾馆

这座四星级的"大屋顶豪华公厕"位于白鹭宾馆门前小广场，

青花瓷洗手盆。 宋峤摄

其上雕刻细致，图案精美，连拉环的做工都很逼真，进去如厕就好像进

军表示："虽然公厕够高档，但以后将一直免费。"

景点建豪华公厕惹争议

3位从杭州来旅游的小伙体验后觉得，在景区里建高档厕所未尝不可。"对于一个城市来说，景点的高档厕所就是名片！"在平江府路上做生意的蒋女士一脸笑意地说："以前是要收费的嘛，我还买过包月票呢，13块钱一个月，现在修得这么豪华，还免费开放，真是赚了。"

家住白鹭宾馆附近的张大爷认为建豪华厕所根本没必要，"本来市民广场面积就不大，被这个厕所占

2009年2月14日，《北京晚报》刊发《南京40万豪华公厕免费开放》，其中说道：南京夫子庙一座豪华公厕揭开神秘面纱。耗资40万，占地100多平方米，古色古香又充满现代气息：仿红木仿古家具，洗手池是青花瓷，还有中央空调、液晶电视，据说全市仅此一家。

音响空调盆景
设施齐全
重庆五星级厕所引争议

2010年10月12日，《北京晚报》转载新华社报道，告知位于重庆璧山县城的一处五星级公厕内有音响系统、感应冲水装置和绿色盆景等设施，还布置了中央空调，全天为市民免费开放。五星级厕所自开放以来受到了许多市民的称赞，但也引起一些网民太过"豪华"的争议。

■ 时事漫画

"总统级"公厕

平顶山市一个"四星级公厕",会客厅有沙发、电视、空调、饮水机,有媒体曾称,该厕整修花费近50万元。公厕管理员称,这个"总统级"的公厕,是平顶山的一大亮点。(5月9日《大河报》)

漫画/勾犇

2012年5月10日,《新京报》转载5月9日《大河报》勾犇创作的漫画《"总统级"公厕》。其中说道平顶山市一个"四星级公厕",有会客厅、沙发、电视、空调、饮水机。有媒体讲,该厕整修花费近50万元。公厕管理员称,这个"总统级"的公厕是平顶山的一大亮点。

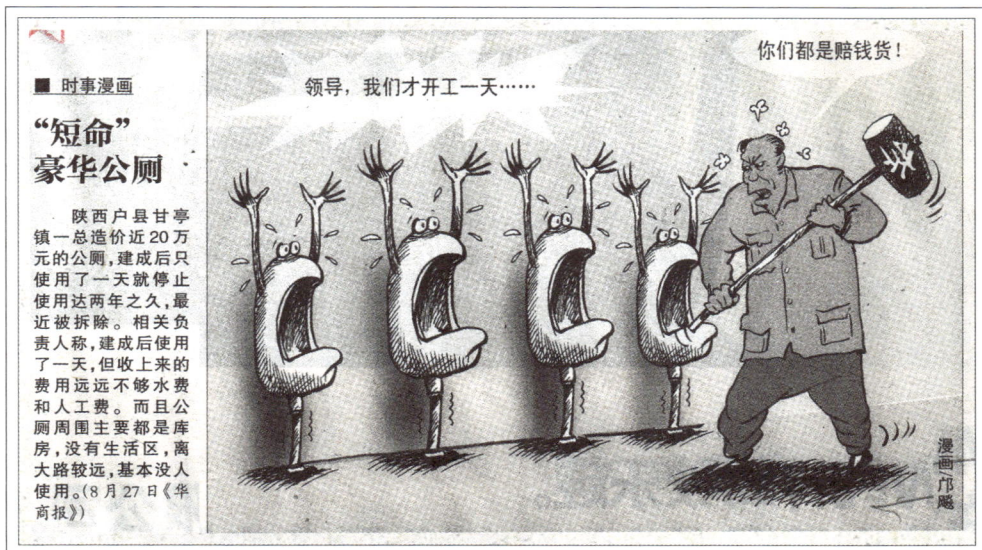

■ 时事漫画

"短命"豪华公厕

陕西户县甘亭镇一总造价近20万元的公厕,建成后只使用了一天就停止使用达两年之久,最近被拆除。相关负责人称,建成后使用了一天,但收上来的费用远远不够水费和人工费。而且公厕周围主要都是库房,没有生活区,离大路较远,基本没人使用。(8月27日《华商报》)

领导,我们才开工一天……

你们都是赔钱货!

漫画/邝飚

2012年8月28日,《新京报》转载《华商报》报道《"短命"豪华公厕》,告知"陕西户县甘亭镇一总造价近20万元的公厕,建成后只使用了一天就停止使用达两年之久,最近被拆除。相关负责人称,建成后使用了一天"。

R 民生三问·厕所那些事④

超五星厕所，岂是厕所革命所愿

本报记者 王君平

世界卫生组织曾指出，厕所是一种全世界通用的"嗅觉语言"和"视觉语言"。如何扎实推进厕所革命？采访中，专家表示，在推进厕改过程中，要坚决遏制豪华厕所的建设冲动，让厕所回归本来用途；同时补齐厕所建设短板，既要抓好硬件建设，也要注重培养文明如厕习惯。

问 如何遏制豪华厕所建设冲动

目前，有些地区出现了豪华厕所：使用面积巨大，内部装修奢华，吊顶灯、大理石墙壁和地板、金色把手实木门、液晶电视屏幕一应俱全，设计建造耗费几百万元，甚至一个小便池价值过万。

清华大学美术学院协同创新生态设计中心主任武洲表示，厕所即如厕基础，厕所设施应该兼顾为如厕者提供方便。外部、内部的奢华设计，特别是吊顶灯、大理石墙壁和地板、金色把手实木门、液晶电视屏幕，装修得豪华，如果设让如厕者感受到的奢华，那就偏离了如厕的初衷。因此，豪华厕所，实无必要。

就单个厕所而言，既然建造厕所的费用是固定的，那么附属设施越奢华，就越会挤占用在厕所上的资金，从某个地区来说，建造的豪华厕所越多，建造厕所的数量就会相应减少，进而无法充分地满足民生需要。厕所革命要多些节俭，把钱用在刀刃上，杜绝攀比，让厕所不讲"高大上"的豪华颜面。

讲究奢华的理念应该贯彻于厕所的设计、建设，又应该秉持怎样的理念呢？武洲认为，从厕所的设计来讲，要不黑、不乱、不臭、不漏，舒适、安全、方便，进一步指厕所采光好，照明好；不滑，指路平；地方的心态尚不成熟：只看重漂亮不漂亮，不注意好用不好用。豪华厕所的实质是"厕所秀"，迎合的是某些地方决策者的喜好。更进一层说，豪华厕所是面子工程、形象工程，并不能解决老百姓的民生需求。

中昔厕所中用的豪华厕所，对厕所革命的推进无疑会产生负作用。武洲认为，推进厕所革命，并不是因为厕所不够豪华，而是由于厕所不卫生，方便起来不方便。建造厕所的政绩应该放在卫生城市的评比中实施一票否决。武洲表示。

问 怎样改善厕所清洁卫生水平

"清洁卫生，应该是人们对厕所最基本的需求。卫生是从源头上控制疾病传播的关键。"中国疾控中心农村改水技术指导中心爱国卫生技术室主任、研究员陈伟苏说，实施厕所革命，会有助抑制"黄一口"传播疾病。无论是农村，城市，还是景区，都需要搞好厕所卫生。清洁卫生，不仅是农村厕所地面部分（厕屋、便器）清洁卫生，地下部分以及后续的美便处理都要达标。

武洲表示，很多农村地区配套秉持"以人为本"的理念。无论是耐腐、耐腐蚀材料的选择，还是通风循、洗手盆等设施的管理，一切应围绕如厕者的需要来设计。在外部设计上，不要把厕所当成"政绩观"、换"一厕一貌"，而应该在易识别，好寻找等方面下功夫。外观要与城市规划相协调，同时，应建立系统的评价标准、防止"高大上"的厕所评价。一厕制各地建造豪华厕所的政绩冲动，也是景区厕所的评比中实施一票否决。武洲表示。

就旅游景点而言，男女蹲位比例往往不合理，存在女厕所排长队的现象。姚伟建议，通过建立蹲位厕所标准，将男女厕所蹲位比向女性一方倾斜，同时扭转"第三卫生间"、缓解女厕排队现象，为第三儿童更多家长和行动不便者提供方便。

厕所卫生，也是块短板。农村厕所的卫生，则是最短板中的短板。中国疾控中心爱国卫生技术室主任、研究员陈芬芬示，厕所革命，就是在原有三格式化粪池处理的基础上，增加人工湿地这个"第四格"的厕所。其优点，是进一步降低美水中的有机物，减少对环境的污染、空间分隔、人性化设施、节能减排方面都要重视起来，并将厕所的节俭意识降到最低。武洲说，在舒适如厕的基础上，要增加如厕服务与适当的商业内容，利用合理的经营收入，降低公共设施运营维护的财政压力。

"景区厕所，要充分考虑布局点位的合理性与服务居住旅游人群的问题。导视设计要到位，小便同与大便间也可以独立设置，避免解旅游旺季的女性如厕困境，母婴间的配套设计也是景区厕所之重的重中之重。"武洲说。

作要善收集和处理的如厕方式，全直接造成环境污染，通过食物链影响到群众的健康。

姚伟表示，目前还普遍存在如厕者破坏公厕设施、偷拿厕纸、采在外面、不冲厕所的现象。提高居厕所管理水平，不仅是保洁员的职责，更是所有如厕者的义务，要像爱护家里的厕所一样爱护公共厕所。

厕所不仅反映着一个国家和地区的文明程度，更影响着群众的健康。2004年，全国爱卫办承担中央转移支付农村改厕项目，这是我国第一次由中央政府资助农村卫生厕所建设，主要用于厕所粪便无害化处理改善的工作，不仅是保证居厕所管理水平，不仅是保证员的职责更出的安全性。

2009年，农村改厕项目列入国家国民改革大公共卫生服务项目，改厕成为实现基本公共卫生服务均等化目标的一项重要内容。截至2016年底，我国农村卫生厕所普及率达到80.4%，比2000年提高了35.6个百分点。

武洲认为，如今中国厕所与如

关于高级公厕、豪华公厕，本章从 2001 年收集到剪报说开去，虽然絮絮叨叨说了不少，但与全国各地情况相比，可谓九牛一毛。该如何看待这类问题，2017 年 12 月 26 日，《人民日报》记者王君平所写《超五星厕所，岂是厕所革命所愿》最有说服力。其中说道：

"世界卫生组织曾指出，厕所是一种全世界通用的'嗅觉语言'和'视觉语言'。如何扎实推进厕所革命？采访中，专家表示，在推进厕改过程中，要坚决遏制豪华厕所建设冲动，让厕所回归本来用途；同时补齐厕所建设短板，既要抓好硬件建设，也要注重培养文明如厕习惯。目前有些地区出现了豪华厕所：使用面积巨大，内部装修奢华，吊顶灯、大理石墙壁和地板、金色把手实木门、液晶电视屏幕一应俱全，设计建造耗费几百万元，甚至一个小便池价值过万。地方的心态尚不成熟：只看重漂亮不漂亮，不注意好用不好用。豪华厕所实质是'厕所秀'，迎合的是某些地方决策者的喜好。更进一层说，豪华厕所是面子工程、形象工程，并不能解决老百姓的民生需求。"

说得真好！本书标点很少用感叹号，但此处值得给出……

所谓"五星级"厕所,铺张浪费,大违"厕所革命"的初心

厕所『炫酷』是走歪路

商旸

8日,国家旅游局局长李金早在全国旅游工作会议上说,要坚决纠正一些地方搞形式主义、搞所谓"五星级厕所"的错误做法。厕所建设要始终坚持就地取材,不奢华铺张,重在便利耐用。

应该说,这个纠正很有针对性。

最近几年,"厕所革命"从景区逐渐扩展到城市和农村,厕所越来越卫生、方便,老百姓的体验是越来越好。农民家里安上了能冲水的马桶,城市里老街区的公厕不再是又脏又乱没人管、数量也提升了,景区厕所更是增加厕位、节水节能,还配上了第三卫生间……小厕所连带的是大民生,厕所问题解决好了,老百姓的生活品质就提高了。

可是,极少数地区出现的所谓"五星级"超豪华厕所,却背离了这个方便群众、干净卫生的初心,带来的坏处不少。

造成大浪费。水晶吊灯、大理石地板、金色把手、实木门……再加上后期的维护、管理,可不少花钱。该花的钱不能省,可公共厕所,满足干净、方便的基本条件就可以了,有必要这么"炫酷"吗?用老百姓的话说,这不是烧包吗?如果为了参观汇报时候好看,平时放空不让用,那就更是纯粹糟蹋钱。

尽管在豪厕中如厕感觉很爽,但本书还是要对此等"厕所革命"的怪胎说不。毕竟公厕不是宅厕,毕竟公家钱是纳税人的钱。2018 年 1 月 9 日,《人民日报》刊登商旸撰写的《厕所"炫酷"是走歪路》。其中说道:

"建造厕所的目的就是人人用得上、用得好,豪华厕所背后,往往藏着作秀思维、形式主义。上面号召'厕所革命',不好好领会为民、惠民的精神,而是动歪脑筋、抄近道,生怕自己干得'不突出'、不能把别的地方比下去、只重姿态,不管效果;只想着领导注意,不考虑群众满意。结果,好好的经念歪了。'善战者无赫赫之功'。踏踏实实干好工作比什么都强。那些花里胡哨的把戏,还是不要耍的好。"

的确,厕所文明我们已然落后许多,弯路少走,歪路不走,或是最好的出路……

第1纸　广州日报 GUANGZHOUDAILY　2012年5月30日　今日互动

网络热事一网打尽，草根意见畅所欲言；若你想与本报互动、点题、报料、询问、投诉，请登录 大洋网 互动专区或 广州日报 官方微博，或拨打81919191。

我现在拿他的手机，他肯定"不方便"追我。

张滨 画

"两只苍蝇"没那么可笑　广州公厕管理其实也可学学北京

女士入厕找挂钩 男士愁着放手机

读者私信　男性最好有放手机的地方，有时穿着T恤衫入厕，上衣没口袋，手机放裤子兜里又很容易掉出来，真的很尴尬，有时手机只好放地上！另外，女厕最好要有挂钩，女士们都背个包的嘛，总不能背着包上厕所吧？
——@喜欢我的肚子

北京出台公厕管理标准，"公厕苍蝇不得多于2只"的规定一时成为笑谈，但其背后，却是一整套人性化的标准：对苍蝇限数的规定并非单独列出，它只是一整套标准中的一小点而已。……广州市城管委……

"两只苍蝇"遭"标题党"误读：
苍蝇设限指"可视范围内"
量化手段方便监督检查

　　记者了解到，北京公厕苍蝇限数的规定并非单独列出，它只是一整套标准中的一小点而已。不过被"标题党"们重点关注，借题发挥了而已。5月14日，北京市市容环境管理委员会（注：以下简称"北京市容委"）出台了《北京市主要行业公厕管理服务工作标准》，"苍蝇限数"的规定出现在《标准》的第二章"卫生保洁工作标准"中。
　　该章的规定很注重管理细节，但关于蚊子……

北京公厕管理有新意：
须配齐"三件套"：
卫生纸、洗手液、挂衣钩

　　记者注意到，《标准》的第三章"设施及维护工作标准"密切关系到市民的"如厕体验"。该章规定："公厕保洁人员提供的卫生纸、皂液（香皂）应及时补充。""各种设施、设备应满足使用的基本要求，设置无障碍通道和老年人、残疾人专用厕位。"
　　除此之外，在制定好《标准》后，北京市容委还落实了厕所管理的责任主体。通过把文……

记者走访广州公厕：
少见"三件套"很不方便
清洁员未见因蚊蝇受罚

　　目前，广州市街边的公厕均由城管局发包给专业清洁公司负责日常管理。体育西横街公厕位于食街上，由物业保洁承包班负责清扫、管理。白藏的保洁员告诉记者，她每十分钟就要清扫一次，客人不多时，保洁员还会用拖把或扫帚把苍蝇消灭掉。
　　天河南二路的公厕保洁员宜阿姨说。公司规定检查时发现一只蚊蝇就要扣保洁员一……

　　比起电视、沙发，其实"公厕高配"还真有超期待，比如《广州日报》刚讲过"公厕应为残疾人安装求助铃"，2012年5月30日又刊发记者张强、杨洋采写的《女士入厕找挂钩 男士愁着放手机》，文章写得好，配图也画得好。

　　文章引用不少"当事人说"，譬如"男性最好有放手机的地方，有时穿T恤衫入厕，上衣没口袋，手机放裤子兜里又很容易掉出来，有时手机只好放地上！另外，女厕最好要有挂钩，女士们都背个包的嘛，总不能背着包上厕所吧？"

　　在记者走访中，发现厕所无一免费提供卫生纸和洗手液，仅天河南二路那家的厕间门上设有衣包挂钩。有保洁员称，常有"极度内急"之人"如释重负"后发现未带纸巾，只得尴尬地向人求助。

　　文章同时也聊到北京，认为"广州公厕管理其实也可学学北京。北京公厕管理有新意，须配齐三件套：卫生纸、洗手液、挂衣钩"。记者同时也对"限蝇令"谈了自己的看法，认为"两只苍蝇"遭到"标题党"误读：苍蝇设限是指"可视范围内"量化手段方便监督检查。

　　多好的人，没有丝毫的地方保护主义，凭此，"厕所革命"更有指望……

市属医院将标配厕纸洗手液

目前朝阳医院已率先在门急诊及病房区域45个卫生间安装卫生纸巾

本报讯(记者 刘洋)今后，到市属医院就诊将不再遭遇紧急如厕找不到卫生纸的尴尬。北京22家市属医院年内将全部在卫生间配备厕纸和洗手液，改善卫生间管理，提升整体服务水平。近日，朝阳医院率先在门急诊及病房区域的45个公共卫生间安装了卫生纸，方便患者及家属使用。

北京青年报记者昨日从朝阳医院了解到，今年起，为了给患者提供安全、整洁、舒适的就医环境，医院启动管理部门在配备洗手液、烘手机、感应式水龙头等设备的基础上，为全院的公共卫生间免费提供卫生纸，免除了患者紧急情况如厕时没有卫生纸的尴尬。"这样一来，患者再也不用到处找小卖部或超市买纸了。为避免造成浪费，医院在卫生间都安装了纸巾盒，才张贴了温馨提示语，医院保洁人员也会定期检查使用情况并及时补发卫生纸。"朝阳医院相关负责人表示。

北青报记者从市医管局获悉，年内北京22家市属医院将全部在卫生间中配备厕纸和洗手液，改善卫生间管理，提升整体服务水平。据了解，市医管局从2015年年初就开始组织专家，研究制定市属医院卫生间管理规范，目前，规范的初稿已经完成，将进一步征求修订意见，完善后将于近期下发。《规范》要求市属22家三级医院加大投入力度，加强保洁人员配置和保洁服务监管，标配厕纸和洗手液。此外，各医院还要进行人性化服务设施配备，比如增加挂钩、物品放置台、便盒搁置盒等方便如厕和留取检验样品的便利设施，增加卫生间无障碍特殊人群关怀设施等。

市医管局基础运行处处长樊世民表示，按照相关测算，以日门诊量8000人左右的大医院为例，为配置厕纸和洗手液，医院每年要增加60万到70万元的人力和物料成本投入。然而公立医院卫生间服务是否到位，很大程度上能看出这家医院的后勤管理水平。"医院卫生间的使用对象主要为患者和家属，具有特定使用人群和特殊使用功能，不仅解决上厕所问题，更是医疗机构供患者留取化验样本的地方。"樊世民说。

摄影/杨拥刚

朝阳医院已在45个卫生间全部配齐厕纸

北京市医管局 共同
北京青年报社 主办

更多医疗服务信息，详见"医心医意"公众号。

"公厕高配"除了挂衣钩还有许多，譬如2013年就有媒体披露"医院卫生间将配洗手液、卫生纸或烘手机"，时隔3年终于好梦成真。2016年3月25日，《北京青年报》刊发记者刘洋采写的《市属医院将标配厕纸洗手液》。其中说道：

"记者从市医管局获悉，今后，到市属医院就诊将不再遭遇紧急如厕找不到卫生纸的尴尬。年内北京22家市属医院将全部在卫生间中配备厕纸和洗手液。改善卫生间管理，提升整体服务水平。据了解，市医管局从2015年年初就开始组织专家，研究制定市属医院卫生间管理规范，目前，规范的初稿已经完成，将进一步征求修订意见，完善后将于近期下发。《规范》要求市属22家三级医院加大投入力度，加强保洁人员配置和保洁服务监管，标配厕纸和洗手液。此外，各医院还要进行人性化服务设施配备，比如增加挂钩、物品放置台、便盒搁置盒等方便如厕和留取检验样品的便利设施，增加卫生间无障碍特殊人群关怀设施等。"

文章同时披露，"近日，朝阳医院率先在门急诊及病房区域的45个公共卫生间安装了卫生纸，方便患者及家属使用"。

感慨良多。先是为"有条件的医院给卫生间配备洗手液、卫生纸或烘手机"点赞，再是为朝阳医院一马当先"方便患者及家属"称道。不知为什么，夸来夸去，底气似乎没有那么足，毕竟"自始至终"用去了千余个日日夜夜……

厕所分类，除前面说过的男厕、女厕、无性别或中性厕以外，如果再分，那么就是"移动厕所"了。遗憾的是，这些年，本意"因地救急"的移动厕所常被移作他用，一篇《看看移动厕所被改成了啥》道出四种乱象：

一、七个公厕坏了仨，的哥的姐轮流上；

二、厕所坏了两个月，门脸被改做商铺；

三、科技公厕曾风光，如今路边作摆设；

四、白天充当小卖部，晚上摇身变宿舍。

一段时间来，社会问题曝光好像不如原来那样"闻过则改"，媒体你说你的，本尊我干我的，因此，《行人着急上厕所却吃闭门羹》《公厕没开张，拉面先到》《公厕不能改成小卖部》等社会新闻常说常新。

时间到了2017年，按理讲这类市政府上过会的事情本该有所改观，但一篇《移动厕所变身小卖部》还是道出不少匪夷所思："近日有市民反映，有两处移动公厕被改成小卖部且屋内住人。记者见到时，误以为是报刊亭，仔细观察，发现两个公厕因长期住人，屋内各类电线私搭乱放，狭小空间内摆有床铺、微波炉、电热壶等生活用品。"

文章透露"公厕经营情况是否合规尚不能定性"，绕开合规与否不讲，至少"尚不定性"已然不是一天两天……

冲水量不超1升　1台能满足4000人如厕

环保移动公厕"鸟巢"周边上岗

本报讯（记者王东亮 通讯员薛莲）由北京环卫集团四清分公司制造的"三辰"奥运专用移动公厕通过奥组委的技术验收，正式开进奥林匹克供应中心区。据介绍，这种节能环保移动公厕主要分布在"鸟巢"和"水立方"周围，赛时单台公厕就能满足4000人次使用。

此次在奥林匹克公园中心区设置的"三辰"移动卫生间共22台，总计220个厕位，男女厕位比例1：1。工作人员介绍说，"三辰"移动公厕具有的超强接纳能力，每场比赛单台公厕就能保证3500至4000人次使用。

除了接纳能力惊人，"三辰"移动公厕的多项环保、节能设计也令人耳目一新：节水型水冲座便器冲水控制系统保证一次冲水用水量小于1升；男厕小便器无需冲水，自动滤去尿液的臭味；洗手后的污水经过回收，作为水洗厕所的水源，实现了水资源的循环利用；室内顶棚安设有大面积的天窗，加大采光量，白天无需开灯；室内环保型空调，保证天气炎热时厕所内部温度舒适。

此外，移动公厕还配有感应式洗手龙头、皂液器和干手器，而最大可挂重物10kg的挂衣钩解决了游客物品较多的问题。防滑、防潮、易清洁的蝶晶石地板在保障安全的前提下尽展美观大方的设计风格。

北京环卫集团负责人介绍，移动公厕最大的特点是移动方便。奥运会比赛期间，移动公厕可按照观众流动的规律，及时调整安放位置。同时，中心区的移动厕所配件充足，24小时有专业技术人员值守，确保发生故障30分钟内得到解决。　　RJ179

环卫工人正在擦拭节能环保移动公厕。　　薛 莲摄 RJ179

厕所分类，除前面说过的男厕、女厕、无性别或中性厕以外，如果再分，那么就是"移动厕所"了。

其实，"移动厕所"不是什么新鲜事。儿时，赶上"五一""十一"，能开着走的"厕所车"就经常在天安门广场亮相，不同的是，车要停在固定位置，以便车上的"坑位"能对准地面事先打开盖板的"坑"。

光阴荏苒，鸟枪换炮。2008年7月23日，《北京日报》记者王东亮撰文披露"冲水量不超1升1台、能满足4000人如厕"的《环保移动公厕"鸟巢"周边上岗》。今非昔比，幻想成真，其中说道：

"奥运专用移动公厕正式开进奥林匹克供应中心区，共22台，总计220个厕位，男女厕位比例1：1，节水型坐便器一次冲水量小于1升，立便器无需冲水且自动滤去尿臭，洗手水回收可作冲厕，室顶有大面积天窗，白天无需开灯……"

此外，记者同时告知，"移动公厕还配有感应式洗手龙头、皂液器和干手器，以及可挂10公斤重物的挂衣钩"。措施绝妙，感觉真好。举凡该想到的"以人为本"几乎全都想到了。确实了得，别忘了这可是10年前……

时隔不久，"移动厕所"不再是稀罕物，同时花色品种也与日俱增。有意思的是，放置移动厕所，为的是解一时无厕可上的燃眉之急，但 2009 年 12 月 28 日的《北京晚报》，记者王琼、叶晓彦却"迫不得已"提示《看看移动厕所被改成了啥》。其中说道：

"近日，不少的哥曾向本报打来电话，反映到移动厕所如厕常吃'闭门羹'的情况。为此，记者对本市街头移动公厕进行调查，发现不少移动厕所或长久失修，或改头换面，甚至关门大吉，好好的公厕竟然成了摆设。"

记者在街头采访过程感触良多，不走不看不知道，一走一看好难堪，事后列举了四种模式或四种现象，概括如下：

一、七个公厕坏了仨，的哥的姐轮流上；

二、厕所坏了两个月，门脸被改做商铺；

三、科技公厕曾风光，如今路边作摆设；

四、白天充当小卖部，晚上摇身变宿舍。

北京人常说"您让我说什么好"，此话用于此处，对有些人再妥不过……

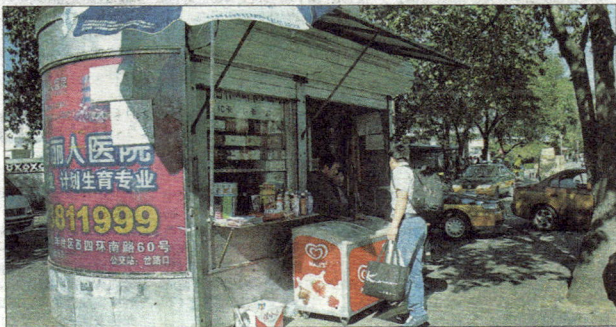

市政府 12345
市情与民声
我们日夜在聆听

公厕变小卖部 里面堆满饮料

行人着急上厕所却吃闭门羹

本报讯（记者刘琳） "免冲厕所现在却'免进'，真是太不方便了！"近日，胡女士向市非紧急服务救助热线12345反映，不久前，她在草桥300路公交总站附近一间免冲式公厕遭遇如厕难，即便她提出交费使用，结果还是被管理员拒绝入内。而胡女士得到的解释居然是，厕所内堆满饮料，已经变成了仓库。

回想起几天前内急引起的尴尬经历，胡女士不禁摇了摇头。她说，草桥300路公交总站门口外有个一卡通充值点，那天她充值后突然感到内急，肚子不时阵痛。四下张望，她看到在充值点西侧的几十米外，有一间移动式公厕。可是，当她三步并作两步赶到这里时，却被管理员告知不能使用。

"我真的特别难受，给您一块钱，就让我用一下吧！"胡女士掏出钱，用几近恳求的语气说道。结果，管理员仍然表示不行，因为里面堆满了刚进的饮料，公厕已经变成仓库。听到这里，胡女士感到阵阵恶心。"啊？！难道厕所是用来存放饮料的？"她摇了摇头，转身寻找其他厕所。

昨天下午，记者来到了胡女士所说的这间免

按照不算太老的老理儿算，但凡被晚报曝光，涉事方多会很快就有"新模样"。然而有些"厕所关联方"则不然，往往你说你的、我做我的。

2011 年 9 月 21 日，《北京晚报》刊发记者刘琳采写的由于"公厕变小卖部里面堆满饮料"，所以《行人着急上厕所却吃闭门羹》。其中说道：

"'免冲厕所现在却免进，真是太不方便了！'近日，胡女士向市非紧急服务救助反映，不久前，她在草桥 300 路公交总站附近一间免冲式公厕遭遇如厕难，即便她提出交费使用，结果还是被管理员拒绝入内。而胡女士得到的解释居然是，厕所内堆满饮料，已经变成了仓库。"

隔天下午，记者来到了胡女士所说的这间免冲公厕。如果不仔细看，还真不知这里是间公厕，反倒像个小卖部：在厕所门口不到半米的位置，架起了烤肠机，将通向公厕的道路堵了个严严实实；烤肠机旁边，放着一台大冰柜，里面摆满了各种冷饮、冰棍。记者要求打开厕门看看，值守一脸的不情愿，反复强调里面"非常脏"。在记者坚持下，对方打开女厕门，"虽没看到成堆码放的饮料，但黑黢黢的蹲坑，内壁上挂满了脏东西，让人感到阵阵恶心"。

公厕没开张 拉面先到
市民反映南三环周边有些公厕不干正事

本报讯（记者王琪鹏）家住方庄的宋女士常常为出门找不到公厕而烦恼。昨天，她向市非紧急救助服务中心12345反映，南三环周边的公厕设置太少，过往行人上厕所很不方便。让她不解的是，有些公厕摇身一变成了小卖部。最让她不可思议的是，在方庄早市附近，一个新设立的环保厕所竟然被贴上了"拉面"的招牌。

宋女士说，在南三环周边的绿地里，经常可以看到有人随地大小便。"很多人在路边的绿化带里大小便，走近了都一股臭味儿，太影响环境了！"宋女士发现，出现这种情况的原因，倒不是因为大家故意这样做，而是公厕设置太少，很多过路人因为找不到厕所，无奈之下才就地解决。宋女士说，由于公厕太少，不但过路人找不到，就连附近居民也找不到。好几次了，她只好跑到商场上厕所。

除了数量少，一些公厕还存在被另作他用的现象。宋女士说，南三环附近的不少环保公厕都被改成了小卖部，搞起

稍加留意，您会发现本章前三张剪报所示移动厕所的式样各不相同。由此可见，一是对应需求有多大，再是政府所下气力有多大。隐含的是，此类公厕很不给面子。2012年3月5日，《北京晚报》刊发记者王琪鹏采写的《公厕没开张 拉面先到》，告知仍有些公厕不干正事，其中说道：

"家住方庄的宋女士向市非紧急救助服务中心反映，南三环周边公厕设置太少，过往行人上厕所很不方便。让她不解的是，有些公厕摇身一变成了小卖部。最让她不可思议的是，在方庄早市附近，一个新设立的环保厕所竟然被贴上了'拉面'的招牌。周边绿地里，经常可以看到有人随地大小便，宋女士发现，出现这种情况的原因倒不是因为大家故意这样做，而是公厕设置太少，很多过路人因为找不到厕所，无奈之下才就地解决。"

记者沿南三环从分钟寺桥走到刘家窑桥，沿途的公厕，不是被改成了小卖部，就是尚未使用。宋女士表示，她希望有关部门能把这一问题重视起来。"国家花钱建公厕，就是为了解决老百姓的上厕所问题，上厕所事小，但是这也关系到大家的利益啊！"您听听，可这次的"您"又是谁呢……

本市将对公共设施违规租赁行为实行集中清理腾退

公厕不能改成小卖部

今年3月6日，本报《我们日夜在聆听》栏目以《公厕没开张 拉面先到》为题，再次报道了南三环附近的公厕被改作他用，造成居民和乘客如厕不便的现象。此前，胡女士就曾在草桥因闹肚子急寻厕所，移动公厕却变成了小卖部，就是不能让行人"方便"。今后，类似的尴尬将不再重现。在北京市市政市容工作会议上，副市长刘敬民表示，本市年内将对公厕变身小卖部等公共设施违规租赁的行为，实行集中清理腾退。

[马上就访]

"公厕卖场"依然在售食品

[最新发布]

公厕变小卖部的情况并不少见，位于南三环草桥300路公交总站西侧的这座公厕，本报曾两次报道。今天上午，记者第三次来到这里，但是令人失望的是，公厕不仅依然在售烤肠等食品，当记者提出想要如厕时，公厕管理员兼"小卖部老板"第一反应就是用手一指："你往西走吧，那边还有一个厕所。"

在本报此前的报道中，丰台区市政市容部门约谈了负责公厕的保洁公厕管理员休息的小屋内，各个角落里也都堆满了待售的商品。

"里面是堆着东西吗？"记者向女管理员询问。这名中年女子支吾着说："没堆着东西，就是有点……反正你要用，也能凑合用。"在记者的再三要求下，女子终于同意记者打开厕所门一探究竟，推门看去，挂满污渍的蹲坑已经看不出原本的白色，场景令人作呕。

"下面的粪便还没清

时间过去半个多月，《公厕没开张 拉面先到》有了下文。2012年3月22日，《北京晚报》刊发记者刘琳采写的《公厕不能改成小卖部》，告知"本市将对公共设施违规租赁行为实行集中清理腾退"。其中说道：

"今年3月6日，本报《我们日夜在聆听》栏目以《公厕没开张 拉面先到》为题，再次报道了南三环附近的公厕被改作他用。造成居民和乘客如厕不便。此前，胡女士就曾在草桥因闹肚子急寻厕所，移动公厕却变成小卖部。今后，类似的尴尬将不再重现。在北京市市政市容工作会议上，副市长刘敬民表示，目前，一些公共设施如街头公厕卖起香烟饮料，或者做起复印打字的生意。今年相关部门将对这种违规行为进行严查，实行腾退收回。"

文章的"马上就访"同时讲道，公厕变小卖部的情况并不少见，位于南三环草桥300路公交总站西侧的这座公厕，本报曾两次报道。当日上午记者第三次来到这里，但是令人失望的是，公厕不仅依然在售烤肠等食品，当记者提出想要如厕时，公厕管理员兼"小卖部老板"第一反应就是用手一指："你往西走，那边还有一个厕所。"听明白了吧，看明白了吧，仙人指路，绝非等闲之辈……

海淀170座流动公厕集体拆除

经营者称，近日接到通知不允许销售小商品等，无法继续以商养厕，只好拆除

新京报讯（记者申志民）近日，海淀街头170余座流动公厕集体"消失"，一些路人称此举导致如厕难。昨日，厕所的经营者北京中保洁公司管理人员表示，街头流动厕所已设置10年左右，设置初期，管理部门允许厕所兜售电话卡、零食等，以商养厕，但近日，由于禁止超范围经营等，厕所入不敷出，只能关张。

流动厕所拆除成空地

昨日中午，北大口腔医院报刊亭附近的人行道上，张女士瞧着一片六七平米大的空地发呆。

"我中午常去附近小吃街吃饭，偶尔内急时去上个厕所，没想到厕所没了"，张女士称，空地处原是一个流动公厕，不清楚为何消失。

毗邻的报刊亭摊主介绍，拆除前，流动厕所使用每次收费1元，此外，厕所经营者还兜售电话卡、饮料、小食品等商品，生意不错，"不过厕所在9月30日被拆除了。"

与此情况类似，中关村小商品经营许可证，但从厕所成立初期，政府等部门特事特办，允许兜售电话卡等小商品，实现以商养厕，解决市民如厕难。

据介绍，公司共在海淀区设置了170余座流动厕所，多设置在人流密集的商区、车站等，每日厕所使用量在上百人到千人不等。

"十多年来，由于可以搭配兜售一些小商品，使公司经营略有盈余。"刘先生称，不过，最近突然接到工商等部门不允许经营小商品的通知，公司只好将厕所一一拆除，"市政市容部门知道拆除事宜。"

刘先生介绍，海淀区170余座厕所于11前全部拆除，厕所板材等已运往废品收购站。

工商称厕所超范围经营

昨日，海淀市政市容委环境整治科工作人员表示，170余座厕所被拆除是属户经营困难，自行拆除的行为。被问及拆除前是否备案，是否考虑搭建新厕所满足市民需求，该工作人员称

昨日，科贸电子城附近，一处空地上堆着砖块、垃圾等。这里原是一座流动公厕，近日被拆。　　新京报记者 申志民 摄

　　说"仙人指路绝非等闲之辈"绝非空穴来风。2012年10月12日，《新京报》记者申志民告知，移动公厕经营者称，由于不允许销售小商品，无法继续以商养厕，所以《海淀170座流动公厕集体拆除》。其中说道：

　　"近日，海淀街头170余座流动公厕集体'消失'，一些路人称此举导致如厕难。昨日，厕所的管理经营者北京中保洁公司管理人员称，流动厕所是经过审批的合法公厕，但由于没有政府补贴等，厕所清理、运输等高昂成本使经营入不敷出。他说，尽管没有小商品经营许可证，但从厕所成立初期，政府等部门特事特办，允许兜售电话卡等小商品，实现以商养厕，解决市民如厕难。"

　　据讲，该公司共在海淀区设了170余座流动厕所，多设置在人流密集的商区、车站等，每日厕所使用量在上百人到千人不等。十多年来，由于可以搭配兜售一些小商品，所以公司经营略有盈余，现在从根上撤了火，公司只好将厕所一一拆除，厕所板材等已运往废品收购站。

　　上述文字不多，篇幅不大，但城市管理如何走出"以商养厕"的怪圈或新路，值得当回事研究。个中道理，看来没那么简单……

移动厕所变身小卖部
城管现场下发谈话通知书

本报讯（记者张骁） 近日有市民反映，昌平区立汤路南向北方向辅路人行便道上，有两处移动公厕被改成小卖部对外经营，且屋内住人。记者昨天核实后，天通苑南街道城管队向小卖部经营者现场下达了谈话通知书，并暂扣其占道经营的违规物品。

市民吴先生告诉记者，上述两间公厕是免冲水式移动公厕，多年来放置在天通苑太平庄公交车站、东三旗南公交车站东侧的人行便道上，供市民使用。最近五年，公厕日渐废弃，随后被人扩建出铁皮门，开始零售香烟饮料，并制售烤冷面、拌凉皮等物。"因为卖东西的就住里面，所以也不让大伙儿上厕所了。他们还用水桶、纸板等物进行伪装，要知道这是厕所，谁还吃里面卖的东西？"

昨天下午，记者见到两间公厕时，误以为这是报刊亭，但两扇类似动车厕所的铁皮门很快露出"马脚"。太平庄公交站公厕经营者告诉记者，其租用的公厕系"中保洁"公司所有，因公厕里长期没水，清理污物很不方便，所以久而久之成了"摆设"，公司人员见"不挣钱还倒贴钱"，便将公厕对外招租。东三旗南公交站公厕经营者则介绍说，这间公厕也是同一家公司的，"但我不交租金，每月给他看店，领三千块钱工资"。

显然，上述公厕已被改变用途，但是否取得相关手续，记者联系了天通苑南

本书先后多次出现"按理说"或"照理讲"，盖因许多事太没道理。从 2012 年北京市领导在对口会上明确提出"公厕不得不干正事"，过去了四五年，此类发生在明面，且亮出不干正事的架势会有相应过程的糟心事，竟依旧堂而皇之地为所欲为。

2017 年 2 月 21 日，《北京晚报》刊发记者张骁采写的《移动厕所变身小卖部》，写的就是此种匪夷所思。其中说道：

"近日有市民反映，立汤路辅路便道有两处移动公厕被改成小卖部对外经营且屋内住人。记者见到两间公厕时，误以为是报刊亭，但两扇类似动车厕所的铁皮门很快露出马脚。太平庄公交站公厕经营者告诉记者，租用的公厕系'中保洁'公司所有，因公厕里长期没水，清理污物很不方便，所以久而久之成了'摆设'，公司见不挣钱还倒贴钱，于是将公厕对外招租。记者联系了天通苑南街道城管队。队员到场后表示，公厕经营情况是否合规，尚不能定性。但他们向两位经营者现场下达谈话通知书，要求公厕所有人提交相关手续。另外，东三旗南公交站公厕存在占道经营现象，城管队员将一部烤肠加热炉暂扣。"

记者仔细观察两家公厕看到，"因长期住人，屋内各类电线私搭乱放，狭小空间内摆有床铺、微波炉、电热壶等生活用品"。读罢，不由得联想起"公厕经营情况是否合规尚不能定性"，媒体不打妄语，"尚不定性"可不是一天两天了……

17 / 厕律内敛

CELÜ NEILIAN

　　有句老话叫"急了抓蝎子",虽然有道理,但急了真抓蝎子的并不多。然而,初生牛犊不怕虎,包括"内急"急坏了,同样也会爱谁谁。于是,《一泡童子尿,激起千层浪》,原点香港,波及全国。

　　或许"童尿无忌"。但《颐和园绿地成"公厕"引外国游客拍照》《昆玉河畔景观道成了的哥"方便"处》就更加让人难以理解。如何了断?最好是第一时间"抓现行",实在逮不着,也一定要设法把尿臊气除掉。要知道"闻味儿找厕所"是近代文明史"人类阶段性条件反射"的底线样本,如不及时打住,"破窗效应"会迅速蔓延开来。

　　最令人发指的是《厕所少排长龙 马拉松选手"尿红墙"》。虽说已经过去了不少年,但根源找不到,谁又能断定不会死灰复燃、"死尿复臊"。何为"北马"恕不赘言,何为"尿红墙"恕不赘言,关键是一大群人,有组织、无纪律、稀松二五眼地随地尿了好多年。因此,相关的"北",相关的"马",不该熟视无睹、视而不见且无所措手足。

　　其后不久,据说"北马为防尿红墙增设大量厕所",尿红墙从此绝迹;据说,时逢"世界厕所日"潘基文呼吁国际社会消除"户外如厕陋习",两事虽并无关联,但"国际社会有结束被迫露天如厕的道义责任",不听不知道,原来随地大小便,也有"主动"与"被迫"之分……

一泡童子尿 激起千层浪

内地赴港游客付女士怎么也不会想到，自己孩子的一泡尿竟会在内地与香港掀起轩然大波。不仅上了内地多个网站的新闻头条，在微博上也成为两地网民热议的话题。个人素质、文明出游、两地矛盾、儿童隐私、公共设施……一泡童子尿激起千层浪，更引申出"一国两制"下两地民众如何相处的大话题。

事件回放

男童当街"方便"引爆网络

4月21日中午，微博上开始流传一段名为"孩子在香港街头小便 大陆夫妻与港人发生激烈冲突"的视频。随后，凤凰卫视著名记者闾丘露薇在微博上也转发了这一视频，并称"孩子当街便溺，有路人拍照，遭孩子父亲抢走相机和记忆卡，孩子母亲打了路人一耳光。片中白衣青年看不过眼报警，并且阻止夫妻离开，双方争执，青年连人用婴儿车推搡。"

当天下午，新浪、凤凰等门户网站都将这一新闻放在首页显著位置。事件引起网民的高度关注，数小时内就有十万网友参与讨论，其中不乏激烈言论。事件也成为当天微博热点话题。

不过，很快有网友发现闾丘露薇描述中有不实之处。网友发现的另一段视频显示：母亲在孩子小便时是靠着不漏裤挡住的，并且把湿掉的尿不湿装进塑料袋里。母亲也承认，自己是在公厕排长队的情况下，被逼无奈才让孩子当街小便的。视频中也未见母亲打人耳光。

新华社记者23日采访了香港警务处公共关系科当值新闻主任，还原事件经过：15日下午5时许，警方接到报案称在旺角西洋菜南街有人打架。涉事人共3男1女，其中两名港人分别是29岁王姓男子和28岁吴姓男子，一对内地夫妻为33岁叶姓男子和29岁付姓女子。

警方调查发现，内地夫妻让2岁的儿子当街大便，引起路过的王姓男子不满，拿出智能手机拍照，叶姓男子发现后前去制止，并抢其手机，夺记忆卡。吴姓男子见到这一场面，想去阻止叶姓男子，付姓女子则用婴儿车去推搡吴姓男子。

警方表示，叶姓男子因为抢别人手机涉嫌盗窃，付姓女子因为用手推人涉嫌袭击被警方带走。经调查，叶姓男子被无条件释放，付姓女子则获保释，需要5月中再来香港向警方报到。警方澄清，在调查资料中不存在付姓女子打路人耳光的情节。至此，事件的真相大致浮现。

此次"童子尿"风波，为近年来屡现冲突的内地与香港民众关系又添了"一把火"。在喧闹的网民评论中，意见两极分化。部分网民指责孩子的父母缺乏公德，事先未做好准备，找不到卫生间只是借口。支持报警，就该治理一下内地人的陋习；也有网民将同情转向孩子的父母一边，认为"洗手间要排队，但孩子尿急当街小便可以理解，香港人对内地人还是有偏见"。

事件评论

香港市民的"火气"哪里来？

香港如厕指南
如何在这个人生地不熟的繁华都市解决内急？

首选 六商场

次选 麦当劳、肯德基及大酒楼

再选

北京有句老话叫"急了抓蝎子"，虽然很有道理，但急了真抓蝎子的并不多。然而，初生牛犊不怕虎，包括"内急"急坏了，同样也会爱谁谁。2014年4月27日《北京晚报》特约记者查文晔、陈斌华采写的《一泡童子尿 激起千层浪》，讲的就是这类事情。其中说道：

"内地赴港游客付女士怎么也想不到，自己孩子的一泡尿竟然会在内地与香港掀起轩然大波。不仅上了内地多个网站的新闻头条，在微博上也成为两地网民热议的话题。个人素质、文明出游、两地矛盾、儿童隐私、公共设施……一泡童子尿激起千层浪，不仅折射出内地与香港'文明的冲突'，更引申出'一国两制'下两地民众如何相处的大话题。"

据说，"在喧闹的网民评论中，意见两极分化。部分网民指责孩子的父母缺乏公德，事先未做好准备，找不到卫生间只是借口，支持报警，就该治理一下内地人的陋习；也有网民将同情转向孩子的父母一边，认为'洗手间要排队，但孩子尿急当街小便可以理解，香港人对内地人有偏见'"。

孰是孰非，本书开篇《找不到厕所憋坏八旬老外》值得找来重读……

颐和园绿地成"公厕" 引外国游客拍照

园方称园内共有150余处公厕，布局合理，望游客爱护名胜古迹

新京报讯 （记者李雪莹）三天前，在颐和园散步的曹先生看到，十七孔桥附近十多名男性游客同时面对颐和园外墙小便，引得外国游客边摇头边拍照，曹先生拍照，并发微博批评游客不雅行为。昨日，颐和园管理处回应称，颐和园内共有150余处公厕，布局合理，如此多游客当众小便，属不文明行为。

至少十名男性游客当众小便

"就在十七孔桥旁的主路边上，都是四五十岁的男性外地跟团游客。那么多成年人小便，太显眼了。"曹先生直叹游客素质低下，他看到这些游客，在他们身后喊了两声"前面就是厕所"，"但他们却笑笑，继续低头。"几分钟内，当众小便的游客有好几拨，至少10名。对身后人士的拍照，这些游客无动于衷。

昨日，记者走访颐和园，曹先生微博图上拍的位置在十七孔桥东的廊如亭南边的颐和园外墙边，旁边就是游人如织的昆明湖东堤。从图拍位置到颐和园

6月30日，颐和园内绿地上，多名游客在小解。
网友"摄影老鬼"摄

在中药处方或医嘱中，"童子尿"是一款药引，尽管有点"尿出圈儿"，但世人皆能接受。然而若把童子尿变异为成人尿，且是一众大老爷们的"集约尿"，不仅味道会变，同时性质也会变。

2013年7月3日，《新京报》刊发记者李雪莹采写的《颐和园绿地成"公厕"引外国游客拍照》，其中说道：

"在颐和园散步的曹先生看到，十七孔桥附近十多名男性游客同时面对颐和园外墙小便，引得外国游客边摇头边拍照，曹先生拍照，并发微博批评游客不雅行为。昨日，颐和园管理处回应称，颐和园内共有150余处公厕，布局合理，如此多游客当众小便，属不文明行为。'就在十七孔桥旁主路边上，都是四五十岁的男性外地跟团游客。那么多成年人小便，太显眼了。'几分钟内，当众小便的游客有好几拨，至少10名。对身后人士的拍照，这些游客无动于衷。颐和园管理处办公室工作人员称，颐和园内设有150多处公厕，在游客随地小便之处北边'几乎百步之内'就有公厕，出现这种状况纯属游客不文明行为。"

如何了断？最好是第一时间"抓现行"，实在逮不着，也一定要设法把尿臊气除掉。要知道"闻味儿找厕所"是近代文明史"人类阶段性条件反射"的底线样本，如不及时打住，"破窗效应"会迅速蔓延……

昆玉河畔景观道 成了的哥"方便"处

出租车司机在此小便现象普遍"臭气熏天"，称附近虽有公厕但怕"贴条"不敢停靠

新京报讯（记者王万春）"无论白天晚上，有人无人，下车就尿已成习惯。"有市民称，近一年时间里，作为昆玉河畔景观大道的蓝靛厂南路，有出租车司机在此集中小便，影响环境。昨日在接到记者反映后，城管部门表示，将会对此进行巡查。

尿渍成片 骚味扑鼻

2012年海淀区重点绿化工程项目启动，蓝靛厂南路建设百万月季上大街工程，成为昆玉河边一处景观大道，但如今却因出租车司机"公厕"处境尴尬。

记者日前在蓝靛厂南路探访时看到，昆玉河东由南向北的路面湿漉漉一片，连片的尿渍清晰可见，尿骚味扑面而来。八里庄桥及慈寿寺桥下，情况最为严重。

在10分钟的时间里，先后有4辆出租车停靠路边，司机下车用车门遮挡后就开始小便。

"下车就尿已成习惯，也不注意形象。"市民唐先生称，自去年至今一年时间里，无论昼夜，此路段成为出租车司机小便的集中地，导致该处臭味弥漫，尤其在夏天几乎"令人窒息"。

公厕不便 司机为难

"司机们也确实有自己

在蓝靛厂南路小便的司机。
新京报记者 王叔坤 摄

以往只听说过"墙里开花墙外香"，但接下来的这篇报道却让人产生了莫名的困惑，空气无国界，更无园界，难道"颐和园内随地小便的尿臊味越墙而出且真的引发'破窗效应'"？

与"颐和园绿地成'公厕'"时隔5个多月，2013年11月8日，《新京报》刊发记者王万春采写的《昆玉河畔景观道 成了的哥"方便"处》。"昆玉河"，顾名思义，与昆明湖、颐和园紧密相连。其中说道：

"2012年海淀区重点绿化工程项目启动，蓝靛厂南路建设百万月季上大街工程，成为昆玉河边一处景观大道，但如今却因出租车司机'公厕'处境尴尬。记者日前在蓝靛厂南路探访时看到，昆玉河东由南向北的路面湿漉漉一片，连片的尿渍清晰可见，尿骚味扑面而来。10分钟的时间里，先后有4辆出租车停靠路边，司机下车用车门遮挡后就开始小便。'下车就尿已成习惯，也不注意形象。'"

事后经海淀区环卫中心证实，"此情况存在一段时间，范围也较为普遍，环卫部门多次向上反映后均无果，但他们只负责道路清扫，市容市貌的整治工作具体由海淀区城管大队负责"。

此事该如何解决？一是城市管理盘根错节不该"铁路警察各管一段"，另是可将前文所述"嗅臭员"的工作范围适当扩展，当然，前提是"嗅臭员"依然存在……

厕所少排长龙 马拉松选手"尿红墙"

北京马拉松选手集体小便图片引发热议；有选手建议增设流动厕所，有选手称此为北马"传统"

■ 追访

流动厕所数量太少

记者在网站上检索发现，2010年北京马拉松比赛结束后，就有选手在博客上质疑北京马拉松组委会的服务水平。比赛主提出了5条建议，其中一条即为"流动厕所少"。

"三万人以上报名人员都有上厕所需求"，"广场上的流动厕所数量依然是和往年一样少，不少选手要大排长龙，"该博主说，早在2010年，就有人在长安街附近小便。

但也有众多参赛选手称，确实听说北京马拉松有"就地小便"的传统。胡先生说，"虽然广场上有厕所，但数量太少。"

选手胡先生跟众多网友的看法一致，认为"就地小便"是一个传统，"可能他们觉得好玩。"

1981年，北京马拉松首办，此后每年一届，已发展成为世界十大马拉松赛之一。今年，是该赛事的第33周年。

昨日，2013年北京马拉松，因流动厕所和公厕有限，很多选手都"就地解决"，地面上"水"流成河。 图/IC

新京报讯 〔记者李宁〕 昨日，2013年北京马拉松开 朝红墙或绿化带站成一排，红墙上留下一片又一片湿。

流动厕所前多人
排队等候

网友上传的"北马"选手集体"尿红墙"图片。 网友供图

关于"童子尿风波"，作者的态度很明确，既然不少场合"童言无忌"，那么，也应允许有些场合"童尿无忌"。然而，无论何种场合，成年人，尤其是"论拨论拨的"成年人，无论出于何种原因，随地大小便都无法接受。

2013年10月21日，《新京报》刊发记者李宁采写的《厕所少排长龙 马拉松选手"尿红墙"》，其中说道：

"昨日，2013年北京马拉松开赛。共有超过3万人报名参赛，到哪如厕成了焦点。昨天，一组众选手站在墙边小便照片在网上风传，选手站成一排，在沿途红墙和绿化带'就地解决'。有人质疑，随处小便的原因是因为流动厕所少；也有人称，很多人就地小便是因为'有这个传统'。"

关于"人与尿的传统"也听说一些，包括某地盛行"清晨尿饮"，不仅自己喝，同时彼此还相互尝着喝。尽管听着不爽，想着更不爽，但人各有趣，更何况据说"尿饮"还能健身。

与之不同，"北马"这个传说"只出不进"，据有关媒体披露，这个传统少说也有20年。咋整？咋办？据说"北马"有个由多方组成的组委会……

北马为防尿红墙增设大量厕所

红墙附近破例增设厕位 总体厕位增加到900个

> 2014年北京马拉松比赛今天开跑。去年北京马拉松赛事中，一些选手向天安门周边红墙"便溺"的现象引起了关注，很多网民和选手就"尿红墙"是因为厕所不足还是某些参赛者素质不高进行了讨论。
>
> 北马组委会近日表示，增加厕所和推出如厕攻略，是组委会的应对之道。"北京市几乎所有的移动厕所都会为北马服务。"据悉，今年北马开始前，赛事组委会和北京环卫集团在起点处附近和比赛途中增设大量移动厕所，并加强监督，希望让"尿红墙"的一幕不再上演。

破例在距离起点5公里内设厕位

今年北京马拉松将迎来参加全程和半程总计3万名选手。针对"尿红墙"，中国田管中心副主任王大卫表示，组委会除了堵，也有疏。在红墙范围内，组委会为选手设置厕所标识指引，告知前方距离最近的厕所方位。

据了解，今年组委会在距离起点5公里范围内设置了两处厕位，分别位于距离起点的2公里和3公里处，其中一组移动厕所就在红墙西边500米。而在去年，离起点5公里范围内的比赛途中并未设置厕位。

根据组委会提供的信息，北马当天"征用"了北京市几乎所有移动公厕。据了解，北京环卫集团在比赛起点——天安门广场新增了160个临时厕位，同时，在比赛沿途中还增加了100余个临时厕位，方便选手和观众如厕。资料显示，今年北马移动厕所与周边可利用公共卫生设施总体厕位增加到900个。其中移动厕位500个，公共厕位400个。"人均33人/厕位，完全达到了市政管委对大型活动必须保障如厕按每50人—70人一个厕位的要求。"

一大群人，有组织、无纪律稀松二五眼地随地尿了好多年，不是一纸《须知》所能彻底约束的。2014年10月19日，《北京青年报》刊发记者褚鹏、王斌采写的《北马为防尿红墙增设大量厕所》，告知"红墙附近破例增设厕位，总体厕位增加到900个"，其中说道：

"针对'尿红墙'，中国田管中心副主任王大卫表示，组委会除了堵，也有疏。在红墙范围内，组委会为选手设置厕所标识指引，告知前方距离最近的厕所方位。据了解，今年组委会在距起点5公里范围内设置了两处厕位，分别位于距离起点的2公里和3公里处，其中一组移动厕所就在红墙西边500米。而去年，离起点5公里范围内的比赛途中并未设置厕位。"

根据组委会提供的信息，北马当天"征用"了北京市几乎所有移动公厕。而北京环卫集团在比赛起点天安门广场新增了160个临时厕位，同时，在比赛沿途还增加了100余个临时厕位，方便选手和观众如厕。

历经了20年怪圈、怪癖，"尿红墙"终于偃旗息鼓。不久，《北京青年报》告知"尿红墙今年绝迹"……

厕所革命

■ 时事漫画

"撒尿一条街" 位于郑州高铁东站迎宾匝道东段的下桥匝道上，经常有司机在此撒尿，晚上有，白天也有，几乎成了"撒尿一条街"，已持续了数年时间，引发不少市民及来郑的宾客吐槽。对此，郑东新区管委会相关部门表示，将与其他部门联动配合，争取彻底解决。(4月13日大河报)　图/勾犇

这边厢"北马"丑态出尽，那边厢"撒尿一条街"挺进中原。2017年4月14日，《新京报》转载《大河报》勾犇绘制的图片新闻，惟妙惟肖，仿佛能听到"嘘嘘"声，仿佛能闻到尿臊味。其中说道：

"位于郑州高铁东站迎宾匝道东段的下桥匝道，经常有司机在此撒尿，晚上有，白天也有。几乎成了'撒尿一条街'，已持续了数年时间，引发不少市民以及来郑的宾客吐槽。对此，郑东新区管委会相关部门表示，将与其他部门联动配合，争取彻底解决。"

所谓"一条街"，此前泛指"专买专卖、专吃专喝"特色街巷，各个地方均有，有些是当初故意为之，有些是后来形成气候，总之，没有相应时日绝无可能。冰冻三尺非一日之寒，更何况"尿"非一般液体，其气味极易四散，因此很难与管理者躲猫猫。所以，从无到有，从"点"到"街"，按理说本该有巡街职责的管委会不该"闻所未闻"。

当然，看看画面右侧的车屁股，也不排除相关人员在"游车河"。车窗紧闭，车膜附着，既看不到景，也闻不到味儿，难怪……

潘基文呼吁国际社会
消除户外如厕陋习

11月19日是世界厕所日。联合国秘书长潘基文当天发表致辞，呼吁国际社会消除户外如厕，保护妇女和儿童的健康与安全。

潘基文在致辞中说，世界上有三分之一的妇女没有安全的厕所，她们在如厕时可能会感染疾病、遭到羞辱甚至遭受暴力。改善环境卫生将增进12.5亿妇女和女孩的健康及安全。

潘基文说，今年世界厕所日的主题是"平等、尊严和性别暴力与环境卫生有关"。国际社会有结束被迫露天如厕的道义责任，并有义务确保妇女和女童不会仅因缺乏环卫设施而遭到袭击和强奸。他呼吁国际社会、各个国家和社区做出努力，改变社会习俗，到2025年消除户外如厕的情况。

根据联合国数据，全世界有25亿人没有充足的环卫设施，其中10亿人在田野或丛林等地便溺，从而面临腹泻等疾病威胁。

据新华社

无巧不成书。2014年11月20日，就在新一届"北马"满月之际，《北京晚报》援引新华社消息，告知《潘基文呼吁国际社会 消除户外如厕陋习》，尽管两事并无关联，但不妨听听联合国怎样说。其中说道：

"11月19日是世界厕所日。联合国秘书长潘基文在致辞中说，世界上有三分之一的妇女没有安全的厕所，她们在如厕时可能会感染疾病、遭到羞辱甚至遭受暴力。今年世界厕所日的主题是'平等、尊严和性别暴力与环境卫生有关'。国际社会有结束被迫露天如厕的道义责任。"

不听不知道，一听才明了，原来随地大小便也有"主动"与"被迫"之分……

18 / 厕学外延
CEXUE WAIYAN

　　我国何时开始重视"儿童如厕教育"不得而知。于此，有人或用"孔融让梨"的典故彰显古来有之。大可不必，个别典型不同群体状态，若儿时早有如厕约定，长大之后绝不会想在哪尿就在哪尿。

　　时隔多年，学龄前儿童该不该学学撒尿拉屎先不讲，又出现《学校让小学生扫厕所引热议》。家长认为"厕所里有害病菌太多，孩子抵抗力差"群起攻之。可也是，不做家务的孩子打扫公厕怎样才会扫出"好"，既要当真，又别太当真，最终能落在"及早促进文明如厕"皆大欢喜。

　　《怕感染 白领如厕"踩高跷"》，如履薄冰。某女嫌座便不洁，因此两年不在单位"上大号"。无独有偶，某女单位规定要穿高跟鞋，蹲在马桶圈上提心吊胆，宁愿去附近胡同找蹲坑。都是公共马桶惹的祸。

　　《主管示范如何大小便》，神乎其神。公司坚称"此乃企业文化，厕所卫生状况反映公司形象"，而员工则认为"大可不必"。孰是孰非，说来扯去，都是儿时那条"起跑线"太过单一误的事。

　　厕道中人"欲在清华建厕所学院"或为不错选项。但是，相比如何尽快实现"男人撒尿尽量往前站、女士如厕不再踩高跷"，远水还须解近渴。相比之下，《登机前先上厕所也是"低碳"》则极具操作性，一说就懂，不学都会，更何况早尿晚不尿，既方便自己，也方便社会……

上学前先学上厕所

要培养孩子养成按时作息的生活自理能力

离正式入学还有三个月，在这个"最后的"假期里，是让"幼小衔接"阶段的孩子抓紧时间读几个拼音、做几道数学题，还是让他们痛痛快快地玩几天？

在孩子入小学前，学业方面的储备不用做得太多，万一教得不对，反而会造成很多麻烦。同时，让孩子提早学会了本来应该在小学一年级的知识，可是会给孩子带来自负情绪。

其实，小学跟幼儿园的一大差别就是没有了保育阿姨的陪伴，许多生活方面的细节问题都需要孩子自己来注意和处理了。所以在入学之前，一定要注意培养孩子的生活自理能力和好的生活习惯。比如很简单的上厕所，吃饭等。

中午这一餐很多孩子会在学校吃，如果有偏食、挑食的坏习惯，就会导致营养摄入不足，不利于孩子的成长发育。一定要让孩子学会自己处理上厕所的问题，不然一整天都不敢上厕所，不仅对身体不好，上课都不安心；还有的孩子在课间忙着玩，到了上课以后频频举手要求上厕所，也是很不好的。

三个月的时间里要帮助孩子养成按时睡觉、按时起床，早睡早起的生活习惯。此外，大部分小学不再像幼儿园那样有午睡时间，爸爸妈妈也可以提早帮助孩子适应这一点。

如果是就近入学，还可以带孩子熟悉从家到学校的路线，以及学校周边的环境。摘自6月10日《东方早报》，作者：小元

我国何时开始重视"儿童如厕教育"不得而知。于此，可能有人会用"孔融让梨"一类的典故彰显古来有之。大可不必，个别典型不同群体状态，倘若儿时早有如厕约定，长大"成俗"后绝不会想怎样尿就怎样尿。

最早的相关存报，是2009年12月《报刊文摘》转载的《上学前先学上厕所》，尽管谈及儿童如厕仅一句话，但话里有话。其中说道：

"离正式入学还有三个月，在这个'最后的'假期里，是让'幼小衔接'阶段的孩子抓紧时间读几个拼音、做几道数学题，还是让他们痛痛快快地玩几天？在孩子入小学前，学业储备不用做得太多，万一教得不对，反而会造成很多麻烦。同时，让孩子提早学习了一年级的知识，可能给孩子带来自负情绪。其实，小学跟幼儿园的一大差别就是没有了保育阿姨的陪伴，许多生活方面的细节问题都需要孩子自己注意和处理了。所以在入学之前，一定要注意培养孩子的生活自理能力和好的生活习惯。比如很简单的上厕所，吃饭等。"

既然本书叙写体例是夹叙夹议，就借此话题说些可能游离题外的话题。为何文章中谈及孩子要及早学如厕只有一句话，可反映到报面《上学前先学上厕所》却变为大标题，这也正是此间多年来不遗余力倡导"读报用报"原因所在。长话短说，盖因有报人为你"导读"，且有报面版式、字体字号帮你阅读，所以在纷纭繁杂中，才能不太费神地看出眉高眼低……

街头小便曾是德国的突出问题。不过，从上世纪80年代开始，德国政府推出了公共秩序法规，严惩这种不文明行为。同时，开设厕所教育，让孩子们从小养成良好的如厕习惯。

德国建造公厕充分考虑孩子们的需求。男女厕所里都备有儿童马桶座圈及低位洗手池。德国公厕里设有一个可折靠到墙上的塑料板。塑料板上带有可固定婴儿的扣带。这种板子可用作临时固定婴儿之用，也可给婴儿换尿布。假如爸爸带女儿逛商场，女儿要上厕所，选男厕还是女厕？对此，许多德国大型商业机构都设置了儿童公厕。

德国专门开设"厕所课"。孩子在一两岁左右，父母就让孩子与可携带的"儿童厕所"亲密接触，这种厕所看起来像玩具，体积较小，家长可以通过这种小厕所，让孩子对厕所形成早期认识。稍大一些，家长会教孩子坐在成人马桶上如厕。不过，这些马桶都装上了可调节的马桶座圈。孩子如厕时，只要翻下儿童座圈就可以了。甚至还有一把小梯子，孩子可以爬上去如厕。

德国孩子要上"厕所课"

同时，不管在幼儿园还是家里，大人们都会教育孩子不要站着尿尿。男孩也应坐着尿尿，避免把马桶边弄脏。因为，无论是幼儿园还是家里，厕所都是不分男女的，要充分考虑别人的感受。许多家庭还装有警报器，如果孩子提起座圈，警报器就会响起。

重视厕所的德国人在柏林等城市还开辟了"厕所游"，让孩子从小认识城市厕所文化。

（摘自12月1日《生命时报》作者 青木）

本章开篇曾讲到如何教小孩上厕所。关于这个问题，初看不觉什么，但进而读了2015年12月1日《报刊文摘》的《德国孩子要上"厕所课"》，突然感觉"如厕也要从娃娃做起"。文章说道：

"街头小便曾是德国的突出问题。从上世纪80年代开始，德国政府推出了公厕秩序法规，严惩这种不文明行为。同时开设厕所教育，让孩子从小养成良好的如厕习惯。孩子一两岁时，父母就让其与可携带的'儿童厕所'亲密接触，家长可通过这种小厕所，让孩子对厕所形成早期认识。稍大些，家长会教孩子坐在成人马桶上如厕，这些马桶都装上了可调节的马桶座圈。"

世人皆知"德国造"是个啥成色，但下面的德国人更令人肃然起敬："不管在幼儿园还是家里，大人们都会教育孩子不要站着尿尿。男孩也应坐着尿尿，避免把马桶边弄脏。因为无论幼儿园还是家里，厕所都不分男女，要充分考虑别人的感受。为此，许多家庭装有警报器，孩子一旦提起座圈，警报器就响。"

震惊之余，想起某次出国经历：一飞机鬼佬，一句也听不懂的洋腔，5个小时的行程，不是没人撒尿，不是没人拉屎，但厕所地面竟看不见半滴尿渍水渍，事后谈观感，除了无语，还是无语……

学校让小学生扫厕所引热议

综合《海峡都市报》《彭城晚报》报道，"我们送孩子上学，为的是学知识，不是去洗厕所的。"近日，福州北外口小学的家长刘先生向记者反映，学校安排学生扫厕所，他认为不妥，应由保洁人员来打扫。

多名学生告诉记者，打扫厕所的都是六年级学生。"厕所太臭了，水槽里面有瓶子之类的东西，我们还要用火钳夹出来。"一名六年级学生表示，他基本是"扫一次吐一次"。

一位学生家长也认为，学生在学校被组织参加扫地、擦玻璃这些劳动是适当的。但是厕所里有害病菌太多，孩子们抵抗力差，清洁厕所的工作超过了学生力所能及的范围，对孩子健康有害，应该制止。

但也有不少家长对打扫厕所表示支持。有家长表示："叫学生打扫厕所也是让他们知道，上厕所也要遵守卫生规则，劳动之后，才知道辛苦，才会更珍惜他人的劳动成果。另一方面也是培养小孩，不要有歧视，要懂得尊重，不分职业。不要认为厕所就是脏的地方，就该别人来打扫。"

站北外口小学的一名负责人也表示，此举是为锻炼学生的动手能力，并引导学生养成良好的习惯。他说，以前厕所均由保洁人员清洗，很多学生常在厕所里随意丢弃垃圾，让孩子自己体会清洁的困难后，乱丢垃圾的现象少了许多，厕所也更整洁干净了。

时隔多年，学龄前儿童该不该学学撒尿拉屎先不讲，又出现了《学校让小学生扫厕所引热议》。2016年5月25日，《报刊文摘》综合《海峡都市报》《彭城晚报》报道，告知家长对此看法不一。其中说道：

"'我们送孩子上学是为学知识，不是去洗厕所的。'近日，福州北外口小学的家长刘先生向记者反映，学校安排学生扫厕所，他认为不妥，应由保洁人员来打扫。多名学生告诉记者，打扫厕所的都是六年级学生。'厕所太臭了，水槽里面有瓶子之类的东西，我们还要用火钳夹出来。'一名六年级学生表示，他基本是'扫一次吐一次'。一位学生家长认为，学生在学校被组织参加扫地、擦玻璃是适当的，但是厕所里有害病菌太多，孩子们抵抗力差，清洁厕所的工作超过了学生力所能及的范围，对孩子健康有害，应该制止。"

好话要得好说，好事要得好做。怎样才让平日在家不做家务的小学生，在打扫学校公共厕所的时候扫出"好"来，既要当真，又别太当真，既属美育，又不局限于美育。小学生从小学着打扫学校厕所，其实，最终能落在"及早促进文明如厕"就可以了。

由此及彼，想到一则当代典故：国外，某校女生兴起往卫生间镜子上吻唇印的时髦玩法，校方制止，多次召集现场会无果。在场一清洁工不屑，随手用墩布往镜子上一抹，从此唇印绝迹……

怕感染 白领如厕"踩高跷"

不少人选择其它地儿方便 医生提示：防止感染泌尿系统疾病 最好使用坐便纸

本报讯(记者 宗波)写字楼里的坐便马桶，让穿高跟鞋的女白领练起了"踩高跷"的杂技。

近日，在 CBD 的 SOHO 现代城、双子座大厦等多个写字楼，记者发现除了个别写字楼有蹲便外，卫生间安装的全部是坐便马桶。

在 SOHO 现代城内某设计公司工作的刘小姐告诉记者，如厕时垫上手纸仍觉得不卫生，可蹲在上面就必须掌握好平衡。由于时间一长腿必须蹲麻，已经工作两年的刘小

姐尽量不在单位上"大号"。

高小姐在双子座大厦上班，按单位要求，她每天都要穿高跟鞋。7厘米的鞋跟，站在滑溜溜的马桶圈上，让她每次去"方便"都提心吊胆，"我现在宁愿多花 10 多分钟，去附近的胡同上公共厕所。"

双子座大厦服务中心的工作人员告诉记者，刚入驻大厦时，有不少工作人员来反映坐便不卫生、不方便等问题。

写字楼的保洁员李师傅无奈

地说，坐便给他带来不少"工作"，掉在地上的坐便纸，马桶圈上的"黑"鞋印，都让他很苦恼，"没办法，要是蹲便就不会这样!"李师傅说。

双子座大厦服务中心的秦主任告诉记者，由于大厦是按照国际化标准设计的，全楼卫生间都采用了坐便。

但考虑到很多员工担心坐便的卫生问题，每间卫生间都配备了一次性坐便纸。

医生说法

防感染 如厕选用坐便纸

北京复兴医院的冯医生分析，一些人不注意如厕卫生，造成马桶边缘留有大量细菌。经常坐公共马桶易感染泌尿系统疾病，因此如厕最好用坐便纸。

另外，冲马桶的瞬间，水的涡旋动力可使排泄物中的细小颗粒回旋到空气中。他建议大家放下盖子冲马桶。

　　吃喝无所不能，如厕无奇不有。2006 年 3 月 4 日，《法制晚报》记者宗波采写的《怕感染 白领如厕"踩高跷"》，不仅当时看了捧腹，事后再翻，依旧忍俊不禁。其中说道：

　　"CBD 的 SOHO 现代城、双子座大厦等多个写字楼，记者发现除了个别写字楼有蹲便外，卫生间安装的全部是坐便马桶。然而，写字楼里的坐便马桶，让穿高跟鞋的女白领练起了'踩高跷'的杂技。在 SOHO'现代城'内某设计公司工作的刘小姐告诉记者，如厕时垫上手纸仍觉得不卫生，可蹲在上面就必须掌握平衡，时间一长腿会蹲麻，已工作两年的刘小姐尽量不在单位上'大号'。"

　　无独有偶。"高小姐在双子座上班。按单位要求，她每天都要穿高跟鞋。7 厘米的鞋跟，站在滑溜溜的马桶圈上，让她每次去'方便'都提心吊胆，'我现在宁愿多花 10 多分钟，去附近的胡同上公共厕所。'"

　　据写字楼的保洁员李师傅说，坐便器给他带来不少额外负担，掉在地上的坐便纸，马桶圈上的黑鞋印，都让他很苦恼，"没办法，要是蹲便就不会这样!"李师傅说。此外，大厦服务中心主任告诉记者，由于大厦按照国际化标准设计，全楼卫生间都采用了坐便器。考虑到坐便的卫生问题，"所以每个卫生间都配备了一次性坐便纸"。

以下为报纸剪报内容：

公司培训课

主管示范如何大小便

公司：这是企业文化 厕所卫生状况能一定程度上反映公司形象

员工：如果通过文字形式要求大家注意个人卫生更易让人接受

《广州日报》

记者 林静

很多公司为了提高员工的业务水平会安排一些培训，像电脑、英语、专业讲座等方面的培训。不过昨日，在天河区燕塘路某中外合资企业工作的陈小姐（化名）向本报报料：她所在的公司安排了一个很特别的培训——如厕培训。300多名员工要接受这项培训，公司的主管不仅在厕所里示范大小便的标准动作，员工学完后还要签名确认自愿参加该培训。陈小姐表示："上厕所的培训项目有点难以接受。"该公司的车间主管则认为：摆正心态比较容易接受了。

员工：如厕培训感觉被当"弱智"

陈小姐告诉记者，她在公司上班三年了，公司以前从来没有安排过这样的培训项目，就在11月17日，公司向300多名员工发出通知，要求所有的男女员工参加这个如厕培训。

"公司说是为了提倡良好的卫生环境，不管是厕所还是其他地方，都要给别人留下一个好的印象。我们已经培训两天了，现在还在继续，培训的时候是男女分开，分别由公司的基层主管为员工做大小便的示范动作，当然在当着人面做示范动作的时候不会让大家

示了异议："我觉得公司搞这个培训项目的出发点还是好的，但是如果公司从文字上要求员工上厕所的时候要注意个人卫生可能我们会比较容易接受；从形式、动作上要求我们去模仿如何上厕所就让人不太容易接受了。我感觉公司好像是把我们当弱智人群一样，我们在上小学、初中的时候根本没有人教我们怎么上厕所啊，我们都是受过教育的文明人，有着良好的素养，在公司里做这样的项目好像有些过激，我觉得有些难以接受。"

主管：摆正心态就容易接受了

对于如厕培训的事情，记者致电了该企业的一位姓邹的车间主管。他笑着说："这是一种企业文化，这个培训项目是公司领导决定的，自有一定的道理。我们公司就是要向员工传递这样一种观念；如果你能把公司最脏的那一部分工作做好，其他可以把公司其他部分的工作做好。如果员工带着抵触情绪去参加这个培训肯定体会不出其中的道理，也体会不出这个培训会给员工带来什么，给企业带来什么。作为员工上厕所最主要是摆正心态，心态摆正了就比较容易接受了。"

邹主管说："作为公司的领导，肯定

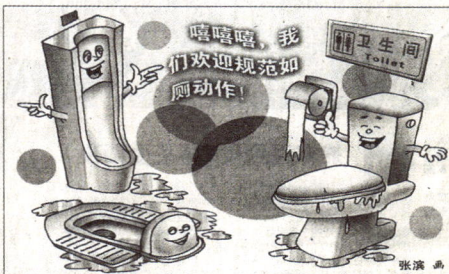

嘻嘻嘻，我们欢迎规范如厕动作！

卫生间 Toilet

张滨 画

市民看法：如厕礼仪需要注意

就公司开展如厕培训一事，记者访问了几位市民。公司白领邹女士说："我觉得这应该是一种企业文化，公司的如厕所有时候卫生状况就不太好，有时候便器旁边有污物都没有地方站着了，员工还是注意一下比较好。"

生习惯，因为现实之中确实有人不太注意如厕时的卫生，将便器搞得很脏，影响别人如厕。"

徐先生向记者罗列了一些如厕不文明现象：有的厕所安装的是坐便器，有的厕所安装的是蹲便器，于是就有人蹲在坐便器上大小便。

这张《广州日报》剪报忘了具体时间，印象里估计在《怕感染 女白领如厕"踩高跷"》发表后不久。文章题目很吸引人，因为公司培训课中竟然有《主管示范如何大小便》。从来没有听过，不仅没听过，同时真的想不起来具体"实操"会是怎样一种场景。其中说道：

"很多公司为提高员工的业务水平会安排一些培训，像电脑、英语、专业讲座等方面的培训。不过昨日，在天河区燕塘路某中外合资企业工作的陈小姐向本报报料：她所在的公司安排了一个很特别的培训——'如厕培训'。300多名员工要接受这项培训，公司的主管不仅在厕所里示范大小便的标准动作，员工学完后还要签名确认自愿参加该培训。陈小姐表示：'上厕所的培训项目有点难以接受。'该公司的车间主管则认为'摆正心态就比较容易接受了。'"

同样一桩事，两种反馈，两种观点，据说公司坚称"此乃企业文化，厕所卫生状况能一定程度上反映公司形象"，而员工则认为"如通过文字形式要求大家注意个人卫生更易让人接受"。

风物长宜放眼量。事情过去许多年，重新反观，结论或许一致……

钱军：在清华筹建"厕所学院"

孩子当"厕所所长"引家长误解

钱军介绍，全世界目前还有25亿人没有一个卫生的如厕环境，因为如厕环境造成的细菌传播，每天平均导致5000名孩子死亡。"厕所的脏乱差在这两年厕所革命中已经有了很大的改善，但是提升的空间还非常大。"

2015年，钱军曾应邀去四川的甘孜州，他说，甘孜州山美、人美，唯独厕所不美。"它的厕所就特别的简单，用几块板栏一栏，下面挖几个坑用几块木板铺一下，当你踩上去的时候嘎嘎嘎嘎的，你都担心会不会一起跟粪便掉下去了。"

钱军认为中国厕所的文化上，是缺失的。为此，钱军在2014年3月发起成立了昱庭基金会，也提出了一个愿景：为改善人类如厕环境而奋斗。

"我们从学校着手，免费为学校的孩子提供厕纸，用一张小小的厕纸去影响中国所有的公民能够关注到厕所这个点。"

2014年3月，钱军在昆山市试点了第一所学校。"我们对孩子们上厕所要用多少纸做个预算，大概测算下来一个孩子一年在校使用厕纸的费用是17元钱。但是我们发现孩子们使用厕纸的费用

是不是我的孩子在班里面调皮捣蛋不听话？怎么让他当个管厕所的？"钱军说，家长认为当"所长"是一种惩罚，这种反应也是体现出了我们对厕所文化的一种误解。

高校厕所里没有厕纸

为了让更多的孩子参与其中，让这个项目能够可持续发展，钱军和同们绞尽脑汁，一直不断尝试着新的模式。学校里面有什么东西最多？作业本、试卷、课外书，"每个孩子一个学期可能有几十斤。"钱军认为，这些纸张没有得到很好的利用。去年6月底，他们在学校里发起了"回收废纸，置换厕纸"的活动，把孩子们平常学习产生的废纸回收起来。

同时，项目也鼓励孩子和家长把家里的废纸快递包裹捐到学校里面去。"我们这个公益项目目前应该是全中

有研究显示，人的一生大概要上16万次厕所，女生一次小便的时间是93秒，男生上一次厕所时间是31.7秒。这样算下来，人的一生大概有3年的时间要上厕所里度过。厕所这么重要，但你对它又有多少了解？

慨叹于中国厕所文化的缺失和公共如厕环境的隐忧，3年前，被称为"中国厕所先生"的钱军创立了全国首家致力于厕所公益的非公募基金会——昱庭基金会，喊出了"为改善人类如厕环境而奋斗"的口号。

量的有机质和肥料。但是现在人们按一下就全部冲到下水道里，对城市的环境造成了严重的污染。如果这些东西能够有效地提取，不仅污染解决了，而且还能有效地用于农业发展。"

基于这样的理念，基金会和清华大学联合做了研究，"我们想在厕所里做一个循环，让孩子们从小在厕所里了解厕所文化。"这个项目做了这样的一个实践，在厕所里设置了6个模块，第一个模块是正常的厕所功能；第二个模块是一套处理系统，孩子们能够清晰地看到这套处理系统是如何把粪便和尿液进行处理，用什么样的原理将它变成肥料；第三个模块，孩子们可以拿着这些肥料到一个种植区里面去种花、种菜、种草，种出来的菜还能拿回家让爸爸妈妈给他做；第四个模块是一个科普的模块，围绕厕所的所有知识点都会在这个科普馆里展示出来；第五个模块是一个孩子们在

去看看到底是不是空的。"这是非常麻烦的，针对这个问题，基金会和清华大学联合创新设计了一种厕所，"这个厕所入门有一个16°的角度，一进门就能看到厕所里哪个是有水的，哪个是没水的。"

钱军和同们还为西部开发了一款特别的项目，"大家可能从来没有见过这种厕所，一般的厕所一开门蹲便器是直角对着自己，而这个厕所是45°角。"这是因为西部天气非常冷，冬天零下二三十摄氏度的气温，人们的穿着会格外厚实、臃肿。"比如说西藏是个旅游胜地，背包客特别多，我们希望能在一个有限的空间里，让人们找到最舒服的姿势，"而实践证明，45°的角度在有限的空间里利用率是最高的。"

"如今，我们还在做一件听起来是天方夜谭的事情——在清华大学里筹建全世界第一所高校里的'厕所学院'。"钱军回答，我们想研究人与厕所的关系和厕所与自然的关系，希望通过前端设计让粪便和尿液的排出都是零污染的、没有任何病菌的！

别以为"主管示范如何大小便"说得有点邪乎，等看过了 2017 年 12 月 13 日《北京晚报》登载的《在清华筹建"厕所学院"》或许眼界大开。其中说道：

"如今，我们还在做一件听起来是天方夜谭的事情，在清华大学里筹建全世界第一所高校里的'厕所学院'。目前，全世界没有一所高校有专门研究厕所领域的科系或院系。这所筹建之中的'厕所学院'未来想做什么？我们想研究人与厕所的关系和厕所与自然的关系！我们希望在厕所里做可持续的发展，通过前端设计，让粪便和尿液的排出都是零污染，没有任何病菌！"

据当事人讲，目前在做两件事，一是"利用清华大学广阔平台，不仅能将国内该领域的学术力量进行整合，还能吸引世界范围内的相关专家、学者、设计师，为他们提供迅速聚集平台，产生学术爆发力"；二是"厕所行业的设计、运维、规划、管理等基础人才在世界范围内存在匮乏现状，以现在厕所产业发展规模和速度，一定会催生出大量的相关企业和相关专业人才"。

"厕所革命"百事待兴，"在清华建学院"或为不错的选项。如果，若能同步提点"男人撒尿尽量往前站"、提示"女士如厕别再踩高跷"，则更善莫大焉……

吴小兰基金会发起"TT"行动

登机前先上厕所
也是"低碳"

Toilet before flight Tell others

制图／刘黎文

本报讯（记者李妍）登机前先上洗手间排空尿液，能减少飞机碳排放，这你知道吗？能做到吗？6月5日国际环境日来临前一天，广东吴小兰基金会同广东省环保厅、广东省总工会、中国移动广东分公司、南方航空公司、华漫兄弟

互动娱乐有限公司、《意林》杂志社、腾讯网等单位共同发起"TT"行动，呼吁大家环保从身边小事做起。

广东吴小兰基金会名誉主席吴小兰介绍说，"TT"行动的英文全文是："Toilet before flight,tell others"，就是号召人们对飞机节能减排做出易行而易忽略的贡献。据介绍，人体膀胱能容纳大约420毫升的尿液，如果飞机上有150人在登机前排空，就相当于飞机减负约63千克，可有效减少飞机碳排放。按中国石油新闻中心的数据显示：运输工具消耗一升汽油，碳排放高达4800克。另外，在飞机的洗手间里用水也会消耗航空燃油。"所以，我们倡导乘机人有心减负，响应登机前上洗手间也告诉别人，这样才是有心的。"吴小兰说。

相比待建中的"清华厕所学院"，2010年6月5日《广州日报》记者李妍采写的《登机前先上厕所也是"低碳"》就属于远水也能解近渴。其中说道：

"登机前先排空尿液，能减少飞机碳排放。广东吴小兰基金会名誉主席吴小兰介绍说，人体膀胱能容纳大约420毫升的尿液，如果飞机上有150人在登机前排空，就相当于飞机减负约63千克，可有效减少飞机碳排放。数据显示：运输工具消耗一升汽油，碳排放高达4800克。"

欲在名校建"厕所学院"，少不了借树开花，借鸡下蛋。后话不扯，不由得想起某高校的男厕典故。据说，针对有些男生小便过后懒得冲水，于是，有教师贴出了"举手之劳，何乐不为"。不曾想，青出于蓝胜于蓝，有人稍加改动，瞬间变成了"举手之劳，何乐？不为！"

19／景厕宜人

JINGCE YIREN

　　说破大天，"旅游厕所"其实也是公共厕所，该怎样看待，怎样对待，跳出小异求大同，国家旅游局局长关于"像重视餐厅一样重视厕所"的如是说，一言九鼎，一语中的。

　　报章披露"大明湖如厕今非昔比"。在城市管理方面，济南很有特点，当年"济南交警"的过人之举曾广为传诵。将心比心，移花接木，倘若大明湖早些将公厕视为一宝，或许"大明公厕"早已成为城市名片。

　　旅游厕所如何建，如何管，人民日报记者走访拉萨等地50余座公厕，写出《三分建设七分管　西藏旧厕换新颜》。好一个"三七开"，好一个传统惯性思维的"倒三七"，重中之重，原来软件比硬件还要硬。

　　由于"旅游业≠旅游局"，所以如果真的"旅游业要来一场厕所革命"，需要知会、发动、参与的单位，既有旅游系统，也须有其他相关单位相互紧密配合。一篇《列车厕所实施环保革命》，既道出运输行业的厕所管理现状，同时也引出此番革命不能"铁路警察各管一段"。

　　《台湾公厕：城市文明的名片》很有看点，"保养得当的公厕比一般公厕有着更长的使用寿命，而且公厕越干净、市民越爱惜，维护成本也越低"。不仅道出了经济学，不仅道出了社会学，同时也道出制衡"破窗效应"的相对论……

旅游业要来一场厕所革命

李金早

习近平同志指出："旅游是传播文明、交流文化、增进友谊的桥梁，是人民生活水平提高的一个重要指标"。近年来，我国国内旅游、入境旅游、出境旅游市场规模均居世界前列，已经迈入旅游大国行列。在旅游业已经有了长足发展的今天，健全旅游公共服务体系、实现从旅游大国向旅游强国转变的主攻点是什么？我想，不妨推动一场厕所革命。

为什么要进行厕所革命

厕所是旅游必不可少的基本设施，也是文明的重要窗口，是一个国家和地区文明程度的重要体现。在许多发达国家，不管走到哪里，厕所都很干净，这自然给人留下文明程度高的第一印象。长期以来，厕所是我国社会文明和公共服务体系的短板，也是我国旅游业最突出的薄弱环节，是横在我国旅游业发展车轮前的一道坎。厕所建设管理严重滞后，是我国与世界旅游强国之间的一个明显差距，也是与发达国家现代文明生活的一个重要差距。许多地方花大

提出，"旅游要发展，厕所要革命！"通过旅游厕所革命，从思想认识、文化观念、政策措施、体制机制等方面进行一系列广泛且深刻的变革，倡导清洁、舒适、健康和文明如厕的先进厕所文化，全面推进旅游公共服务体系建设，促进旅游发展和品质提升。今天，要将旅游业培育成为让人民群众更加满意的现代服务业，要把我国真正建成世界旅游强国，就必须从厕所这类基础的事情抓起。

如何进行厕所革命

变革观念。几千年来形成的鄙视厕所、厕所文化缺失以及一些如厕陋习必须改变，当前迫切需要建立"厕所是不可或缺的基本公共服务要素、是体现文明生活方式的重要载体"的观念。要像重视餐厅一样重视厕所，像重视客厅一样打理厕所，像重视舞厅一样"香化"厕所。在今年全国旅游工作会议上，我们在"吃、住、行、游、购、娱"旅游六要素基础上，又概括出新的旅游六要素："商、养、学、闲、情、奇"。现在看来，这两个六要素还不够。有必要增

进行详细调查，重点对本区域内旅游景区、旅游交通线路沿线、重要旅游集散地、重要乡村旅游点的厕所缺位情况进行摸底，拿出建设工作方案，做到布局合理、数量充足、合乎标准。

创新机制。厕所革命要取得成功，关键在于机制创新，建立市场化、社会化的建设管理机制。"三分建设、七分管理"。许多厕所建得很好，但管理跟不上，结果还是脏乱差。厕所问题之难，难就难在厕所的建设者、管理者责任缺失，而对使用者又难以监督。因此，要创新建设管理机制，探索"以商养厕"之路，把厕所作为新的发展机会、新的商机。只有这样，持续提高管理和服务质量才有保障。应在厕所建设管理中引入市场机制，因地制宜探索不同的建设管理模式。一是景区景点内的厕所，应与景区内的经营服务项目结合。二是街道等公共场所可将厕所与商铺、摊位挂钩，收取适当费用。三是更大范围的城市厕所建设管理，可以采取PPP（政府和社会资本合作）模式。政府统筹规划布点，以相应的土地、资金、税收等配套措施来支持，引进专业化

然化解、不造成环境污染的合适地点，加强自然通风措施，并采用"生态厕所""沼气化粪"等先进技术，保持厕所整洁。

务实推进。推进旅游厕所建设管理工作量大、涉及面广、持续时间长、困难多，需要敢于担当、迎难而上，采取切实可行的措施。一是强调实用、便利，不搞不切实际的奢华之作，不搞那些华而不实的东西。华而不实的面子工程不是老百姓所需要的，不是游客所需要的。要按照使游客感到便利、温馨的要求确定厕所的数量、位置及施工设计，坚持以游客为本，体现人性化。厕所要够用，但不要贪大求洋、闲置浪费。旅游厕所建设，应尽量做到与周围环境和谐，力求数量与质量并重、实用与美观统一。二是坚持建管结合、管理持续。许多厕所无电、无水、无人管理，既不好看又不好用。应重点解决只建不管、管理不善问题。在厕所规划建设时，同步考虑厕所的运营、管理问题，探索长效的管理体制机制。三是明确责任、积极推动。把旅游厕所建设管理的水平、效果作为评估省区市旅游工作业务水平的一项重要内容。

本书虽非专业读本，但借助较为翔实的"老剪报"，大致还原了不少来龙去脉，譬如，透过1996年8月30日的《中国商报》，让作者和读者了解到"早在1993年首都就提出了公厕革命"。

严格意义上讲，"公厕革命"不同于"厕所革命"，后者涵盖更广，既包括城镇宅厕，也包括乡镇农厕。从这个意义上来讲，2015年4月10日《人民日报》刊登的国家旅游局李金早局长所言《旅游业要来一场厕所革命》，既有城市公厕，也有饭店投资的"企厕"，还有"农家乐"的私厕。文章说道：

"厕所是一个国家和地区文明程度的重要体现。长期以来，厕所是我国社会文明和公共服务体系的短板，也是我国旅游业最突出的薄弱环节，是横在我国旅游业发展车轮前的一道坎，厕所建设管理严重滞后，是我国与世界旅游强国之间的一个明显差距，也是与发达国家现代文明生活的一个重要差距。"

李局长"不护犊子"。在他看来："许多地方花大量人力、物力、财力去推介景区景点，却不愿扎扎实实地建设好厕所、管理好厕所。殊不知，一个脏乱差的厕所可以瞬间毁掉花费在旅游推介上的努力，而且负面影响很难挽回。"

小长假带热郊野游　游人同感"厕所太少"　　■本报记者 赵喜斌

郊野公园"方便"不方便

今年五一，本市将新增19处免费郊野公园，加之此前已分布在四环、五环周围的34个，郊野公园已成为市民小长假出游踏青的最新选择。人有三急，内急时找不到厕所想必是游园中最尴尬的事情。"厕所太少"成为游园人不约而同的感受。在刚刚过去的清明小长假中游人可能仍会遇到同样的难题。上周末，记者走进兴隆公园和常营公园等郊野公园，体验郊野公园如厕到底难不难。

体验
兴隆公园
"小便树根儿下解决就行"

4月11日14时，一位老者正在公园东侧的坡上打着太极拳，记者凑上去问："大爷，附近有厕所吗？""小便还是大便，小便的话在树根儿下解决就行，大家都这么干。"大爷从容地两个身，顺手一指山坡上的几棵树，那里虽有几棵绿植，但游近还不时有人经过。

当老者表示"想大便"时，热心的大爷停下了动作说："那可远了，你顺着这儿往西走些，大概七七分钟能走到厕所。""按照大爷的指点，记者找到在中心湖边一座红黄相间的公园，孤零零地在公园的中心位置"站岗"。

常游兴隆公园休闲的老人和孩子们经常会遇到这种尴尬事。家住高碑店村62岁的张师傅陪着外孙来天天到郊野公园来呼吸新鲜空气，她虽然自己最难"寻厕所"。"每天跑这儿这么小时，经常有人问我厕所在哪儿，有些来不及找到厕所的人就就地解决了，严重破坏环境。"

常营公园
周五仨厕所锁了俩

4月11日，星期六上午7时，记者再次来到常门的公园，前一天在记者"寻厕"已累不在，两名工作人员坐在男厕与女厕中间的小屋同厕所从早上6点到晚上7点一直开放，这中间不会关门。"面对记者的疑问，工作人员的确如此，但是对昨日紧锁的厕所地处周五一位工作人员在记者的追问下解释道："昨天不是我的班，可能是工作人员去个休了吧，我就不清楚了。"

三个厕所集中在南门厕近，而北部的厕所占到公园总面积的三分之二，一直向西北走，大约1个半小时后又回到了位于公园东侧的简易厕所，在沿途中并未发现有厕所。常营公园大门旁的一处示意图上标注，在

常营公园
设计6个厕所3个在建

4月11日，星期六早上7时，记者再次来到常门的公园，前一天在记者"寻厕"已累不在，两名工作人员坐在男厕与女厕中间的小屋同厕所从早上6点到晚上7点一直开放，这中间不会关门。"面对记者的疑问，工作人员的确如此

数字

兴隆公园
780亩公园只有3个厕所

位于东五环西侧的兴隆公园，总占地面积780亩，周边与公厕按着工作人员提供的路线，大约走了600米用时7分钟。在西门一片竹林中发现了一片灰砖灰瓦的公园。据统计，在780亩的公园中，3个厕所一共有蹲位与小便池36个，该

说法
厕所服务半径
不宜超250米

"北京的郊野公园目前已开放34处，主要集中在四环五环附近"。北京市园林绿化局隔离办公室相关负责人介绍，沿四环五环之间将形成的60处郊野公园，平均每隔3公里一处，并全部免费向市民开放，公园的运营则由市区两级政府出资。郊野公园每天游客约为2.5万人，节假日人数增至3.5万人。在公园公厕的设置中，根据人流和区域的综合考虑，根据需要设置。据北京市公园条例中规定：公园设计必须确定游人容量，游人人均占有公园场地面积不得低于15平方米，而对于公园里公厕的规定无规章可循。

兴隆公园一位工作人员介绍，郊野公园的"免费大餐"也为公园运营带来一定困难，公园如果想加强厕所基础设施建设同样会增加人员及经费的支出。

由北京市园林绿委审定的《园林设计规范》，1991年也是中华人民共和国建设部批准的、执行的国家标准，其中规定，游人使用的厕所面积大于10公顷（记者注：1公顷为1万平方米）的公园，应按

说到了旅游，好像一下子就能想到远处的黄山，或近处的景山，而不远不近的"郊野公园"似乎有些十三不靠。然而事实证明，"小长假带热郊野游"，同时由于"同感厕所太少"，所以有亲身体验的游客，则不约而同地得出《郊野公园"方便"不方便》的结论。

2009年4月15日，《北京晚报》刊发记者赵喜斌采写的报道，从多个景区发现了多个缺憾。其中说道：

"今年五一，本市将新增19处免费郊野公园，加之此前已分布在四环、五环周围的34个，郊野公园已成为市民'小长假'出游踏青的最新选择。人有三急，内急时找不到厕所想必是游园中最尴尬的事情。在刚刚过去的清明小长假中，'厕所太少'成为游园人不约而同的感受。然而接踵而至的'五一小长假'游人可能仍会遇到同样的难题。上周末，记者走进兴隆公园和常营公园等郊野公园，体验郊野公园如厕到底难不难。"

到底难不难，事实说了算。相关小标题包括："兴隆公园，小便树根儿下解决就行""常营公园，周五仨厕所锁了俩"……

逛景点 女性如厕缘何难？

厕所选址不合理 蹲位数量少等导致女厕所容易排长队

国庆新观察

"黄金周期间，北京青年报记者在故宫、颐和园、天坛公园、香山公园等多个景点采访发现，高峰时期，公园内的女厕所最高排队人数达60人之多，等一二十分钟可谓司空见惯。女性如厕究竟为何如此困难？北青报记者就此展开调查。"

天坛公园内一女厕所前排起长队

摄影/见习记者 杨琳

多数景点出现女性如厕长队

"老李，你快别喝水了，上个厕所要排十来米！"10月4日，从河北省来京旅游过老伴手中的矿泉水瓶，指着颐和园东门附近的一处厕所。此时，厕所门外等待如厕的女士已排起了十

就会放进去20到30名女性。因为排队的队伍太长，甚至有不少路过的游客误把公厕当作了景点。

女游客征用男厕所

与女厕所的"门庭若市"相比，男游客如厕完

31处。日均人流量达12万人的颐和园，在适宜观赏大黄鸭的八方亭处新增临时厕所13处，而热门景点故宫等也在节日期间安置了许多临时厕所。这些厕所多为中性厕所，不区分男女，但这些临时厕所并没有解决女性如厕难的问题。

在"公厕"序列中，"旅游厕所"是早先没有的后来语，范围包括哪些，大概一切与旅游相关的厕所尽在其中。

2013年10月7日，《北京青年报》刊发记者邹春霞、刘洋采写，杨琳摄影的《逛景点 女性如厕缘何难？》，问题说复杂也复杂，说简单也简单，其中既有厕所选址不合理，也有厕位配比不科学。其中说道：

"'老李，快别喝水了，上个厕所要排十来米！'10月4日，从河北省来京旅游的杜大爷一把夺过老伴手中的矿泉水瓶，指着颐和园东门附近的一处厕所。此时，厕所门外等待如厕的女士已排起了十来米的长队。"

更感意外的是，"故宫乾清门西侧公共厕所则直接在门上贴出了'女士请排队'的提醒，每隔5分钟左右，管理员会放进去20到30名女性。因为队伍太长，甚至有不少路过的游客误把公厕当作了景点"。

说罢，笑罢，日子还要过，厕所还要上，谁让旅游依旧是有钱有闲的好选择。只是，有足尖上的中国，舌尖上的中国，也一定要有"五谷轮回"末端的国人表现，否则"顾头不顾腔"会惹来许多意想不到……

景区厕所取消四五星级评定

环保、实用厕所取而代之，星级评定改为 1A 至 3A 三等级；拟三年时间新建改扩建 5.7 万座旅游厕所

新京报讯（记者郭超）旅游景区厕所不再一味要求"高大上"，国家旅游局将出台新的旅游厕所等级评定标准，今后旅游景区将取消四星级以及奢华厕所，取而代之的是环保、实用的厕所，评定等级也改为 1A 至 3A 三个等级。

昨天，全国旅游厕所工作现场会在广西桂林召开。国家旅游局未来三年将协调各地新建旅游厕所 3.3 万座、改扩建 2.4 万座。

厕所 3.3 万座，改扩建 2.4 万座。其中，2015 年新建 1.3 万座，改扩建 9000 座。

将对新改建厕所重新评定

据介绍，国家旅游局将修订出台新的《旅游厕所质量等级的划分与评定》标准。新标准提倡简约、卫生、实用、环保，反对豪华，取消四、五星级档次，按照从低到高的顺序，分为 1A 至 3A 三个等级。

此次修订标准后，国家旅游局将组织对新建、改扩建的旅游厕所的等级评定，达到 A 级标准的，授予全国统一的旅游厕所标识。国家旅游局还将引导各地在建设过程中积极采用节水、节能、除臭新技术、新材料，适应我国大规模、大流量游客需求，发展"免冲式厕所""生态厕所"。

今年新建 1.3 万座景区厕所

"旅游厕所是游客出行必备的生活设施，是旅游公共服务水平高低的直接体现，更是反映旅游业文明进步程度的重要标志。"国家旅游局局长李金早表示，目前旅游厕所的现状是"脏、乱、差、少"，影响了中国旅游业的发展和中国旅游业的声誉。

国家旅游局决定从今年起，用三年左右时间在全国开展旅游厕所建设管理行动，通过政策引导、资金补助、标准规范等手段持续推进，到 2017 年基本实现旅游景区、旅游线路沿线、乡村旅游点等旅游接待场所厕所的全覆盖，达到数量充足、干净无味、实用免费、管理有效的要求。

李金早说，推动旅游厕所革命，要充分考虑到老年人、妇女、儿童和残障人士等特殊群体需求。要坚持政府引导、属地管理，推动地方政府将旅游厕所纳入当地城市基础设施建设规划中。各地新建、改扩建的旅游厕所，4、5 星级厕所要求外观造型能与周边协调并形成独特景观，建筑面积要达到 150 平方米以上。厕所要有公用电话、需有高档休息椅，并要求在休息室提供影视设备。

2003 年出台标准后，国家旅游局牵头以规范我国旅游厕所建设。

2009 年 2 月 15 日，南京市夫子庙四星级豪华公厕摆放着仿红木太师椅。 图/CFP

2008 年 4 月 27 日，杭州环北公园内的首个五星级公共厕所开放。 图/CFP

■ 焦点

新旧标准评定有何不同？

据介绍，国家旅游局将尽快修订出台新的《旅游厕所质量等级的划分与评定》标准，指导各地开展旅游厕所建设。

北京将如何迎接新标准？

作为今后三年旅游行业重点推进的一项工作，国家旅游局将将出台系列举措，强化旅游厕所建设管理行动的监督考核，确保行动取得实效。主要措施包括：定期公布各地年度版份重点推进城市旅游厕所游客满意度调查结果和排名；实施旅游厕所质量等级评定动态管理，体现奖优罚劣原则。北京市旅游发展委员会委员邹伟南表示，北京

初瞧，以为"景区不评级了"；细看，才知道是"景区厕所取消四五星级评定"。孤陋寡闻，或许是"来也匆匆，去也匆匆"，尽管进过无数景区厕所，但忘了注意门口的铜牌牌。

2015 年 2 月 27 日，《新京报》刊发记者郭超采写的相关报道，披露"环保实用厕所将取而代之"。其中说道：

"旅游景区厕所不再一味要求'高大上'，国家旅游局将出台新的旅游厕所等级评定标准，今后旅游景区将取消四星级、五星级以及奢华厕所，取而代之的是环保、实用的厕所，评定等级也改为 1A 至 3A 三个等级。昨天，全国旅游厕所工作现场会在广西桂林召开。国家旅游局未来三年将协调各地新建旅游厕所 3.3 万座、改扩建 2.4 万座。"

上述新标准"提倡简约、卫生、实用、环保，反对豪华"，应该讲立意极好。但"取消四、五星级档次，按照从低到高的顺序，达到 A 级标准的授予全国统一的旅游厕所标识"，岂不与原来的四星、五星级评定大同小异？也许本质大不相同，但表面看意思不大……

厕所不达标 10家4A级景区被摘牌

两家5A级景区被严重警告，限期6个月整改；近年来14家5A级景区在厕所问题上“跌倒”

新京报讯 （记者郭超）记者从全国旅游厕所革命推进会上了解到，全国旅游资源规划开发质量评定委员会决定，对厕所革命严重滞后的两家5A级旅游景区给予严重警告处理。另有10家4A级景区，也因厕所不达标被摘牌。

4月以来，全国旅资委以厕所质量、环境卫生等为重点，结合游客投诉、媒体报道，对全国部分5A级景区进行检查复核。按照检查结果，根据《旅游景区质量等级管理办法》和《旅游景区质量等级的划分与评定》国家标准，给予两家5A级景区严重警告处理，限期6个月整改。

其中，西峡伏牛山老界岭·恐龙遗址园旅游区厕所革命滞后，保洁不及时，存在脏乱差现象；景区管理人员服务意识不强，内部交通接驳、游客服务中心、标识标牌等达不到标准要求。青海省青海湖景区厕所数量不足，分布不合理，不符合标准要求；景区内部交通接驳、标识系统、信息化建设、安全管理等达不到标准要求。

因“厕所革命”不到位、环境脏乱等问题，天津七里海湿地旅游区等10家4A级景区，被相关省级旅游部门摘牌。

■ 相关新闻

两年14家5A级景区受处分

2016年10月起，国家旅游局每月统计“旅游厕所革命”红黑榜。在景区等级复核中，发现问题严重的景区给予警告等处分。

据公开报道统计，近两年，全国14家5A级景区被摘牌或警告，30家4A级景区被摘牌。其中较为熟知

国家旅游局对厕所革命不力者实行“一票否决”。“景区A级评定和复核中，厕所是否达标作为硬指标，实行一票否决。”国家旅游局局长李金早说，近两年摘牌和严重警告了一批5A和4A级景区，突出问题就是“厕所革命”严重滞后。

■ 专访

国家旅游局局长李金早：
厕所根据景区风格建设，不要奇形怪状

2015年起，国家旅游局实施“厕所革命三年计划”。李金早介绍，两年来，已累计安排10.4亿元支持各地厕所建设，各地安排的配套资金超过200亿元，新改建厕所52485座。今年还要实行新的3年计划，完成新建、改扩建10万座旅游厕所。

中外游客如厕需求基本得到满足

新京报：这两年厕所革命有什么成果？

李金早：两年来，旅游发展基金重点向厕所革命倾斜，已累计安排10.4亿元支持各地厕所建设，各地安排的配套资金超过200亿元。

截至4月底，全国共完成新改建厕所52845座，占3年计划（5.7万座）的92.71%。一年45亿人次中外游客的如厕需求基本得到满足。

新京报：有声音认为，国家旅游局不干正事，为什么跟厕所过不去？

李金早：厕所是我国社会文明和公共服务体系的短板，也是旅游业最突出的薄弱环节。一个土坑两块儿砖，

变中国厕所在国际上的不良口碑，两年来，我们将厕所作为旅游供给侧结构性改革的重要内容来抓。

新京报：旅游发展有很多事情可以做，厕所提升真的那么急迫吗？

李金早：游客不会因为某地厕所好而去旅游，但很可能会由于某地厕所差而不愿再去。一个脏乱差的厕所能瞬间毁掉旅游推介的百般努力，负面影响很难挽回。

数据显示，到2020年，全国人口预计达14.2亿左右。据生理科学测算，每人一天产生约200克粪便，每天全国将产生28.4万吨。届时，国内旅游规模预计达67亿人次，按旅游一趟人均上8次厕所算，每年如厕次数就达536亿次。惊人的数据

传奢华厕所。厕所革命的本质是为游客服务，为景区品质提升助力，改造的基础就是实用，至少要免费提供、干净、方便，基本的清洁服务要达标。我们鼓励厕所根据景区风格建设，不要奇形怪状。

将新改扩建10万座旅游厕所

新京报：厕所革命三年计划完成后还会继续吗？

李金早：通过两年努力，“找厕难、如厕难”现象有了显著改观。但与许多国家相比，我们仍有很大差距。

中国厕所问题不可能一两年就完全解决。今年还要实行新的3年计划，完成新建、改扩建10万座旅游厕所的任务；还要按“三步走”战

门抓厕所革命向党政统筹抓、社会力量共同参与转变。

厕所既是服务游客的公共服务设施，也是各地重要的市政基础设施，不仅旅游部门需要主动作为，更需要包括各级政府及相关部门共同参与。总之，厕所革命不能是旅游部门的“独奏曲”，而是一项庞大的社会工程，需要全社会的“合奏曲”。

新京报：如何提升公众参与度？

李金早：一些社会反响热烈的事件，应该引起大家关注，形成一些触动。北京天坛发放免费厕纸的厕所，有人过量用纸，逼得公园使用上“人脸识别厕纸机”。

这看起来是小事，但折射的是文明的缺失。厕所虽小，但却是人类文明的尺度、

2017年5月27日，《新京报》刊发记者郭超采写的《厕所不达标 10家4A级景区被摘牌》。有了前次的经验，这回一下就看出来“厕所不灵光，其他全白搭”。文章写道：

“记者从全国旅游厕所革命推进会上了解到，全国旅游资源规划开发质量评定委员会决定，对厕所革命严重滞后的两家5A级旅游景区给予严重警告处理。另有10家4A级景区，也因厕所不达标被摘牌。据公开报道统计，近两年，全国14家5A级景区被摘牌或警告，30家4A级景区被摘牌。其中有黑龙江省牡丹江市镜泊湖景区、山海关景区、湖南省长沙市橘子洲旅游区、重庆市南川区神龙峡景区，都存在‘厕所革命’实施不力，导致卫生环境脏乱的问题。”

这两年“厕所革命”有什么成果？国家旅游局李金早局长告知：“两年来，旅游发展基金重点向‘厕所革命’倾斜，已累计安排10.4亿元支持各地厕所建设，各地安排配套资金超过200亿元。截至4月底，全国共完成新改建厕所52845座，一年45亿人次中外游客的如厕需求基本得到满足。”

“厕所革命”，在旅游系统拉开序幕似乎很能说明问题……

民生调查·厕改那些事③

大明湖如厕记

—— 驴友李腾十年后体验大不同

本报记者　潘俊强

景区人流量大，赶上节假日，更是用客流、购物潮。游客要为内急愁为烦，厕所门口的大长队能让人心里犯愁。在济南大明湖景区，驴友李腾曾有过这样的尴尬：憋尿都快一小时。几年后，他们又来到大明湖，这回憋愁的经历还会找上他们吗？咱们一块儿去看看。
——编者

景区厕改

全国已完成新改建旅游厕所 6.8 万座
提前超额完成厕所革命三年行动计划

各地安排配套资金超过 200 亿元

44 亿人次游客如厕需求基本得到满足

2018年—2020年

全国将续改扩建旅游厕所 6.4 万座
其中新建 4.7 万座，改扩建 1.7 万座
比上一个三年计划增加 7000 座

制图：沈亦伶

活人还能被一泡尿憋死？哎呦，差不多还真有。

10年前，李腾和女友就差那么一点。彼时，正值国庆长假，两人到山东济南大明湖游玩，可这湖光美景没记住，景区厕所外，几十米长的队伍倒令他们记忆尤深，因为这对情侣差点憋坏。还有厕所里那下不去脚的地面，让人作呕的臭味儿……这些体验，李腾用"很尴尬"来形容。

如今，昔日的女友变成了妻子，也有了孩子。上周末，却和当年经历截然不同。"不像当年那样排挺长队了，基本没啥异味！"李腾说。

这是为何？得问问天下第一泉景区大明湖厕所料干部王禄路。

鲁菜有点咸，水没少喝，李腾还喝了点啤酒。

"买门票时就有点憋了，"李腾回忆，但寻思景区里有厕所，先憋住了。可在景区厕所前，李腾瞅见的是两排长队。男女各一排。"男的队伍短一些，女的队伍长，少说也得40米，"李腾拉了肚臂，"这厕所咋就人这么多呢，便排起队来。

"我还好，等了十几分钟，就解决了，"李腾说，"我家那口子可就憋霉啦。"但以今年元旦的小半个小时，李腾解决之后，他还到景区其余厕所观察，人不多，都排着队，李腾说又折回原地。

再回忆起当时厕所里的情形，孩子憋得哇笑闹，家长就让其饮料瓶里。

硬件升级
空间扩大增厕位

这些年，游客如厕难题，一直萦绕着王禄路的心。

王禄路介绍，景区不像外厕，缓解如厕难，不能让更多地增加厕所数量。大明湖外围景区扩建，配置了10多个厕所，压力并不大。"这以今年元旦且开始，核心景区免费向社会开放。"这一下子人流剧增，"这是环保节水型的，"平时人流量最高峰的有八万。

改厕先提硬件。王禄路带领设施来到湖西的一处厕所，正是让李

原来厕位用水取自湖水，杂质和微生物较多，容易堵塞小便应器和厕所管道，水流不畅、流速变缓，还会外溢。"我们就在水泵上加装了净水设备。"王禄路说。

厕所里还增设了节水降耗的设施。在男厕所的小便斗内，如厕完毕，没有冲水。"咋不用水冲？"李腾问打扫厕所的大妈，"这是环保节水型的，不用冲，自然下。下面管道里特殊厕料可以封堵臭味。"对方解释。

蹲便器是节水型的，用水少了很多……这些泡沫主要用于封堵异味。王禄路说，没有泡沫，感应器感应后就会再出泡沫。为节能降耗，厕所还增设了泡沫采集……

这回来带着孩子，李腾的妻子

以前，大明湖景区的厕所都是管理人员管。"园容事务多，人手不够，又偏重于园区绿化，厕所管理有时候就跟不上游客要求。"王禄路说。

在这次厕改建厕所过程中，大明湖景区引入物业公司，改进游客如厕的秋尽账。在厕所内部，有专门的保洁员体息，厕里肮脏守在厕所，可随时打扫。"以前只有一个人打扫男女厕所，坏了的厕所游客会尴尬，不方便。"王禄路说，现在是一对夫妻管理一处厕所，这样就方便了。

"我们要求厕所进行精细化管理。"王禄路说，光抹布就分好几种，擦洗手盆的、擦小便斗的、擦厕所门门的……在北方，冬天地板不易干，需要晾晒。"景区栏杆上放一排拖把呢，可不好看。"王禄路说，设计看到，在厕所内部，放置了带有风扇的拖把架。

如厕环境改善，景区的厕所有好几个被评上了星级旅游厕所。让方便更方便，景区要抓紧，物业公司从基本实，游客也不能袖手旁观。文明如厕一直是国家倡导的。说起游客不文明如厕行为，王禄路有不少苦水。

"厕所放置了大盘纸供游客使用。"王禄路说，可是放上不到半小时，就有游客一路拎着走了。再

2017 年 11 月底，习总书记关于大力推进"厕所革命"进程的号令吹响之后，《人民日报》连续发表了许多相关报道，2017 年 12 月 22 日，该报记者潘俊强采写的《大明湖如厕记》即为其一。文章说道：

"活人还能被一泡尿憋死？哎呦，差不多还真有。10 年前，李腾和女友就差那么一点。彼时，正值国庆长假，两人到山东济南大明湖游玩，可这湖光美景没记住，景区厕所外几十米长的队伍倒令他们记忆尤深，因为这对情侣差点憋坏。还有厕所里那下不去脚的地面，让人作呕的臭味儿……这些体验，李腾用'很尴尬'来形容。如今，昔日的女友变成了妻子，他们又来到大明湖。再上厕所，却和当年经历截然不同。'不像当年那样排挺长队了，挺干净，基本没啥异味！'李腾说。李腾的妻子还体验了第三卫生间。在这里，有可以换尿布的母婴台，有小孩专用坐便器，还有固定的儿童座椅，大人如厕时，可以把孩子固定于此，防止乱跑。"

在城市管理方面，济南很有特点，当年"济南交警"的过人之举曾经广为传诵。回想起来，济南交警最大特点不是所谓的大刀阔斧，而是将心比心，倘若大明湖管理处早些将公厕视为"内厕"，或许"大明公厕"也早已成为城市名片……

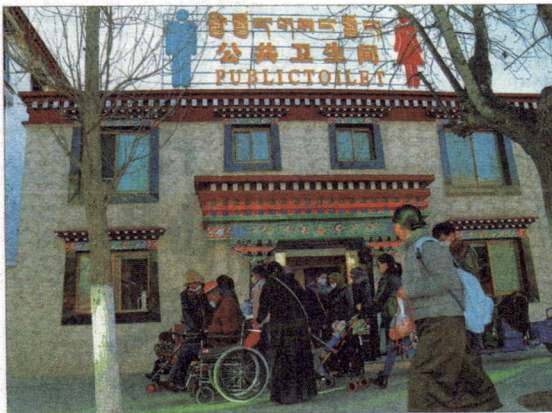

本报记者走访拉萨、日喀则、林芝等地50余个公共卫生间

三分建设七分管 西藏旧厕换新颜

本报记者 袁泉 琼达卓嘎 鲜敢

民生调查·厕改那些事⑤

拉萨八廓街

一厕建一档案
管理没有死角

西藏是旅游胜地，因此那里的旅游厕所更会惹人注目。去年底，《人民日报》记者走访拉萨等地50余座公厕，2018年1月2日，该报刊发袁泉、琼达卓嘎、鲜敢采写的《三分建设七分管 西藏旧厕换新颜》，其中说道：

"在西藏著名的景区林芝鲁朗小镇，记者看到，在每个停车场周边都有设备先进规格较高的公共厕所，既包括男厕、女厕和残疾人厕所，还有专门为母婴设计的育婴室。鲁朗小镇把公厕的维护保洁交给了一家第三方公司，该公司一名保洁员告诉记者，夏天的时候车辆比较多，游客也多，每天要从早上8点半一直忙到晚上6点多钟。到了冬季，虽然游客数量下降了，但让他苦恼的是水冲厕所带来的管道冻裂问题。为解决这一难题，西藏有关部门多次派人赴内地调研，考察学习先进技术，召开'厕所革命项目工艺技术论证会'、编制完成《西藏自治区"公共厕所革命"技术导则》等，并秉着勘验成熟一座、就开工建设一座的原则。目前免水可冲技术和泡沫封堵与微生物降解技术比较适合西藏特殊地理环境。该技术进行试点后已投入运行的新型厕所，效果良好。"

身体原因，至今没有去过西藏，但上述报道所言，让我动心且跃跃欲试……

改变"足不敢踏、手不敢抓、气不敢闻"的状况

列车厕所实施环保革命

本报记者 刘成友

济南城区西部，有一个被当地百姓称为"铁路大厂"的地方，这就是中国北车济南轨道交通装备有限责任公司。宽敞明亮的厂房内，摆放着一套套新型环保厕所。据介绍，这里一年能够生产6000套环保型集便器，产品不仅"入驻"火车，还"上天入海"，登上飞机、船舶和潜艇。

就在几年前，我国列车上安装的还是非常落后的直排式厕所。旅客的大小便经厕所下水道，直接被甩到铁路沿线，不仅车厢内臭气烘烘，铁路沿线也臭味熏天，附近居民和铁路巡线人员饱受困扰。改变火车厕所"足不敢踏、手不敢抓、气不敢闻"的落后现状，当务之急是攻克列车密闭式集便系统技术。12年前，济南装备公司将此列为重大技改项目，投入专项资金进行研发。

6年后，青藏铁路开通运营，进藏列车采用的就是济南装备公司研制的密闭式集便器。旅客"方便"后，轻轻一按按钮，马桶就会

喷出少量的水，同时产生巨大的真空吸力，将粪便和气味抽吸进车厢底部的"粪箱"中，车到终点后，再由卸污系统抽送运走，"火车不再随地大小便"成为现实。

密闭式集便器集机、电、气、液、真空于一体，涉及空气动力学、流体力学等多学科知识，研发和制造技术原来仅被几家外国公司垄断。济南装备公司起初采用引进技术，国产化却一波三折。真空喷射器、压缩空气控制器和排泄阀是三大关键部件，均由国外集britive供商控制。

"核心关键制造技术是买不来的，一旦对方停止供货，我们就会被扼住喉咙。必须自主研发！"公司主要负责人说。

经过反复尝试和攻关，公司不仅很快掌握了真空喷射器研制技术，拥有了专利，还编制了一套喷射器计算软件，以便研制类似的喷射器产品。之后一鼓作气，又接连"拿下"了压缩空气控制器和排泄阀，研发

方式也由单纯模仿转变为按市场需求自主开发设计。

此后，济南装备公司高歌猛进，自主研发了时速200公里高速列车真空式集便系统、机车整体卫生间、客车模块化卫生间、铁路站场专用移动式和固定真空接收设备等系列产品。他们研制的环保厕所，先后走进2008年北京奥运会和2010年上海世博会。北京奥组委和世博组委会特意向公司颁发了奥运特别贡献和世博保障荣誉证书。

中国铁路点多线长，旅客列车超员率高，对密闭式集便器的孔径、容量、耐久性、易用性都提出了苛刻要求。国外产品如果直接在中国使用，极易堵塞、"罢工"、变形，"水土不服"。济南装备公司生产的硬质车厢集便器，容量高达550升，还进行了加固处理。为最大限度节水，公司对集便器的节水性能做了深度优化。使用一次集便器，平均只用0.45升水，仅是家用马桶的1/13。

也许是在较真，也许是补充，其实细说起来，由于"旅游业≠旅游局"，所以如果真的"旅游业要来一场厕所革命"，需要知会、发动、参与的单位，既有旅游系统，也必须有其他相关单位相互紧密配合。

2012年7月5日，《人民日报》刊发记者刘成友采写的《列车厕所实施环保革命》。有意思的是，一边称"厕所革命"，一边却称"环保革命"，尽管前者包罗万象，有时候的确"铁路警察各管一段"。值得称道的是，尽管说法不一，但做法一致，都为彻底改变我国公厕现状而努力。文章说道：

"几年前，我国列车上安装的还是直排式厕所。旅客的大小便经厕所下水道，直接被甩到铁路沿线，不仅车厢内臭气烘烘，同时铁路沿线也臭味熏天。改变火车厕所'足不敢踏、手不敢抓、气不敢闻'的落后现状，当务之急是攻克'密闭集便系统'。12年前，济南装备公司将此列为重大技改项目，6年后，青藏铁路开通运营，进藏列车采用的就是该公司研制的密闭式集便装置。旅客'方便'后，马桶会产生巨大真空吸力，将粪便和气味抽吸进车厢底部的'粪箱'中，车到终点后再由卸污系统抽送运走，至此'火车不再随地大小便'成为现实。"

2018年是落实"厕所革命"的首个春运,铁路首次启动"双所长"制

今天我来扫厕所

本报记者 陆娅楠

2月5日清晨6点,浓浓夜色中的北京南站灯火通明,候车大厅里人山人海。作为早班的卫生间保洁员,我换上蓝色制服,梳好标准发髻,戴上橡胶手套,赶往候车大厅西南侧的女卫生间上岗。

今年是铁路落实"厕所革命"的第一个春运,各火车站、列车都实行"双所长"制。卫生间门口标牌上显示,北京南站站长柳建培就是"厕所所长",我这个保洁员就是第一道岗。

1个女卫生间,14个蹲位、3个洗手池、1面镜子、1个卫生纸筒,再加上厕所去年刚改造过,硬件新,通风好,看起来任务不重。

我正在沾沾自喜,保洁员苟翠华拉开了洗手池旁工具间的小门,"这个抹布叠成1/8,蓝色的擦台面和镜面,棕色的擦各个蹲位的门板隔断。这个长竹夹子是夹厕所间垃圾桶废物的,你一看蹲位里的垃圾桶满到2/3,就得往这个黑色大垃圾袋里装。这个小镊子是夹地面防水垫里纸屑、废渣的。咱们现在搞厕所革命,要做到隔断

苟翠华边说边走到卫生间尽头,打开另一个小门,指着里面的水池说:"这个海绵拖把是擦蹲位台面的,尿渍、血渍、痰渍、脚印,都不能留。"

说完她又拎起地上一个盛着蓝色溶剂的小塑料桶,拿出里面的棉刷子,"这个最重要,是强力去污的。如果有旅客大便溅到蹲便器上,必须马上清理。"说完,她把小桶往我手里一塞,"瞧你这妹子就是个读书人,会干这活儿吗?你先洗一个,我看看。"

我瞅着白色蹲便器后方的大便污渍,早餐在胃里翻涌,越是靠近,越是抑制不住干呕。我赶紧加快手上的速度,心中默念:"希望今天上厕所的旅客们能提高精准度。"

虽说6点半正式上岗,但是赶早班车的旅客来得更早,卫生间里的早高峰也来得快。排队等位的、照镜梳洗的……狭长的卫生间里一直挤着十几个人,看着一早打扫得"白璧无瑕"的蹲位瞬间被留下了鞋印、滚轮印,我手拿拖把干着急。

"这第一个高峰啥时候过去?"我问。

"傻妹子,你当这是写字楼呢,上班前

都是高峰。要想保持厕所整洁,你得学会插空干活儿。"苟翠华笑着教我,火车站卫生间保洁的首要挑战,是客流不间断。旅客既要解决内急,又不能误车,保洁员既要"见缝插针",又要眼疾手快有准头,开门关门还要注意避让小朋友。

"请稍等,我给您拖一下。"我现学现卖,只要前一个旅客开门,我发现地上有尿渍、污渍,就赶紧拖一把,顺便看一眼纸篓的情况。

一刻钟后,终于没人排队了,我长舒一口气。结果回头一开隔间门,不知哪位旅客吐了痰,黄黄的一大摊在蹲便器前特别显眼,干呕又来了。

背后传来苟翠华的安慰:"再忍忍,一会儿还有更大的'惊喜'。"

果然,不一会儿来了一位晕车的旅客,一进卫生间就吐了,刺鼻的腥臭味瞬间弥散出隔间,地台上到处都是呕吐物。

我苦中作乐地对苟翠华说:"您真神!"

她眯着眼睛一笑:"见多不怪。旅客把脏东西留在咱们这儿,才能干干净净地走。"

2018年2月12日,《人民日报》刊发记者陆娅楠采写的《今天我来扫厕所》,通过北京南站保洁员的日常工作,反映出铁路系统的新气象、新作为。

据介绍,今年是铁路落实"厕所革命"的第一个春运,各火车站、列车都实行"双所长制"。不仅各站站长就是"总厕所所长",同时专职保洁员更是专岗专责的"所长"。说道厕管的应知应会,一位保洁员如数家珍:"抹布叠成1/8,蓝色的擦台面和镜面,棕色的擦各个蹲位的门板隔断。长竹夹子夹厕所垃圾桶废物,蹲位里垃圾桶满到2/3,就得往黑色大垃圾袋里装。小镊子夹地面防水垫里的纸屑、废渣,要做到隔断无尘、地面无渣、台面无水渍、池内无头发。"

人心换人心,四两换半斤。劳累过后,不仅会听到顾客的赞许,同时如厕者也在良好的环境中心态、状态大不相同。"有位旅客带着孩子如厕,边进卫生间边教育:'说了多少遍了,别到处乱蹭,厕所多脏啊!'小姑娘脆亮地回答,'妈妈,这个厕所一点儿不脏!'隔断门内传出妈妈的回应:'是挺干净的。干净你就别尿外面,注意点儿!'"

在相关著述中,常常讲起"破窗效应"。厕所管理亦如是,谨防恶性循环……

伴随农村"厕所革命"持续推进，昔日"露天坑"逐渐被"水冲式"所取代。据国家卫计委介绍，截至 2016 年年底，全国农村卫生厕所普及率达 80.13%，东部一些省份农村卫生厕所普及率达到 90% 以上。

虽然数字仅仅是"表示数目的文字"，但有些数字有温度，有气度，有高度。上述所示即如此，看了让人还想看，看了让人忘不了。说起来，"建设美丽乡村"打头的举措似乎可选的不少，为何偏偏"从改厕做起"，一是兜底工程要兜出样，另是补齐民生短板不该远离"吃喝拉撒"。

在所看到的报章中，《农村改厕 建好更要管好》写得极好。"改了厕所还得改习惯"，同时"后续服务也要跟得上"，感觉得到，若未身临其境，绝对写不出丁是丁、卯是卯。的确，"厕所革命"不是花架子，农厕更如是。所谓夯实基础，头一道发力，包括媒体，包括相关机构，就该分不同季节各住他几天，以便踏踏实实且尿、且屙、且琢磨。

同样，《"方便"的小事更方便》再次阐述农村厕改"建好与管好"的辩证关系。其中"农厕改造的牛鼻子是茅厕现状，如何建立后续管护长效机制，才是长此以往的重中之重"的经验谈。细细道来"有场所、有牌子、有车辆、有人员、有电话、有制度、有经费、有配件专柜、有活动记录、有粪液利用"的"十有模式"，简单、实用，却体现了"落细、落小、落实"远比"落实"两个字更落实……

平顶山：农村旱厕变冲厕，卫生不废农家肥

一场厕所革命 一村风清水净

本报记者 朱佩娴

民生调查

小厕所大民生（上）

开栏的话

让农村群众用上卫生的厕所，不是小事。上世纪90年代以来，广大农村掀起了一场厕所革命。

厕所革命的主要内容是把旱厕改为冲水厕所，这牵关农村生活环境优化、生活水平提高和公共服务质量提升。《全国城乡环境卫生整洁行动方案（2015—2020年）》指出，力争到2020年，将农村基本卫生厕所普及率提高到85%。特别以委让广大农村居民喝上干净水、在家洗上澡、用上卫生厕所。本报今日起推出"小厕所大民生"报道，分析问题成因，探索治理路径，希望提供可资借鉴的经验。

"泉眼无声惜细流，树阴照水爱晴柔。小桥流水家家乐，且因清风不犯愁。"一位河南平顶山市宝丰县的基层干部在微信朋友圈，这样描述今日的家乡。他说，如果是在两年前，走进家乡周庄镇马起营村，"没有看见黑水，也闻到臭味，邻里之间时常因为一件小事而发生口角"。

是什么驱散了这个村庄的臭气？这位基层干部哪哪哪一笑："关键是一个生活细节的改变。"

旱厕成水源地重要污染源

这位基层干部口中的"生活细节"，是指农村家庭里的旱厕。

"家里厕所全改成水厕式，已经一年多了啦。"马起营村村民宋新英一脸得意，她邀请记者去体验一下她家的厕所。"现在上厕所，和城里一样方便，洗漱洗浴用具一应俱全。这是王新英家独立的洗漱间。她笑言："旱厕变冲厕后，家里没异味儿了，也变干净了，就在旁边盖了一个洗漱间。现在天天能洗澡，孙子都感觉变白了，也明显比以前少生病了。"

说起旱厕变冲厕的情景，王新英眉头不由自主地紧蹙："以前家门口全是几块砖，不封围，就是厕所。粪便就在坑里翻滚，熏死人，招来许多苍蝇蚊子。如果遇大雨天时涝雨得泄，再赶上下雨，里面的脏东西就会溢出来，门前的粪水混就一片一片的黑绿色脏水。"

要污染源

"粪坑脏乱差其他垃圾，都流进几米外的溪流里。"马起营村村书记陈国政告诉记者，村里有5处泉眼，汇聚成河，绕村而行，流向市区，这条溪流正是横穿平顶山市滍河的源头。"旱厕成了水源地的重要污染源。"

市新城区滍阳镇马跑泉村同样是滍河源头，去年对全村200多户进行旱厕改造，同样由政府掏钱，中央与地方政府按照1：1匹配，专款专用。

"自己住，咋不愿意？"马跑泉村村民张芳告诉记者，村发书一说要给村民建不赔臭味、不招苍蝇蚊子的厕所，大家都举双手赞成。唯一不情愿的，是以前庄在粪坑里的粪还能施地，一改动和城里人一样的厕所，虽不是粪又该咋办，那可是有机肥料呢，就这样白白扔了，太可惜。"

"改造后的冲厕，照样可以留住有机肥。"马跑泉村委会活动室会办公室主任陈卓旗告诉解释：无害化卫生厕所连接的是两个深埋在地下的椭圆形大缸，高1.6米，肚腔直径达1米，两缸之间的上盖即可。"

除了三四亩玉米地，张芳在自家庭院还开辟了七八十平方米的菜园子，豆角、茄子、韭菜都已成熟，可采摘。"这菜园子，都是用自家的无害化有机肥料种的。"张芳在菜园子一角打开一个圆盖，这就是厕所的后盖出水。

"如果想烫到自家玉米地，也可以自己不想拉，就划地里。如果自己不想拉，可以花20—30元请人拉，如果自家没地可浇，还能卖给别人。"马跑泉村村书徐家奎说，"已经有人拉着粪车，就起了生意。"

那时大家的脾气都跟着变臭了。

曹世世感慨："别看厕所只是生活中的一个细节，但这个细节变化，却改变了整个生活。"实际上，农村旱厕改造是一项牵一发而动全身的工程。它既需要村里水、电、路建设的配套，又需要村民生活理念、生活方式的转变。

冲水厕首先就要有水可冲。"2013年村里打了一口深井，家家户户用上自来水，为2014年旱厕改造打下重要基础。"村民们都十分珍惜这好水，舍不得直接一冲了之，都是先了手后，再冲马桶。"更进一步说，"由于村里深井需要用电泵，电力保障也是必须的。"

令陈家族最担心的，是日后冲厕的管护工作。"如果使用得当，最设无害化卫生年冲厕至少可用5年。但如果把卫生年厕变为无人厕所，就很有可能堵塞缸内的过滤管；1—2年后，前面的黄盖也需要清淤淘底厕所不能冲，导致雨水和其他物进入，导致造成污染。"陈军旗告诉记者，旱厕改造以后还需要村民进行日常管护工作。新城区爱卫办不定时督导检查。

旱厕改造带动配套设施完善

泉水阳彤彤，微风阵阵，十步一亭，百步一廊。三三两两的村民围坐在淡水树前下的凉亭，闲适家常，悠然自得。这是马跑泉村几乎天天

"旱厕不仅搭起起子，污水不到处被改了，村子周边都变硬化起来。溪流两岸的花草也多了起来，以前的污染村变成了美丽乡村。"曹

最早关注"农村厕所革命"是2014年年底，习总书记视察江苏时强调："解决好厕所问题在新农村建设中具有标志性意义，要因地制宜做好厕所下水道管网建设和农村污水处理，不断提高农民生活质量。"一年后，总书记视察吉林农村，得知一些村民还在使用传统旱厕时指出："随着农业现代化步伐加快，新农村建设也要不断推进，要来个'厕所革命'，让农村群众用上卫生的厕所。"

江苏、吉林以外的农村"厕所革命"又如何？2015年8月24日，《人民日报》刊发记者朱佩娴采写的《一场厕所革命 一村风清水净》，告知，"平顶山农村旱厕变冲厕，卫生不废农家肥"。其实，这篇"民生调查"还有不少当事人的有感而发令人三思，比如村民所讲"过去邻里之间，常常因为对方的粪坑而吵架。感觉那时大家的脾气都跟着变臭了"。又如村干部感慨，"别看厕所只是生活中的一个细节，但这个细节变化，却改变了整个生活"。为此记者告知，"实际上，农村旱厕改造是一项牵一发而动全身的工程，既需要村里水、电、路建设的配套，又需要村民生活理念、生活方式的转变"。

文章开篇"小厕所大民生"，读罢全文，犹如上了一堂"厕所革命"启蒙课……

到年底农村无害化卫生厕所普及率达50%

河北 美丽乡村建设从改厕做起

本报石家庄10月10日电（记者**李增辉**）不到200元就用上了新厕所，河北正定县新安镇李家庄村村民李国立很高兴。目前，河北农村已有200多万户农民和李国立一样，用上了无害化卫生厕所。

"一个土坑两块砖，三尺土墙围四边。"河北农村"连茅圈"很普遍，厕所连猪圈，夏天苍蝇、蚊子乱飞，顶风臭半里。据统计，截至2014年初，河北尚有103万座"连茅圈"、1000多万座旱厕。

2013年以来，河北开展美丽乡村建设活动，率先推进以消除"连茅圈"为重点的农村厕所改造工作。3.4万名干部驻村帮扶，向群众宣传农村改厕的美好前景、施工方案、支持政策和科普知识。

厕所改成什么样？过于简单，达不到卫生要求；不切实际，群众不喜欢；复杂了，后期维护困难。河北根据平原、山区、高原、沿海等特点，为各地提供不同的专业解决方案。省里还对驻村工作人员开展农村改厕专项培训，统一技术标准，统一工作规范。

为解决资金难题，河北建立了以财政投入为主、社会投入为辅的多元资金筹措机制。2014年，各级财政投入资金达14.8亿元；同时，对积极性高、干得好的村庄，在原有省级补助的基础上，又整合资金1.5亿元予以奖补。一些地方还自筹专项奖励资金加大推进力度，如正定县为调动群众改厕积极性，对改建三格式化粪池式厕所明确了不同的奖补标准，从400元到1100元不等，仅县财政补助资金就达1700多万元。

为确保改厕后续清洁，河北积极推广政府引导、市场主导机制。有的地方组建粪渣液抽取和厕具维修队伍，有的与有机肥厂联合，将粪渣液转化成高效有机肥料出售，有的则引进第三方公司，实行托管运营。

河北省计划到2015年底，将农村无害化卫生厕所普及率提高到50%，力争有利用3—5年时间，全省农村全部实现无害化卫生厕所。

前一篇讲的河南，接下来再说说河北。2015年10月11日，《人民日报》刊发记者李增辉采写的《河北 美丽乡村建设从改厕做起》。虽篇幅不很大，但各类数据应有尽有。其中包括：

"河北农村'连茅圈'很普遍，截至2014年年初，尚有103万座'连茅圈'、1000多万座旱厕。2013年以来，河北开展美丽乡村建设活动，率先推进以消除'连茅圈'为重点的农村厕所改造工作。3.4万名干部驻村帮扶，向群众宣传农村改厕的美好前景、施工方案、支持政策和科普知识。为解决资金难题，河北建立了以财政投入为主、社会投入为辅的多元资金筹措机制。2014年各级财政投入资金达14.8亿元；同时对积极性高、干得好的村庄，在原有省级补助基础上又整合资金1.5亿元予以奖补。一些地方还自筹专项奖励资金加大推进力度，如正定县为调动群众改厕积极性，对改建三格式化粪池式厕所明确了不同的奖补标准，从400到1100不等，仅县财政补助资金就达1700多万元。"

虽然数字仅仅是"表示数目的文字"，但有些数字有温度，有气度，有高度。上述所示即如此，看了让人还想看，看了让人忘不了。说起来，"建设美丽乡村"打头的举措似乎可选的不少，为什么偏偏"从改厕做起"，一是兜底工程要兜出样，另是补齐民生短板不该远离"吃喝拉撒"……

"小厕所"连着"大民生"

山东兰陵告别千年旱厕记

山东省临沂市兰陵县大仲村镇录庄村村民孟凡真多年来一直有一个习惯：每到夏季，就给自家厕所准备上一小瓶农药，如厕前喷一遍。

"冬天还好，一到夏天，农村旱厕里蚊蝇乱飞，不喷都进不去厕所门。"孟凡真说。

可是今年，孟凡真却没有延续这个习惯。早在3个多月前，他家就已经完成了无害化卫生厕所改造。

一个土坑，四周用水泥板或者青砖围住，"高级"些的或许配有顶棚、木门……这些简陋设备，是中国农村地区旱厕较为常见的配置。

虽然住的是2015年才建好的新房，兰陵县金岭镇道沟崖村村民左绍连3个多月前却仍在使用这样漏风漏雨、污水横流的传统旱厕。

"蚊蝇滋生都是轻的，过去厕所里面那个味就受不了。别说是从外边经过，就算是关着两道门，都能在院门口闻到臭味。"左绍连说。

如今，在兰陵县，像孟凡真、左绍连这样告别使用了千百年的传统旱厕的农民还有很多。

2016年8月27日，《新华每日电讯》刊发记者叶婧、潘林青《"小厕所"连着"大民生"》，其中说道：

"兰陵县村民孟凡真多年来有个习惯：每到夏季，就给自家厕所准备上一小瓶农药，如厕前喷一遍。可是今年，孟凡真却没有延续这个习惯。早在3个多月前，他家就已经完成了无害化卫生厕所改造。"

谈及农村改厕，兰陵县委书记郑连胜感触颇深："'小厕所'连着'大民生'，我们从2015年开始启动这项工作，原计划用3年完成全县18万农户改厕任务，从目前进度看，10月1日前就能全面完成。"

R 走转改·一线调查

山东着力农村无害化卫生厕所全覆盖

拆除土茅房 咋建新厕所

本报记者 潘俊强

挖个土坑摆块砖，土墙只有3尺高，猪圈相连臭熏天，蝇蛆成群虫满天。这曾是不少农村"土茅房"的真实写照。小厕所关联着大民生，更关系着乡村文明建设。近年来，山东省厕改风生水起，青岛市发起"农村厕所革命"，计划在今明两年改掉农村土茅房、旱厕、连茅圈，为农民群众建设无害化洁净厕所，涉及村庄4100多个、60多万户。农村改厕如何改？农民群众怎么看？如何实现可持续利用？带着这些问题，记者深入青岛胶州市农村进行调查。

农村改厕 政府埋单

■费用大约1100元，青岛市补贴400元，胶州市与乡镇各补350元

制图：李姿阅

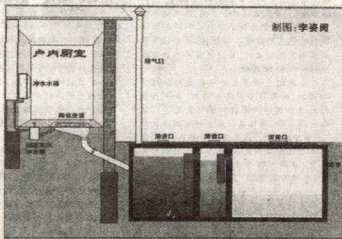

户内厕室

三格化粪 坚固耐用

脏水进去 清水出来

■作景观用水绿化灌溉养鱼养荷都可以

户内厕室

改建农村厕所究竟说多大的事？2016年8月8日，《人民日报》在要闻版头条刊发记者潘俊强采写的《拆除土茅房 咋建新厕所》，讲述"山东着力农村无害化卫生厕所全覆盖"，其中说道：

"挖个土坑摆块砖，土墙只有3尺高，猪圈相连臭熏天，蝇蛆成群虫满天，曾是不少农村'土茅房'的真实写照。小厕所关联着大民生，更关系着乡村文明建设。近年来，山东省厕改风生水起，青岛市发起'农村厕所革命'，计划今明两年改掉农村土茅房、旱厕、连茅圈，为农民群众建设无害化洁净厕所，涉及村庄4100多个、60多万户。这是农村卫生环境改善和乡村文明建设的一块短板，更是危害农民群众身体健康的一大顽疾。"

文章同时谈道，"农村改厕，就是要补齐这一短板。青岛市根据各县市区经济发展程度不同，市财政对每改一户补贴400元到600元不等。规模不小，投入不小，利民之事自然受到农民支持。有些人家义务出工出力，同施工人员一起着力将农村改厕做好做牢"。

一段时间来，"民以食为天"常讲常新，"民以厕为何"有待悉心考证……

民生调查·厕改那些事①

饮马河村改厕记

——看干部卢建辉跟村民周立华如何“过招”

本报记者 祝大伟

开栏的话 小厕所，大民生。习近平总书记指出，厕所问题不是小事情，是城乡文明建设的重要方面，不但景区、城市要抓，农村也要抓。

推进“厕所革命”，群众的需求是第一位的。要满足群众对厕所的现实需求，只有不断解决实际问题。从今天起，本版推出系列报道“厕改那些事”，为大家讲述发生在农村、城市和景区的厕改故事。我们首先把镜头摇向吉林农村。

农村厕改
截至2016年底
全国农村卫生厕所普及率达80.3%
东部一些省份普及率已达90%以上
到2020年
全国农村卫生厕所普及率将达85%
东部地区和有条件的中西部地区基本完成农村户厕无害化改造
力争2030年
实现全国无害化卫生厕所全覆盖

制图：沈亦伶

这阵子，卢建辉和周立华你来我往的“较量”终于消停了。

从9月到11月，短短3个月，卢建辉感觉像是3年，至今脑子里还都是村民们的喜乐忧愁，仿佛一部剪不断的影片。

为了全力推进农村“厕所革命”，吉林省长春市九台区龙嘉街道成立了一个临时机构——农改厕办公室。卢建辉就是该部门的一名干部，负责7个村1200多户，参与了前期排查、施工安装、验收全过程的工作。

“厕改是惠民的事，得跟农户对接好。”卢建辉说，几乎每家农户都去过两趟，也见识了厕改在农民家周立华毫不犹豫地顶了回去。

“有的村小组就一户报名安装坐便。”卢建辉走访中发现符合安装条件的农户，进行厕改的热情不高。最终统计下来，饮马河村730多户人家，只有接近100户报名厕改。

大伙为啥不愿改？原来，东北农村的瓦房多是三间，中间为厅，东西各一屋，屋子被前后隔断开，前面朝阳是大炕，后面小间是灶台厨房。“基本上都是西屋后的灶台改成厕所。方便的地方进了屋，村民怕味儿大”。周立华的抵触也是不少人的反应。

卢建辉知道大家对改厕心里没鱼‘把粪罐接回家等待安装。”

“没报名咋就不能装，这是国家免费装的。”卢建辉话音未落，就有人“叫板”说。

“只要大伙想改，房屋安全条件允许，咱就给改。”卢建辉笑着说。

这第二次见面，卢建辉看出来周立华有点“动摇”的意思了。

费时费工，又是障碍

看施工，看效果，大伙对待厕改的态度有了反转。卢建辉颇为欣慰的同时也犯难，“以前苦口婆心劝大伙改，一些房屋不达标的农户也找

等了两天，看大伙都装上了，周立华心里不是味。“闺女在长春住惯了楼房，眼下又怀孕了，以后孩子大人回家来，都方便。就冲着闺女，装。”她琢磨许久，顾不上跟丈夫商量，一咬牙下了决定。

早上4点起来，周立华就开始收拾，用编织袋将煤一袋袋装好搬出来，又装50袋子苞米瓤子搬出来，最后揭掉仓房顶，用大锤把院墙一点点凿开。“真是急眼了，造得可脸可身都是煤和灰。”周立华整整干了一天。

第二天，她赶忙找到卢建辉，要求带着施工队进家安装。这让卢建卢建辉就问。没等周立华回应，卢建辉就冲着她伸出大拇指，“大姐，你是这份儿的。”话音没落，卢建辉就笑出声来。

“没咋用呢。”听着笑声，周立华不好意思地回应说。她知道，卢建辉还在笑她为装坐便拆墙揭瓦的事呢。

“用不惯，等着孩子回来用吧。旱厕也得留着用。”周立华说，去了城里闺女家，都尽可能下楼找公厕方便。

话唠得多了，卢建辉才知道周立华又有了新顾虑。“这大冬天的用满了，粪液往哪排？”自家的旱厕，大约1.5立方米的粪池，“每年清理一次就够。”

每年开春，趁着粪池还没完全解冻，方便清理，周立华的丈夫就把粪便清理出来，堆在菜园子边上沤肥，开春种地就撒进园子里去，简单方便。

“慢慢来，试着用，那粪液抽出来就是肥料啦。”卢建辉跟周立华解释道，粪罐是2.5立方米，坐便单次冲水量小于2.5升，粪池渣液最短也得两月抽一次。

由于饮马河村离镇里较远，农户都是自家打水井，使用水泵提水。“咱用水就花个电钱，厕所改好

近段时间，《人民日报》有关厕所革命的文章不少。在“厕改那些事”专栏里，2017年12月19日，记者祝大伟采写的《饮马河村改厕记——看干部卢建辉跟村民周立华如何“过招”》，看过标题就想笑，其中说道：

“这阵子，卢建辉和周立华你来我往的‘较量’终于消停了。从9月到11月，短短3个月，卢建辉感觉像是3年，至今脑子里还都是村民们的喜乐忧愁，仿佛一部剪不断的影片。为了全力推进农村‘厕所革命’，吉林省长春市九台区龙嘉街道成立了一个临时机构——农改厕办公室。卢建辉就是该部门的一名干部，负责7个村1200多户，参与了前期排查、施工安装、验收全过程的工作。‘厕改是惠民的事，得跟农户对接好。’卢建辉说，几乎每家农户都去过两趟，也见识了厕改在农民家里引起的各种故事。”

实践出真知，农村厕改也如是。“‘厕改就像往水里投了块石子，让农民的平静生活溅起了水花。’卢建辉笑着说，这让他和农民有了深入接触，甚至来回‘过招’。在饮马河村，卢建辉就和农户周立华有过几次‘拉锯’。”

“招”怎样过，“锯”如何拉，有兴趣深入了解，不妨找来报纸好好读读……

农村改厕 建好更要管好

本报记者 潘俊强 柴秋实 刘洪超

"一个土坑两块砖，三尺土墙四边围"，一米多高的矮墙圈起来的露天旱厕，臭气熏天，尤其到了夏天，苍蝇和蚊子到处都是——这曾是不少农村"土茅房"的真实写照。如厕环境差，影响着农民生活的改善，更影响着美丽乡村的建设。《全国城乡环境卫生整洁行动方案（2015—2020年）》指出，力争到2020年农村卫生厕所普及率提高到85%。然而，仅仅将"土茅房"改造成卫生间，厕所革命就大功告成了吗？并不尽然——

改了厕所还得改习惯

"刚改过来还没咋习惯呢！"近日，记者在山东一些农村发现，大部分刚改厕完毕的农户，还多少有些不适应。一位村民见到记者有些不好意思："咱到地里干活沾一脚泥，确实不比城市里人家干净。"记者看到他家厕所泥水满地，脏乱不堪。这位村民坦言，以前家里是连茅圈，一年半载才从圈里出一次大粪。"再说，那时都是土和石块垒起来的，打扫也打扫不干净。"

因受传统观念和生活习惯的影响，不少农民对厕改工作积极性不高，尤其是上了年纪的老年人还存在着抵触情绪。在辽宁某县的农村，60多岁的村民王喜来告诉记者："你看给我家改造的这室外冲水厕所，好看不好用，根本没考虑咱东北的气温，一到冬天根本没法用，而且不好修理。这不我又让儿子把它给拆除了，还是换成了老样子。"

资金是道难迈的坎

当甘肃省兰州市七里河区沈家岭村的朱金城看见自家瓷砖贴面的卫生间时，脸上忍不住堆满了笑意。即使只是一间3平方米左右的新建厕所，也能给大山深处的村民带来生活品质的提升。然而，在去年10月七里河区政府决定启动对沈家岭村进行新一轮改厕试点时，却遭到了冷遇。本就财政吃紧，还要去改变大家使用习惯的土厕所，有必要吗？

要真正告别传统旱厕的"脏臭时代"，资金问题是一道难迈过的坎。据介绍，沈家岭村前期投入建设的30个"样板"厕所，每个造价3000元，基本由政府出资修建。在山东省，每改一处农村厕所，省里补助300元，同时要求各设区市以及县（市）补贴的资金不得少于省里的补助标准。对于一些财政收入比较困难的地区来说，拿钱出来帮助农民建设新式厕所，难度更大，不少地区因配套资金落实不到位，进展缓慢。

后续服务也要跟得上

由于一些农村地区地处偏远，且多为山地，绝大多数都没有管道

2016年8月8日《人民日报》记者潘俊强、柴秋实、刘洪超采写的《农村改厕建好更要管好》。文章分为几个部分，其中"改了厕所还得改习惯""后续服务也要跟得上"，读来别有感觉。其中说道：

"记者在山东一些农村发现，大部分刚改厕完毕的农户，还多少有些不适应。一位村民见到记者有些不好意思：'咱到地里干活沾一脚泥，确实不比城市里人家干净。'这位村民坦言，以前家里是连茅圈，一年半载才从圈里出一次大粪。因受传统观念和生活习惯的影响，不少农民对厕改工作积极性不高。在辽宁某县的农村，60多岁的村民王喜来告诉记者：'你看给我家改造的这室外冲水厕所，好看不好用，根本没考虑咱东北的气温，一到冬天根本没法用，而且不好修。这不又让儿子换成了老样子。'"

不说不知道。据这些很接地气的记者讲述，由于一些农村地区地处偏远，且多为山地，绝大多数都没有管道及给排水设施，这就导致了水源、污水和粪便的处理存在脱节现象。而有些县，农村户用沼气工程与农村厕所改造相互衔接，由于缺乏后续技术支撑及跟踪服务，沼气池逐渐被荒废。

"厕所革命"不是花架子，农厕更是如此。所谓夯实基础，头一道发力，有关人员就应该不同季节各住他几天，以便踏踏实实且尿、且屙、且琢磨……

走村串户看民生

山东淄博改掉农村土茅房、旱厕、连茅圈，为农民群众建设无害化洁净厕所

"方便"的小事更方便

本报记者 潘俊强

2018年1月21日，《人民日报》记者潘俊强在《"方便"的小事更方便》一文中，再次阐述农村厕改"建好与管好"的辩证关系。其中说道：

"曾经，一个土坑两块砖、三尺土墙围四边，臭气熏天、蛆蝇成群、无从落脚，这是农村简易旱厕的真实写照。如今，锃亮的瓷砖，冲水式洁具，一脚踩上踏板，污物被冲到地下化粪池发酵，既干净又整洁。山东推动农厕改造，改掉农村土茅房、旱厕、连茅圈，为农民群众建设无害化洁净厕所，让农村居民'方便'更方便，农村环境也变得更亮丽、更洁净。"

农厕改造的牛鼻子是茅厕现状，如何建立后续管护长效机制，才是长此以往的重中之重。为此，"淄博市以'十有'为标准，全面建立'有场所、有牌子、有车辆、有人员、有电话、有制度、有经费、有配件专柜、有活动记录、有粪液利用'的管护服务组织。并坚持市场化、社会化运作，因地制宜选择管护模式，对改造后的厕所进行统一管理，定期统一收集、统一运输、统一无害化处理和资源化利用"。

"厕所革命"是一桩无比美丽的事情。和所有美好事物一样，也面临能否可持续发展的问题。淄博人的实践，无疑给未来有序发展打下牢固的基础……

21 / 西安样板
XIAN YANGBAN

报章披露，西安市正努力突破"城墙思维"向着"国际化大都市"目标重新整装出发。从"烟头革命""厕所革命"到正在推行中的"行政效能革命"，西安市从事关百姓幸福指数的"小事"着手，掀起了一场城市发展方式的大变革，一个务实、包容、宜居的新西安正加速展现在人们眼前。

"2018西安·世界厕所工作大会"日前举行，国内外专家学者和各界人士会聚千年古都，一起探寻厕所文明历史，共同探讨"厕所革命"工作经验。省委常委、市委书记王永康致开幕词，强调"西安将以此次大会为契机，主动加强与各方的合作交流，汲取国际先进理念和经验，为全国'厕所革命'作出更大贡献，为世界厕所发展打造'西安样板'"。

不久前，《人民日报》刊文《西安电视问政：用锐度换温度》。节目做得好，报道写得好，一句"围绕百姓关切，有锐度的监督，换来有温度的民生改善"，响当当、亮堂堂，道出"西安问政"的核心理念，原来，硬碰硬为的是民心无时不刻的软着陆，原来"官员越'知耻'，民众才越有尊严"。

西安"厕所革命"让人喜不自禁。不难看出，此番新作为，并非局限常态的"城市管理""城市名片"，并非慢人半拍、逊人一筹的昨日状，同时"补齐短板"也不仅是为了老百姓如厕便洁，而是为了在均衡、有效的全面呵护中，整体提升"城市温度"乃至"国家温度"……

西安：三大『革命』重塑城市形象

本报记者李勇、石志勇、姜辰蓉

烟头不落地，公厕更"科技"，办事"最多跑一次"……从古代"万国来朝"的唐都长安到现代西北重镇，西安这个有着千年建都史的省会城市当前正努力突破"城墙思维"，向着"国际化大都市"的目标重新整装出发。从"烟头革命"、"厕所革命"，再到正在推行中的"行政效能革命"，西安市从事关百姓幸福指数的"小事"着手，掀起了一场城市发展方式的大变革，一个务实、包容、宜居的新西安正加速展现在人们眼前。

"烟头革命"：争议声中"捡"到底

来到时下的古城西安，细心的人们会发现"烟头不落地，古城更美丽"的标语四处悬挂，大街小巷随处可见一些佩戴着红色袖章的志愿者，用长杆钳子夹起地上的烟头和纸屑，放进手上提着的小桶里。这样的场景是西安市正在推行的"烟头革命"的真实写照，一场人人参与的美化市容、净化环境、重塑城市形象的大行动正在全面开展。

作为著名旅游城市的西安，每年要迎来大量中外游客，许多外国游客来华第一站抵达北京，第二站往往就会选择西安，说西安是了解中国的重要窗口一点也不为过。然而西安的城市卫生环境却曾经有着不尽如人意的地方，随地乱扔烟头的现象比比皆是，一些老城区"脏乱差"现象明显。

2016年12月24日，刚刚上任的陕西省委常委、西安市委书记王永康来到西安市城墙景区暗访环境卫生清洁工作，在城墙上他俯身捡起了27个……

捡烟头虽然是小行为，追求的却是城市干净整洁的大目标。一个小小的烟头消除不了，追赶超越的大目标就只能是一句空话。在王永康的倡导下，2017年年初一场"烟头"歼灭战在古城全面展开。西安市各区县、各级单位的领导人、机关干部纷纷走上街头捡拾烟头，许多单位还自发组织千部职工上街捡烟头。

虽然上街捡烟头的行为一度引发了"作秀"的质疑，但是西安市的"烟头革命"却在争议声中一路前行，除了增加街头保洁人员数量，西安市有关部门还在热点区域增设果皮箱和新型灭蝇桶，并通过志愿者劝解的方式进一步提高市民文明吸烟的意识。

"烟头革命"实施近一年来的变化让许多市民感同身受，皇城西路地处西安市中心，过去街面上经常到处都是烟头和垃圾。"地上的烟头没有了，地面垃圾也不见了踪影，街道上还铺设了新地砖，我们每天路过心情非常舒畅。"住在皇城西路附近的市民杜先生说。

"厕所革命"：急百姓之所"急"

西安市著名的大雁塔景区游客众多，过去女如厕"排长龙"是景区一道独特的"景观"。为了解决这一问题，有关部门在景区专门新建了2座女性专用卫生间，大大缓解了女性如厕排队时间长的矛盾。

"大雁塔景区游客多，过去女厕所总是排很长时间的队，有一天晚上我来上厕所排了最少有四十分钟，现在建了女性卫生间，确实方便了女同胞。"西安市民吴女士说。

在"烟头革命"全面推行之际，一场"厕所革命"也在西安悄然进行。西安市提出从2017年开始的三年内新建和改造超过3000座公共厕所。今年，西安市已新建改造486座，升级改造公厕919座，为古城带来一股"清风"，也增添了一道"新景"。

在市中心有600多年历史的西安鼓楼西侧记者看到，一座曾经内部设施老化的公厕最近刚刚完成改造，以崭新的面目迎接游人。在男、女及第三卫生间的门上方都有一块LED电子门牌，游客们可以通过灯牌上亮起的红、绿两色指示灯，了解卫生间是否有人使用。公厕内不但安装了新风换气系统，还在墙面上贴上了利用纳米技术除臭的"光触媒板"，极大改善了空气环境。

精细化、标准化、人性化，是西安推进"厕所革命"的主要特点。为实现对公厕的精准管理，全市共设置了三千余个公厕"所长"履行监督检查职责；注重利用科技手段，应用大数据选址、利用纳米技术除臭等举措让公厕更卫生更环保；合理规划男女厕位比例，在人流量较大的景点设置女性卫生间，增加"第三卫生间"数量，让这一切都让民生工程更有"人情味"。

（下转4版）

2017年12月23日，《新华每日电讯》刊发记者李勇、石志勇、姜辰蓉采写的《西安：三大"革命"重塑城市形象》，其中说道：

"从古代'万国来朝'的唐都长安到现代西北重镇，西安这个有着千年建都史的省会城市当前正努力突破'城墙思维'，向着'国际化大都市'的目标重新整装出发。从'烟头革命''厕所革命'，再到正在推行中的'行政效能革命'，西安从事关百姓幸福指数的'小事'着手，掀起一场城市发展方式的大变革，一个务实、包容、宜居的新西安正加速展现在人们眼前。"

据了解，在"烟头革命"全面推行之际，一场"厕所革命"也在西安悄然进行，而"精细化、标准化、人性化"，则是西安推进"厕所革命"的主要特征……

全国城市公厕达32.5万座,将进一步增加供给、提升品质

补短板　如厕不再难

本报记者　刘志强

男、女、第三卫生间门上方都有一块LED电子灯牌显示是否有人正在使用;公厕不仅安装了新风换气系统,还在墙面贴上了纳米除臭"光触媒板"……近日,西安鼓楼附近的公厕一经改造完成,便赢得了市民的称赞。3年内,西安将在中心城区新建独立式公共厕所1135座,同时将已建成的2000多座公共厕所全部升级改造。

——小厕所连着大民生。记者从住房城乡建设部获悉,截至去年底,全国城市环卫系统建设的独立式公厕数量已近13万座,比2012年增长了6.5%;县城独立式公厕数量达到4.3万座,比2012年增长了4.8%。此外,还有行业公厕(包括公园、景区、交通

性厕位比例。今年11月19日"世界厕所日",由住建部门组织研发的"城市公厕云平台"上线试运行,通过该系统,不仅能找到厕所位置,还能查询厕所的厕位、数量等相关信息,并实现可评价、可投诉功能,支持政府主管部门实时监管。

住建部表示,公厕问题仍然是城市建设领域的短板:布局不合理、区域不平衡的现象依然存在;公厕数量少、位置偏的问题突出,很多厕所标识不清,找厕所难的问题没有根本解决;女性如厕难问题仍然存在,对老年人、残疾人等特殊人群关注不够。

目前,住建部正在起草《关于推进"厕所革命"进一步提升城镇公共厕所服务水平的通知》。据了解,《通

业单位、服务业窗口等单位厕所对外开放。

——做好人性化设计。地方在新建和改建公厕时,要严格按照男女厕位比例要求,还要对老年人、盲人、残疾人专用间和第三卫生间,以及专用马桶、盲道、轮椅坡道、儿童专用小便器、婴儿盥洗台、扶手抓杆等人性化设施设备提出相应要求,满足不同人群如厕需求。

——提高公厕服务质量。健全日常保洁责任制,特别是加强对风景区、旅游景点、公园、广场等人口密集公共场所厕所的运行监管,提高精细化管理水平。力争达到"四净三无两通一明",即地面净、墙壁净、厕位净、周边净,无溢流、无蚊蝇、无臭味,水

2017年12月20日,《人民日报》记者刘志强采写的《补短板　如厕不再难》,既讲了"全国城市公厕多达32.5万座"的宏观,也谈及"西安如何增加供给、提升品质"的微观。其中说道:

"住建部表示,公厕问题仍然是城市建设领域的短板:布局不合理、区域不平衡的现象依然存在;公厕数量少、位置偏的问题突出,很多厕所标识不清,找厕所难的问题没有根本解决;女性如厕难问题仍然存在,对老年人、残疾人等特殊人群的关注不够。目前,住建部正在起草《关于推进"厕所革命"进一步提升城镇公共厕所服务水平的通知》。"

文章开篇从西安说起,告知"公厕门上方LED电子灯牌显示是否有人在使用;公厕不仅安装了新风换气系统,还贴上了纳米除臭'光触媒板'。近日,西安鼓楼附近公厕一经改造完成,便赢得市民的称赞。3年内,西安将在中心城区新建独立式公厕1135座,同时将已建成的2000多座公厕全部升级改造"。

细说起来,作为旅游名城,西安公厕似乎肩负双重身份,既是当地居民如厕地,也是八方游客方便处,因此"增加供给、提升品质"意义非同寻常……

民生调查·厕改那些事②

老城公厕变形记

—— 瞧环卫干部赵春明怎样帮老西安李建村去烦恼

本报记者 高炳

城市厕改

城市环卫系统建设的 独立式公厕近 **13万座**	县城独立式公厕 数量达到 **4.3万座**	行业公厕 公园、景区、交通枢纽等约 **7.1万座**
比2012年增长6.5%	比2012年增长4.8%	社会开放公厕 单位、商场、超市、饭店等约 **8.1万座**

截至2016年底，全国城市公厕共计约**32.5万座**

制图：沈亦伶

编者按：城市厕改，老城区的痛点不少：人口稠密，但公厕数量少；使用频繁，但卫生环境差，加上设施不全、管理不细，给居民带来了很多烦恼。

西安老城区李建村家住老城，曾经烦透了老城区厕所条件差，"又少又脏，没人管"，苦恼明明体验上榜；但是今年，情况发生了变化。没明显异味不说，洗手池擦得又光又亮！这不能不提到一个人：赵春明。

赵春明是老城区的一位环卫干部，忙活的事儿就是落实厕改。老李的烦正是他要解的难。

老城痛点
如厕真恼心

李建村跟社区里的公厕"杠"上了。

"说起上厕所，真恼心。"李建村

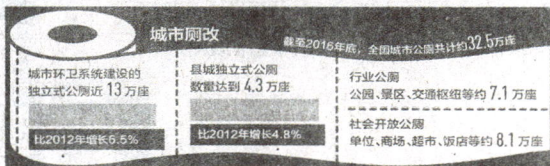

有线小孩子上厕所，常常来不及，只能闹在国民家门口。"李建村说。

卫生差也是让李建村对公厕望而却步的原因。

"由于管理跟不上，公厕里面总是蝇乱飞，下水经常堵，泛出的味儿很大，捂得手指捏着鼻子往里冲。"李建村说。

厕所的设计上也有让居民不满意的地方。比如女厕位少，女厕门口排长队是经常的事；还有，厕所设施不全，都是蹲便，缺少坐便，让一些人感到不适。

因为公厕少坐便这事，还遇过好几次，有一回社区来了一个外来考察团，其中一位70多岁的女士途中想去如厕，接待方将她引至社区厕所。

年内，西安中心城区将新建独立式公厕1135座，在新建固定式老城区外，还要建造活动式公厕。

除了新建，敞脏也全面铺开进行。在赵春明的公众号上，记者看到了第一份最级到民的公厕改新名单。"这23家单位已经列入名单，马上正式签约了。"老赵指着单子说。

数量要上去，卫生标准也得跟着提。

不管是老城区的改造还是老旧厕所的改造，都得按照"五无五净一两通"的标准来。赵春明说，"五无"是无蝇蛆、无杂物、无尘灰蛛网、无明显臭味、无乱刻乱画；"五净"是便台净、蹲台净、地面净、门窗净、墙壁净；"一明"是打明；"两通"是水通、

尽量多加一个女厕位。"赵春明说。

对于增设坐便，记者走访社区卫生间发现，虽然设有坐便，但蹲便居位仍为主流。"有的社区做过民意调查，很多街坊还保留着蹲便习惯。"赵春明说，"有些老人用不惯家里马桶，还专门下楼找公厕。对此，我们尽量保留蹲厕周全。"

厕改是方便大家的事，但一实施起来还是会碰到阻力，老赵说，最明显的是"邻避效应"。

"厕所跟自家相邻那不乐意，这个我能理解。公共区域这处，很难让各方满意。我们尽力平衡，能不出现扰民了之。"赵春明说，有次在老街道新建公厕，因担心居民反对，便连夜里开了11点施工。不料仍遭遇阻挠，最终不了之了。

上，5分钟之内，就能找到卫生间。"他带着记者，先到了同楼不不远处的新开巷公厕。灰黑色小楼位于街角，主体建筑在几幢居民楼之间。走进卫生间，地面洁净，没有异味，清洁员时时打扫。洗手池、干手器擦得光光，一旁还设有残疾人厕位。

接着，他又把记者带到万庆巷，公厕干净整洁，卫生间虽然不大，但足够便捷使用。困扰巷子居民多年的难题，总算解决了。"李建村乐着说。

变化不只光来自眼里的"改头换面"，自己去新地选址，更是被厕里的功能"惊到"。

在曲江池遗址公园南地卫生间，外墙装饰颇具设计感：走进休息区，可用桌椅、饮水机、自动喷香机等设备一应俱全。

"进来瞧，这儿是个'第三卫生间'吧。大厕帽景区的厕所长张永利指着打门，向记者介绍：这种家庭式卫生间。"除了基本如厕设施，

　　目前，西安市正努力突破"城墙思维"向着"国际化大都市"的目标重新整装出发。从"烟头革命""厕所革命"到正在推行中的"行政效能革命"，西安市从事关百姓幸福指数的"小事"着手，掀起了一场城市发展方式的大变革。2017年12月20日，《人民日报》记者高炳采写的《老城公厕变形记》，讲述的就是其中一个鲜活活的实例。其中说道：

　　"城市厕改，老城区痛点不少：人口稠密，但公厕数量少；使用频繁，但卫生环境差，加上设施不全、管理不细，给居民带来了很多烦恼。李建村是位老西安，曾经烦透了老城区厕所条件差，但是今年，情况发生了变化。没明显异味不说，就连洗手池擦得又光又亮！这不能不提到一个人：赵春明。赵春明是老城区的一位环卫干部，忙活的事儿就是落实厕改。老李的烦正是他要解的难。可如今再也不发怵了。究竟发生了啥故事，咱们把画面切到古都西安，听听李建村和环卫干部赵春明的讲述吧。"

　　赵春明何许人，何德何能竟让"老西安"免遭如厕之苦？《老城公厕变形记》是一篇值得耐心读透的好文章，本书篇幅所限，恭请大家找来细读……

华商报

新闻热线 029-88880000
2018.03.29 星期四 编辑/张红 美编/王永刚

市民如厕方便了吗

"厕所革命"一年

华商报记者体验 20 多条街道的公厕状况

"2018 西安·世界厕所工作大会——厕所革命之建设与管理"将于 3 月 30 日在西安举行。经过 2017 年的"厕所革命",现在市民如厕方便吗？3 月 28 日上午，华商报多名记者在有限时间内分头体验了 20 多条街道的公厕状况。

第1组

东大街、西大街

西大街街道公厕较好找

东大街街道两边均为商店，没找到公共厕所。但各商城内部配有卫生间，且均对外开放。

西大街街道上共有两间公厕。一间有公示牌，地面干净但有异味；一间无公示牌，十分整洁无异味，有电子屏通过中韩两种语言显示公厕是否有人。街道上有4处导引牌显示公厕位置。整体而言，街道附近公厕数量较多，商城内公厕也可使用，均较为好找。街道公厕普遍存在有异味的问题，但内部较为清洁卫生。

第2组

南大街、北大街

开元商城旁公厕很人性化

南大街由南向北进城方向，沿路有3个公厕指示牌。其中3个公厕在靠近商场边50米范围内。同时，南门附近300米内有3个公厕，开元商城附近没有一个厕所。南大街南中无公厕，路人称一般会到附近商场上厕所。南大街厕所卫生状况整体良好。值得一提的是，位于开元商城南侧道路的公共厕所。距公厕45米处口处有指示牌。该公厕非常人性化，除设男女卫生间外，特别开设了第三卫生间，有常驻保洁人员打扫。

北大街东侧未找到公厕。询问6名市民皆称不知。北大街西侧有3个公厕，分别位于北门外道路西侧城墙下、曹家巷内、西华门广场。3个公厕皆有常驻保洁员，采光、卫生状况较差。同时北大街公厕使用率较高，该公厕位于西华门广场的公厕较为老旧。位于西华门广场的公厕使用率较高，该公厕位于地下，为残疾人开设了门铃为其提供服务。墙面有裂缝和广告，水管不牢固，冲水不便。

第3组

长安北路、长安中路、长安南路

电视塔周围3公厕臭味明显

有限时间内在长安北路街道两边没找到公厕，看到有两处公厕在装修中，距主干道约100米。

长安中路沿道公厕的管理公示标十分规范，里面虽有很干净，除了有一点异味。附近居民说，之前这处公厕都在一些楼道里，现在直接修到道路两旁，而且也比以前干净很多，还有专人看守。

长安南路电视塔周围的3处公厕位于负一层，外观虽整洁，但大部分单间都被堵塞，臭味明显，墙面有污垢，无专门人员看守。

第4组

西关正街、劳动南路

西关正街2处公厕好找

西关正街公厕，比较好找的有两处：一处在西关正街旁的狗心巷。在西关正街就能看到提示牌。该条动厕所设施较好，卫生较好但有臭味较重。周围居民反映，该厕所已在多年，去年"厕所革命"后重新进行了翻修。第二处位于西关东路靠近西门附近，在西关东路主干道旁边，有指示牌，非常好找。分上下两层，一楼男厕，二楼女厕，面积大、设施齐全但非常干净。

劳动南路上比较好找的公厕有两处：第一处在劳动路旁的隔园路上，但虽动南路主干道看不到提示牌。该公厕非常干净，面积较大。第二处是西工大兔费公厕，该公厕在劳动南路旁主干道边，在外面能闻到较明显臭味，面积不大，没有防蝇设施。

第5组

东五路、长乐西路

长乐西路公厕不好找

东五路主干道上共有3间公厕，道路北侧两间均位于半径内，路上有明显指示牌。第一间位于尚勤路，路口红绿灯处有公共厕所的提示牌。厕所很整洁，采光、通风、照明良好。第二间公厕位于民安巷子口，较为好找，共有两个单间，为男女共用。通风条件较差，总体还算好。第三间公厕位于道路南侧万达广场门口，较为醒目，环境良好。

在长乐西路，虽然华东服装饰城上门处的有提示牌，但沿指示往里走并无公厕。询问得知此处原有一处公厕，但在拆除。在西京医院对面马路处发现没有引导牌标前500米处的公厕，但实际位于兴业路上。在关业路路口也有指示牌，显示公厕在巷子里，但道路。

第6组

小寨西路、小寨东路、翠华路

小寨西路街道上找不到公厕

这3条主干道公厕总体数量较少，而且大多数人只能去商场、酒店方便，但主干道路边仅有的几间公厕，总体还算好找。

在吉祥村十字路小寨十字，在小寨西路多处询问环卫工人，交通执勤人员等，均表示小寨西路段公厕导引牌，进入西外街公共厕所导引牌，进入酒店工作人员态度较好，再往东，在陕西历史博物馆附近博物馆外西侧有一间公厕。

小寨东路有两处公厕：红小巷路边一公厕较好找，3个隔间，干净整洁。询问工作人员，得知该公厕才搬过来一周，新厕水是用车运过来的，再往东，在陕西历史博物馆附近处博东侧发现一处免费公厕。路边有导引牌，有专门人员看管并整洁干净，有洗手液、烘干机，整体情况较好。

第7组

雁塔北路

大雁塔景区附近公厕较多

从和平门到西安建筑科技大学沿雁塔北路走，主干道上未见到公厕。

在西安建筑科技大学往南走约100米的十字路口处有一公厕，位置显眼。该厕所设有4个隔间，不分男女，有一个残疾人专用厕所，每个隔间门口上上方都设有电子屏，用来显示该隔间里有无人。有保洁员打扫卫生，因位整洁，每个隔间里面都有洗手台和镜子，还有纸巾和烘干机，无明显异味。

从该厕所继续出发，25分钟到大雁塔文化景区，这段主干道上无公厕。到了大雁塔文化景区后，有较多公厕且均环境不错。

第8组

科技路、唐延路、高新四路

科技路主街道公厕少

整条科技路较长，因时间关系走过了一大半，但不管是从走过的路看，还是从地图上看，道路两旁很少能见到公厕。由于道路一边正在施工，行人只能走在车道上，最后选择了两个离科技路相对较近的公厕来体验。

唐延路公厕。找到用时10分钟，而且只有男厕，保洁人员说男女都能用厕。光线不是很好，也还算干净、无臭味，未找到所长电话。高新四路公厕，位置醒目，设有工具区和值班室。劳边有指示牌，比较干净、无臭味。

第9组

自强东路、自强西路

自强路公厕间隔不超千米

在自强西路找到两处公厕。第一处在自强小区附近，内部设施完好，地面干净，基本无异味，但有个别便池被堵。第二处位尔鑫北关化办车批发市场，路边有指示牌，内部设施完好，地面干净无异味。

在自强东路，根据手机导航找到自强路社区卫生服务中心对面。南侧路道在拆迁，公厕略过在找后，最终也没找到。在充爱驾照处工业集团对面，主干道边有指示牌导引，进入小巷很快可找到公厕，内部设施完好。除便池有6到9外，地面水池干净整洁，有保洁人员。

整条自强路，公厕有六个，基本间隔不超过1000米。

第10组

友谊路

一处简易公厕环境脏乱差

友谊路东段相距九路交汇处有一公厕。有连续的指引牌，步行20米就可找到。环境良好，地面干净整洁，有男厕、有一个洗手台，一个水管堵了。

友谊路东段和文艺西路西交会处有一简易公厕。有明显指示牌，但环境脏乱差，只有两个隔间，无防蝇减施。臭味严重，站在巷子对面都可以闻到，有管理人员。

华商报记者 马虎振 实习生 侯姗月 陈奕心 程迎娣 妥瑾菲 邓小韵 黄丽 何秋燕 赵悦喜 陆凯文 张静也 陈桂峰

▲文艺路一公厕环境脏乱差 实习生 陈桂峰 摄

▲西关正街靠近西南门十字公厕内干净整洁 实习生 妥瑾菲 摄

"经过 2017 年的'厕所革命'，现在市民如厕方便吗?"肩负这样的使命，2018 年 3 月 28 日上午，《华商报》记者马虎振、实习生侯婉月、陈爽心、程迎娣、妥瑾菲、邓小昀、黄丽、何秋燕、赵悦言、陆凯文、张静也、陈桂峰等集体出动，联合采写出《厕所革命一年 市民如厕方便了吗?》。辛苦自知，感受共享，全中国有多少媒体记者谈过公厕不清楚，但这 11 人可谓近在眼前。

通过实地调研，通过眼观、鼻闻、耳朵听，最终对 10 组"五谷轮回地"给出了不同观感。其中包括：

第 1 组：东大街、西大街——西大街街道公厕较好找；

第 2 组：南大街、北大街——开元商城旁公厕很人性化；

第 3 组：长安北路、长安中路、长安南路——电视塔周围公厕臭味明显；

第 4 组：西关正街、劳动南路——西关正街 2 处公厕较好找；

第 5 组：东五路、长乐西路——长乐西路公厕不好找；

第 6 组：小寨西路、小寨东路、翠华路——小寨西路街道上找不到公厕；

第 7 组：雁塔北路——大雁塔景区附近公厕较多；

第 8 组：科技路、唐延路、高新四路——科技路主街道公厕少；

第 9 组：自强东路、自强西路——自强路公厕间隔不超千米；

第 10 组：友谊路——一处简易公厕环境脏乱差。

记者通过实地考察，在发现问题的同时，也看到许多"值得一提"的变化，其中包括：

"开元商城南侧公共厕所，距路口 45 米处有指示牌。非常人性化，特别开设了第三卫生间，有常驻保洁人员打扫。"

"西关正街主干道路边，有指示牌，非常好找。分上下层，一楼男厕，二楼女厕，面积大，设施齐全且非常干净。"

"西安建筑科技大学十字路口处，位置显眼，残疾人专用厕所，隔间门上方都设有电子屏，显示该隔间里有无人。"

读后感：天下事有难易乎，关键在于是否重视。说起来西北人粗犷，听起来茅厕难免"埋汰"，然而，偏偏是大西北的公共厕所，却被众人抬举得如此之高，开掘得如此之深，真的令人心悦诚服……

推进厕所革命 共创美好生活

2018 西安·世界厕所工作大会举行

王永康会见参会嘉宾并致辞 上官吉庆宣读大会倡议书

沈锐华肖家保作主题演讲

省委常委、市委书记王永康出席并致辞 (记者 李欣 摄) 3月30日上午，2018西安·世界厕所工作大会在西安国际会议中心举行。 (记者 李欣 摄)

　　2018 年 3 月 30 日，"2018 西安·世界厕所工作大会"隆重召开。次日，本书热情推动者、"西安三花良治电器有限公司"董事长马悦，无愧当年《恩波智业》的老读者，急老师所急，隔天送来 3 月 31 日的《西安日报》。记者何兴龙采写的报道让人眼前一亮，其中说道：

　　"'2018 西安·世界厕所工作大会'在西安举行，国内外专家、学者和各界人士会聚千年古都，一起探寻厕所文明历史，共同探讨'厕所革命'工作经验。省委常委、市委书记王永康指出，2017 年是西安'厕所革命'全面启动之年。我们认真践行习近平主席关于'厕所革命'的系列重要指示批示精神，把'厕所革命'作为补齐影响城乡群众生活品质短板的务实举措，系统部署、深入推进，全面推行'所长制'模式，注重在细节上体现人性化。他说'厕所革命'是'小角落的大革命'，关乎百姓生活，折射文明风尚，关系城市国际形象。"

　　好一个"把厕所革命作为补齐影响群众生活品质短板的务实举措"，好一个"厕所革命是小角落的大革命"，好一个"寻求加快厕所产业发展与创新的破局之路"，对于尚未成功的"厕所革命"，西安无疑走在前列……

"小厕所"展现西安大民生大文明

■本报评论员

2018西安·世界厕所工作大会昨在我市举行。世界厕所组织代表、国内外知名专家、行业负责人等齐聚西安，围绕城乡厕所规划与管理等问题深入研讨，推动解决好这一事关民生福祉的大问题。这是深入贯彻落实党的十九大精神的重要举措，是全面展示我市厕所革命新成效的重要时机，是让西安厕所革命深入进行的新推器。

小厕所，大民生。早在2015年4月，习近平总书记就对"厕所革命"作出重要指示，强调要像反对"四风"一样，下决心整治旅游不文明的各种顽类陋习。去年，习近平总书记再次作出重要指示，要求坚持不懈推进"厕所革命"，努力补齐影响群众生活品质短板。这体现了习近平总书记对百姓民生、城乡文明的高度关切，彰显了从小处着眼、从实处入手的务实作风。

去年以来，我市将"厕所革命"列为"三大革命"之一、定为"一把手工程"强力推进，树品牌、定目标，强管理、抓督办，"厕所革命"实现新突破、新跨越。干净卫生的厕所环境，舒适便捷的如厕体验，获得市民和海内外游客的称赞，也让大西安获全国厕所革命综合推进先进单位、"厕所革命优秀城市奖"等殊荣。《人民日报》、新华社、央视等新闻媒体多次报道，大大提升了大西安良好的城市形象。

回头看，"厕所革命"是一场由"面子"到"里子"的革命。厕所问题不是小事情，它既是基本的民生问题，也是一座城市重要的文明窗口。干净的厕所、优美的环境、人性化的设施，能让市民游客享受干净的如厕环境，得到最基本的尊重，也能为西安旅游、城市形象增色添彩，这是"面子"。一年多以来，全市上下齐心合力，埋头苦干，紧扣"实"字，抓住"细"字，像管理星级宾馆一样，用精细而科学的管理手段改善厕所环境，治理厕所问题，城市综合治理能力的显著增强，城市管理水平的逐

去年以来，我市将"厕所革命"列为"三大革命"之一、定为"一把手工程"，强力推进，实现新突破、新跨越。干净卫生的厕所环境，舒适便捷的如厕体验，获得广大市民和海内外游客的称赞，也让大西安荣获全国厕所革命综合推进先进单位、"厕所革命优秀城市奖"等殊荣。

回头看，"厕所革命"是一场由"面子"到"里子"的革命。厕所问题不是小事情，既是基本的民生问题，也是一座城市重要的文明窗口。干净的厕所、优美的环境、人性化的设施，能让市民游客享受干净的如厕环境，得到最基本的尊重，也能为西安旅游、城市形象增色添彩。

一年多以来，全市上下齐心合力，埋头苦干，紧扣"实"字，抓住"细"字，像管理星级宾馆一样，用精细而科学的管理手段，改善厕所环境，治理厕所问题，城市综合治理能力显著增强，城市管理水平逐渐提升，党员干部在实干中历练，执行能力和办事效率大幅改善，都是大西安大踏步向前迈进的内动力。

行百里者半九十。向前看，"厕所革命"要持之以恒，持续推进。要借助此次世界厕所工作大会契机，学习国内外在厕所领域的先进理念、经验和技术，积极发挥主导作用，统筹城乡厕所的建设管理，高起点规划设计，高标准建设管理，全方位推进"厕所革命"，力争让"小厕所"发挥"大作用"。

摘自 2018 年 3 月 31 日《西安日报》评论员文章

西安有能力在新时代引领新的"厕所革命"

——访"世界厕所先生"、世界厕所组织(WTO)创始人沈锐华

所文化也会改变。最后世界厕所组织不但没有被告，而且获得了世界贸易组织的大力支持。我们用幽默的做法突破了厕所文化的障碍。现在，世界厕所组织服务的全世界水源污染的病症、理由、生产力、人的素质等每个领域，全部跟厕所有关。每年的11月19日也被确定为世界厕所日，经过10多年的努力，厕所文化终于得到了广大认同。"

沈锐华说："西安是一个全球闻名的城市，也是旅游胜地，由西安来带头发展'厕所革命'是非常适合的。在不到一年的时间里，我看到西安的'厕所革命'进展飞速、变化很大。可以说，西安旅游厕所的改造是革命性的、非常干净，即使在很繁华的地段，很繁忙的时段，厕所也没有臭味。在农村、学校改厕方面，西安还可以做更大努力。我看到整个中国'厕所革命'的决心很大，成效也很

是因为经济原因，但深入观察后我发现，农民有摩托车、有洗衣机、有电视机，但是厕所还是很糟糕，其实这是一个理念的转变，如果我们把厕所文明当成身份的标志，人们对厕所干净的需求就上升到文化层面，厕所环境就会得到大家发自内心的重视。"

"世界厕所先生"走过全球很多国家和地区，说到其他国家的经验，沈锐华表示，"我是新加坡人，小的时候新加坡的厕所也是很糟糕的，但是建国独立后，新加坡第一件事就是要把厕所搞好，整治水污染，因为厕所是最便宜的药物，厕所干净了，人们感染细菌病毒的几率大大降低，就会身体健康，新加坡的做法其实是很有启发的。2005年，新加坡改写法律，女生排队如厕的问题被解决了。此外，日本每年也会投入大量资金保持厕所干净，人的身体健康就能提供更高生产力来发展经济，反过来又推动

■首席记者 张端 实习生 穆洪秋迪

"西安是厕所的发明地。五千年前西安就发明了最早的厕所，我相信西安也有能力在新时代引领新的厕所革命。"沈锐华被称为"世界厕所先生"，创建了世界厕所组织（WTO）。在昨日召开的"2018西安·世界厕所工作大会"上，本报记者专访了这位举世闻名的"厕所先生"。

沈锐华说："西安是一个全球闻名的城市，也是旅游胜地，由西安来带头发展'厕所革命'是非常适合的。在不到一年的时间里，我看到西安的'厕所革命'进展飞速、变化很大。可以说西安旅游厕所的改造是革命性的、非常干净，即使在很繁华的地段，很繁忙的时段，厕所也没有臭味。我看到整个中国'厕所革命'的决心很大，成效也很瞩目，这是个特别好的事情，也为西安大力发展'厕所革命'奠定了坚实的基础。"

沈锐华表示："今天来参加大会，我感受到西安'厕所革命'开展得如火如荼。大会邀请的都是重量级的人物，对西安'厕所革命'的推动力肯定很大，因此我相信西安的'厕所革命'会有一个巨大的进步。我看好西安！"

——《西安日报》首席记者张瑞、实习生洪秋迪

安全与舒适是"厕所革命"的关键

——访国际标准与规范组织首席顾问杰伊·彼得斯

■记者 王昕

本版图片除署名外 记者 翟小雪 摄

杰伊·彼得斯是国际标准与规范组织（Codes and Standards International）的首席顾问，国际规范委员会和国际水暖机械协会担任了十年的高级职员，因对全球卫生运动的贡献被列入世界卫生组织名人堂，还发起了2008年美国的世界厕所峰会。

在杰伊·彼得斯看来，"厕所革命"的主要目标不是说要多漂亮、最高等级的厕所，而是能够提供最基本、安全的、卫生的、舒适的如厕体验的厕所，这其中标准化有着重要的作用。"我们看到这些螺丝是标准螺丝，它们口径、数量每一个部分都是标准化的，那为什么要实行标准化呢？可以降低成本，可以保证质量、提高生产率、降低市场风险等等来保证产品功能的实现，当然最主要的还是保证安全。"杰伊·彼得斯如此解释。

标准有些什么内容？杰伊·彼得斯表示，标准涉及到很多内容，但关键内容包括内部的环境，也就是说内部的空间；其次是通风；第三是标语，不仅仅是说标语要标明这是一个蹲厕还是站厕，是男性还是女性厕所，而是提供更多信息的一些标识，让人们知道怎么样去找到厕所；还有就是一些隐私，不仅仅是说要有隔断，还要有镜子、洗手台，还要有一些其他附属设施，比如说一些挂钩。此外，还包括一些安全设施，不是说有锁就可以，而是可以放一些大件东西的厕所……

对于西安正在进行的"厕所革命"，杰伊·彼得斯给予了高度评价。"去年12月份我就来过西安，感觉非常好。城市环境非常干净，景区以及酒店周边的厕所也都非常漂亮整洁。西安的'厕所革命'推动非常快，效果非常好。期待下次来西安时又能发现西安更多的美丽与变化！"

在杰伊·彼得斯看来，"厕所革命"的主要目标不是说要多漂亮、最高等级的厕所，而是能够提供最基本的、安全的、卫生的、舒适的如厕体验的厕所，这其中的标准化有着重要的作用。"为什么要实行标准化呢？当然最主要的还是保证安全。"杰伊·彼得斯如此解释。

杰伊·彼得斯表示，标准涉及很多内容，但关键内容包括内部的环境，也就是说内部的空间；其次是通风；第三是标语，不仅仅是说标语要标明这是一个蹲厕还是站厕，是男性还是女性厕所，而是提供更多信息的一些标识，让人们知道怎么样去找到厕所；还有就是一些隐私，不仅是说要有隔断，还要有镜子、洗手台，还要有一些其他附属设施，比如说一些挂钩。此外，还包括一些安全设施，不是说有锁就可以，而是可以放一些大件东西的厕所。

对于西安正在进行的"厕所革命"，杰伊·彼得斯给予高度评价。"去年12月份我就来过西安，感觉非常好。城市环境非常干净，景区以及酒店周边的厕所也都非常漂亮整洁。西安的'厕所革命'推动非常快，效果非常好。期待下次来西安时又能发现西安更多的美丽与变化。"

——《西安日报》记者王昕

厕所设计要最终满足大部分人的基本需求

——访英格兰布里斯托大学规划与建筑系教授克拉拉·格雷德

■首席记者 张端 实习生 穆洪秋迪

"2018西安·世界厕所工作大会很有意义，给我们提供了一个广泛交流的平台。"克拉拉·格雷德博士是城市设计和建设规划设计师、英格兰布里斯托大学规划与建筑系教授，也是英国标准协会BS 6465委员会的成员，该委员会规定了卫生间的规划和设计标准，她对厕所的设计研究有独特的见解。昨日，本报记者专访了克拉拉·格雷德博士，她从厕所设计和设施方面分享了很多经验。

"所有人都需要厕所，但是用厕所还是有很多尴尬的问题。厕所的设计不仅仅是关于每个厕所建筑的问题，还有厕所的位置选择，应该让人们更便利的使用，满足不同群体的需要，让他们平等地享受如厕的权利。"克拉拉·格雷德说："很多政策制定者在城市的规划和建设中都不太会重视这个问题。我们应整体地来看城市，要进行合理的厕所规划。比如，我们需要不同层级的厕所，市中心、郊区、农村地区、交通要道，需要不同的厕所来满足不同需要，有一些家人带着孩子出行需要考虑孩子的需求，包括公交站也需要厕所，厕所要最终满足大部分人的基本需求。"

"我们提供厕所服务，不仅仅是建厕所，还要长期来看怎么样进行运营管理和打扫，因此需要有力度的资金支持。另外，厕所方面最大问题就是女性厕位的不足，现在很多建筑也存在这样的问题，我们也在努力提高厕所的男女比例的标准，使男女比例达到1∶2。在服务方面，现在英国开始为病情特别严重的人提供方便的厕所，床位旁边会有水龙头等设施，方便换衣服。所以在服务方面，我们应该在设计时充分考虑到女性、残疾人、病人等多种需求。"

"2018西安·世界厕所工作大会很有意义，给我们提供了一个广泛交流的平台。"克拉拉·格雷德博士是城市设计和建设规划设计师、英格兰布里斯托大学规划与建筑系教授，也是英国标准协会成员。该会规定了卫生间规划和设计标准。

"所有人都需要厕所，但是用厕所还是有很多尴尬的问题。厕所的设计不仅仅是关于每个厕所建筑的问题，还有厕所的位置选择，应该让人们更便利地使用，满足不同群体的需要，让他们平等地享受如厕的权利。"克拉拉·格雷德说，"很多政策制定者在城市的规划和建设中都不太会重视这个问题。我们应整体地来看城市，要进行合理的厕所规划。比如，我们需要不同层级的厕所，市中心、郊区、农村地区、交通要道，需要不同的厕所来满足不同需要。"

"我们提供厕所服务，不仅仅是建厕所，还要长期来看怎么样进行运营管理和打扫，因此需要有力度的资金支持。现在英国开始为病情特别严重的人提供方便的厕所，床位旁边会有水龙头等设施，方便换衣服。所以在服务方面，我们应在设计时充分考虑到女性、残疾人、病人等多种需求。"

——《西安日报》首席记者张瑞、实习生穆洪秋迪

厕所硬件充沛 软件也要跟上

——访新加坡卫浴文化协会会长陈培芬

差的印象颇深。这次来西安参加2018西安·世界厕所工作大会，改变了这种看法。在她看来，西安公厕的硬件已经很好了，接下来应该注意对厕所管理、培训等软件方面的投入。

陈培芬是新加坡卫浴文化协会会长，这是她第二次来西安。第一次来西安是在1992年到西安旅游，"那时候的厕所真的很不好，上厕所是一件比较担心的事，会顾虑到厕所有没有门，有没有厕纸，是不是黑暗暗的没有灯"。但这一次再来到西安，去兵马俑，她发现公厕跟之前完全不一样了，公厕里面不仅干净而且很宽敞，女厕的隔间也比之前多。

谈起新加坡是如何保护厕所环境卫生时，陈培芬表示，他们除了注重硬件设施的提升以外，更注重的是人，尊重清洁服务行业的人员，让他们感到在这个行业是非常自豪的。还有就是着重教育，教育每一个

打扫厕所的清洁工。

"起初，我们成立这个机构的重点就是让每一个人都有一个干净的厕所。"经过20多年来的学习，陈培芬发现除了硬件设施外，管理、培训、教育等软件方面也尤为重要。尤其是在教育方面，首先需要教育厕所的从业人员、清洁人员，当然最重要的就是大众。大众的如厕习惯会成为城市甚至一个国家的如厕文化。在教育方面最应该进入到的是校园，从幼儿园、小学、中学再到大学，他们都有着不同的项目来配合教育。

在谈起对西安开展"厕所革命"的建议时，陈培芬表示："以我们的经验来看，西安的硬件是很充沛，现在要着重的就是软件，可以做一些更深入的研究，重点就在于使用者怎么用，这是形成如厕文化的关键。不管硬件再怎么好，再怎么先进，清洁人员再怎么清理，如果使用

■记者 王海鹏 实习生 李琳

陈培芬女士是新加坡卫浴文化协会会长。第一次来西安是在1992年到西安旅游，"那时候的厕所真的很不好，上厕所是一件比较担心的事，会顾虑到厕所有没有门，有没有厕纸，是不是黑暗暗的没有灯"。但这次再来西安，她发现完全不一样了，公厕不仅干净宽敞，女厕的隔间也比之前多。

谈起新加坡是如何保护厕所环境卫生时，陈培芬表示，他们除了注重硬件设施的提升以外，更注重的是人，尊重清洁服务行业的人员，让他们感到在这个行业是非常自豪的。还有就是着重教育，教育每一个人，包括小朋友，告诉他们养成好的如厕习惯，并且尊重那些为他们打扫厕所的清洁工。

在谈起对西安开展"厕所革命"的建议时，陈培芬表示："以我们的经验来看，西安的硬件是很充沛，现在要着重的就是软件。可以做一些更深入的研究，重点就在于使用者怎么用，这是形成如厕文化的关键。不管硬件再怎么好，再怎么先进，清洁人员再怎么清理，如果使用者不能很好地去使用的话，清洁人员就需要加倍的去工作，所以每个人都要做自己应该做的"。

——《西安日报》记者王海鹏、实习生李琳

厕所清洁也需要进行革命

——访日本舒适卫生间清理专门公司代表星野延幸

■记者 张雷 实习生 李琳

面盆刷、水龙头刷、照污镜……作为卫生间清扫行业的翘楚，日本嘉宾星野延幸的双肩背包里装了很多自制的清扫工具。此次，第一次来西安参加世界厕所大会，他觉得西安卫生间的硬件条件已经很好了，如果能保洁的再彻底一点就更好了。

星野延幸先生是本次大会邀请来的日本嘉宾，与他同来西安的还有他的妻子，也是他背包里一些清扫工具的发明者。29日下午，星野延幸和妻子乘飞机抵达西安，乘车路过市区时他觉得西安的街道很宽阔。

说起西安的厕所，星野延幸向记者展示了他在下榻的西安国际会议中心一间男厕所拍的画面，"小便池表面保洁的很干净，但我用照污镜向下一看，便池底下满是尿渍，显然长时间没有清理过。"星野延幸说，这些肉眼看不到的地方，很容易

星野延幸是日本舒适卫生间清理专门公司的代表，2009年，他设计的卫生清扫工具申请了专利权。此次来西安，他就带来了这些"神器"，比如面盆刷，在一个电动手柄上安装各种毛刷，这样保洁起来既快捷又干净。所谓的照污镜则是星野延幸的妻子的小创作，"一面产自中国的带手柄的小镜子，一个LED微型手电筒，将手电筒绑在镜子的手柄上就可以使用。"星野延幸介绍，这是他妻子的好主意，简单的设计就为工作提供了很多方便，这些都是平常的积累，由经验再产生思考。

星野延幸还介绍了日本卫生间的发展趋势，他说现在日本基本上没有小便池，用大便池，因为站立式小便池很容易被污染。另外，他还介绍说日本的便器陶瓷基本上使用15年到40年后就要更换，但是由于没有扔垃圾的地方，现在只好用1200℃的高温进行燃烧，而高温燃烧会对大气

面盆刷、水龙头刷、照污镜，作为卫生间清扫行业的翘楚，日本嘉宾星野延幸的双肩背包里装了很多自制的清扫工具。第一次来西安参会，他觉得西安卫生间的硬件条件已经很好了，如果能保洁得再彻底一点就更好了。

说起西安厕所，星野延幸向记者展示了他在下榻的西安国际会议中心一间男厕拍的画面："小便池表面保洁的很干净，但我用照污镜向下一看，便池底下满是尿渍。"星野延幸强调，这些肉眼看不到的地方，很容易被忽略。

星野延幸是日本舒适卫生间清理专门公司的代表，2009年，他设计的卫生清扫工具申请了专利。此次来西安，他就带了这些"神器"，比如面盆刷，在一个电动手钻上安装各种毛刷，这样保洁起来既快捷又干净。所谓的照污镜则是星野延幸妻子的小创作："一面产自中国的带手柄的小镜子，一个LED微型手电筒，再将手电筒绑在镜子的手柄上就可以使用。"

星野延幸还介绍了日本卫生阈的发展趋势，他说，现在日本基本上没有小便池，用大便池，因为站立式小便池很容易被污染。

—— 《西安日报》记者张雷、实习生李琳

希望中日联合将"厕所革命"进行到底

——访日本厕所研究会会长加藤笃

■记者 张雷

加藤笃是日本厕所研究会会长，他向记者介绍了日本"厕所革命"的过程，并希望中日联合，取长补短将厕所革命进行到底。

加藤笃说，日本的厕所修缮活动是从1984年开始的，以每十年为一个阶段进行改造，最早的十年是把厕所如何从一个很脏乱差的地方改造得比较新颖、干净。下来十年重点不是公众厕所而是在学校、在灾区、山地、以及观光地。第三次厕所革命主要是在行政单位和企业。日本一直对厕所非常重视，对于建造厕所的人、爱护厕所环境的人，还有积极促进厕所革命的人，都尽可能去表彰和奖励。

加藤笃说，将"厕所革命"进行到底还有不少面临的问题需要解决及思考，中国和日本应该联合起来推进"厕所革命"。尽可能的共同思考、协力解决困难，让厕所变得越来越好。"厕所革命"需要每一个人的坚持，厕所不是讨厌的地方，可以提升国民素质和社会文明程度。因此每一个人都应该行动起来，从自身做起，从现在做起共同推进"厕所革命"。

本版图片 记者 翟小雪 摄

"日本厕所研究会"会长加藤笃应邀出席了"2018西安·世界厕所工作大会"，在接受《西安日报》记者张雷采访时表示，"希望中日联合将'厕所革命'进行到底"。文章说道：

"加藤笃会长向记者介绍了日本'厕所革命'的过程，并希望中日联合，取长补短将厕所革命进行到底。加藤笃说，日本厕所修缮活动从1984年开始，以每十年为一个阶段进行改造，最早的十年，是把厕所如何从一个很脏乱差的地方改造得比较新颖、干净；接下来十年，重点不是公厕而是在学校，在灾区、山地，以及观光地。第三次厕所革命主要是在行政单位和企业。日本一直对厕所非常重视，对建造厕所、爱护厕所的人，都会尽可能去表彰和奖励。"

加藤笃说，将"厕所革命"进行到底还有不少面临的问题需要解决及思考，中国和日本应该联合起来推进"厕所革命"。尽可能地共同思考、协力解决困难，让厕所变得越来越好。"厕所革命"需要每一个人的坚持，厕所不是讨厌的地方，可以提升国民素质和社会文明程度。因此每一个人都应该行动起来，从自身做起，从现在做起，共同推进"厕所革命"。

——《西安日报》记者张雷、翟小雪

世界厕所工作大会昨在西安举行

为世界厕所发展打造"西安样板"

昨日,"2018西安·世界厕所工作大会——厕所革命之建设与管理"在西安曲江宾馆举行。陕西省委常委、西安市委书记王永康致开幕词,西安市委副书记、市长上官吉庆发布《2018西安·世界厕所工作大会倡议书》。

新加坡、英国、美国、韩国、日本等国贵宾和国内专家,以及来自北上广深等62座城市300余位城市管理系统和厕所行业的嘉宾们,就"厕所革命"相关主题展开深入研讨。

王永康在致辞中说,目前,西安出台了旅游厕所革命、城镇厕所革命《新三年实施方案》,以及《农村公共厕所建设改造提升方案》和《农村无害化户厕改造提升三年行动方案》,争取到2020年

实现三大目标:一是景区厕所要升级提档。要坚持把"厕所革命"作为旅游业一号工程,新建改建厕所465座,实现A级景区"第三卫生间"全覆盖。二是城市厕所要增量提质。要加大城市公厕规划增补建设力度,争取突破5000座,建成区内公厕密度达到6座/平方公里。实行标准化建设管理,新建公厕全部达到二类及以上标准,配置人性化服务设施。三是农村厕所要改造提升。要按照"一村一厕",实现农村公厕总数达2732座。完成全市农村"3年50万户"无害化厕改任务目标,让农民群众都能用上干净文明卫生的厕所。西安将以此次大会为契机,主动加强与各方的合作交流,汲取国际先进理念和经

验,为全国"厕所革命"做出更大贡献,为世界厕所发展打造"西安样板"。

上官吉庆发布倡议书:让我们行动起来,从我做起、从小事做起,积极支持并参与"厕所革命",促进"厕所革命"早结硕果、广惠于民。让我们携起手来,共同打好"厕所革命"这场攻坚战和持久战,当好"厕所革命"的排头兵,共同谱写新时代厕所文明的华丽篇章。

西安市委常委聂仲秋介绍了西安市"厕所革命"开展情况——2017年通过一年的努力,全市城市公共厕所达到2841座,超过国家明确的每平方公里3座的标准,计划到2020年达到5017座。 华商报记者 任婷

2018年3月31日,与上述《西安日报》同日,《华商报》刊发记者任婷采写的《为世界厕所发展 打造"西安样板"》。其中说道:

"2018西安·世界厕所工作大会"在西安曲江宾馆举行。陕西省委常委、西安市委书记王永康致开幕词,强调,"西安将以此次大会为契机,主动加强与各方的合作交流,汲取国际先进理念和经验,为全国'厕所革命'做出更大贡献,为世界厕所发展打造'西安样板'"。

何为"西安样板"?"西安样板"为何?

何为"厕所革命"?"厕所革命"为何?

由此,不由得记起去年年底《人民日报》那篇《坚持不懈推进"厕所革命",努力补齐影响群众生活品质短板》。由此看来,"厕所革命"是手段,"补齐短板"是过程,而终极目标又是什么,"西安样板"或"西安现象"让人深思……

R 深度关注

暗访短片直击问题　当面提问尖锐犀利

西安电视问政：用锐度换温度

本报记者　王乐文　龚仕建

"一个学位居23万元，还仅剩一个名额""民办幼儿园太难上了，光排队就得3年……"一个个短片，列出了陕西西安市教育的一条条"病状"。

4月8日晚，西安今年第三期电视问政节目《问政时刻》为西安教育带来了一场"电视大考"。100分钟的犀利交锋之后，一张21.89分的"考卷"将积դ已深的教育问题摆在大家面前。针对电视问政中的教育乱象，现场专家、媒体、公众深度把脉，为痼疾下猛药。

自2016年第一期《问政时刻》播出以来，火药味十足的"电视问政"，成为西安街头巷尾的热议话题。媒体评价："电视问政"问出了政府的诚信、干部的作风、媒体的责任。

无彩排、不作秀，问政问出真问题

"不会是作秀吧？"《问政时刻》2016年4月8日在西安广播电视台首播前，不少人一度质疑。在首期现场播出的暗访镜头里，市房管局城市大厅工作人员在玩手机，炒股，有的抽烟、聊天。刚到下午5时，一些工作人员就开始收拾东西下班，送下办事的群众置之不理……这一切令人大感意外。

"局长，您的兵这么懒散，您不得办事慢。您回去会处理视频中的有关人员吗？

问："投诉电话是24小时开通的吗？"相关负责人答："是的。"于是，主持人现场拨打投诉电话，且两次分不同时段拨出，电话却无人应答。

2017年2月8日，《问政时刻》关注市环保局的监管工作。针对节目曝光的户县11个环保问题和热线电话接听的5个问题，时任户县环保局局长的回答避重就轻，市环保局局长直接向户县环保局长："问题这么严重，对得起组织党对你的信任和重托吗？"2月10日，户县环保局领导班子被集体免职。

"敢揭短、不遮丑，同得犀利，看得过瘾，我期期都关注。"采访中，很多市民表示，"电视问政"曝光的都是百姓忧愁的事儿。"正是因为问政话题尖锐犀利，暗访短片直击问题，群众愿得到好处，电视问政没有彩排和作秀，'电视问政'才一炮打响。"市民李女士说。

有锐度的监督，换来有温度的民生改善。节目播出至今，围绕百姓关切，《问政时刻》已问遍食药监局、城管局、环保局、城改办等20多个政府部门、涉及教育、交通等重要民生领域。两年来，"电视问政"围绕曝光光短片展开多方位追踪，结合专家建议和市民评议，直面问题、查找原因，导致建立长效机制的路径，为政府与群众之间搭建起沟通的平台。

责任有人认、问题有

题进行督办和反馈：针对"公私不分"问题，新城区汇知中学将原属的29名公办教师工资继续全额工缴区财政，积极寻找新的办学场所，完全实现"四独立一分离"；碑林区筹设中学改造期间租用三中闲置教学楼，切实整改"公务员"问题；未央区民办幼儿园申请加入普惠性幼儿园……

整改不到位不收兵、承诺事项不兑现不罢体。目前，栏目出不定期会对被问过的单位进行第二轮、第三轮"回头望"，促进相关单位建立长效机制。

"问政并不单是曝光问题，更在于推动问题解决。西安交大教授周力为认，电视问政，不仅要让领导干部脑门冒汗，还要让他们一门心思为群众解决问题。对此，西安市委市政府态度鲜明：问政要见效、动真更动人。

记者了解到，一方面，问政结束后，有关部门对暗访现场提出的问题建立台账，做到整改不到位、服务承诺不兑现、干部群众不满意的追究责任，为相关责任部门立军令状，员工上"紧箍"。

从"集体下岗"到对读负责人、电视问政开播至今，曝光具体问题近300个，向两办督

从担惊受怕到主动接受，当好群众的"店小二"

把问题放到聚光灯下"炙烤"，把焦点拿到放大镜下审视。被问政单位对待这档电视栏目的态度，也经历了一场从担惊受怕到主动接受的转变。

不少部门负责人表示，《问政时刻》有助于职能部门听民声、解难题，促进了机关作风转变、治数正风气"专项整治。没有被问政的单位，也主动查找问题积极整改，对西安深化行政效能建设、建立长效机制非常有益。

"问政过后，不仅推进公房小区整治、让老旧小区"旧貌换新颜"，还要让公房居民获得更多幸福感。"市房管局相关负责人表示，"电视问政"还加快了经适房管理进程，让住房保障更加公平，让住房更加公平、民生得到更加改善。

记者梳理发现，被问政后，西安火车站地区管委会制定了"综合治理改革工作方案"，市环保局开展了贯穿全年的"治庸提能力、治懒增效率、治散正风气"专项整治；市交通局在各行业大力推进"行政效能革命"，整治群众高度关注的黑车治理专项。

"电视问政绝不是"过关"，它能帮助政府部门解决一些平时不想、不能或关注不到的问题。"市人社局相关负责人表示，针对曝光问题尤其是干部作风方面实施的整顿教育及问责处理，能让干部更加敬畏工作职责、更

2018年4月24日，《人民日报》刊发记者王乐文、龚仕建采写的《西安电视问政：用锐度换温度》。通常"锐度"多与"力度"匹配，西安缘何与"温度"并联，读罢感悟多多。文章说道：

"自第一期《问政时刻》播出以来，火药味十足的'电视问政'，成为西安街头巷尾的热议话题。媒体评价：'电视问政'问出了政府的诚信、干部的作风、媒体的责任。围绕百姓关切，有锐度的监督，换来有温度的民生改善。"

"问政"节目做得好，相关报道写得好，一句"围绕百姓关切，有锐度的监督，换来有温度的民生改善"，响当当、亮堂堂，道出"西安问政"的核心理念，原来硬碰硬为的是"民心软着陆"，原来"官员越'知耻'，民众才越有尊严"。

西安"厕所革命"让人情不自禁、喜不自禁。不难看出，"为全国厕所革命做出更大贡献，为世界厕所发展打造西安样板"，并非局限于"城市管理""城市名片"，而此番新作为，也不再是慢人半拍、逊人一筹的昨日状，同时"补齐短板"也不仅是为了百姓如厕便捷，而是为了在均衡有效的全面呵护中，整体提升"城市温度"乃至"国家温度"……

22 / 西城实践
XICHENG SHIJIAN

日前，央视"新闻联播"播出《北京西城：践行"红墙意识"打造忠诚队伍》《北京西城：离红墙近 跟百姓亲》等系列报道，其中说道，"红墙意识的根本就在于'人民'二字，他们把百姓的'表情包'作为检验工作的'晴雨表'，提升改善民生水平，提高城市温度'方便群众如厕'即为'与百姓利益相关的事情'"。相关电视画面中，居民一句"国家主席为老百姓考虑得太周到了！想到心坎上了，我们非常高兴！"道出不尽的民生心绪。

据西城环卫一线人员介绍，区领导非常重视胡同公厕改造，会上反复说："二类厕所改得再好也属'锦上添花'，可老百姓真正需要的却是'雪中送炭'。因此，不再让老百姓冬天上厕所冻屁股、不再让老百姓夏天上厕所汗流浃背、不再让人顺着臭味儿找厕所，将是北京公厕又一次重大革命。"

好一个"不再让老百姓冬天上厕所冻屁股，不再让老百姓夏天上厕所汗流浃背，不再让人顺着臭味儿找厕所"，作为西城区宏观决策顾问，为堂堂区领导能说出如此平实通俗的话语倍感亲切，倍感骄傲。

从"城市温度"到"国家温度"，此间研究了十数年。本书看似《天大的小事》延展读本，其实意在探究、例证"如何让百姓眼前一亮、心中一热常态化、平实化"。换言之，善政仅凭"精细化管理、人性化服务"似嫌不够；再换言之，勤政切忌"发现短板总在短板定型后"……

2018 年 4 月 15 日，央视"新闻联播"节目播出"在习近平新时代中国特色社会主义思想指引下——新时代新气象新作为"系列报道《北京西城：践行"红墙意识"打造忠诚队伍》，其中说道：

"北京西城区是首都功能核心区的重要组成部分，党中央、全国人大、国务院、全国政协都在这里办公。在这里有一个人人都熟悉的'红墙意识'，这是当地干部群众在长期工作生活中，逐渐形成和培养出来的一份特殊的使命感和责任感。党的十九大以来，西城区在习近平新时代中国特色社会主义思想指引下，把'绝对忠诚、责任担当、首善标准'为内核的'红墙意识'作为'四个意识'在西城的具体体现，努力锻造一支对党绝对忠诚、让党中央充分信赖的干部队伍。"

该系列报道最后一篇题为《北京西城：离红墙近 跟百姓亲》，其中有段话格外扣人心弦："北京市西城区紧邻中南海'红墙'，特殊的区位是一份光荣，更是一份使命。西城区广大党员干部深刻领悟到，'红墙意识'的根本就在于'人民'二字，他们把老百姓的'表情包'作为检验工作的'晴雨表'，提升改善民生水平，提高城市温度。"

如果不是受聘多年西城区宏观决策顾问，我也很难相信，有关"红墙意识"的专题报道，"公厕改造"居然皇而堂之跻身其中。相关报道说道：

"以人民为中心，是'红墙意识'的直接体现。西城区全面推行民生工作民意立项制度，明确了凡是与百姓利益相关的事情，都要充分征集群众意见，作为决策的重要依据。地处首都最特殊、最核心的区域，西城区用'红墙意识'扛起责任与担当，全力解决民生真问题。西城区坚持不懈抓城市文明建设，获得全国文明城区创建五连冠，为首都文明创建做出了表率，让首都城市更宜居，百姓更温暖。"

"方便群众如厕"即为"与百姓利益相关的事情"，新闻节目为此说道："西城胡同平房区公厕，由于环境条件所限，设施一直很简陋。为贯彻落实习总书记推进'厕所革命'的倡导，西城区启动了胡同里的厕所改造计划，让百姓'方便'的事真正方便起来。下一步，胡同厕所都将以满足群众实用的标准，实施'一厕一方案'的'量体裁衣'模式进行改造，24小时专人值守保洁。"

截图虽色彩不尽光鲜，但透过百姓表情，或许能明悟为什么"新时代、新气象、新作为"又被本书视为"心时代、心气象、心作为"……

央视"新闻联播"截图 / 北京西城区居民兰女士："国家主席为老百姓考虑得太周到了！"

央视"新闻联播"截图 / 北京西城区居民兰女士："想到心坎上了，我们非常高兴！"

"我们离党中央最近"

——北京市西城区践行"红墙意识"纪实(上)

本报记者 朱竞若 贺 勇 王昊男

在习近平新时代中国特色社会主义思想指引下——新时代新气象新作为

明媚四月，玉兰花开遍北京的大街小巷。沿着天安门往西，醉艳的红墙与玉兰相映生辉，这里，是中南海！

中南海位于北京市西城区。打开地图，西城区50平方公里的辖区内，还驻有中央、国家众多部委机关。西城人常说"中南海的邻居"自然，透着一份自豪，一份荣誉、一份责任；"对党的热爱，是浓得化不开的情感；对党的忠诚，是党员的生命底色；'四个意识'，正是西城传承的红色基因。"

党的十九大以来，北京市深入贯彻落实"看北京首先要从政治上看"的政治要求，牢固树立"四个意识"，西城区把以"绝对忠诚、责任担当、首善标准"为内涵的"红墙意识"作为"四个意识"的集中体现，贯穿在干部群众工作生活的方方面面。

忠诚是一种立场：始终听党话，永远跟党走

忠诚，是一种饱含信仰力量的品格。"绝对忠诚"是"红墙意识"的本质属性。

北京市委书记蔡奇说："对党绝对忠诚关键在'绝对'两个字。""绝对，就是无条件的、不掺任何杂质的、没有任何水分的忠诚。"

党的十九大以来，北京市深入贯彻落实……

现了领导班子岗位职责的量化、细化、绩效化。十九大后，根据中央全面从严治党的要求，西城区对此进行了调整、充实、完善。《区委书记岗位职责手册》里150多项内容，涵盖了党风廉政建设、意识形态管理、安全生产、生态文明等方方面面。

"制定手册，是为了时刻提醒大家牢记党的宗旨，牢记职责使命。"西城区委书记卢映川介绍，手册是动态的，根据中央的精神和市委市政府的要求定期更新，"对照检查政策和精神的落实情况。"

为了党的事业殚精竭虑、洒热血，这是战争年代的忠诚。和平年代，生死考验并不常见，特别是进入新时代，我国社会主要矛盾发生变化，对党绝对忠诚也有了更丰富的内涵。西城区提出，争做首善之区，首先要固牢忠诚底色，当前最重要的就是推动党的十九大精神落地生根。西城区既致力于做好精神的宣讲，又注重在过程中主动践行，让习近平新时代中国特色社会主义思想在京华大地形成生动效应。

将党的十九大精神宣讲与调查研究相结合，将贯彻落实与解决问题相结合……党的十九大以来，西城区开展"三级党代表走基层"、领导干部"九进"宣讲等系列活动，建立19个基层党建讲习所，畅通民情民意，通过抓

"百万庄大街17号院1、2号楼之前经过了抗震加固施工，但145户居民的安置款至今未下发。"在展览路街道百万庄东社区巡访交流学习党的十九大精神时，来自三塔社区的居民代表贾英捎话给区里。

老百姓的"表情包"就是检验工作的"晴雨表"。社区内的座谈交流还在进行，区重大办、区财政局等几个相关单位已经开始行动。"也请你给大伙儿捎个信，我们已经安排工作人员处理安置款的事，争取以最快的速度解决。"卢映川现场拍板。短短一个月，145户居民的安置款全部到位，大伙儿紧锁的眉头终于舒展开了。

践行"红墙意识"，宣讲精神与落实精神

同步，推进老城保护，大力实施街区整理，全面布局生活性服务业……一系列百姓关注的身边事，台账上多年的百姓期盼，正在一个个落实解决。

忠诚是一种信念：为党中央站好岗、放好哨

忠诚需要用行动来表达。工作在红墙边，西城人骨子里就有一种"为党中央站好岗、放好哨"的信念。

用坚守捍卫忠诚。中南海西侧红墙外一街之隔，一座小院24小时昼夜忙碌，

(下转第九版)

2018年4月16日，《人民日报》头版刊发了记者朱竞若、贺勇、王昊男采写的"在习近平新时代中国特色社会主义思想指引下——新时代新气象新作为"系列报道《"我们离党中央最近"——北京市西城区践行"红墙意识"》，其中说道：

"党的十九大以来，北京市深入贯彻落实'看北京首先要从政治上看'的政治要求，牢固树立'四个意识'，西城区把以'绝对忠诚、责任担当、首善标准'为内涵的'红墙意识'作为'四个意识'的集中体现，贯穿在干部群众工作生活的方方面面。党的十九大以来，西城区开展'三级党代表走基层'、领导干部'九进'宣讲等系列活动，建立19个基层党建讲习所，畅通民情民意，在实际工作中践行'红墙意识'，落实党的十九大精神。"

何为"畅通民情民意"？何为"通过抓落实促实干，在实际工作中践行'红墙意识'"？亦如报道所言："一系列百姓关注的身边事，台账上多年的百姓期盼，正在一个个落实解决。"

好一个"一系列百姓关注的身边事"，好一个"台账上多年的百姓期盼"，透过"大数据"中一个个饱含人性化的"小数点"，心潮起伏，感慨良多……

回应百姓新期待

——北京市西城区践行"红墙意识"纪实（下）

本报记者 王昊男

在 习近平新时代中国特色社会主义思想 指引下——新时代新气象新作为

"故敦化之行也，建首善自京师始。"首善，作为一种价值追求、一种工作标准，已融入当下北京工作的方方面面，更成为西城区践行"红墙意识"最生动的写照。

精心建设、精细管理、精准服务……西城人以敢为人先的精神状态、舍我其谁的精神风貌、永争一流的工作作风，干在实处、走在前列。

服务百姓：没有终点只有起点

"服务老百姓没有终点，只有连续不断的新起点。"西城区委书记卢映川说。

补短板要补到群众心坎上，既补"有没有"，也补"好不好"。西城区社会经济发达，但仍有短板。由于老城区面积比重较大，西城仍有大量平房院沿用院内的"户厕"。"有人用，没人管"。住在胡同里的张大妈回忆，"夏天味儿大，还得从大院儿垫了，可蹶脚的地儿都是楼梯，岁数大的，上个厕所都要做一番思想斗争。"

小厕所，大民生。进行"厕所革命"需要服务到位：开通服务热线，工程技术人员24库，建立"户厕"长效管理机制。

一生活好起来的西城人，对文化生活和精神品质有了新要求。正阳门城楼边，8栋各具特色的单体建筑与人头攒动的大栅栏毗邻而居，这就是被誉为北京文化新地标的北京坊。3层2500平方米、自带景观露台的PageOne24小时书店，自带门户、天安门、商业街区……尽人眼底。回字形书店，品类丰富精整齐排列；沙龙活动、音响、投影等设施一俱全，5000张黑胶唱片，收藏着极致的"听觉盛宴"。

"PageOne24小时书店的成功，是政府与社会力量合作的结果。"西城区文化委员会主任孙劲松说，践行"红墙意识"，区政府搭平台、把方向、配资源、定标准、买服务，广泛联络和发动社会力量，从政府办文化变为社会办文化，激发群众中蕴藏的北京文化活力。

北京砖读空间、宣阳驿站第二书库、中国书店雁翅楼24小时阅读空间……目前，西城区已形成由2个区级公共图书馆、1个青少年儿童图书馆、23家街道图书馆为骨架支撑、25个挂牌特色阅读空间为补充的"书香网络"、数字阅读设备为补充的"书香网络"。

新时代对社会治理提出更高要求，西城人勇于担当、攻坚克难。创设全国首个基层政府大数据中心，建立对地区基础数据分析、摸清问题出现相对集中的区域，实现"精准治理"，通过大数据平台，畅通多个社区试点专门为民办事窗口，实现"一站式"接办。

"我们正探索借助GIS地图的'热力图'决策，构建起征地拆迁、房屋翻雨、街面破损等预测模型，争取将问题解决在发生之前。"在西长安街街道工委书记陈振海介绍，街道正在各社区搭建"3D智能信息化服务管理平台"。"居民的大事小情，都可

亏"，在西城绝不是口号。

53岁被提拔为广外街道办事任，王书记自己没想到，但西城的选人用人机制帮助到了。"虽然你没投过领导，但组织认可你的工作。"2017年，王书记广厕职业绩效案里这样记录："拆违2588处近10万平方米，治理开墙打洞500多处，三项全区第一。"

"对照好干部标准，只要政治过硬，真抓实干，我们就能发现、敢使用。"区组织部长苏仕柱说，践行"红墙意识"，就是使用干部同样要坚持着好标准。

建立立体化的干部考察考核体系。西城从政治素质、大局意识、协调能力、开拓创新、工作能力、合作精神、工作态度、个人修养、性格特点、突出业绩、廉洁自律、特长短板等12个方面，多角度、多层面、多维度考准考实干部。

建立优秀干部定期调研和动态发现机制。西城注重在关键岗位、艰苦环境、重大任务和基层一线对实践中发现、成长、培养、使用干部。两年多来，先后开展了后备干部、年轻干部、专业干部和一线干部等多项专题调研，通过调研和提拔，重用了145名干部。

健全领导班子和领导干部履职绩档案。每年第一季度，收集全区各班子履职情况，结合年度考核工作收集处级领导干部个人履职业绩数据，逐年积累形成大数据。开发查询、统计、预判功能，分析研判周期级别、同类型处级干部的履职表现，为精准选人用人提供参考……

2018年4月18日，《人民日报》刊发记者王昊男采写的"北京市西城区践行'红墙意识'纪实"——《回应百姓新期待》，其中说道："首善，作为一种价值追求、一种工作标准，已经融入当下北京工作的方方面面，更成为西城区践行'红墙意识'最生动的写照。"

谈及民生服务不足处，西城区领导经常讲，"补短板要补到群众心坎上，既要补'有没有'，也要补'好不好'"。提升公厕品质，属于后者。

由于老城区面积比重较大，西城仍有大量平房院沿用院内的"户厕"。小厕所，大民生，进行"厕所革命"需要服务到位：开通服务热线，工程技术人员24小时值班，365天"户厕"保洁维修工作不停、检查标准不降。同时研发了"户厕综合管理智能系统"，采用GPS定位、无线数据传输、感应识别等技术，实现实时报修、维修状态动态监控，建立"户厕"长效管理机制。

《袜子他说》是本书后续作品，同为"国家温度"系列读本。"鞋合适与否只有脚知道"，民间智库存活鞋、脚之间，颇具"袜子"功效，既要知晓"鞋"，也要通达"脚"，"西城实践"且严且细且实，故而《袜子他说》将继续有话要说……

北京／时事　责编／林色平　美编／周鑫　责校／赵阳　本版 E-mail:abc@beijingtimes.com.cn　京华时报 A C　2005／9／20

西城率先完成公厕改造 出台全市首个服务标准

公厕内苍蝇须少于两只

本报讯（记者侯艳 李艾）截至昨天，西城区完成了450座公厕改造，在全市率先完成公厕改造。当天，该区还出台了全市首个公厕管理和服务标准。根据该标准，今后西城区每个公厕保洁员只需负责一座公厕的卫生。

每个公厕的苍蝇须少于两只。

据西城区环境卫生服务中心副主任赵宝庆介绍，以前西城区的环卫工人基本上每人每天要打扫10~12座公厕，每天清扫两遍。服务标准实施后，每个保洁员只需负责管理一座公厕。为此，西城区环卫中心增加了400名环卫工人。

根据服务标准，公厕的卫生保洁控制指标应符合：废弃物少于两个；废弃物停滞时间不超过30分钟；苍蝇少于两只。此外，保洁人员在清洁女厕前，必须先向清是否有人使用，待无人时，方可进入清扫，并在门口悬挂提示牌。

赵宝庆说，该标准实施后，环卫中心的检查组将根据标准对辖区内的公厕保洁进行定期的检查。

据市市政管委环卫设施处处长马康丁介绍，450座公厕的改造工程是西城区3年（2003年至2005年）的总体任务。目前，四个城区（东城、西城、崇文和宣武）中，西城是第一个完成改造的，除东城速度相对较慢外，崇文和宣武已进入验收阶段。今年，全市公厕改造计划为1726座，截至9月6日，已经完成了1092座公厕的改造。

这是12年前纸媒的专版新闻，本书在相关章节曾使用，并有如下叙述：

"目前，西城区完成了450座公厕改造，在全市率先完成公厕改造。当天，该区还出台了全市首个公厕管理和服务标准。根据该标准，今后西城区每个公厕保洁员只负责一座公厕卫生，根据服务标准，公厕卫生保洁控制指标应符合：废弃物少于两个；废弃物停滞时间不超过30分钟；苍蝇少于两只。"

平心而论，相信无论是谁，看到"公厕内苍蝇须少于两只"一定会笑喷。的确，苍蝇不仅是个活物，同时还是活物之中的"小强"，以其数量为验收标准，不亚于"蚊子飞行辨公母"。于此，您如是，我如是，俗人略同皆如是。

"公厕卫生能否用少于两只苍蝇说事"，慢慢来，慢慢看，一切尽在不言中。细说起来，北京西城区在"厕所革命"的大潮中确实有不少创新举措。然而"创新"，有时候第一时间很无解，有时候"第二时间"才会见分晓。

实践出真知，时间祛谬误。在验证过程中，《"2只苍蝇"：科幻版卫生标准》等质疑不绝于耳。然而，当年许多人想都不曾想的"突发奇想"，居然在日复一日的恪尽职守中变为现实。

"公厕苍蝇少于两只"的前生今世说明了什么，跳出专业范畴，同样可以联想多多，包括自家屋内为什么没有苍蝇，包括自家厕所为什么没有苍蝇。老北京有句"养活孩子让猫叼走"的歇后语，接下来那句"没有搁心人"，一语道破天下民生短板起缘。西城区率先在公厕上"搁心"，心比天高，情比火暖……

我们日夜在聆听

市政府 12345
市情与民声

建于上世纪五十年代的旱厕，想想也醉了

西城132座旱厕 两年后全消灭

本期策划：王琼

本栏目记者从西城区市政市容管理委员会了解到，西城区政府成立了专门的旱厕改造办公室，预计到2017年，将对辖区内还有的132座单位产权的旱厕进行改造。

尚未 改造 新街口籥箩仓胡同20号
"不仅漏雨，还隔三差五堵"

65岁的房大爷住在新街口籥箩仓胡同20号院60多年了。现在，这个平房院里住着十来户人家，共用院里东南角的一座厕所。这座厕所建于上世纪50年代，还是一座没有水冲的旱厕。

昨天下午，记者穿过院里不到一米宽的狭罅，来到这座厕所时，看到厕所由于长期漏雨，墙上已经发霉。十多平米的厕所里没有灯，光线很暗，并散发出阵阵恶臭。

房大爷说，自从有这个院，就有这厕所。以前，每周每户轮流负责打扫厕所，时间长了，大家都厌烦，厕所就没人打扫了。"主要是没有水冲太脏了，夏天蚊子苍蝇满天飞，一到冬天上冻，更容易堵塞。"房

找产权单位后勤部门的人来疏通。

目前，这座旱厕的使用权已经移交西城区市政市容委。工作人员说，这种旱厕最难改造的是上下水，因为平房院里的自来水管通常很细，下水管线老化、坍塌、堵塞，必须重新铺设和铺设能满足冲厕所需要的新管线。因此，改造前期，需要协调自来水公司、电力公司、市政、交通等十几个部门。改造起来，施工场地小，所有的施工材料都得靠人工搬运。

尽管如此，下月起，他们将参照二类公厕的标准，改造这座厕所。预计只要一个半月，就能翻盖一座崭新的现代化冲水厕所。到时不仅增体和地面会贴上瓷砖，还会安装

改造前

改造后

西城区
旱厕情况

全区共计132

北京西城"厕所革命"开展已有时日，很大心血用在"胡同旱厕"改造。2015年8月4日，《北京晚报》刊发记者王琼采写的《西城132座旱厕 两年后全消灭》，副题《建于上世纪五十年代的旱厕，想想也醉了》。其中说道：

"据了解，早在2010年，西城区在全市率先启动了旱厕改造工程。根据北京市市政市容委和西城区政府要求，他们将在2017年，改造完成全区所有132座产权单位旱厕。目前2015年计划改造的旱厕正进入全面施工阶段，部分改造完成的旱厕已陆续交付居民使用。为加快完成这项便民工程，今年一季度，西城区还由区市政市容委牵头，联合区环卫中心、区房地中心、相关街道办事处，成立了专门的西城区旱厕改造办公室，立项申请了500万元，用于旱厕改造。改造方式分为两种，一是鼓励产权单位自行改造，二是对产权单位承诺放弃使用权的旱厕，将由市政市容委全额负责改造。"

何为"旱厕"？旱厕即传统茅坑的厕所，或在小胡同，或在大杂院，改为水冲，后续疑虑往往阻断前期推进。值得一提的是，"改造后交由环卫中心负责日常保洁，所产生的水电费、保洁费均列入区财政支出，从而彻底解决了居民后顾之忧"……

5 让城市更有温度　北京晚报 2017-12-05 周二　责编/陈远丁　设计/宋溪　校对/季辉

二类公厕已安装烘手器 电暖器 新风系统 2018年全面改造

西城区胡同的"厕所革命"

手帕口桥正在进行着铁道口改立交的施工，因道路建设需要，路西边的一座公厕被拆除，而路东侧的围挡后面，一座崭新的厕所已经建好。星期四中午，厕所里的空气新风系统显示，这儿的空气质量指数为10左右。

"今年西城区提升改造了20座二类公共厕所，全都加上了新风除臭系统。到2018年底，西城区所有二类以上标准的公厕都会加装这种设备。"西城区环卫中心基建科科长康勇说。市城市管理委11月29日透露，本市正在加大力度改善市民如厕环境，已有500座公厕

厕通过加装通风除臭系统，完成服务品质提升改造。

西城区公厕改造只是全市公厕提升项目的一个缩影。据北京日报，本市还开展了公厕普查，2016年已完成东城、西城两个区2297座公厕的普查工作，2017年普查朝阳区、海淀区的3000余座公厕，完善基础数据库形成电子地图信息。预计2018年，东城区将开展平房区街巷胡同公厕革命试点；海淀在高新技术产业试点智能公厕等。

改造后公厕发生了哪些改变？遇到了哪些问题？还有哪些地方亟待"公厕革命"？

新公厕安装了新风系统

手帕口桥畔这间新厕所，占地面积约有百余平方米。男厕所里面除了几个统称免冲小便器和带有隔板间的坐便器、蹲便器外，还有大约十多平方米的空间，显得颇为宽敞。墙

上厕所摔个跟头的事儿虽然不常遇见，"住在平房的老老小小，有不少人摔过一身泥腿。"这是因为厕所地面不够平整，部分低洼的地方冬天便会积水结冰，让人滑倒。至今每到冬

2017年2月5日，《北京晚报》在"让城市更有温度"专版刊发记者张硕采写的整版报道《西城区胡同的"厕所革命"》，其中说道：

"据西城区环卫中心康勇介绍，区领导非常重视胡同公厕改造，反复在会上说，二类厕所改得再好也属'锦上添花'，可老百姓真正需要的却是'雪中送炭'。不再让老百姓冬天上厕所冻屁股，不再让老百姓夏天上厕所汗流浃背，不再让人顺着臭味儿找厕所，这将是北京公厕又一次重大革命。"

好一个"不再让老百姓冬天上厕所冻屁股"，好一个"不再让老百姓夏天上厕所汗流浃背"，好一个"不再让老百姓顺着臭味儿找厕所"，作为西城区顾问，为堂堂区领导能说出如此平实通俗的话语备感亲切，备感骄傲。

从"城市温度"到"国家温度"，此间研究了十数年。此番著述《厕所革命》，看似《天大的小事》延展读本，看似"小处着眼"的专题汇编，其实不然，本书创作初衷意在探究、例证"如何让百姓眼前一亮、心中一热常态化、平实化"。换言之，善政仅凭"精细化管理、人性化服务"似嫌不够；再换言之，勤政切忌"发现短板总在短板定型后"……

理论周刊 学习与研究

率先立论、倡导、践行"平实化、常态化"

从源头规避城事管理"破窗效应"

北京恩波智业研究所所长、北京创新思维博悟馆馆长 王 力

一段时间以来，我市加大违章建筑、开墙打洞、背街小巷等城市乱象的整治力度且成效斐然。于此，首都核心城区该有怎样的深层省悟，城市管理先行者该有怎样的因时而变、随事而制，作为西城决策倡问，深思有时，考量如下。

在唐山抗震救灾和新唐山建设40年之际，习近平总书记亲赴唐山并发表重要讲话，指出——"要进一步增强忧患意识、坚持以防为主、防抗救相结合、坚持常态减灾和非常态救灾相结合，努力实现从注重灾后救助向注重灾前预防转变，从应对单一灾种向综合减灾转变，从减少灾害损失向减轻灾害风险转变，全面提升全社会抵御自然灾害的综合防范能力。"

与自然灾害相比，"城市病"虽不似突如其来的洪水猛兽，但同样存在总书记强调的"要进一步增强忧患意识"。忧患何在？以往城市治理之所以出现诸多不尽如人意，其中城市管理的"通病"暗中作祟且釜底抽薪。换言之，由于"带病作业"，所以一定程度上"集中执法"助长了积道难返，"统一行动"阻断了当断则断。

打铁还须自身硬。毛泽东同志曾讲"必须要用极大的努力学会管理城市和建设城市"，习总书记去年七一讲话强调"各级领导干部要加快知识更新，加强实践锻炼，使专业素养和工作能力跟上时代节拍，避免少知而迷、无知而乱，努力为做好工作的行家里手。"

城市管理既要在实践中苦练硬功，同时更要提前领悟"硬道理"。社会学有个"破窗效应"，说的是房屋外窗受损若不及时修缮，接下来将有更严重的破坏。对此心理学研究表明，因为看不到破窗及时修整，所以很可能衍生出意想不到的"暗示性纵容"。为什么"最后一根稻草能压死人"，为什么"最后一根稻草时常压死人"，关键在于人们往往对"第一根稻草"熟视无睹、视而不见。

在2015年中央相关会议上，习总书记从反腐层面特别警示了"破窗效应"的危害，响鼓重锤，振聋发聩。然则，破窗先于城，效应源于市，但此道中人却少人警醒。

研究表明，在城市管理诸多不幸言中里"破窗效应"最醒目可见，从表象上看"孔小不补，孔大叫苦"，而骨子里、根本上则严重病了当事人头脑。譬如静观塌墙开洞、违章建筑、背街小巷，既有客观上的多重难返，更有主观上的漫不经心。

解析、规避"破窗效应"，变化多端、蹭鼻子上脸的"小广告"系活生生例证。13个部门之所以保不好一张小广告，穷本溯源，此类非法作单发端之初，或因个头不大，或因诉求不多，总之，小小不言，抑或小小不严，一个"小"字，看上抬高了自己、矮化了对手，但祸根就此埋下。

为什么看似细之又细、密之又密的"网格化管理"也会疏而有漏，问题在于"网格化"多是用平面几何求解平面图形，而应对盘根错节的城市病，则需要学会把控"虚拟魔方"，从表面看，横切面是网格，纵断面也是网格，但横纵交错却是无所不在的城事网络。

看上去"城事管理"与"城市管理"一字之差，但此间却研究了十数年。前者职称部门多为城建城管、市政市容，后者关联机构诗在弦外，戏在戏外。报章常说"大街是面子，背街是里子"，其实不然。严格而论，城市管理是"面子"，社会治理是"里子"。由于事物不仅只有正反两个方面，所以原本在理在论的各行其事，各自为取、各自为里，由此及彼、你中有我、我中有你。

"两学一做"关键是"学要带着问题学，做要针对问题改，把解决问题贯穿于教育全过程。鉴于此，一直以来引领示范"精细化管理、人性化服务"的西城区似应百尺竿头更进一步，率先立论、倡导、践行"平实化备勤、常态化运转"，在治理城市病过程中尽量少些"战役"，多些战备，尽量少些灾后救助，多些灾前预防，从源头封堵"破窗效应"的同时，凭借稳定的心态，运用科学的方法，深入探究"城市病病理"所在，为"破题"城市病如何大病精筹、分级诊疗，做出首善之区应有表率。

作为顾问，少不了建言献策。去年向区委送交了《关于率先立论、倡导、践行"平实化、常态化"，从源头规避城事管理"破窗效应"的建议函》，受到书记区长高度重视，同时特别安排在8月23日《北京西城报》发表。其中说道：

"社会学有个'破窗效应'，讲的是破窗未予以及时修复，很可能衍生出意想不到的'暗示性纵容'。为什么'最后一根稻草能压死人'，关键在于对'第一根稻草'的熟视无睹。在2015年中央相关会议上，总书记从反腐层面特别警示了'破窗效应'的危害，响鼓重锤，振聋发聩。然则，'破窗先于城，效应源于市'，但此道中人却少人警醒。鉴于此，一直以来引领示范'精细化管理、人性化服务'的西城区似应百尺竿头更进一步，率先立论、倡导、践行'平实化备勤、常态化运转'，以利从源头规避、封堵'破窗效应'。"

翻阅自家储备的"厕所往事"，发现在诸多不尽如人意中仍有不少暖心、养眼的"早就有"。遗憾的是，弱于日常护理，往往好景不长，好事不再。"厕所革命"旧的不去，新的不来，谈及"破窗效应"，既想为革命产物"优质产能最大化"鼓鼓劲儿，同时还想为此道中人"长效技能最优化"提提醒……

"绿雕公厕"成了草桥一道风景
花乡人利用自己强项把公厕变成植物园

本报讯(记者孙颖)在草桥欣园二区沿街绿地的东北角,一座刚刚建成的公厕成了一道风景:远看是五彩斑斓的"大魔方",近看却是满墙披满植物,红的、白的是开得正热闹的海棠,紫的、娇嫩的、墨绿的是叫不出名字的小草。建造者还给它起了一个别致的名字"绿雕公厕"。

"绿雕公厕"位于地铁10号线草桥站B口东北,大约200米左右的地方。丰台区花乡草桥村村委会主任刘宝杰告诉记者,草桥地铁站北侧东侧是草桥欣园小区,人流量很大,但是这片区域一直没有公共厕所。为了解决人们"方便"的问题,草桥村向丰台区市政市容委申请在草桥欣园二区沿街绿地修建一座公厕。为了与周边环境更加协调,村里想起了花草种花种草的强项。

走近"绿雕公厕",记者看到,公厕的墙壁上长满了细小的植物。负责公厕设计的花乡花木集团总经理林巧玲告诉记者,绿雕实际上就是根据覆盖的外围尺寸设计出大小不一的格子,然后选用红白两色海棠,红绿两色五色草,还有嫩绿的佛甲草等颜色各异的花卉种植在每个方格里,这样每个方格就形成一个色块,再由色块组成正面绿植墙壁。

花草是要落地生根,长在墙上怎么吸收营养?林巧玲告诉记者,花草的底部是一层密密的网状格栅,里面是基质。这里除了用到了特殊的花卉扦插技术,土壤的配比也很讲究,非常轻薄,但固定效果很不会下垂,保水保肥效果也非常好,能够保证植物生长所需的营养和水分。

长在墙上的植物怎么打理?公厕管理人员带着记者来到公厕背面,这里有4个带着阀门的水管,一头连着地下,一头伸进花

墙。拧开阀门,不到一分钟就有水从小苗间开喷,过了几分钟,有水滴从小苗间滴落,管理员就赶紧关上阀门,基质已经喝饱水了。管理员告诉记者,除了浇水,每隔一个多月要给花卉修整一次外形。而每年开春重新布置绿雕时,可以模块化定制每一块格子,到了现场只需要安装就可以了,非常简便。

绿雕4月开始布置,花期能够持续到11月以后,比一般景观花卉的花期都要长。而且基质也是特殊工艺制成的,花草干枯脱落后会露出土黄色的基质,但是不会像黄土地一样扬尘。再加上大小形状不一的分割格子,即使是冬天,也会有另外一种艺术美感。除了成为风景外,"绿雕公厕"还有它的好处,夏天公厕被绿植覆盖,再加上浇灌,能够很好地降温。而冬天,公厕相当于增加了一层保温层,也能够起到很好的防冻作用。

刘宝杰告诉记者,除了这所公厕,草桥地铁站B口的垃圾转运站,沿街一些墙面等地也能设计成了草桥花墙,居民出门就能看到鲜花绿草满墙的风景。 X133 刘平 摄 J163

西城区既是北京核心功能区,也是北京城市管理缩影,一个区的"厕所革命"就如此之庞杂艰巨,整个城市可想而知。

2018年5月3日,本书虽已截稿,但当天《北京晚报》刊发了记者孙颖采写的《"绿雕公厕"成了草桥一道风景》,感觉很好,补入书中。其中说道:

"一座刚刚建成的公厕成了一道风景:远看是五彩斑斓的'大魔方',近看却是满墙披满植物……建造者还给它起了一个别致的名字'绿雕公厕'。除了成为风景外,夏天公厕被绿植覆盖,再加上浇灌,能够很好地降温;而冬天,公厕相当于增加了一层保温层,也能够起到很好的防冻作用。"

"花乡"地处北京丰台,笔者曾应邀为该区作"天大的小事考问城市管理"专题报告,花乡党委当下提出加讲请求,接下来的授课依旧少不了"见微知著说厕所"。

"碎片化阅读"让不少读者一目十行,但听话听音,锣鼓听声,别忘了文章导语"花乡人利用自己强项把公厕变成植物园"那句话,别忘了"我国长期处于社会主义初级阶段的基本国情没有变",因此,尽管补齐群众生活品质短板有待"多快好",但公共服务等社会建设"尽力而为、量力而行"的"省"仍不可或缺……

朝阳公厕革命试用高铁技术

采用真空收集装置 有效消除臭味 省水90%以上

本报讯（记者左颖）把飞机和高铁冲厕装置应用到公厕建设中，朝阳区的牛王庙公厕成为全市首个采用真空排导技术进行改造的公厕，不仅无味，而且节水率超过90%。朝阳区城管委相关负责人今天透露，今年朝阳区计划以城乡结合部的53座公厕为试点，全部采取真空排导技术进行升级改造。同时计划对全区1081座类下公厕进行升级改造，实现全区消灭不达标公厕的目标。

"原来这里配套设施不齐备，粪尿只能靠化粪池收集，经常出现脏臭、污水横流的情况，相隔数米就臭味难闻。"今天上午，家住附近的刘阿姨告诉记者，牛王庙公厕改造之后，不仅干净整洁，闻不到臭味，而且还配备了烘手机、洗手液。

朝阳区城管委相关负责人介

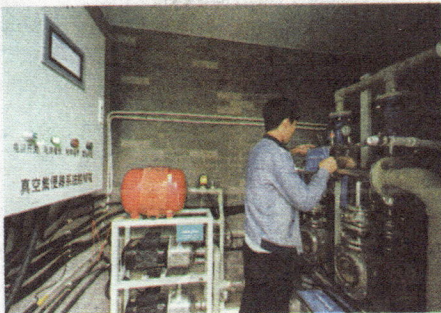

工作人员正在检查真空收集装置。

绍，牛王庙公厕的蹲便器、坐便器全部安装了真空收集装置，利用真空负压原理，将粪便、尿液导入收集池，设计标准与高铁卫生间完全一致。真空排导技术最大的好处是省水，正常厕所

一次冲水用量约为6升，而引入新技术后，冲水量只有0.5升左右，节水率超过90%。而且，因真空厕具以真空作为动力，瞬间打开，管径小，流量大、不易堵塞，还能有效除臭及防冻裂。自7月1日投入运行以来，牛王庙公厕已服务周边群众如厕7500人次，共产生污水3.75吨。而按照传统水冲模式的用水量，7500人次如厕将会产生污水45吨。

除采用先进技术外，牛王庙公厕在改造中还考虑到了老年人和残障人士的使用需求，地砖采用防渗、防滑材料铺设，并设置安装了残疾人无障碍扶手、残疾人便道、残疾人报警器及呼叫按钮。为解决平房及农村地区特有的百姓清晨倾倒粪便难题，公厕还单独设置了真空倾倒间及清洗处。

这位负责人介绍，为有效解

好饭不怕晚。2018年7月12日，本书审校截稿，当天《北京晚报》刊发了记者左颖、程功采写的《朝阳公厕革命试用高铁技术》。与花乡"一道风景"相比，牛王庙的高科技似乎更有两下子。文章说道：

"把飞机和高铁冲厕装置应用到公厕建设中，朝阳区牛王庙公厕成为全市首个采用真空排导技术进行改造的公厕，不仅无味，而且节水率超过90%。据介绍，牛王庙公厕的蹲便器、坐便器全部安装了真空收集装置，利用真空负压原理，将粪便、尿液导入收集池，设计标准与高铁卫生间完全一致。真空排导技术最大的好处是省水，正常厕所一次冲水用量约为6升，自投入运行以来，牛王庙公厕已服务周边群众如厕7500人次，共产生污水3.75吨。按照传统水冲模式的用水量，7500人次如厕将会产生污水45吨。"

缘何在定稿之后还要破例，盖因"厕所革命"同样推崇"科技是第一生产力"。四五十年前，阴错阳差曾在清洁队修建公厕；二三十年前，曾与时传祥师傅家人亲密互动，因此，再是信奉"脏了我一个，幸福千万家"，有当年骨子里的经历，仍会对未来"扫街不再暴土扬烟、洁厕不再屏住呼吸"充满骨子里的希冀……

结　语

"读报用报"提点"远水解近渴"

"我们党既要政治过硬，也要本领高强。要增强学习本领，在全党营造善于学习、勇于实践的浓厚氛围，建设马克思主义学习型政党，推动建设学习大国。"习总书记十九大报告重要讲话，振聋发聩、掷地有声。

为此，《人民日报》2018 年 1 月 10 日刊文《全党来一个大学习》，其中说道：党的十九大对党员干部提出了增强"八个本领"的要求，其中，学习本领排在第一。越是重大历史关头，越要重视和抓紧学习。进入新时代，面对新任务新要求，必须通过不断学习提升能力，增强本领。抓好学习，就是要用习近平新时代中国特色社会主义思想武装头脑，指导工作。抓好学习，就是要强化实践、实干、实效意识，通过大学习，推动大落实。

2018 年 5 月，中共中央办公厅印发《关于进一步激励广大干部新时代新担当新作为的意见》，并发出通知，要求各地区各部门结合实际认真贯彻落实。为此《人民日报》2018 年 5 月 21 日头版报道指出："《意见》的制定实施，对充分调动和激发干部队伍的积极性、主动性、创造性，教育引导广大干部为决胜全面建成小康社会、夺取新时代中国特色社会主义伟大胜利、实现中华民族伟大复兴的中国梦不懈奋斗，具有十分重要的意义。"

值此重要历史时刻，作为辅政读本，《厕所革命》肩负的责任，似乎书名所示"厕所革命"四个字难以涵盖全部。

一、"创新学习方法"是新作为的组成部分

新时代如何有新作为？新作为首先要有新思维。包括从"摸着石头过河"到"投着石头过河"，包括从"吃水不忘挖井人"到"挖井先问吃水人"，包括涵养"看群众脸色办事"的自觉，包括治理者应走出办公室"捡芝麻"，无不彰显了时代特征。由此想来，若将"学习"也视为新作为重要组成部分，创新学习方法，拓宽学习路径，无疑成为此番"大学习"的不可或缺。

曾几何时，"远水难解近渴"成为理论联系实际的拦路虎。其中，有进取无果的独白，也有浅尝辄止的戏说。于此困顿，此间职业生涯实践出真知，最终，在远水、近渴的结合部位发现了新大陆。

身为党外人士且机构不在体制内，从事辅政工作无疑存在先天短板。然而，相关课题的预知、预判缘何契合实际，"用心"是一说，"学会用心"也是一说，其中包括：没有红头文件，却幸有"红头报纸"，学会读报、用报，不仅细知天下事，同时言之有物，言之有据。

30年前有缘在报社供过职。其间，感悟到报社与报馆不同，也感知了市面与报面的间距，尽管没写出什么大手笔，但由此世间多了很会借光的"读报人"。其后，剪报、读报成为从未间断的基本功，每天所订报纸，仅看看标题划划圈，至少也要花费个把时辰。何必如此？原来报章亦有黄金屋，亦有颜如玉，较之一时难以啃透的大部头，传统纸媒既有报人导读，又有报面导入，甚至连字体、字号也能透视出抑扬顿挫、眉高眼低。

仅就个人体验而言，读报是用报的序曲。一杯香香茶，一叠相关报，静心入定，原来思绪也可把玩，原来思辨也有包浆，最终，剪刀、糨糊融入"我"，脑洞大开。相形之下，网讯则不然，尽管无所不包，但"浏览"与"阅读"功效各不同。尤其同样的事体，网络虽尽知天下事，但没有自我的知之仍为走马观花的知之。此外，智库建言有命题、选题之分，通常说来，命题有时限，因此时不我待；而"选题专业户"则不然，慢功出巧匠，漫笔好著述，有政治家给你办报，有观察家帮你掌眼，自我发散想必稳妥得很……

二、"读报、用报"是实打实的应用科学

时间久了，所存剪报不知不觉多了起来。分类建档，涉猎范围也日渐宽泛。于是，之前的纵向读取开始根据课题所需合并同类项，通过重新组合，思路你中有我、我中有你。说来也许不信，初始检索告一段落，感兴趣的报摘犹如扑克牌，通过用心梳理，一些看似无关大局的"小牌""碎牌"，却经常整合出意想不到的特殊功效。

在创作《天大的小事》对照版时，如何在原版"眯起眼睛看西方"的基础上"静下心来想自己"，尽管叙写体例选择多多，但最终还是选用相关报摘做对应。事实证明，虽然类似场景作者也可拍摄，现成文字作者也可照搬，但用原装报摘呈现给读者，冲击力、感染力均有过之。

在漫长的外脑生涯中，读报、用报功效不仅在课题发散，不仅在著述呈现，同时，在相关辅导报告中也屡试不爽。早期课件没有 PPT，往往讲到哪儿相关报纸随之"举"到哪儿，如此这般，看似枯燥的话题，凭此多了仪式感，多了代入感，多了参与感。

与时俱进，由剪报做成的幻灯片逐渐后来居上。为此有人说，"听王力的报告如同坐着看展览，报摘 PPT 就是展板，结合报章的夹叙夹议就是现场讲解词"。

2007 年，时任重庆市委书记的汪洋同志向该市力荐《天大的小事》，并诚邀赴渝授课。为讲好这堂心存感激的课，课件用了相关媒体报摘，事后用《重庆日报》的话讲："一场在市委小礼堂的报告会，少了些严肃，却多了新闻报道带来的视觉冲击，报告人没有空洞的理论、生硬的说教，只是通过对比的方式，从而让听众清晰地看到城市的差距。"

一直以来，重庆如此，北京、上海、济南、西安等地授课亦如此。有明眼人评说："时逢读图时代，照本宣科不如情景再现，静态说教不如多方互动。总之，会说的不如会听的，教学方式究竟谁服从谁，同样少数服从多数。"

若有所悟。原来"读报、用报"也有一等一的发散思维；原来"读报、用报"也是实打实的应用科学……

三、突破纸媒时效瓶颈，让过往报章再立新功

两年前，面对长期无奈、无解的"城市牛皮癣"，北京市常务副市长曾叹言"13 个部门管不好一张小广告"。如何用教科书尚未形成的理论指导实践，如何让已有群众实践变为全新真知，审时度势，厚积薄发，创作了集 10 年报摘储备、集 10 年分析研判于一体的《一纸缠——"老剪报"杠上了小广告》。

凭借对十数家报纸长年报道的深入研判，该书不仅对小广告生成、变异、防治进行系统研判、集结成册，同时对"城市病如何大病统筹、分级诊疗"给出了标本兼治的智库建言，涉猎内容如该书目录所示：

自省／十三不靠为哪般
乱象／痛痒难捱牛皮癣
技防／水来土掩无底洞
人防／兵来将挡起硝烟
旧考／二律曾经说背反
新政／九龙合围一纸缠
变异／防不胜防鬼吹灯
破局／温故知新大道简

其后，有媒体评说"小广告是城市病重中之重，至今无解。作者先忧先虑，在城市管理极需之时迎难而上，奋起揭榜，面对或被网民吐槽的话题，不仅提出问题，同时一并提出解决问题的方法"，有媒体例证《1∶13 见证城市病治理》，有媒体详述《十年磨一谏，大话"一纸缠"》，甚至有媒体断言"该书堪称大城市与小广告的斗争史"。

其后，亦有城市管理者与作品真情互动，亦有作者、出版社一如既往、责无旁贷。感慨之余，也有"城管局全球重赏小广告破解之钥"，也有都市纸媒不惜整版连篇累牍地披露"居民楼道贴满小广告""小广告糊住居民的门窗"。然而，令人不解的是，就是这些新闻事件的具体事发地，本可助其一臂之力的《一纸缠》发行情况却不尽如人意……

2018 年 4 月 17 日《人民日报》
勾犇 / 图　杨立新 / 文

　　两年过去，小广告蹬鼻子上脸且不断改头换面。日前，《人民日报》一幅漫画披露共享单车成为小广告新灾区，并配文言"顽疾复出新变种，根除病灶莫迟耽"。其实，如何规避"防不胜防鬼吹灯"，《一纸缠》相关章节早有提示，倘若读过，本该牵着牛鼻子走的人与事，或许不该被小广告拽着原地打转儿。

　　面对五花八门层出不穷的城市病，缘何将小广告视为城市病重中之重，盖因此病"既乱眼又乱心"。从表象看，似乎只是楼道恶心了点，只是街面寒碜了点，但"人是环境的产物"，长期生活于此，人心难得素净。

　　小广告值不值得智库破题，值不值得出版社破例，一篇《读报、用报的探索》给出回答："对于该书，媒体多从城市病治理的角度予以报道，其实，突破纸媒时效瓶颈实现新闻、出版新融合，借图书形式整合过往报章于社会难点问题再度发声，影响更多人'学会读报用报'，才是该书诉求所在。"

四、"学会读报用报"正逢时、正当值

什么人最该"学会读报用报"无一定之规，但对规避克服"少知而迷、无知而乱"来讲，此功艺不压身。

《一纸缠》结稿时，《人民日报》开展"读报用报干部谈"征文，同时披露"42年前，习近平还是陕北梁家河大队党支部书记，当地缺煤少柴，一心想着解决群众困难的他，看到人民日报关于四川推广利用沼气的报道，深受启发，前往四川'取火'，带领乡亲打出陕北第一口沼气池"。短短几行话，读来信心倍增，有总书记打头阵，"学会读报用报"正逢时，正当值。

对全面提升干部素养而言，征文活动可谓及时雨。然而遗憾的是，平日情况参差不齐。对有些公职人员来说，级别再低，公款订报是有的；工作再忙，上班时间看报也是允许的。只可惜，整叠整叠报纸今天怎样送来，明天又原封不动取走，上面到底写了啥，远不如手机信息如数家珍。

由此想了很多，包括想到"公共阅报栏"。曾几何时，随处可见的报栏销声匿迹。不解其意。因此，每每经过北海公园那道设置有时的阅报墙，看到众多市民、游客驻足围观，作为曾经的报人，或是后来的"读报人"，不仅五味杂陈，甚至突发奇想，倘若把被闲置的报纸集中起来，隔日派送分发，包括本人在内，一定如获至宝、感激不尽……

关于"读报、用报"，不仅党政干部与此间多有交流，有些看上去并非"读报用报"的主体也多有互动，"西安三花良治电器"董事长马悦是当年《恩波智业》老读者，20年后"报"为媒，不仅为师生情谊平添了全新内涵，同时及时送来本书所需的相关资讯。

研究所分门别类且常用常新的剪报让马悦感触良多，不仅派助手专程学习，同时引来诸多成功人士登门学艺。作为厕所产业实实在在、明明白白的践行者，"寻求加快产业发展与创新的破局之路"，既是当地政府的殷切期望，同时也是已走出国门的"洗之朗"产品更上层楼的深度考量。

很快，马悦订了平日不常备的报纸，发现，其中确有黄金屋，确有颜如玉。于是，不仅学着剪报、存报，同时将相关资讯发到群里与朋友分享。某日电话告知，读了《让企业家精神激荡改革大潮》等《人民日报》评论员文章，发现平日敬而远之的"大道理"，竟如此深入浅出且读得懂、记得住、用得上……

学而知之的途径包括读书、看报，但人们对读书情有独钟，对看报似嫌慢怠。诸如"世界读书日"，诸如各地如火如荼的"书香"活动，虽极大提升了国人读书热情，极大丰富了国人精神世界，但没有"读报"并重、并轨、并联，犹如膳食不均衡，营养难得充分。

不该说读书是大餐，看报是简餐，但有可能读书是正餐，读报是加餐。仅从磨刀不误砍柴工说开去，磨刀不同开刃，属后续打磨，因此以"方便实用"为宗旨。相对而言，读报获益"短平快"，因此，对一时腾不出完整时间的求知者来说，"学会读报用报"无疑是及时补充营养加餐。

之前出席过一些"书香"活动，阵势之大，影响之广，不免让"读报用报"相形见绌。于此心有不甘，倘若有城市，哪怕是县级市，愿意尝试、践行、推广"读报、用报"，不仅感激不尽，同时还可提供配套方案与辅导。总之，众里寻她千百度，那人"未"在灯火阑珊处……

本书由跨度 20 年的数千张剪报集结成册，看上去是作者辛苦劳顿，其实，没有当初报社、报人的集体付出，读报难，用报更难。

本书从"纪念马克思诞辰 200 周年"开篇，在相关大会上总书记发表了重要讲话，有媒体通栏标题为《坚持在改革中守正出新》，回到"学会读报用报"的话题上，回到"厕所革命"的问题上，"守正出新"无疑是必须的遵循。

2018 年 5 月 25 日于北京创新思维博悟馆

责任编辑：雍　谊

图书在版编目（CIP）数据

厕所革命："老剪报"继往开来话短长 / 王力 著. —北京：人民出版社，2018.7

ISBN 978－7－01－019633－6

I. ①厕…　 II. ①王…　 III. ①人民生活－概况－中国　 IV. ① D669.3

中国版本图书馆 CIP 数据核字（2018）第 167335 号

声明：为确保本书所述内容的真实性，作者在谈及媒体披露的社会新闻时，特将相关报章对应图文做了公示，并标明时间、出处及作者。相关问题请与本书责编雍谊联系，电话 010－84095197、18611718792。

厕所革命

CESUO GEMING

——"老剪报"继往开来话短长

王　力 著

人民出版社 出版发行

（100706　北京市东城区隆福寺街 99 号）

北京盛通印刷股份有限公司印刷　新华书店经销

2018 年 7 月第 1 版　2018 年 7 月北京第 1 次印刷

开本：710 毫米 ×1000 毫米 1/16　印张：17.75

字数：245 千字

ISBN 978－7－01－019633－6　定价：75.00 元

邮购地址 100706　北京市东城区隆福寺街 99 号

人民东方图书销售中心　电话（010）65250042　65289539